Die Stabsstelle *Besondere Aufgaben*
bei der Treuhandanstalt

Kriminologie und Kriminalsoziologie

herausgegeben von
Klaus Boers und Jost Reinecke

Band 16

Barbara Bischoff

Die Stabsstelle *Besondere Aufgaben* bei der Treuhandanstalt

Ein funktionales Konzept zur Bekämpfung
von Wirtschaftskriminalität?

Waxmann 2016
Münster • New York

Die Rechtswissenschaftliche Fakultät
der Westfälischen Wilhelms-Universität Münster
hat diese Arbeit im Jahr 2015 als Dissertation angenommen.

D6

Bibliografische Informationen der Deutschen Nationalbibliothek
Die Deutsche Nationalbibliothek verzeichnet diese Publikation in
der Deutschen Nationalbibliografie; detaillierte bibliografische
Daten sind im Internet über http://dnb.d-nb.de abrufbar.

Kriminologie und Kriminalsoziologie, Bd. 16

ISSN 1863-8309
Print-ISBN 978-3-8309-3339-7
E-Book-ISBN 978-3-8309-8339-2

© Waxmann Verlag GmbH, Münster 2016
Steinfurter Straße 555, 48159 Münster

www.waxmann.com
info@waxmann.com

Umschlaggestaltung: Pleßmann Kommunikationsdesign, Ascheberg
Titelbild: © Barbara Bischoff
Satz: Sven Solterbeck, Münster

Gedruckt auf alterungsbeständigem Papier,
säurefrei gemäß ISO 9706

Printed in Germany

Für Jörg

Vorwort

Die vorliegende Arbeit wurde im Sommersemester 2015 von der Rechtswissenschaftlichen Fakultät der Westfälischen Wilhelms-Universität zur Dissertation angenommen. Die mündliche Prüfung fand am 10. Juni 2015 statt.

Der empirische Teil der Arbeit entstand größtenteils im Rahmen meiner Tätigkeit als wissenschaftliche Mitarbeiterin in einem von der Deutschen Forschungsgemeinschaft geförderten Forschungsprojekt zur *„Kontrolle der Wirtschaftskriminalität im Zusammenhang mit der Privatisierung der volkseigenen Betriebe der DDR durch die Treuhandanstalt"* unter der Leitung von Prof. Dr. Klaus Boers und Prof.in Dr. Ursula Nelles.

Mein erster Dank gilt meinem Doktorvater, Projektleiter und Mentor Prof. Dr. Klaus Boers. Sein kritischer Blick, die fachlichen Diskussionen und seine wertvollen Anregungen bleiben für mich unvergessen. Auch Prof.in Dr. Ursula Nelles möchte ich für ihre wissenschaftliche Unterstützung vor allem zu Beginn meiner Tätigkeit danken. Kostbar war zudem der interdisziplinäre Austausch im Forschungsteam mit dem Ökonomen Dr. Ingo Techmeier und der Soziologin Dr. Kari-Maria Karliczek. Durch sie habe ich das Wort *„Perspektivenwechsel"* nachvollzogen. Herzlich danken möchte ich auch dem ehemaligen Projektkollegen Prof. Dr. Hans Theile, der mir mit Rat und Tat zur Seite gestanden hat und mir mit seiner disziplinierten, hartnäckigen Art immer noch ein Vorbild ist. Prof. Dr. Ulrich Stein danke ich für seine spontane Bereitschaft, das Zweitgutachten zu übernehmen, Prof. Dr. Michael Heghmanns für seine angenehme und interessierte Prüfungsleitung, der treuen Seele des Institutes Ina Vorholt für ihren jahrelangen Support.

Stunde um Stunde habe ich gemeinsam mit meinem guten Freund und Kollegen Dr. Christian Walburg in unserem Büro in der „Alten UB" verbracht und über empirischen Auswertungen gebrütet. Unsere Gespräche mit oder ohne Kaffee waren dabei immer ein Lichtblick und haben mir wichtige Denkanstöße gegeben.

Die Fertigstellung der Dissertation wäre mir in den ersten Jahren meiner anwaltlichen Tätigkeit nicht möglich gewesen, wenn meine Anwaltskollegen Dr. Ingo Minoggio und Peter Wehn mir nicht die notwendigen Freiräume gelassen hätten. Für ihr Verständnis, ihre Geduld, aber auch ihr Beharren danke ich ihnen sehr. Unterstützt bei den letzten Korrekturen haben mich zudem unermüdlich und engagiert die beiden juristischen Mitarbeiter der Kanzlei Erik von Kügelgen und Martin Ahrens.

Motivierend in der letzten Phase wirkten nochmals die wissenschaftlichen Kontakte zu Prof. Dr. Dr. Jürgen Schneider, Prof. Dr. Günther Heydemann sowie Dr. Johannes Ludewig, die sich für meine Erkenntnisse über die Treuhandanstalt interessierten. Prof. Dr. Johannes Rux und dem Nomos Verlag habe ich zu danken, dass ein Teil meiner Ergebnisse bereits als Bestandteil des Werkes *„Wirtschaftskriminalität und die Privatisierung der DDR-Betriebe"* – herausgegeben von Boers, Nelles und Theile – publiziert werden konnte.

Das alles wäre ohne meine Familie – die Thalmanns, Bischoffs und Rüters – nicht möglich gewesen. Mein größter Dank gilt hierbei meinen ein Leben lang hinter mir stehenden Eltern Ilse und Martin Thalmann, meiner „kleinen", klugen Schwester Katharina Thalmann, meinem treuen Patenonkel Otto Rüter und meiner verstorbenen Oma Gertrud Thalmann, bei der ich früh beobachten konnte, was eine starke Frau ausmacht. Zu guter Letzt: Das Wichtigste in meinem Leben war auch bei diesem Projekt „an Bord". Ohne meinen Ehemann Jörg Bischoff hätte ich es nicht geschafft. Ich bin ihm unendlich dankbar, dass er immer für mich da war und ist.

Münster, im März 2016
Barbara Bischoff

Inhalt

1 Einleitung

Auszug aus einem Interview (1–1-1 993 ff.):
„Staatsanwalt 1: Was ist denn bitte eine Stabsstelle?
Interviewer 1: Die Stabsstelle bei der Treuhandanstalt.
(Alle sprechen durcheinander.)
Staatsanwalt 1: Bei der Treuhand. Ja, da war ich schon.
Interviewer 1: Stabsstelle Recht.
Interviewer 2: Auch Stabsstelle Recht und …
Interviewer 1: Hm, hm. Genau. Sonderstabsstelle Recht.
Interviewer 2: Da bei der Treuhandanstalt.
Staatsanwalt 1: Ach so, wusste ich nicht.
Staatsanwalt 2: Also wir hätten auf die Stabsstelle Recht verzichten können.
Interviewer 1: Hm, hm.
Staatsanwalt 2: Damit ist doch irgendwie alles beantwortet."

Die Stabsstelle *Besondere Aufgaben* (auch Sonderstabsstelle Recht genannt) wurde im Februar 1991 von der Treuhandanstalt in Berlin[1] als interne Kontrollinstitution zur Bekämpfung der im Zusammenhang mit der Wiedervereinigung aufgetretenen (Wirtschafts-)Kriminalität[2] eingerichtet.[3] Eine ähnliche Institution, personell ausgestattet mit kriminalistisch-strafjuristischem Sachverstand und inhaltlich ausgerichtet ausschließlich auf strafrechtliche Fragestellungen, hatte es zuvor in Deutschland – soweit bekannt – weder in staatlichen Organisationen noch in Unternehmen gegeben. Die Verantwortlichen der Treuhandanstalt konnten beim Aufbau und der Organisation dieser Stabsstelle und ihrer Tätigkeit auf kein Erfahrungswissen zurückgreifen.

Diese Situation hat sich seither stark verändert. Mittlerweile haben viele größere und auch mittelständische Unternehmen zahlreiche interne und externe Institutionen sowie organisatorische Abläufe zur Aufklärung von bereits begangener und zur Verhinderung von zukünftiger Wirtschaftskriminalität in die Unternehmensorganisation integriert. Diese oft unter dem Begriff „Corporate Compliance"[4] zusammengefassten Maßnahmen reichen von der aufwendig inszenierten Einführung so genannter Ethikrichtlinien über die Gründung einer internen Compliance-

---

1 Einen detaillierten Überblick über die Tätigkeit und die Organisation der Treuhandanstalt und ihrer Nachfolgeorganisationen bietet das von der *Bundesanstalt für vereinigungsbedingte Sonderaufgaben* im Jahr 2003 herausgegebene Werk mit dem Titel Schnell privatisieren, entschlossen sanieren, behutsam stilllegen.

2 Zu den besonderen Kriminalitätsformen nach und bei der Wiedervereinigung vgl. *Jankowiak* 2000: 12 ff.

3 Zur Einführung in die Tätigkeit der Stabsstelle *Besondere Aufgaben* vgl. *Erbe* 1999: 26 ff.; *Erbe* 2003: 367 ff.

4 Eine ausführliche Darstellung zur Corporate Compliance mit Schwerpunkt auf den präventiven Blickwinkel findet sich in „Corporate Compliance" von *Hauschka*, 2. Auflage aus 2010; zu Criminal Compliance vgl. insbesondere *Kölbel* 2013: 499 ff.

Abteilung bis hin zur teuer eingekauften, inquisitorisch-aufklärerisch auftretenden US-Law-Firm.[5] Dieses stetig wachsende, in der Öffentlichkeit intensiv kommunizierte Interesse der Unternehmen an einer Verhinderung und Aufklärung von Wirtschaftsstraftaten liegt sicher nicht zuletzt darin begründet, dass in den vergangenen Jahren Straftaten in der Wirtschaft – teilweise mit hoher persönlicher Bereicherung einzelner Verantwortlicher – immer stärker zu einem öffentlichen Thema geworden sind.[6] Zahlreiche nationale und internationale Wirtschaftsstraftaten wurden vor allem seit der Jahrtausendwende mit vermehrter medialer Skandalisierung begleitet.[7] Auch die strafrechtliche und kriminologische Forschung widmet sich seit Anfang der 1970er Jahre vermehrt der Wirtschaftskriminalität und ihrer Kontrolle.[8] Mediale Enthüllungen von Wirtschaftsstraftaten bieten zudem Anlass für politische Diskussionen über eine effizientere und härtere Strafverfolgung sowie eine weitere Verschärfung des Wirtschaftsstrafrechts.[9] Eine Evaluation und damit eine Überprüfung der Wirksamkeit von bereits durchgeführten wirtschaftsstrafrechtlichen Reformen[10] wird hingegen nur wenig diskutiert. Auch in der obergerichtlichen Rechtsprechung lässt sich eine verschärfte Sanktionierung von Wirtschaftsstraftaten beobachten.[11] So verkündete der 1. Strafsenat des Bundesgerichtshofes am 2. Dezember 2008 medienwirksam konkrete Schadensgrenzen für die Verhängung einer Geldstrafe oder Freiheitstrafe mit oder ohne Bewährung in Fällen der Steuerhinterziehung.[12] In der Öffentlichkeit entstand daraufhin der Eindruck, dass bei einem Steuerschaden in Höhe von 100.000 € eine Freiheitsstrafe zwangsläufige Folge und ab 1 Million € eine Aussetzung der Freiheitstrafe zur Bewährung zwingend ausgeschlossen sei. Etwas ausgeblendet wurden hierbei die Voraussetzungen des § 46 StGB als grundlegende Strafzumessungsnorm und die konkreten Umstände des diesem Urteil zugrunde liegenden Einzelfalls.[13] Festzuhalten bleibt insgesamt, dass in fast allen Bereichen

---

5   Kritisch hierzu *Wastl, Litzka, Pusch* 2009: 68 ff.

6   Vgl. *Schwind* 2013: 451; *Bussmann, Salvenmoser* 2008: 193.

7   Nachzulesen beispielsweise in *Leyendecker* 2009 mit dem Titel: Die große Gier.

8   Vgl. *Schünemann* 1979: 1; *Tiedemann* 2014: 1; ein ausführlicher Überblick über die wirtschaftskriminologische Forschung seit den 50er Jahren des 20. Jahrhunderts findet sich bei *Liebl* 2004: 1 ff.

9   *Hefendehl* 2004: 19 beschreibt für die USA eine solche Wirkung der Vorgänge bei *Enron* und *Worldcom* auf den Sarbanes-Oxley Act.

10   Einen Überblick über die Entwicklung des Wirtschaftsstrafrechts im 20. Jahrhundert bietet *Tiedemann* 2014: 34 ff.; vgl. auch *Dannecker* 2014: 56 ff.

11   Für das Steuerstrafrecht mit Belegen aus der Rechtsprechung des 1. Strafsenates des Bundesgerichtshofes *Reichling* 2012: 316, 320; vgl. auch zur revisionsrechtlichen Rechtsprechung bei der Strafzumessung im Steuerstrafrecht *Rolletschke* 2012: 18.

12   BGH, 2.12.2008–1 StR 416/08, NJW 2009, 528.

13   Vgl. zu den Feststellungen zur Person in der Entscheidung des Bundesgerichtshofes vom 2.12.2008 (einschlägige Vorstrafe, Bewährungsversager) und der deshalb im Ergebnis wenig überraschenden Entscheidung insbesondere *Flore* 2009: 495.

der Gesellschaft ein gesteigertes Interesse an Wirtschaftskriminalität und ihrer Bekämpfung zu verzeichnen ist.

Wenn man diese gesellschaftliche Diskussion in den letzten Jahrzehnten über eine Ausweitung der Wirtschaftskriminalitätsbekämpfung näher betrachtet, fällt neben der quantitativen Steigerung vor allem eine qualitative Verlagerung der Ressourcen auf: Die Hoffnung wird in der Diskussion nicht mehr allein auf eine Intensivierung der Strafverfolgung gesetzt. Kumulativ (teilweise auch alternativ) wird eine Änderung der ökonomischen Rahmenbedingungen für Wirtschaftskriminalität (etwa durch Abschaffung von Subventionen), eine Stärkung des Schutzes für potentiell Geschädigte durch Selbstorganisation (beispielsweise über Verbraucherschutzzentralen) oder eine Erhöhung der durch Wirtschaftskriminalität entstehenden Kosten für den Täter durch Maßnahmen außerhalb des Strafrechts erwogen.[14] Vermehrt werden strafrechtsorientierte Kontrollkonzepte innerhalb und außerhalb der Unternehmen gefordert. Die Kontrolle von Wirtschaftskriminalität wird nicht mehr nur dem hierfür geschaffenen, staatlichen Strafverfolgungssystem überlassen, sondern verlagert sich zumindest teilweise in einen informellen, nicht staatlich organisierten und kontrollierten Bereich.

Fraglich ist, ob dieser Ausbau informeller Kontrollkonzepte im Ergebnis zu einer verstärkten Kontrolle von Wirtschaftskriminalität führt. Wird die Strafverfolgung bei ihrer Aufgabe einer wirksamen Bekämpfung von Wirtschaftskriminalität durch informelle Institutionen in der Wirtschaft unterstützt? Bei der Beantwortung dieser Frage darf nicht aus dem Blickfeld geraten, welche Interessen in der Wirtschaft grundsätzlich verfolgt werden und inwieweit man vor diesem Hintergrund erwarten kann, dass einem Unternehmen daran gelegen ist,[15] sich verstärkt einer wirksamen präventiven oder repressiven Bekämpfung von Wirtschaftskriminalität anzunehmen. Unternehmen müssen als oberstes Ziel eine langfristige Maximierung des Gewinns verfolgen, nach diesem Prinzip werden betriebswirtschaftliche Entscheidungen in Unternehmen ausgerichtet.[16] Kriminalitätsbekämpfung führt hingegen nicht auf den ersten Blick zu einer unmittelbaren Gewinnsteigerung. Stattdessen entstehen zunächst durch externe Berater, zusätzliches Personal und die Bindung von Ressourcen Kosten, die den Gewinn verringern. *Hefendehl* vertritt deshalb die These, dass Unternehmen informelle Maßnahmen nicht zu einer wirksamen Bekämpfung von Wirtschaftskriminalität durchführen, sondern diese

---

14 Zu diesen alternativen Möglichkeiten äußerte sich bereits *Schünemann* 1989: 637 ff.; in neuerer Zeit fanden diese im 2. Periodischen Sicherheitsbericht Erwähnung, *Bundesministerium des Innern, der Justiz* 2006: 239. Zu den Alternativen zum Strafrecht im Bereich der Wirtschaftskriminalität ausführlich und verknüpft mit empirischen Ergebnissen *Theile* 2010: 438 ff.

15 So aber *Bussmann, Salvenmoser* 2006: 209.

16 Vertreten von der wirtschaftstheoretisch ausgerichteten Betriebswirtschaftslehre, anders die verhaltenswissenschaftlich ausgerichtete Betriebswirtschaftslehre, vgl. Überblick bei *Wöhe, Döring* 2013: 12, 34.

vielmehr in einem „*funktionalen Kontext*" für das Unternehmen zu sehen seien.[17] Denn auch diese Konzepte dienten letztlich nur dazu, Gewinne zu maximieren und den wirtschaftlichen Wert eines Unternehmens vor allem durch eine Verbesserung der Außendarstellung zu steigern.[18] Dies habe zur Folge, dass wenn sich eine solche Maßnahme als für den Erfolg eines Unternehmens unerheblich herausstelle, diese nicht langfristig fortgeführt werde.[19]

Die Wirksamkeit eines informellen Konzeptes zur Bekämpfung von Wirtschaftskriminalität richtet sich damit möglicherweise nach seinem Nutzen für das Primärziel, also bei einem Unternehmen nach dem Nutzen für die langfristige Gewinnmaximierung. Diese durch das Primärziel *begrenzte Funktionalität informeller Kontrollinstitutionen* für die *originäre Kriminalitätsbekämpfung* wird nachfolgend anhand einer empirischen Analyse der Stabsstelle *Besondere Aufgaben* bei der Treuhandanstalt näher untersucht. Mit dieser forschungsleitenden Annahme einer systembedingt nur begrenzten Funktionalität informeller Kontrollinstitutionen für die Kriminalitätsbekämpfung ist der Ausgangs- und Endpunkt der vorliegenden Untersuchung definiert.

Um die Funktionalität informeller Kontrollkonzepte im Bereich der Wirtschaftskriminalität näher untersuchen zu können, wird zunächst in Kapitel 2 der Begriff der *Wirtschaftskriminalität* definiert und durch eine Unterscheidung von *beruflicher Kriminalität* und *Unternehmenskriminalität* eingegrenzt. Im Mittelpunkt des Forschungsinteresses stehen Vorgänge von vereinigungsbedingter Unternehmenskriminalität. In Kapitel 3 werden die für die forschungsleitende Annahme relevanten theoretischen Konzepte dargestellt. Da im Mittelpunkt der Untersuchung die Stabsstelle *Besondere Aufgaben* als eine informelle Kontrollinstitution steht, wird zunächst das Konzept der *sozialen Kontrolle* unter Herausarbeitung einer Definition von informeller und formeller Kontrolle erklärt (Kapitel 3.1) und ein Überblick über die speziellen, informellen Kontrollinstitutionen und Maßnahmen im Bereich der Wirtschaftskriminalität gegeben (Kapitel 3.2). Dass auch Wirtschaftskriminalität erst durch einen Definitionsprozess entsteht, wird anhand einer Darstellung des *Labeling Approach* und der hiermit verbundenen Kriminalisierungsperspektive aufgezeigt (Kapitel 3.3). Des Weiteren werden die Beeinflussungsmöglichkeiten zwischen gesellschaftlichen Systemen wie dem Wirtschafts- und dem Strafsystem insbesondere in Form von strukturellen Kopplungen anhand der *autopoietischen Systemtheorie* als gesellschaftliche Makrotheorie hergeleitet (Kapitel 3.4). Anschließend wird in Kapitel 4 ein kurzer Überblick über den aktuellen Forschungsstand zur Wirtschaftskriminalität und zu ihrer Bekämpfung gegeben sowie die aus den theoretischen Konzepten und den bisherigen Forschungsergebnissen entwickelten

---

17 *Hefendehl* 2006: 123.

18 *Hefendehl* a. a. O.

19 Er berichtet von ersten empirischen Untersuchungen, in denen ein positiver Zusammenhang von Corporate Governance und Unternehmenserfolg lediglich schwach nachgewiesen werden konnte; *Hefendehl* 2006: 123 m. w. N.

forschungsleitenden Annahmen im Einzelnen dargestellt. Des Weiteren werden in Kapitel 5 die Forschungsmethode mit ihren theoretischen Annahmen der *Grounded Theory* und die erhobene Datengrundlage näher erklärt. Da die Stabsstelle *Besondere Aufgaben* bei der Treuhandanstalt eine historische Institution ist, wird sie in ihrem besonderen zeitlichen und politischen Kontext betrachtet. Die Wiedervereinigung mit ihren rechtlichen Besonderheiten auch für die Strafverfolgung, die Einrichtung der Treuhandanstalt mit der Aufgabe „Privatisierung einer Volkswirtschaft" sowie die dazugehörigen externen und internen Kontrollinstitutionen werden deshalb als Rahmenbedingungen der vorliegenden Untersuchung in Kapitel 6 beschrieben. Der Schwerpunkt der Untersuchung liegt in Kapitel 7 in der empirischen Untersuchung der Tätigkeit und konkreten Ausgestaltung der Stabsstelle *Besondere Aufgaben*. Aus diesen Ergebnissen werden in Kapitel 8 verschiedene manifeste und latente Funktionen der Stabsstelle herausgearbeitet und anhand dessen die forschungsleitende Annahme einer begrenzten Funktionalität einer solchen Stelle für die originäre Kriminalitätsbekämpfung überprüft.

Die Antwort auf die Frage nach der Funktionalität der Stabsstelle *Besondere Aufgaben* zur Bekämpfung von Wirtschaftskriminalität wird sich nicht in dem Satz *„wir hätten auf die Stabsstelle Recht verzichten können"* erschöpfen, mit dem „Staatsanwalt 2" in der eingangs zitierten Interviewpassage (1–1–1 993 ff.) die Bedeutung der Stabsstelle *Besondere Aufgaben* (von ihm *„Stabsstelle Recht"* genannt) beschrieben hatte.

Die vorliegende Untersuchung ist entstanden im Rahmen des von der Deutschen Forschungsgemeinschaft geförderten Forschungsprojektes zur Verbreitung und Kontrolle der Wirtschaftskriminalität im Zusammenhang mit der Privatisierung der volkseigenen Betriebe der DDR durch die Treuhandanstalt an der Westfälischen Wilhelms-Universität in Münster. Die nachfolgend dargestellten Befunde (insbesondere in Kapitel 3., 6., 7. und 8.) wurden bereits im Jahr 2010 im Rahmen eines Forschungsberichtes an die Deutsche Forschungsgemeinschaft als Bestandteil eines Herausgeberwerkes von *Boers, Nelles* und *Theile* mit dem Titel *Wirtschaftskriminalität und die Privatisierung der DDR-Betriebe* in einem von der Autorin verantworteten Teil publiziert.[20]

---

20 Die Texte wurden in diesem Werk veröffentlicht unter *Bischoff, Wiepen* 2010: 457 ff. Die mit der vorliegenden Untersuchung übereinstimmenden Kapitel 9.1, 9.2 und 9.4 wurden allein von *Bischoff* bearbeitet (siehe a. a. O.: 457, Fn. 1).

2 Der Begriff der Wirtschaftskriminalität

Diese Untersuchung beschäftigt sich empirisch mit einer speziellen, historisch einmaligen Institution: der Stabsstelle *Besondere Aufgaben* – einer informellen Kontrollinstitution bei der Treuhandanstalt zur Bekämpfung von Kriminalität im Zusammenhang mit der Wiedervereinigung und der Privatisierungsaufgabe der Treuhandanstalt.[21] Im Folgenden geht es also zum einen um die Kontrolle von *Kriminalität* und nicht etwa von sozial unerwünschtem oder unmoralischem Verhalten. Damit ist der den Untersuchungsgegenstand prägende Einfluss des Strafrechts – materiell-rechtlich und prozessual – vorgezeichnet.[22] Untersucht werden zum anderen aber auch nicht jede beliebige Kriminalitätsform zu Wiedervereinigungszeiten und ihre Kontrolle. Der Schwerpunkt liegt vielmehr auf der informellen Kontrolle von *Wirtschaftskriminalität,* also sehr allgemein ausgedrückt: von Straftaten im Zusammenhang mit dem Wirtschaftssystem.

Welche inhaltlichen Anforderungen aus diesem Zusammenhang zum Wirtschaftssystem folgen und welche Formen von Kriminalität unter den Begriff Wirtschaftskriminalität zu fassen sind, dazu gibt es in der kriminologischen und strafrechtsdogmatischen Literatur viele unterschiedliche Auffassungen. Es soll nachfolgend nicht die gesamte Diskussion nachgezeichnet werden, vielmehr wird ein Überblick über die wesentliche Begriffsentwicklung gegeben und schließlich eine für den kriminologischen Untersuchungszweck notwendige Begriffsbegrenzung vorgenommen.

Eine Legaldefinition für Wirtschaftskriminalität existiert nicht. Lediglich in § 74c Absatz 1 GVG findet sich ein Straftatenkatalog, durch den die Zuständigkeit der Wirtschaftsstrafkammern bei den Landgerichten festgelegt wird. Dieser Katalog von spezifischen Wirtschaftsdelikten und allgemeinen Straftaten, sofern für deren rechtliche Beurteilung Spezialkenntnisse über das Wirtschaftsleben erforderlich sind, dient lediglich einer strafprozessual-ökonomischen Gesichtspunkten geschuldeten Konzentration umfangreicher und komplexer Strafverfahren bei mit Spezialkenntnissen ausgestatteten Strafkammern.[23] Für eine kriminologische Untersuchung ist die Norm des § 74c Absatz 1 GVG hingegen wenig hilfreich, da diese das soziale Phänomen Wirtschaftskriminalität nicht in seiner spezifischen Besonderheit – nämlich der Beteiligung einer korporativen Einheit *Unternehmen* und dessen Interessenlage – erfasst.[24] Vielmehr werden im Gesetz komplexere Straftaten im Zusammenhang mit dem Wirtschaftsleben aus organisatorisch-pragmatischen Gründen für eine Spezialzuständigkeit abgegrenzt.

In der Kriminologie hat sich erstmals *Sutherland* systematisch mit dem Begriff der Wirtschaftskriminalität auseinandergesetzt. Dieser hat in den 1940er Jahren

---

21 Allgemein zur Aufgabe der Stabsstelle *Erbe* 2003: 367.
22 Siehe auch Kapitel 3.1.
23 *Dannecker* 2014: 8.
24 So auch *Boers* 2010: 12.

den Begriff des *White Collar Crime* geprägt.[25] Damit lenkte er den Blick von der viel diskutierten *Unterschichtenkriminalität* auf die weniger beachtete Verbreitung der Kriminalität in der *Oberschicht*.[26] Seine Definition von White Collar Crime ist jedoch (aus heutiger Sicht) zu konturenlos und unbestimmt:[27]

> *„White collar crime may be defined approximately as a crime committed by a person of respectability and high social status in the course of his occupation.“*[28]

Auch erfolgreiche Selbständige wie Rechtsanwälte, Steuerberater, Ärzte, Architekten oder höhere Beamte als Personen mit hohem Ansehen und hohem sozialen Status würden nach dieser Definition bei Straftaten im Rahmen ihrer beruflichen Tätigkeit Wirtschaftskriminalität begehen.[29] Dass dies nicht die typischen Formen von Wirtschaftskriminalität sind, muss nicht erläutert werden. Es stört in diesen Fällen von beruflicher Kriminalität die Verankerung an der persönlichen Verfehlung, da sich wirtschaftliches Handeln in Abgrenzung zu individuellem Handeln vor allem durch eine Beteiligung von korporativen Einheiten – die (in der Regel) als juristische Personen unabhängig von den individuellen Interessen existieren und stattdessen ihre Entscheidungen im Hinblick auf eine langfristige Gewinnmaximierung für das Unternehmen als juristische Person treffen – auszeichnet.[30] Erst die Beteiligung von Unternehmen als zentrale Organisationseinheiten des Wirtschaftens gibt der Wirtschaftskriminalität ihr typisches und deutlich von der allgemeinen, individuellen Kriminalität zu unterscheidendes Erscheinungsbild.

Für diese Abgrenzung wird in der Kriminologie mittlerweile bei Wirtschaftskriminalität zwischen beruflicher Kriminalität (*Occupational Crime*) und Unternehmens- oder Verbandskriminalität (*Corporate Crime*) unterschieden,[31] also zwischen Straftaten, die im Rahmen einer beruflichen Tätigkeit zur eigenen Bereicherung begangen werden, und solchen, die Angehörige eines Unternehmens im wirtschaftlichen Interesse des Unternehmens begehen.[32] Zurück geht diese Unterscheidung zwischen Occupational und Corporate Crime bereits auf entsprechende Definitionen von *Clinard* und *Quinney* aus den 1970er Jahren:[33]

---

25   *Sutherland* 1983 [1949]: 7.

26   Vgl. nur *Coleman* 2006: 2.

27   Ausführlich hierzu *Boers* 2010: 3; vgl. auch *Schwind* 2013: 457.

28   *Sutherland* 1983 [1949]: 7.

29   *Boers* 2001: 338; *Opp* 1975: 44; *Heinz* 1998: 18.

30   Vgl. *Boers* 2001: 339 m. w. N.

31   *Boers* 2001: 338; anders *Schwind* 2013: 457, der den *„Missbrauch des im Wirtschaftsleben nötigen Vertrauens“* hervorhebt und nicht eindeutig zwischen Berufs- und Unternehmenskriminalität trennt.

32   *Boers, Theile, Karliczek* 2004: 470.

33   Hierzu auch *Boers, Theile, Karliczek* 2004: 470; *Boers* 2010: 18.

„If a corporate official violates the law in acting for the corporation it is corporate crime, but if he gains personal benefit in the commission of a crime against the corporation [...], it is occupational crime."[34]

Das kriminologische Interesse konzentriert sich damit vor allem auf das Phänomen der Wirtschaftskriminalität im Sinne von Unternehmenskriminalität,[35] denn nur in diesen Fällen werden die spezifischen Strukturen und Regeln des Wirtschaftssystems relevant. Die persönliche Ebene des Straftäters mit seinen individuellen Vorteilen wird verlassen und stattdessen der Blick auf das Unternehmen als die zentrale Organisationseinheit des Wirtschaftssystems gelenkt. Die Kriminalität erfolgt in diesen Fällen im wirtschaftlichen Interesse des Unternehmens, ist also an der langfristigen Gewinnmaximierung ausgerichtet, nicht an der persönlichen Bereicherung, die es auch in jedem anderen Betrugsfall ohne Unternehmensbezug gibt.[36] Das wirtschaftliche Interesse des Unternehmens als Motiv der Kriminalität muss hierbei subjektiv und nicht objektiv verstanden werden. Solange der Entscheidende bei seiner Tathandlung oder seinem Tatbeitrag davon ausgehen kann, eine von ihm zu verantwortende Straftat erfolge im wirtschaftlichen Interesse des Unternehmens unter der begründeten Annahme eines im Verhältnis zum zu erwartenden Vorteil vertretbaren Entdeckungsrisikos, fällt seine Straftat unter den Begriff der Unternehmenskriminalität. Nicht selten stellt sich in diesen Fällen im Nachhinein heraus, dass beispielsweise wegen der negativen Publizitätswirkung einer bekannt gewordenen Straftat und einer hierdurch bedingten Insolvenz die Entscheidung nicht im wirtschaftlichen Interesse des Unternehmens lag. Diese Ex-Post-Betrachtung ändert nichts an der ursprünglichen Einordung eines Vorgangs als Unternehmenskriminalität. Unternehmenskriminalität umfasst damit solche Straftaten, die Angehörige eines Unternehmens im wirtschaftlichen Interesse des Unternehmens – *wie dies bei der Tatbegehung anzunehmen war* – begehen. Bei der in diesem Sinne verstandenen Unternehmenskriminalität werden die spezifischen Regeln des Wirtschaftssystems für die zentrale Organisationseinheit Unternehmen systematisch im zumindest vermeintlichen Unternehmensinteresse außer Kraft gesetzt und damit gegen in einer (sozialen) Marktwirtschaft allgemeingültige Marktregeln für die Marktteilnehmer verstoßen. Das besondere Augenmerk dieser Untersuchung liegt deshalb auf der Funktionalität von informeller Kontrolle der *Unternehmenskriminalität.*

Die untersuchten Vorgänge haben zudem gemeinsam, dass sie mit den Privatisierungsvorgängen durch die Treuhandanstalt zusammenhängen und somit einen zeitlichen und sachlichen Bezug zur Wiedervereinigung haben. Sie fallen damit

---

34 *Clinard, Yeager* 1980: 18.

35 So *Boers* et al. 2004: 470; *Opp* 1975: 45; *Braithwaite* 1985: 19; *Nelken* 2012: 623 ff.; zur Unternehmenskriminalität vgl. bereits *Clinard, Quinney, Wildeman* 1994: 191 ff. (Erstauflage: 1973).

36 Hier knüpft auch *Schwind* 2013: 457 an, wenn er allerdings etwas unspezifisch bei Wirtschaftskriminalität eine *„über eine individuelle Schädigung hinaus[gehende Berührung von] Belange[n] der Allgemeinheit"* verlangt.

gleichzeitig unter den Begriff der *Vereinigungskriminalität*, das heißt, sie gehören zu den Straftaten, die unter Ausnutzung der besonderen Gegebenheiten des Wiedervereinigungsgeschehens begangen wurden.[37] Abzugrenzen ist hiervon die *Regierungskriminalität*, hierunter werden Straftaten des SED-Regimes und seiner Funktionäre zusammengefasst (zum Beispiel die auf Befehl an der innerdeutschen Grenze begangenen Tötungsdelikte).[38] Diese Tatbegehungen stehen nicht im unmittelbaren zeitlichen Kontext der Wiedervereinigung, sondern es handelt sich in der Regel um zeitlich vorgelagerte Straftaten, die aber erst mit und nach der Wiedervereinigung aufgeklärt und sanktioniert werden konnten.[39] Vereinigungskriminalität beinhaltet wiederum eine Vielzahl verschiedener umbruchsspezifischer Fallgruppen, die nicht unbedingt qualitativ Unternehmenskriminalität darstellen. So zählen zu diesem Bereich auch die Währungsumstellungs- (Fälle von Umstellungsbetrug im Zusammenhang mit der Währungsunion), die Transferrubel- (Betrugsdelikte bei unberechtigter Inanspruchnahme des Transferrubelverrechnungsverfahrens) und die Systemkriminalität (Untreuehandlungen im Bereich der Auflösung des Ministeriums für Staatssicherheit, des Bereichs „Kommerzielle Koordinierung" sowie der SED und anderer Parteien oder Massenorganisationen der DDR).[40] Diese speziellen Vereinigungskriminalitätsformen werden nachfolgend nicht näher untersucht, da bei ihnen in der Regel nicht das Unternehmen als zentrale Organisationseinheit des Wirtschaftssystems und sein wirtschaftliches Interesse im Vordergrund stehen.

Die damit nachfolgend im Fokus stehende umbruchsbedingte Unternehmenskriminalität wird maßgeblich durch aus dem westdeutschen Bundesgebiet stammende Unternehmen und Akteure geprägt, so dass möglicherweise trotz der historisch einmaligen Umbruchsituation der Wiedervereinigung typische Formen und Strukturen der Wirtschaftskriminalität als Unternehmenskriminalität und ihrer Kontrolle unabhängig von der Wiedervereinigung beobachtet werden können.[41] Denn die an den Privatisierungsvorgängen beteiligten Käufer und die für die Treuhandanstalt auftretenden Verkäufer kamen größtenteils aus Westdeutschland. Sie hatten zuvor am westlichen Wirtschaftsleben teilgenommen und gaben den Vorgängen ein typisches marktwirtschaftliches Gepräge. Die Treuhandanstalt war zwar rechtlich kein Privatunternehmen, sie handelte bei den Privatisierungsvorgängen dennoch als ein Teil des Wirtschaftssystems und wurde hierbei ganz überwiegend von westlichen Wirtschaftsakteuren vertreten. Verantwortliche der Treuhandanstalt

---

37 Der Begriff tauchte erstmals wahrscheinlich 1993 bei der Namensgebung der Zentralen Ermittlungsstelle für Regierungs- und Vereinigungskriminalität auf und stammt aus dem polizeilichen Milieu; *Jordan* 1996: 294. Dieser Begriff wird nicht einheitlich verwendet, zum Teil wird von vereinigungsbedingter Wirtschaftskriminalität, Umwandlungs- und Privatisierungskriminalität, Übergangs- und Abwicklungskriminalität oder Transformationskriminalität gesprochen; vgl. *Sänger* 1999: 26; *Jankowiak* 2000: 12.

38 *Sänger* 1999: 27; *Jankowiak* 2000: 13.

39 *Sänger* 1999: 27; *Jankowiak* 2000: 13.

40 *Sänger* 1999: 26; *Jankowiak* 2000: 13.

41 *Boers* 2001: 343.

sahen sie deshalb weniger als eine Verwaltungseinheit, denn als wirtschaftlich handelnden Akteur.[42] Mitarbeiter und Vorstände beschrieben die Treuhandanstalt als *„wirtschaftlich handelndes Unternehmen"* oder mit *„starken Merkmalen [...] der Privatwirtschaft"* (vgl. nur 3–2(1)-1 1691; 11–1-1(2) 84). Selbst die Strafverfolgungsorgane wurden nach der Wiedervereinigung weitgehend nach westdeutschen Vorgaben mit sachlichen und personellen Ressourcen ausgestattet und nicht selten zunächst mit westdeutschen Strafjuristen und Kriminalbeamten besetzt.[43]

Deshalb ist zu vermuten, dass die wesentlichen Ergebnisse zu den Privatisierungsvorgängen und ihrer Kontrolle wegen des zentralen Einflusses westdeutscher Akteure und ihrer marktwirtschaftlichen Ausprägung in sämtlichen relevanten Bereichen mit ähnlichen Vorgängen in Unternehmen vergleichbar sind. Im Mittelpunkt des Forschungsinteresses stehen damit in dieser Untersuchung solche Fälle von Wirtschaftskriminalität, welche aufgrund des Zusammenhangs mit der Privatisierung der DDR-Betriebe im Interesse eines Unternehmens oder der Treuhandanstalt begangen wurden und deshalb als umbruchsbedingte Unternehmens- oder auch Verbandskriminalität (soweit man die Treuhandanstalt nicht als Unternehmen im weiteren Sinne einordnet) zu qualifizieren sind, wobei sie sich nicht wesentlich von anderen, nicht zeitlich mit der Wiedervereinigung in Zusammenhang stehenden Fällen der Unternehmenskriminalität unterscheiden.

---

42 Vgl. hierzu *Karliczek, Boers* 2010: 79.
43 Beispielsweise für die Staatsanwaltschaft II in Berlin untersucht bei *Wiepen* 2010: 526 f.

3 Theoretischer Hintergrund der forschungsleitenden Annahmen

In diesem Kapitel werden die für die Entwicklung der forschungsleitenden Annahmen relevanten theoretischen Konzepte erläutert: die soziale Kontrolle mit dem Schwerpunkt auf der formellen und informellen Kriminalitätskontrolle und die hieran anknüpfende Kriminalisierungstheorie des Labeling Approach sowie die autopoietische Systemtheorie mit besonderem Augenmerk auf der Erklärung des für die Untersuchung zentralen Begriffes der strukturellen Kopplung.

Zunächst wird der Begriff der sozialen Kontrolle definiert, relevante theoretische Annahmen – wie insbesondere das die soziale Kontrolle bestimmende Prinzip der Selektivität – erörtert und eine Differenzierung von informeller und formeller Kontrolle herausgearbeitet (Kapitel 3.1).

Soziale Kontrolle unterliegt einem ständigen gesellschaftlichen Wandel.[44] Aktuell wird insbesondere die *informelle* soziale Kontrolle im Bereich des Wirtschaftssystems (wenn auch meist nicht unter diesem Begriff) viel diskutiert.[45] Die Stabsstelle *Besondere Aufgaben* stellt eine solche Institution der informellen sozialen Kontrolle dar. Deshalb wird des Weiteren versucht, die in den letzten Jahrzehnten entstandenen informellen Kontrollkonzepte zur Bekämpfung von Straftaten im Wirtschaftsleben zu strukturieren (Kapitel 3.2).

Bei der sozialen Kontrolle handelt es sich um einen Begriff, der für den Perspektivenwechsel von der *Kriminalität* zur *Kriminalisierung* in der Kriminologie kennzeichnend war.[46] Da der vorliegenden Untersuchung ein *konstruktivistisches* Kriminalitätsverständnis zugrunde liegt, folgt eine kurze Darstellung der Kriminalisierungstheorie des Labeling Approach (Kapitel 3.3).

Zuletzt werden noch die wesentlichen theoretischen Annahmen der autopoietischen Systemtheorie erläutert (Kapitel 3.4). Hierbei liegt der Schwerpunkt in der Herausarbeitung des Begriffes der strukturellen Kopplung als Möglichkeit der gegenseitigen Beeinflussung von sozialen Systemen.

---

44 Zum Wandel der gesellschaftlichen Rahmenbedingungen für die soziale Kontrolle durch die verschiedensten gesellschaftlichen Transformationsprozesse *Singelnstein, Stolle* 2012: 25 ff.

45 Vgl. nur die in den letzten Jahren erschienene Literatur zu Internal Investigations, also zur unternehmenseigenen Untersuchung bei Straftatverdacht von Verantwortlichen oder Mitarbeitern, wie beispielsweise allein in 2013 von *Knierim, Rübenstahl, Tsambikakis* das Herausgeberwerk *Internal Investigations*, von *Bay* ein weiteres Herausgeberwerk unter dem Titel *Handbuch Internal Investigations* sowie bereits 2012 von *Moosmayer, Hartwig Interne Untersuchungen*, alle in erster Auflage.

46 *Lamnek* 2008: 43.

3.1   Soziale Kontrolle – eine Begriffsbestimmung

Jede Gesellschaft basiert auf sozialen Normen, die in einem Sozialisierungsprozess internalisiert und in Prozessen der Institutionalisierung verbindlich gemacht werden.[47] Wird gegen diese Normen verstoßen, so spricht man von abweichendem Verhalten.[48] Um abweichendes Verhalten zu verhindern und stattdessen die Einhaltung der sozialen Normen zu gewährleisten (also zur Etablierung konformen Verhaltens in der Gesellschaft), wird die soziale Kontrolle als ein die Abweichung verhindernder Prozess benötigt.[49] Deshalb haben sich in jeder Gesellschaft zur Normdurchsetzung verschiedene Institutionen und Mechanismen der Kontrolle von abweichendem Verhalten herausgebildet, die sich sämtlich unter dem Begriff der sozialen Kontrolle zusammenfassen lassen und die einen wesentlichen Bestandteil der sozialen Integration durch Internalisierung der sozialen Normen darstellen.[50] Für die Normgeltung innerhalb einer Gesellschaft hat die soziale Kontrolle in ihren unterschiedlichsten Ausprägungen eine zentrale Bedeutung.

3.1.1   Die Definition von sozialer Kontrolle nach Peters

Die Einführung des Begriffes der *sozialen Kontrolle* (zunächst) in die Soziologie wird dem Amerikaner *A. Ross* zugeschrieben, der 1901 unter dem Titel *„Social Control"* zuvor im *American Journal of Sociology* erschienene Aufsätze in einer Sammelausgabe mit dem Untertitel *„A survey in the foundation of order"* veröffentlichte.[51] Seither wurden der Inhalt des Begriffes der sozialen Kontrolle, sein Nutzen sowie seine Grenzen in der Soziologie und Kriminologie kontrovers diskutiert. Selbst die Ersetzung des Begriffes durch Ausdrücke wie *„soziale Ausschließung"* oder *„Sozialdisziplinierung"* wurde und wird vor allem von kritischen Kriminologinnen und Kriminologen gefordert.[52] Im Folgenden wird eine Definition von *Peters* zugrunde gelegt. Diese wird auch im Hinblick auf den Untersuchungsgegenstand ergänzt und konkretisiert.

---

47   Vgl. *Schäfers* 2010: 31.
48   Statt vieler *Peuckert* 2010a: 108.
49   Vgl. *Peuckert* 2010a: 108.
50   Ähnlich bei *Peuckert* 2010a: 108.
51   Hierzu *Janowitz* 1973: 501; *Kreissl* 2000: 19; *Scheerer* 2000: 154; *Markantonatou* 2005: 16.
52   Die Kritik bezieht sich unter anderem auf die Uferlosigkeit des Begriffs (*Cohen, S.* 1985: 2), die Statik (*Stedman Jones* 1985: 42), die undifferenzierte Verwendung (*Rothman* 1985: 106 f.), die Vernachlässigung der produktiveren Seiten der Macht wie etwa der Disziplinierung des Körpers (*Scheerer* 2000: 161), und vor allem auf die herrschaftslegitimierende Konnotation (jeweils mit Begriffsalternativen *Sack* 1993: 29 ff.; *Cremer-Schäfer* 1995: 92, 116; *Steinert* 1995: 82, 88). Mit diesen kritischen Stimmen haben sich im Einzelnen in neuerer Zeit systematisch auseinandergesetzt *Scheerer* 2000: 160 ff.; *Peters* 2002: 115.

Unter sozialer Kontrolle versteht *Peters* solche Handlungen, die auf gegenwärtiges oder erwartbares abweichendes Verhalten mit dem Ziel reagieren, in einem sozialen System Konformität herzustellen oder dort abweichendes Verhalten künftig zu verhindern. Diese Handlungen stehen mit den Vorstellungen einer Bezugsgruppe im Einklang, die über ihre Angemessenheit wacht und die über die Macht verfügt, ihren Vorstellungen (sowohl bezüglich der Kontrollhandlungen als auch des abweichenden Verhaltens) Geltung zu verschaffen.[53] Man kann bei sozialer Kontrolle damit eine *Ebene der Normgenese*, auf der inhaltliche Verhaltensanforderungen aufgestellt werden, an denen sich soziale Kontrolle orientiert, von einer *Durchsetzungsebene* unterscheiden, auf der die Befolgung sozialer Normen gewährleistet werden soll.[54] *Becker* unterscheidet in diesem Zusammenhang die Normsetzung von der Normanwendung.[55]

3.1.2   Das abweichende, gegenwärtige oder erwartbare Verhalten als Bezugspunkt der Kontrolle

In dieser Definition wird *abweichendes Verhalten* als Bezugspunkt der Kontrollhandlungen festgelegt. Durch diese Verknüpfung von Kontrolle und devianter Handlung, die einen Verstoß gegen die in einer (oder in Teilen einer) Gesellschaft geltenden sozialen Normen voraussetzt,[56] wird der ursprünglich in der amerikanischen Soziologie inkludierte Bereich der Sozialisation[57] wieder aus dem Begriffsinhalt der sozialen Kontrolle herausgenommen.[58] Unabhängig von diesem trotz Einschränkung per definitionem immer noch sehr weiten Feld sozialer Kontrolle wurden in diesem Forschungsprojekt ausschließlich Vorgänge von Wirtschaftskriminalität im Zusammenhang mit den Privatisierungsprozessen nach der Wiedervereinigung untersucht, so dass folglich soziale Kontrolle nur im Hinblick auf diese spezielle delinquente[59] Form abweichenden Verhaltens analysiert wird. Die Erkenntnisse zu den

---

53   *Peters* 2002: 115.

54   So *Singelnstein, Stolle* 2012: 11.

55   *Becker* 1963: 8 f.

56   Zur Definition des abweichenden Verhaltens *Peuckert* 2010a: 108.

57   Zum Begriff der Sozialisation *Scherr* 2010: 48 f. *König, R.* 1955: 125 bezeichnete als wichtige Aufgabe der Familie neben der physischen Zeugung und Aufzucht die „*zweite Geburt' des Menschen als sozial-kulturelle Persönlichkeit*".

58   *Scheerer* 2000: 158. Zur Notwendigkeit eines gegenüber der Sozialisation eigenständigen Begriffes vgl. *Sack* 1993: 26, der eine Binnendifferenzierung durch die Unterscheidung von externer (also Kontrolle durch sozialen Druck, der von der Umwelt ausgeht) und interner (der Verlagerung der sozialen Kontrolle in das Persönlichkeitssystem des Einzelnen durch den Sozialisationsprozess) sozialer Kontrolle (vgl. *Peuckert* 2010a: 108; *Kreissl* 2000: 21, 37) als undifferenziert ansieht. Soziale Kontrolle würde damit ihre spezifischen Merkmale verlieren, wendet auch *Peters* 2002: 116 ein.

59   Delinquentes Verhalten meint nur solches, welches gegen strafrechtliche Normvorgaben verstößt, also kriminalisierbares Verhalten.

beobachteten Formen der sozialen Kontrolle lassen sich aber, wie bereits ausgeführt, allgemein auf die Kontrolle von Wirtschaftskriminalität übertragen.[60]

Darüber hinaus sei darauf hingewiesen, dass Wirtschaftskriminalität im Sinne des Labeling-Paradigmas erst durch die kontrollierende Handlung selbst als diejenige soziale Wirklichkeit konstituiert wird, auf die sich die Kontrollhandlung bezieht.[61] Soziale Kontrolle hat also neben einem Reaktionscharakter auf delinquentes Verhalten eine originäre Funktion, indem sie in einem sozialen Definitionsprozess ein Verhalten als Kriminalität konstruiert.

Das abweichende Verhalten als Bezugspunkt sozialer Kontrolle kann *gegenwärtig* oder *erwartbar* sein. Soziale Kontrolle umfasst also nicht nur repressiv wirkende (begangene Straftaten aufdeckende und sanktionierende), sondern auch präventiv wirkende (zukünftige Straftaten verhindernde) Handlungen verschiedenster Institutionen. Bei der Institution *Polizei* etwa können grundsätzlich präventive Handlungen zur Verhinderung von bevorstehenden Straftaten als Teil der Gefahrenabwehr im Rahmen der Polizeigesetze von repressiven Handlungen im Rahmen der Verfolgung von bereits begangenen Straftaten auf Grundlage der StPO unterschieden werden.[62]

Selbst der Kriminalitätskontrolle durch das Strafverfolgungssystem (mit der Polizei als Ermittlungsperson der Staatsanwaltschaft)[63] obliegt trotz seiner repressiven Grundausrichtung eine Präventivfunktion, auch wenn etwa die Staatsanwaltschaft gemäß § 152 Absatz 2 StPO nur innerhalb der Grenzen des Anfangsverdachtes zur Erforschung von bereits begangenen Straftaten ermächtigt ist bzw. sie zumindest in Bezug auf das Vorliegen eines solchen Anfangsverdachtes nur verhältnismäßige Vorermittlungen[64] anstrengen darf. Diese präventive Wirkung ergibt sich aus folgenden Erwägungen:

Zum einen werden den strafrechtlichen Sanktionen[65] trotz der repressiven Orientierung des Strafrechts seit der Integration der relativen Straftheorien in eine an

---

60 *Boers* 2001: 343.

61 *Sack* 1993: 28; vgl. Kapitel 3.3.

62 Hierzu benennt *Schüler-Springorum* 1991: 151 systematisch vier Handlungsfelder der Polizei, indem er zunächst eine Gefahr (Prävention) von einer Störung (Repression) unterscheidet. In einem nächsten Schritt trennt er im Bereich der Prävention die allgemeine Gefahrenabwehr von der Abwehr von Kriminalitätsgefahren und im Bereich der Störung die Beseitigung allgemeiner Störungen von der Verfolgung von Straftaten.

63 Vgl. § 152 GVG.

64 *Keller, Griesbaum* 1990: 417. Abzugrenzen sind diese Vorermittlungen, die dazu dienen festzustellen, ob aufgrund vorliegender tatsächlicher Anhaltspunkte ein Ermittlungsverfahren zu veranlassen ist, von Vorfeldermittlungen zur Gewinnung von entsprechenden Anhaltspunkten. Vorfeldermittlungen sind unzulässig. Hierzu *Meyer-Goßner* 2015: § 152 Rn. 4b.

65 Für den Bezug zur Sanktionenlehre und nicht zum Strafrecht allgemein *Calliess* 2001: 101.

dem Vergeltungsgedanken orientierte absolute Straftheorie[66] präventive Wirkungen in Bezug auf die Allgemeinheit, den Einzelnen, auf positive oder negative Zwecke zugesprochen.[67] Polizisten, Staatsanwälte und Richter repräsentieren insoweit die rechtsanwendenden Institutionen, die den allgemeinen Straftatbestand zu dem konkreten Lebenssachverhalt in Bezug setzen und die somit durch ihren spezifischen Wahrnehmungs- und Bewertungshorizont zu einer originären fallbezogenen Auslegung kommen.[68] Die Folge dieses Definitionsprozesses, der sich durch das gesamte Strafverfahren zieht, kann schließlich eine strafrechtliche Sanktion sein, der (zumindest auch) eine präventive Wirkung zugesprochen wird,[69] so dass das gesamte am Definitionsprozess beteiligte Strafverfolgungssystem als Mittler dieser (tertiären) präventiven Wirkung auf Grundlage der Repression[70] dient. Das Strafverfolgungssystem ist damit gleichzeitig Agent der Repression wie der Prävention.

Zum anderen lässt sich eine präventive Wirkung aus dem Selektionsprozess als dem wesentlichen Operationsprinzip des Strafverfolgungssystems ableiten, also aus der in manchen Fällen gerade nicht erfolgten Verhängung von Sanktionen.[71] Anhand des so genannten *Trichtermodells* lässt sich der strafrechtliche Selektionsprozess im Verlauf des Strafverfahrens veranschaulichen (Abbildung 1).[72]

Selektion erfolgt über den gesamten zeitlichen Verlauf vom ursprünglichen kriminalisierbaren Verhalten bis hin zu einer möglichen Verurteilung und Vollstreckung eines Urteils. Zunächst wird nicht jede begangene Straftat überhaupt offiziell bekannt (Dunkelfeld der Kriminalität).[73] Des Weiteren führt nicht jede offiziell bekannt gewordene Straftat zu einem auf eine mündliche Hauptverhandlung hin ergangenen Urteil oder zum Erlass eines Strafbefehls auf Antrag der Staatsanwaltschaft.[74] Es besteht vielmehr unter bestimmten gesetzlich normierten Vorausset-

---

66 Vgl. insbesondere BVerfGE 45, 187, 253 ff.

67 *Meier* 2015: 17 ff., 33 ff.; *Schönke, Schröder* 2014: Vorbem. §§ 38 ff. Rn. 2 ff.; *Kunz* 2011: 284 f.

68 *Kunz* 2011: 166 f.; *Sack* 1974 [1968]: 469.

69 Die Wirksamkeit hat sich bisher allerdings als nur sehr begrenzt empirisch nachweisbar gezeigt, vgl. *Meier* 2015: 27 ff.

70 Strafrechtliche Prävention ist auf der Grundlage strafrechtlicher Repression *tertiäre* Prävention, also strafrechtliche und polizeiliche Rückfallbekämpfung zur Verhinderung weiterer Straftaten; vgl. *Kaiser* 1996: 247, 249.

71 Zum Selektionsprozess *Lamnek* 2008: 33; *Sack* 1974 [1968]: 463 f.

72 Zum „Trichtermodell" bereits *Kerner* 1973: 22 ff., 173 ff.; vgl. außerdem *Sack* 1993a: 468; *Kaiser* 1996: 362; *Kunz* 2011: 223 f.; *Bock* 2013: 300.

73 Zum Nichtanzeigeverhalten der Bevölkerung und der Selektivität des Hellfeldes, also der polizeilich registrierten Kriminalität, vgl. *Albrecht* 2010: 157 ff. Zu den je nach Deliktsart und Land sehr unterschiedlichen Anzeigequoten und der Zufriedenheit der Anzeigeerstatter mit der Reaktion der Polizei vgl. ausführlich die empirischen Erkenntnisse bei *van Dijk* et al. 2007: 110 ff.

74 Das Strafbefehlsverfahren ist ein vereinfachtes Verfahren für Fälle minder schwerer Kriminalität (Vergehen), in dem ohne eine mündliche Verhandlung eine begrenzte Rechtsfolge festgesetzt werden kann (§ 407 StPO). Der Angeklagte kann gem. § 410 StPO binnen zwei Wochen Einspruch gegen den vom Strafrichter oder Schöffengericht

zungen (insbesondere §§ 153 ff. StPO; §§ 45, 47 JGG; § 31a BtMG) aus Opportunitätsgründen in jedem Verfahrensstadium[75] die Möglichkeit, das formelle Verfahren trotz des Verdachts einer Straftat durch eine Einstellung zu beenden. Zusätzlich kommt es bei den meisten Verurteilungen (und rechtskräftigen Strafbefehlen) nicht zur Verhängung und Vollstreckung einer Freiheitsstrafe, die als Sanktion mit dem grundrechtsintensivsten Eingriffscharakter anzusehen ist.[76]

Abbildung 1:   Das *Trichtermodell* für das Jahr 2013

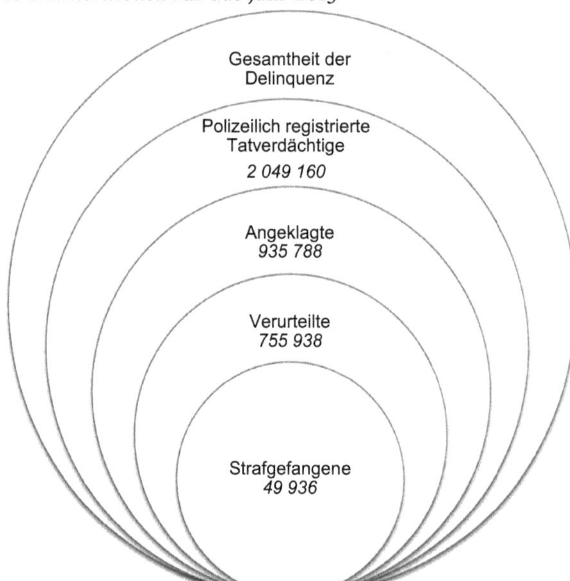

Quellen: *Bundeskriminalamt* 2014: 38; *Statistisches Bundesamt* 2013: 16 (Strafverfolgung); 2013a: 6, 8 (Strafvollzug).[77]

---

erlassenen Strafbefehl erheben und so die Durchführung einer mündlichen Hauptverhandlung gem. § 411 Absatz 1 Satz 2 StPO herbeiführen.

75 Die Polizei hat keine eigene Möglichkeit der Einstellung, eine solche muss über die Staatsanwaltschaft herbeigeführt werden. Jedoch belegte schon *Kürzinger* 1978: 158 ff., 236 f. in einer empirischen Untersuchung eine tatsächliche Selektionsfunktion der Polizei: Es zeigte sich, dass gar nicht jede private Strafanzeige schriftlich aufgenommen und damit in ein förmliches Verfahren übergeleitet wurde. Als deutliche Tendenz beobachtete er, dass Vorgänge wegen Delikten gegen Personen nur in 30 % der Fälle protokolliert wurden, hingegen solche wegen Delikten gegen das Vermögen oder Eigentum zu über 70 %.

76 In ca. 80 % aller Verurteilungen ist die verhängte Sanktion eine Geldstrafe, bei den übrigen 20 % zur Freiheitsstrafe Verurteilten verteilen sich die zur Bewährung ausgesetzten und die vollstreckten Freiheitsstrafen etwa im Verhältnis 2:1; *Meier* 2015: 52 f.

77 Angeklagte werden in der Statistik als „Abgeurteilte" bezeichnet und umfassen damit die nach Eröffnung des Hauptverfahrens erfolgten rechtskräftigen Verfahrenserledigungen im Wege von Strafbefehlen, Urteilen und Einstellungsbeschlüssen; *Statistisches Bundesamt* 2013: 13 (Strafverfolgung). Nicht erfasst sind damit die nicht rechtskräftigen

Als Aufgabe des Strafverfolgungssystems könnte man deshalb eine weitergehende Aufhellung des Dunkelfeldes und eine vollständige formelle Sanktionierung aller kriminalisierbaren Handlungen formulieren. *Popitz* entgegnet einer solchen Vorstellung von einer (schon finanziell und organisatorisch unmöglichen) kompletten Aufhellung des Dunkelfeldes jedoch zu Recht, dass nur durch den Selektionsprozess und dadurch, dass die Mehrheit nicht bekomme, was sie verdiene, die Präventivwirkung der Strafe bestehen bleiben könne.[78] Dies wird als die *„Präventivwirkung des Nichtwissens"*[79] bezeichnet. Denn wenn alle Straftäter die ihnen durch das Gesetz drohenden Strafen bekämen, gäbe es, da Straftaten vor allem in der Jugendphase weit verbreitet sind und bis ins frühe Erwachsenenalter fast jeder eine zumindest leichte Straftat begangen hat,[80] ein Volk von Vorbestraften.[81] Durch diese Umkehrung von Regel und Ausnahme würde die Strafe jede generalpräventive Wirkung verlieren. Demnach entfaltet auch ein Nichteinschreiten des Strafverfolgungsapparates (und die damit verbundene Ungewissheit, ob Strafverfolgung stattfindet oder nicht) für die Allgemeinheit faktisch eine präventive Wirkung (Generalprävention der Dunkelziffer).[82] Insgesamt führen deshalb sowohl formelle Sanktionen als auch das Ausbleiben solcher Sanktionen zu einem komplexen, auf Reziprozität basierenden System von Prävention und Repression.

3.1.3 Differenzierung von formellen und informellen Kontrollhandlungen

Als soziale Kontrolle werden nach *Peters* alle Handlungen bezeichnet, die auf gegenwärtiges oder erwartbares abweichendes Verhalten reagieren.[83] Soziale Kontrolle umfasst damit Kontrollmaßnahmen für abweichendes Verhalten. Bestimmte Kontrollmaßnahmen werden in bestimmten Kontrollinstitutionen gebündelt. Im Folgenden werden als *Kontrollinstitutionen* alle Institutionen bezeichnet, die über irgendeine Handlungsmöglichkeit und damit irgendeine Kontrollmaßnahme in

---

     Verfahrensabschlüsse sowie die Verfahren, in denen die Eröffnung des Hauptverfahrens abgelehnt wurde.

78 *Popitz* 1968: 20.

79 *Popitz* 1968: 20.

80 Zusammenfassung zu den empirischen Erkenntnissen bezüglich dieser Ubiquitätsthese in verschiedenen Studien bei *Walter, Neubacher* 2011: 316 f.; vgl. auch *Boers* et al. 2014: 186.

81 Vgl. hierzu *Popitz* 2007 (nach seinem Tod erschienenes Herausgeberwerk mit einer Sammlung seiner Texte): 159, 171.

82 *Popitz* 1968: 20. *Schünemann* 1989: 630 f. streitet zwar ab, dass im Bereich der Wirtschaftskriminalität die Dunkelziffer generalpräventiv wirkt, stattdessen sei sie sogar kriminogen. Diese Vermutung ändert jedoch nichts an der grundsätzlichen Annahme, dass eine ubiquitäre Verbreitung von Delinquenz und eine umfassende Überführung aller Wirtschaftsstraftäter in das Hellfeld dazu führen würden, dass sich der Normapell insgesamt verflüchtigen würde.

83 *Peters* 2002: 115.

Bezug auf kriminalisierbares Verhalten verfügen. Ob Kontrollmaßnahmen in Bezug auf Kriminalität ihr zentrales Handlungsinstrument sind, ist dabei nicht von Bedeutung. Kontrollmaßnahmen werden zumeist danach differenziert, ob sie formeller oder informeller Natur sind.[84] Man unterscheidet insoweit Maßnahmen formeller Institutionen wie der Polizei, der Staatsanwaltschaft und der Strafgerichte von solchen informeller Gruppen oder Organisationen, denen eine Person angehört oder die ansonsten einen normierenden und Orientierung bietenden Einfluss auf sie ausüben (zum Beispiel Schule, Familie).[85] Kontrollhandlungen in Bezug auf Kriminalität werden oft anhand dieser beispielhaften Einteilung der Institutionen sozialer Kontrolle dem formellen oder informellen Bereich zugeordnet. Eine exakte Bestimmung, ob eine Handlung formell oder informell ist, erscheint auf diese Weise jedoch nicht unbedingt möglich. Schaut man sich einzelne Bereiche der sozialen Kontrolle genauer an, so ergeben sich folgende missverständliche Konstellationen:

Zum einen können ebenso Handlungen von informellen Institutionen auf einer gesetzlichen Ermächtigungsgrundlage beruhen und in einer gesetzlichen Verfahrensordnung geregelt sein, also nach allgemeinem Verständnis formellen Charakter besitzen. So sind z. B. bestimmte (besonders schwerwiegende) Erziehungs- und Ordnungsmaßnahmen, die von der Schule angeordnet werden können, gesetzlich normiert (vgl. z. B. § 53 SchulG NW). Zum anderen stellen Strafverfolgungsbehörden unter bestimmten Voraussetzungen trotz des Legalitätsprinzips aus Opportunitätsgründen ein Strafverfahren ein, dies wird in der Literatur häufig als „informelle" Verfahrenserledigung bezeichnet.[86] Eine genaue Definition (und nicht bloß eine beispielhafte Einordnung) erscheint deshalb zu einer Differenzierung von informeller und formeller sozialer Kontrolle geboten.

Hierzu kann man in einem ersten Schritt *formelle* und *informelle Institutionen* unterscheiden – die Handlungsebene wird erst in einem zweiten Schritt bedeutsam. Formelle Institutionen sozialer Kontrolle sind diejenigen, die durch staatlichen Rechtsetzungsakt zur Kontrolle von Kriminalität ermächtigt sind. Andere Institutionen, denen diese spezielle Ermächtigung fehlt – sei es, da sie unmittelbar zur Kontrolle anderer, nicht kriminalisierbarer Phänomene eingesetzt werden, sei es, weil sie nicht durch einen staatlichen Rechtsetzungsakt zur Kriminalitätskontrolle ermächtigt wurden – sind informell.

Staatsanwaltschaften, Polizei und Strafgerichte lassen sich folglich unter dem Begriff der formellen Kontrollinstitutionen zusammenfassen. Schulen sind hingegen

---

84 *Peters* 1989: 131.

85 Vgl. *Peuckert* 2010: 147; *Meier* 2015: 2 f.; *Singelnstein, Stolle* 2012: 12 differenzieren zwischen staatlicher (hierzu gehört dann auch die Schule) und privater sozialer Kontrolle sowie zwischen formellen und informellen Normen.

86 So beschäftigt sich beispielsweise ein Kapitel von *Meier* 2013: 144 ff. mit den „informellen" Reaktionen auf Jugendkriminalität gem. §§ 45, 47 JGG. *Meier* weist ausdrücklich daraufhin, dass dies nicht bedeute, den Jugendlichen bleibe jeder Kontakt zu den Strafverfolgungsbehörden erspart.

nicht unmittelbar zur Kriminalitätskontrolle ermächtigt und werden als informelle Institutionen eingeordnet. Denn primäres Ziel aller Erziehungs- und Ordnungsmaßnahmen ist immer, die Ordnung innerhalb der Schule sicherzustellen, um dem eigentlichen Auftrag, Bildung zu vermitteln, nachzukommen, und eben nicht, Kriminalität zu bekämpfen. Auch eine förmlich geregelte Maßnahme einer informellen Institution ist somit keine formelle Kontrolle. Eine Staatsanwaltschaft kann umgekehrt zur Erfüllung ihrer Aufgaben fiskalisch operieren (zum Beispiel Schreibpapier ordern), dennoch dient diese Handlung, auch wenn sie einer formellen Institution zuzuordnen ist, offensichtlich nicht unmittelbar der Kriminalitätskontrolle. Die Einordnung der jeweiligen Institution als formell ist infolgedessen zwar notwendige, aber nicht hinreichende Bedingung, um eine Handlung als formelle Kontrolle zu bezeichnen.

Denn in einem zweiten Schritt sind die *Kontrollhandlungen* selbst zu beachten. Formelle Handlungen werden ausschließlich von formellen Institutionen aufgrund von durch staatlichen Rechtsetzungsakt speziell zur Kontrolle von Kriminalität erlassenen Verfahrensregeln durchgeführt. Kontrollhandlungen, die nicht diese Voraussetzungen erfüllen, sind informell. Bei den formellen Handlungen handelt es sich vor allem um Strafurteile, Strafbefehle, außerdem aber auch um sämtliche Zwangsmaßnahmen, die auf Grundlage der StPO zur Aufklärung von Straftaten vorgenommen werden können. Einstellungen wegen Geringfügigkeit gem. § 153 StPO oder mit einer Auflage nach § 153a StPO, die immer wieder als informelle Verfahrenserledigungen bezeichnet werden, stellen damit ebenso formelle Kontrollhandlungen dar wie eine Verurteilung zu einer Freiheitsstrafe. Selbst eine Einstellung nach § 170 Absatz 2 StPO mangels hinreichenden Tatverdachtes und ein Freispruch am Ende der Hauptverhandlung erfolgen durch eine formelle Institution aufgrund der speziellen Verfahrensregeln der StPO zur Kriminalitätskontrolle und sind somit formelle Kontrollhandlungen. Hinreichende Bedingung für formelle soziale Kontrolle ist also neben der Befugnis zur Kriminalitätskontrolle, dass in einem staatlichen Rechtsetzungsakt einer Institution zugewiesene und der Kriminalitätskontrolle dienende Handlungen kodifiziert werden.

Informelle Kontrollinstitutionen haben jedoch Einfluss auf das formelle Kontrollsystem. Ihnen (und damit letztlich jedem Bürger) bieten sich verschiedene Möglichkeiten, formelle Kontrollhandlungen zu initiieren. Eine wichtige Schnittstelle zur formellen Sozialkontrolle stellt die Möglichkeit einer Strafanzeige gem. § 158 Absatz 1 StPO dar, deren Folge formelle Kontrollhandlungen im Rahmen eines Strafverfahrens sind. Diese Möglichkeit des Ingangsetzens der Strafverfolgung ist sehr bedeutsam, denn ca. 85–95% der polizeilich registrierten Vorgänge beruhen auf einer privaten Anzeige.[87] Daneben ist bei einigen Delikten die Stellung eines

---

87 *Kunz* 2011: 202; vgl. auch *Walter, Neubacher* 2011: 223 ff.

Strafantrages[88] durch den Geschädigten notwendig (beispielsweise bei einem Diebstahl innerhalb der Familie wegen § 247 StGB oder bei einer einfachen Körperverletzung wegen § 230 StGB), damit die formelle Kontrollinstitution überhaupt tätig werden kann.[89] Bei bestimmten Delikten kann der Verletzte auch Privatklage gem. § 374 Absatz 1 StPO erheben, wenn die Staatsanwaltschaft nicht gem. § 376 StPO das öffentliche Interesse bejaht. Er übernimmt dann weitgehend die Rolle der Staatsanwaltschaft im Strafverfahren. Zudem kann ein Antragssteller, der zugleich auch Verletzter ist, bei Straftaten, die keine Privatklagedelikte sind und bei denen das zugrunde liegende Verfahren gem. § 170 Absatz 2 StPO eingestellt wurde, gem. §§ 172 ff. StPO versuchen, die Erhebung der öffentlichen Anklage zu erzwingen.[90]

3.1.4   Die Zielsetzung sozialer Kontrolle

In der eingangs zitierten Definition von *Peters* wird festgelegt, dass als soziale Kontrolle nur solche Handlungen bezeichnet werden, die auf die Herstellung von Normkonformität oder die Verhinderung abweichenden Verhaltens zielen.[91] Ihre tatsächliche Wirksamkeit spielt für ihre Klassifizierung keine Rolle. Dies ist naheliegend, denn ansonsten wären nicht einmal sämtliche formellen Maßnahmen der Strafjustiz vom Begriff der sozialen Kontrolle umfasst, sondern ihre Wirksamkeit müsste zunächst empirisch überprüft werden.[92]

Ziel einer solchen Kontrollhandlung ist es nach *Peters*, Konformität herzustellen oder abweichendes Verhalten *in dem sozialen System, in dem sie wirken soll,* zu verhindern.[93] Neben der Möglichkeit der (Wieder-)Herstellung der Normkonformität des Abweichenden an sich gibt es die Alternative, durch seinen Ausschluss aus dem sozialen System Normkonformität in diesem System wiederherzustellen. Ein typischer Fall einer solchen Exklusion ist die Abschiebung eines straffälligen Ausländers nach § 53 AufenthG. Die radikalste Form der sozialen Kontrolle durch Ausschluss

---

88 Das Erfordernis eines Strafantrages ist jeweils im Besonderen Teil des StGB bei den einzelnen Delikten oder Deliktsgruppen geregelt, allgemeine Regeln zum Strafantrag finden sich in §§ 77 ff. StGB.

89 Zu unterscheiden sind hierbei solche Delikte, bei denen die Strafverfolgungsbehörden ohne Strafantrag überhaupt nicht tätig werden können (beispielsweise gem. § 194 Absatz 1 Satz 1 StGB bei der Beleidigung gem. § 185 StGB), von solchen, bei denen sie das (besondere) öffentliche Interesse bejahen können und dann auch ohne Strafantrag tätig werden dürfen (beispielsweise gem. § 230 Absatz 1 Satz 1 StGB bei der vorsätzlichen und fahrlässigen Körperverletzung gem. §§ 223, 229 StGB).

90 Die praktische Bedeutung des Klageerzwingungsverfahrens ist jedoch gering; *Beulke* 2012: 233.

91 Vgl. *Peters* 2002: 115.

92 *Cohen, A. K.* 1968: 73 bezog nur tatsächlich wirksame Prozesse und Strukturen in seine Definition ein. Zur Kritik *Peters* 1989: 129.

93 Vgl. *Peters* 2002: 115.

ist der Vollzug einer Todesstrafe.[94] Auch die Inhaftierung eines Delinquenten führt letztlich dazu, dass für die Zeit seiner Abwesenheit und danach aufgrund einer möglichen Resozialisierung Normkonformität wiederhergestellt wird. Gerade informelle Maßnahmen (wie beispielsweise der Ausschluss einer Person aus einem Unternehmen durch eine fristlose Kündigung nach einer entdeckten Straftat)[95] zielen häufig darauf ab, nur innerhalb des spezifischen Systems delinquente Verhaltensweisen zukünftig zu verhindern.

3.1.5   Die Bezugs- und die Kontrollgruppe

Peters unterscheidet im Rahmen der sozialen Kontrolle des Weiteren die Bezugsgruppe von der Kontrollgruppe. Der Strafgesetzgeber stellt dabei die Bezugsgruppe dar, die nach den Regeln eines vorgegebenen Gesetzgebungsverfahrens wirtschaftskriminelles Verhalten und dessen Sanktionen abstrakt definiert, während der im Einzelfall zuständige Strafrichter diese Normen konkret anwendet, indem er über die Verwirklichung des Straftatbestandes entscheidet und eine konkrete Sanktion festgelegt. Damit gehört er zur *Kontrollgruppe*. Die *Bezugsgruppe* des Kontrollierenden verteidigt nach *Peters* folglich abstrakt die anzuwendenden Normen.[96] Sie unterscheidet sich von dem Kontrollierenden dadurch, dass sie Inhaber eines abstrakten Wissens über Normen ist, während für den Kontrollierenden eine normtypische Situation konkret gegeben ist.[97] Neben der Eigenschaft, dass diese Bezugsgruppe nicht wählbar ist, sondern feststeht[98] setzt die Ausübung der sozialen Kontrolle voraus, dass diese Bezugsgruppe über die Macht zu kontrollieren verfügt. Diese muss eine (worauf auch immer beruhende) Chance haben, den eigenen Willen als Standard gegen das Widerstreben anderer Gruppen durchzusetzen.[99] Bezugsgruppen wachen sowohl über die Geltung von Normen als auch über die Angemessenheit der Reaktionen auf Normverstöße. Eine ausgebliebene Billigung durch die Bezugsgruppen lässt eine einzelne Reaktion als illegitime Rache erscheinen.[100] Soziale Kontrolle kann deshalb auch nicht vollkommen losgelöst von der Machtfrage nach der Durchsetzbarkeit bestimmter Normvorstellungen betrachtet werden. Strafgesetzgebung und Strafrechtsprechung können für die Mächtigen einer Gesellschaft (insbesondere die hier untersuchte Wirtschaftskriminalität ist geprägt von definitionsmächtigen Akteuren)[101] dazu dienen, die gesellschaftliche Loyalität mit den Mächtigen und ih-

---

94   *Peters* 1989: 131.
95   Ein kurzer Überblick zu den Sanktionsmaßnahmen nach einer internen Untersuchung bei Straftatverdacht findet sich bei *Wauschkuhn* 2012: 74 ff.
96   *Peters* 1989: 132; *Schumann* 1968: 55 ff.
97   *Schumann* 1968: 57.
98   *Schumann* 1968: 57.
99   *Peters* 1989: 132; *Schumann* 1968: 55 ff.; *Weber, M.* 1976: 28.
100 Am Beispiel einer Kassiererin veranschaulicht von *Schumann* 1968: 56 f.
101 Vgl. zum Sozialprofil der Täter nur *Schwind* 2013: 458 ff.

ren Normvorstellungen zu sichern, indem soziale Probleme auf einzelne delinquente Taten reduziert, politische Handlungsfähigkeiten durch Strafschärfungen demonstriert und symbolisch gesellschaftliche Werte bekräftigt werden.[102] Empirisch ist das, soweit bekannt, bisher nicht untersucht worden. Es würde sich sodann die Frage nach der Legitimität oder Illegitimität dieser Art der Ausübung von Kontrollmacht stellen, die nicht mehr durch die verfassungsrechtlich abgesicherte Zielsetzung für eine formelle Sozialkontrolle legitimiert ist. Solange Strafgesetzgebung und Strafrechtsprechung auch unter Berücksichtigung wirtschaftlicher und politischer Interessen die Aufgabe erfüllen sollen, Wirtschaftskriminalität zu unterdrücken bzw. zu verhindern, läge der Schluss auf eine Illegitimität der Ausübung der Kontrollmacht nahe, wenn beispielsweise diese Ziele durch die Bezugsgruppe trotz ihres Auftrages im konkreten Einzelfall nicht mehr wirksam verfolgt würden.

Wirtschaftskriminalität ist im Gegensatz zur allgemeinen Kriminalität geprägt durch mächtige Akteure, die sich nicht zuletzt aufgrund ihrer finanziellen Möglichkeiten besser gegen die Kontrollmacht verteidigen können. Es ist deshalb vor dem Hintergrund der vorstehenden abstrakten Überlegungen zu vermuten, dass soziale Kontrolle bei Wirtschaftskriminalität geprägt ist durch von allgemeinen Strafsachen abweichende Erledigungsquoten im strafrechtlichen Selektionsprozess, durch definitionsmächtige und mit hohem sozialen Ansehen ausgestattete Akteure sowie durch informelle Kontrollkonzepte mit Einfluss auf die formelle soziale Kontrolle im Interesse des Unternehmens. Auf diese zu vermutende Einflussmöglichkeit informeller sozialer Kontrolle in Unternehmen auf die formelle soziale Kontrolle von Wirtschaftskriminalität konzentriert sich diese Untersuchung im Wesentlichen.

3.2   Informelle Konzepte der sozialen Kontrolle

Der Schwerpunkt dieser Untersuchung liegt auf der institutionalisierten informellen Sozialkontrolle von umbruchsbedingter Unternehmenskriminalität durch die Stabsstelle *Besondere Aufgaben* bei der Treuhandanstalt. Doch mittlerweile liegt eine Vielzahl verschiedenartiger, informeller Kontrollkonzepte vor, die voneinander anhand ihres Aufbaus und ihrer Zielsetzung zu unterscheiden sind.

---

102 *Voß* 1993: 136 ff.

3.2.1 Die Entwicklung informeller Kontrollkonzepte

Erwartete Risiken oder bereits entstandene Schäden aufgrund von Wirtschaftskriminalität in einem Unternehmen[103] und auch durch Korruption[104] finden nicht erst mit der in den letzten Jahren begonnenen vermehrten Einrichtung solcher besonderen informellen Institutionen zur Kontrolle von Wirtschaftskriminalität unternehmens- und behördeninterne Beachtung.[105] So wurden beispielsweise schon seit Längerem Informationen über (wirtschafts-)delinquentes Verhalten, soweit diese als relevant für die Planung und Kontrolle der Zielerreichung eines Unternehmens eingeschätzt wurden, in das Controllingsystem einbezogen, oder Maßnahmen zur Einhaltung des Vier-Augen-Prinzips[106] eingeführt. Darüber hinaus verfügen etwa auch eine interne Revisionsabteilung, externe Wirtschaftsprüfer oder eine allgemeine Rechtsabteilung generell über das Potential, delinquentes Verhalten zu entdecken oder zu verhindern. Solche Möglichkeiten einer nicht explizit auf die Bekämpfung der Wirtschaftskriminalität ausgerichteten und damit also klassisch-unspezifischen Kontrolle existieren zahlreich,[107] stehen hier aber nicht im Mittelpunkt des Interesses.

In den letzten Jahren wurde vor allem in Großunternehmen eine vermehrte Tendenz beobachtet, spezielle Einrichtungen oder Maßnahmen zur Kontrolle von Wirtschaftskriminalität zu schaffen und zu etablieren.[108] Auch in der Verwaltung kam es mittlerweile zur Gründung entsprechender (hier meist externer) Institutionen, die vor allem zur Bekämpfung von Korruption eingesetzt werden.[109] Das

---

103 Einen umfassenden Überblick über die spezielle Risikosituation des Unternehmens in einem Strafverfahren bietet *Minoggio* 2010: 67 ff. Neben den förmlichen Sanktionsrisiken weist er vor allem auch auf die so genannte *Verfahrensstrafe* hin, unter der er zum einen die hieraus meist folgende negative Publizität (a. a. O.: 92 ff.) und zum anderen eine teilweise Blockade des operativen Geschäftes durch eine massive Bindung von Führungskräften durch das Strafverfahren (a. a. O.: 98 f.) zusammenfasst.

104 Zum nicht einheitlich verwendeten Begriff der Korruption vgl. statt vieler *Kerner, Rixen* 1996: 359 ff. *Techmeier* 2006: 83 setzt sich theoretisch fundiert mit dem Verhältnis der Begriffe Korruption und Wirtschaftskriminalität auseinander.

105 So konstatierte *Palazzo* 2001: 52, dass Unternehmen zunächst eine Verbesserung des „traditionellen, internen Kontrollsystems" anstrebten.

106 Zur Bedeutung des Vier-Augen-Prinzips als organisatorische Compliance-Maßnahme *Passarge* 2009: 86.

107 Ein Überblick findet sich bei *Palazzo* 2001: 52.

108 Schon 2003 stellte *Bussmann* eine leichte Tendenz fest; *Bussmann* 2003: 102. Im Jahr 2005 spricht er von einer weiteren Steigerung in diesem Bereich, vgl. *Bussmann, Salvenmoser* 2006: 208; *PriceWaterhouseCoopers* 2005: 37; 2007: 35. Eine ähnliche Tendenz zeigte sich bei *KPMG*: 2006: 23, 27.

109 Nordrhein-Westfalen erließ beispielsweise ein eigenes Gesetz zur Korruptionsbekämpfung (Gesetzes- und Verordnungsblatt des Landes Nordrhein-Westfalen Nr. 1 v. 4.1.2005: 20200) mit verschiedenen Maßnahmen. Rheinland-Pfalz setzte schon früh einen eigenen Vertrauensanwalt zur Korruptionsbekämpfung ein. Ein Überblick über

Augenmerk liegt hier immer auch auf einer potentiell präventiven Wirkung,[110] die jedoch oft weder theoretisch hergeleitet noch empirisch belegt wird.[111] Ausgeblendet werden hierbei auch die Risiken für die Freiheitsrechte der Gesellschaft, die eine stetige Ausdehnung der Prävention in sämtlichen gesellschaftlichen Bereichen mit sich bringt.[112]

---

die Entwicklung der Korruptionsbekämpfung in den einzelnen Bundesländern gibt Transparency International Deutschland; abzurufen als Bericht für 2012 unter https:// www.transparency.de/fileadmin/pdfs/Themen/Justiz/Korruptionsbekaempfung_web. pdf (letzter Abruf: 12.10.2015).

110 *Bannenberg* 2002: 23; *Hoffman, Sandrock* 2001: 433; *Kerner, Rixen* 1996: 368 f., 394; *Palazzo* 2001: 52; *Schaupensteiner* 2003: 12, 16 f. Für den Bereich der ethischen Richtlinien schätzt *Bussmann* (2003: 102; 2004: 45 f.; *Bussmann, Salvenmoser* 2006: 208) eine kriminalpräventive Wirksamkeit beispielsweise hoch ein, wenn strafrechtliche Normvorgaben explizit in diese Richtlinien eingebettet werden und soweit sie gelebter Teil der Unternehmenskultur werden. In der *Studie zur Wirtschaftskriminalität* in Zusammenarbeit mit *PriceWaterhouseCoopers* versucht er eine verstärkte Aufdeckung von Wirtschaftskriminalität durch informelle Kontrollmaßnahmen empirisch zu belegen, indem er Unternehmen mit bis zu fünf solcher Maßnahmen mit Unternehmen mit mehr als fünf und bis zu zehn Maßnahmen vergleicht; *PriceWaterhouseCoopers* 2005: 39; 2007: 37. Er kommt zu dem Ergebnis, dass Unternehmen aus der letzten Gruppe häufiger Betrugsfälle aufdecken und für ihre deutlich höheren Schäden (aber seltener immateriellen Schäden) auch des Öfteren eine zumindest anteilige Schadenskompensation erhalten. Dies ist natürlich erwartbar, da verstärkte Kontrollen auch immer zu einem vermehrten Entdeckungsrisiko führen; so auch *PriceWaterhouseCoopers* 2007: 30 f. Über eine präventive Wirksamkeit solcher Maßnahmen sagt dies allerdings wenig aus. In der Studie werden zwar präventive Effekte als belegt angesehen (*PriceWaterhouseCoopers* 2007: 46 f.), dies erscheint jedoch angesichts des empirischen Materials der Studie eher als vage Vermutung, deren Herleitung aus einer empirisch gesicherten Datengrundlage nicht im Einzelnen nachvollziehbar ist. Kritisch gegenüber einer präventiven Wirksamkeit äußerten sich im deutschsprachigen Raum insbesondere *Schünemann* 2005: 361; *Hefendehl* 2006: 125; *Theile* 2008: 418.

111 Dass dies aber notwendig ist und im Bereich der Prävention allgemein häufiger wegen deren vermeintlichen Unschädlichkeit übersehen wird, führt für weit verbreitete kriminalpräventive Projekte überzeugend *Volkmann* 2002: 14 ff. aus. Er spricht von einer sich verbreitenden These des „everything works", die offenbar als ausreichende Legitimation angesehen werde.

112 Zu der Frage, ob wir auf dem Weg in eine Präventionsgesellschaft sind und was dies bedeutet, finden sich interessante Deutungen bei *Strasser, Brink* 2005: 3 ff. Ein überzeugendes Plädoyer zur Vermeidung von „*Aufregungsschäden*" durch eine ständige Ausweitung der Präventionsmaßnahmen liefert außerdem *Mensching* 2005: 21 ff.

3.2.2 Eine systematische Differenzierung informeller Kontrollkonzepte

Bei den in den letzten Jahren eingeführten informellen Kontrollkonzepten kann man von den klassisch-*unspezifischen* neuere *spezifische* informelle Instrumente zur Kontrolle von Wirtschaftskriminalität[113] unterscheiden (Tabelle 1). Die spezifischen Kontrollinstrumente kann man danach differenzieren, ob sie *ausschließlich zur Kriminalitätskontrolle* eingeführt werden oder *zumindest auch* diesem Zweck dienen.[114]

Tabelle 1: Klassisch-unspezifische und spezifische informelle Kontrollkonzepte

Informelle Kontrolle

klassisch-unspezifisch	spezifisch	
	zumindest auch der Kriminalitätskontrolle dienend	*ausschließlich der Kriminalitätskontrolle dienend*
Controlling	Wirtschafts-, Unternehmensethik; insbesondere Ethikrichtlinien	Betriebsjustiz
interne Revision	institutionalisierte Ratgeber; z. B. Hotlines, (anonyme) Hinweisgebersysteme	externer Ombudsmann oder Berater, auch Unternehmensverteidiger oder unabhängiger Ermittler
externer Wirtschaftsprüfer	Compliance	interne Kontrolleinrichtungen (Stabsstelle *Besondere Aufgaben* bei der Treuhandanstalt)
allgemeine Rechtsabteilung	Integrity als Teil der Unternehmenskultur	Internal Investigations
-	internes Sanktionssystem für Fehlverhalten	-

3.2.2.1 Die unspezifischen, informellen Kontrollkonzepte

Betrachtet man die *spezifischen* informellen Kontrollkonzepte, die *zumindest auch* der (Wirtschafts-)Kriminalitätskontrolle dienen, so fällt in den letzten Jahren insbesondere eine stark zunehmende Bedeutung der Wirtschafts- und Unternehmensethik auf. Unter dem Begriff der Unternehmensethik können die Grundeinstellungen und Normen der Unternehmensangehörigen, institutionalisierte Wertmaßstäbe des Unternehmens und externe (also auch materiell-strafrechtliche) Maßstäbe

---

113 Oft werden diese vor allem zur Verhinderung von Occupational Crime eingesetzt.

114 Im konkreten Einzelfall in einem Unternehmen kann sich hinter einer so oder ähnlich bezeichneten informellen Maßnahme oder Institution natürlich ein ganz anders ausgestaltetes Konzept verbergen, so dass eine andere Zuordnung gerechtfertigt wäre.

zusammengefasst werden.[115] Vor allem Maßnahmen zur Implementierung einer Unternehmensethik durch spezielle *Ethikrichtlinien*[116] haben Konjunktur (intensiver und früher bereits im US-amerikanischen Raum).[117] Häufig werden mittlerweile strafrechtliche Normen zumindest in den Text einer Richtlinie kopiert oder sogar in konkretere Anweisungen transferiert.[118] Den Unternehmen wird in diesem Zusammenhang außerdem verstärkt empfohlen, strukturelle Rahmenbedingungen in Form von *Hotlines* oder anderen *Hinweisgebersystemen* zu schaffen, die dem Mitarbeiter in ethisch oder strafrechtlich relevanten Sachverhalten eine kompetente Beratung bieten.[119] Unter dem Begriff der *Compliance* werden Handlungsspielräume begrenzende Maßnahmen zur Einhaltung gesetzlicher, aufsichtsrechtlicher, branchenüblicher oder autonom gesetzter Standards zur Begrenzung von Haftungsrisiken für das Unternehmen zusammengefasst.[120] Die konkrete Ausgestaltung variiert von Unternehmen zu Unternehmen, dennoch lassen sich die folgenden Maßnahmen als Compliance-Standards zusammenfassen: Es werden Unternehmensrichtlinien mit oder ohne unternehmenseigenen Sanktionssystemen verfasst, Spezialabteilungen oder Stellen gegründet, die sich im Unternehmen mit Compliance befassen, Mitarbeitertrainings für Standard-Compliance-Fälle durchgeführt sowie spezifische

---

115 *Kreikebaum* 1996: 21 f.; zum übergeordneten Begriff der Wirtschaftsethik *Kreikebaum* 1996: 14 ff. Ein Überblick über die wichtigsten Ansätze der Wirtschafts- und Unternehmensethik findet sich bei *Panther* 2005: 69 ff. Zur wachsenden Bedeutung der Unternehmensethik *Wieland* 1999: 30; *Ulrich, Lunau, Weber* 1999: 121; *Hefendehl* 2006: 121 f. In den Medien wurde das Thema ebenfalls vermehrt aufgegriffen. *Matthäus* 2005: 435 f. prophezeit (bisher zutreffend), dass es sich hierbei nicht um eine temporäre Erscheinung handelt, denn der Manager, der sich in den Medien vom gefeierten Star zum „Verbrecher" wandelt, sei nicht plötzlich ausgestorben und das Thema folglich noch längst nicht obsolet.

116 Die Benennung variiert erheblich, alternativ gebräuchlich sind zum Beispiel *code of conduct, Ethik-Kodex, guidelines, Unternehmensrichtlinien.* Kritisch zu einer präventiven Wirkung solcher Unternehmensrichtlinien insbesondere *Theile* 2008: 406 ff., 418.

117 *Bussmann* 2003: 97 f. Bei einer empirischen Untersuchung zur Verbreitung von „Ethikmaßnahmen" in Deutschland und der Schweiz erreichte der Ethik-Kodex den höchsten Bekanntheitsgrad und gehörte zu den am meisten bereits eingesetzten Instrumenten; *Ulrich, Lunau, Weber* 1999: 153, 159. Ähnliches zeigte sich, wenn man nur die spezifischen Maßnahmen vergleicht, auch bei *Bussmann, Salvenmoser* 2006: 208; *PriceWaterhouseCoopers* 2005: 37. Mit zunehmender Unternehmensgröße sind diese zudem weiter verbreitet; *KPMG* 2006: 25.

118 Dies fordert *Bussmann* seit Längerem, um eine bessere kriminalpräventive Wirksamkeit zu erzielen, und beobachtet bereits seit 2003 eine Tendenz in diese Richtung; *Bussmann* 2003: 100 ff.; 2004: 45 f.

119 *Palazzo* 2001: 57 f.; *Bussmann* 2003: 102. Diese Form hat sich verbreitet, *Bussmann, Salvenmoser* 2006: 208.

120 *Scherp* 2003: 486; *Hefendehl* 2006: 122; *Hauschka* 2004: 257 ff.; *Minoggio* 2010: 495 ff. Zum Zusammenspiel von passiven Hinweisgebersystemen und aktiven Compliance-Audits innerhalb einer Unternehmens-Compliance *Miras* 2014: 915 ff.

Kontrollmechanismen installiert, die Compliance-Verstöße unterbinden bzw. aufklären sollen.[121] Compliance kann dabei auch konkrete Maßnahmen der Unternehmensethik umfassen, soweit diese zur Einhaltung gesetzlicher Standards eingesetzt werden.

Hinter einer *Compliance-Abteilung* kann sich also ebenfalls eine spezifische informelle Kontrollinstitution verbergen, die sich zumindest auch mit der Einhaltung strafrechtlicher Normvorgaben beschäftigt.[122] In diesem Zusammenhang wird auch das Konzept der Förderung eines betrieblichen „Integritätsklimas", der so genannten *Integrity,* diskutiert, so dass Mitarbeiter sich aus einer inneren Überzeugung (strafrechts-)konform verhalten.[123] Das bedeutet, dass im Unternehmen soziale Werte und Ziele mit den hieraus resultierenden sozialen Verpflichtungen in sämtlichen Managementbereichen integriert werden und die Mitarbeiter auf dieser Grundlage die Fähigkeit erhalten sollen, eigenverantwortlich im Sinne dieser Werte und Ziele zu entscheiden.[124] Des Weiteren wird zunehmend darauf verwiesen, dass es wichtig sei, die arbeitsrechtlichen und auch strafrechtlichen Konsequenzen (also insbesondere Kündigung oder Abmahnung, Geltendmachung von Schadensersatz, Erstattung einer Strafanzeige) von (strafrechtlichen) Normverstößen in einem Unternehmen oder der Verwaltung konkret zu bezeichnen, also über ein klar definiertes, internes Sanktionssystem zu verfügen.[125]

3.2.2.2 Die spezifischen, informellen Kontrollkonzepte

Während diese Maßnahmen und Institutionen meist nur unter anderem zur Kriminalitätskontrolle eingerichtet werden, existieren zudem Konzepte, die sich ausschließlich auf eine Kriminalitätskontrolle in einem Unternehmen oder einer Behörde fokussieren – die so genannte *Criminal Compliance.*[126] Bereits in den 1960er Jahren wurde die Einführung und Bedeutung einer eigenen *Betriebsjustiz* diskutiert.[127] Diese sollte sich vornehmlich um Occupational Crime kümmern, also nicht um die Unternehmenskriminalität. Zudem wird mittlerweile vermehrt auf

---

121 Vgl. hierzu auch *Kölbel* 2013: 500.

122 *Hauschka* 2004: 261.

123 *Noll* 2013: 185 ff., 198 f.; *Palazzo* 2001: 53 ff.; *Bussmann* 2003: 94 ff.; vgl. zum Unternehmensklima auch *Bussmann, Salvenmoser* 2006: 206. Zu einer Integration und Weiterentwicklung eines Compliance- und Integrity-Konzeptes im Rahmen einer *integrativen Unternehmensethik Ulrich* 2008: 498 f.

124 Vgl. *Palazzo* 2001: 54.

125 *Bussmann, Salvenmoser* 2006: 208; *Noll* 2013: 183 f., 188 ff.

126 Vgl. hierzu *Rotsch* 2015: 60 ff.

127 Formen der Betriebsjustiz wurden schon früh systematisch untersucht von *Kaiser, Metzger-Pregizer* 1976.

das Modell eines *Ombudsmannes* hingewiesen.[128] Als Ombudsmann wird allgemein eine unternehmensfremde (oder behördenexterne) Person oder Stelle bezeichnet, die als neutraler Vermittler zwischen dem Unternehmen (oder der Behörde) und internen bzw. externen Hinweisgebern auf abweichendes Verhalten innerhalb des Unternehmens (oder der Behörde) fungiert.[129] In Bezug auf die Bekämpfung von Wirtschaftskriminalität spricht man sich konkret (unter anderem wegen der Unabhängigkeit und des gesetzlichen Zeugnisverweigerungsrechtes gem. § 53 Absatz 1 Nr. 3 StPO, § 383 Absatz 1 Nr. 6 ZPO) für ein externes Ombudsmannmodell in Form eines Rechtsanwaltes aus (synonym wird der Ausdruck *Vertrauensanwalt* verwendet).[130] Eingesetzt zur Korruptionsbekämpfung werden solche Ombudsmänner in Form von externen Rechtsanwälten bereits seit 2000 von der Deutschen Bahn AG. Sie dienen dort als erste Anlaufstelle für Verdächtigungen und somit als (gegebenenfalls auch die Anonymität wahrendes) Verbindungsglied zwischen dem Unternehmen und dem Hinweisgeber, jedoch sind sie nicht selbst zu weiteren Entscheidungen befugt, sondern übertragen die Vorgänge an ein Compliance-Komitee, das wiederum entscheidet, wie ein Verfahren weiter zu behandeln ist.[131] Neben diesem Modell eines oft eher vermittelnden, externen Beraters kommt je nach Situation auch ein ausschließlich die Unternehmensinteressen in einem Strafverfahren vertretender *Unternehmensverteidiger*[132] oder ein für die konkrete Aufklärung eines Falls in einem Unternehmen beauftragter *unabhängiger Ermittler*[133] in Betracht.

Wird in einem Unternehmen ein konkreter Straftatverdacht bekannt, so werden mittlerweile oftmals *Internal Investigations*[134] durchgeführt. Bei dieser internen Untersuchung wird mit Hilfe eigener Mitarbeiter oder externer Berater der bekannt gewordene Sachverhalt durch eigene Recherche und Zeugenbefragungen[135]

---

128 *Hoffmann, Sandrock* 2001: 433; vgl. zur Korruptionsbekämpfung das „*Neunte[…] Gebot Landesombudsmann und vertrauliches Telefon*" bei *Schaupensteiner* 2003: 16 f.; *Bannenberg* 2002: 23.

129 Abgeleitet aus *Hoffmann, Sandrock* 2001: 433; *Ulrich, Lunau, Weber* 1999: 144. Ursprünglich stammt dieses Modell nicht aus der Kriminalitätsbekämpfung, so existiert zum Beispiel im Bankenbereich bereits seit 1992 ein Bankenombudsmann, der sich mit der Schlichtung von Kundenbeschwerden im deutschen Bankgewerbe beschäftigt; dazu *Hoeren* 1992: 2728; zu Erfahrungen in der Praxis *Hoeren* 1994: 362 ff.

130 *Hoffmann, Sandrock* 2001: 433.

131 Hierzu http://www.deutschebahn.com/de/konzern/compliance/team_und_aufgaben. html (letzter Abruf: 12.10.2015).

132 Zu seinen Aufgaben und Möglichkeiten ausführlich *Minoggio* 2010: 175 ff. Vgl. auch *Wessing* 2009: 82 ff.

133 Vgl. nur *Behrens* 2009: 22 ff.; *Knierim* 2009: 324 ff.

134 Zum Begriff vgl. statt vieler *Nestler* 2013: 8 ff., der eine repressive Ausrichtung, eine Hinzuziehung externer Berater und einen Zusammenhang zu einem zumindest drohenden Straf- oder Bußgeldverfahren verlangt.

135 Instruktiv zum Spannungsfeld zwischen Aussagepflicht der Arbeitnehmer und dem Nemo-Tenetur-Grundsatz *Theile* 2013: 489.

aufgeklärt,[136] um im Anschluss an diese unternehmensinterne Untersuchung Entscheidungen über das weitere Vorgehen treffen zu können (u. a. über eine Strafanzeige, die Zusammenarbeit mit den Ermittlungsbehörden, über arbeits- und zivilrechtliche Maßnahmen sowie die Pressearbeit).[137] Eine besondere Einrichtung ausschließlich zur Kriminalitätskontrolle kann auch behörden- oder unternehmens*intern* angesiedelt werden. Mittlerweile werden diese des Öfteren als *Compliance Officer* bezeichnet,[138] obwohl Compliance eigentlich – wie erläutert – die Kontrolle zur Einhaltung *aller* normativen Vorgaben erfasst und damit nicht ausschließlich der Kriminalitätskontrolle dient.

Um eine vergleichbare interne Institution handelte es sich bei der Stabsstelle *Besondere Aufgaben* bei der Treuhandanstalt. Hervorzuheben ist in diesem Zusammenhang, dass es Anfang der 1990er Jahre (zur Gründungszeit der Stabsstelle) sowohl in Unternehmen als auch in der Verwaltung gerade nicht üblich war, eine solche spezifische Institution einzurichten, die sich eben nicht wie eine Betriebsjustiz ausschließlich mit Angestelltenkriminalität beschäftigen sollte, sondern deren Aufgabe allgemeiner auch in der Bekämpfung von Wirtschaftskriminalität im engeren Sinne bestand.

Die Stabsstelle kann deshalb zusammengefasst als ein *Prototyp* einer spezifischen informellen Kontrollinstitution bezeichnet werden, die ausschließlich der (Wirtschafts-)Kriminalitätskontrolle dienen sollte.[139]

3.3   Die Kriminalisierungsperspektive: Der Labeling-Approach-Ansatz

Bevor dieses spezifische informelle Kontrollkonzept einer Stabsstelle bei der Treuhandanstalt näher untersucht werden kann, muss zunächst noch eine grundlegende Frage geklärt werden: Was ist eigentlich Kriminalität? Hiermit haben sich schon seit Jahrhunderten Juristen, Kriminologen und andere Geistes- und auch Naturwissenschaftler auseinandergesetzt.

Der vorliegenden Untersuchung liegt kein traditionell-ätiologisches Kriminalitätsverständnis zugrunde, es wird nicht nach den Ursachen von Kriminalität als einer Art pathologischen Verhaltens gefragt,[140] sondern die Institutionen sozialer Kontrolle als die treibenden Kräfte des Kriminalisierungsprozesses stehen im

---

136 Zur Planung und zum Ablauf vgl. *Scheunemann, Hellfritzsch* 2013: 185 ff.

137 Zum Sanktionierungsprozess nach Abschluss der Untersuchung vgl. *Wauschkuhn* 2012: 68.

138 Bei *Siemens* im Zusammenhang mit dem Korruptionsskandal wurde beispielsweise ab Januar 2007 eine solche Abteilung mit einem ehemaligen Stabsstellenleiter besetzt; Bericht der *Süddeutschen Zeitung* 13. Dezember 2006.

139 So auch *Erbe* 1999: 26.

140 Vgl. *Lamnek* 1997: 26.

Mittelpunkt des Forschungsinteresses. Kriminalität wird konstruktivistisch[141] als Ergebnis eines askriptiven sozialen Definitionsprozesses durch Normsetzung und Normanwendung verstanden.[142] Diese Annahme ist Grundlage der Kriminalisierungstheorie des *Labeling Approach*. Dieser für die Kriminologie sehr bedeutsame Perspektivenwechsel von dem Täter zur Kriminalisierung durch die Instanzen der sozialen Kontrolle wird zunächst in aller Kürze nachgezeichnet (Kapitel 3.3.1), anschließend werden die wesentlichen Annahmen des Labeling Approach dargestellt (Kapitel 3.3.2).

Als Kriminalität wird im Rahmen dieser Untersuchung nur die Summe aller durch Strafe bedrohten Handlungen verstanden, ein vorjuristischer Kriminalitätsbegriff – etwa orientiert an ethischen Maßstäben – würde aufgrund seiner Uneindeutigkeit und mangels Konsenses über die anzulegenden Bewertungsmaßstäbe eine Kommunikation über dieses Phänomen und somit ein Forschen in diesem Bereich erheblich erschweren oder sogar unmöglich machen.[143] Andererseits wird durch dieses Kriminalitätsverständnis nicht ausgeschlossen, dass neben der offiziell bekannt gewordenen und vielleicht sogar abgeurteilten Kriminalität (kriminalisiert durch Normsetzung und Normanwendung) auch diejenigen Vorgänge einbezogen werden, die nicht registriert wurden und die sich im Dunkelfeld befinden (kriminalisiert nur durch Normsetzung).[144] Forschungsgegenstand ist also jedes möglicherweise strafbewehrte Verhalten unabhängig von einer Kenntnis bei den Strafverfolgungsbehörden.

3.3.1 Perspektivenwechsel in der Kriminologie

Während man sich bis zur Mitte des 20. Jahrhunderts vorwiegend mit den Ursachen von Kriminalität rein täterbezogen auseinandergesetzt hatte und die diesbezüglichen positivistisch-ätiologischen Kriminalitätstheorien Erklärungen für delinquentes Verhalten je nach Ausrichtung in biologischen, soziologischen oder psychologischen Faktoren suchten,[145] vollzog sich schließlich ein grundlegender Perspektivenwechsel in der Kriminologie. Das kriminologische Interesse verlagerte sich – zumindest teilweise – vom Verhalten des Täters auf die Mechanismen der

---

141 Einen kurzen Überblick über die unterschiedlichen Strömungen des Konstruktivismus bietet *Hug* 2011: 122 ff.

142 *Becker* 1963: 8 f.; insbesondere zur Unterscheidung von de- und askriptiven Begriffen *Sack* 1972: 20 ff.

143 Dies entspricht der soziologischen Regel, dass Untersuchungsgegenstand nur eine Gruppe von Erscheinungen sein kann, die zuvor durch gemeinsame äußere Merkmale definiert wurde; *Durkheim* 1980: 131; speziell zum Verbrechen a. a. O.: 132.

144 Zum Dunkelfeld *Eisenberg* 2005: 163 f.

145 Einen systematischen Überblick zu den Kriminalitäts- und Kriminalisierungstheorien bietet *Kunz* 2011: 51 ff.

Kriminalisierung durch die Instanzen sozialer Kontrolle.[146] Markant formulierte *Tannenbaum* die wesentliche Erkenntnis dieses neuen Labeling-Paradigmas:

> *„The young delinquent becomes bad, because he is defined as bad."*[147]

In der Kriminologie insgesamt erweist sich die täterbezogen-ätiologische Perspektive allein zur Erforschung kriminellen Verhaltens als wenig geeignet. Sie muss vielmehr um die den Prozess der Kriminalisierung in den Blick nehmende konstruktivistische Perspektive erweitert werden. Forschungsgegenstand ist damit neben dem Täter und der von ihm begangenen Kriminalität auch der Prozess der Kriminalisierung. Rezipiert wurde diese aus den USA und Großbritannien stammende theoretische Neuorientierung – dort insbesondere weiterentwickelt von *Lemert* und *Becker* – in Deutschland zunächst vor allem durch *Sack*.[148] Unter Rezeption der rechtsphilosophischen und sprachwissenschaftlichen Erkenntnisse, insbesondere von *Becker*, kommt *Sack* zu dem Schluss:

> *„Abweichendes Verhalten ist als ein Prozess zu begreifen, bei dem sich die beteiligten Partner, der sich abweichend Verhaltende auf der einen Seite und diejenigen, die dieses Verhalten als solches definieren, auf der anderen Seite gegenüberstehen.[…] In diesem Sinne ist abweichendes Verhalten das, was andere als abweichend definieren. Es ist keine Eigenschaft oder ein Merkmal, das dem Verhalten als solchem zukommt, sondern das an das jeweilige Verhalten herangetragen wird."*[149]

Kriminalität wird seither in der Kriminologie nicht mehr allein als Deskription eines bestimmten Verhaltens verstanden, sondern als das Produkt eines askriptiven Zuschreibungsprozesses.[150]

3.3.2 Definitionsmacht durch Normsetzung und Normanwendung

Mit den Worten *Sacks* und *Beckers* sind die Grundannahmen des Labeling Approach umrissen: Kriminalität ist nichts Naturgegebenes, keine lediglich zu beschreibende Eigenschaft einer Handlung, sondern sie entsteht erst in einem interaktiven Zuschreibungsprozess durch Normsetzung und Normanwendung. *Becker* beschrieb diese Erkenntnis unter Bezugnahme auf *Tannenbaum* und *Lemert* wie folgt:

---

146 Ähnlich *Lamnek* 2008: 15.
147 *Tannenbaum* 1953: 17.
148 So auch *Lamnek* 2008: 31 f.
149 *Sack* 1974 [1968]: 470.
150 Zur Askription vgl. *Sack* 1974 [1968]: 468.

> *„Deviance is* not *a quality of the act the person commits, but rather a consequence of the application by others of rules and sanctions to an ‚offender‘. The deviant is one to whom that label has successfully been applied; deviant behavior is behavior that people so label.* “[151]

Dieser Blickwechsel vom Verhalten selbst zum Definitionsprozess ermöglicht es erst, zu hinterfragen, wer oder was bestimmt, ob ein Verhalten als kriminell bezeichnet wird oder nicht. Es ist zu vermuten, dass die Zugangsvoraussetzungen zu dieser Definitionsmacht in der Gesellschaft nicht gleich verteilt sind. Das beschreibt auch *Becker* in seinem 1963 erschienenen Werk „Outsiders“ mit der folgenden Grundaussage:

> *„The middle class makes rules the lower class must obey – in the schools, the courts, and elsewhere. Differences in the ability to make rules and apply them to other people are essentially power differentials (either legal or extralegal). Those groups whose social position gives them weapons and power are best able to enforce their rules.* “[152]

Die Mächtigen kontrollieren über Lobbyisten und Verbände die Prozesse der (Nicht-)Normsetzung und (Nicht-)Normanwendung und damit letztlich, wem das Label „Krimineller“ zugeschrieben wird oder wem nicht.[153] Während die Normsetzung ein streng formalisiertes, aufwendiges und von parlamentarischen Mehrheiten abhängiges Gesetzgebungsverfahren voraussetzt, erfolgt Normanwendung unmittelbar in jedem einzelnen Strafverfahren auf den verschiedenen Selektionsstufen. Es ist deshalb zu vermuten, dass der Einfluss der Mächtigen bei der konkreten Normanwendung im Einzelfall eine größere praktische Bedeutung hat als bei der Normsetzung.[154] Definitionsmacht kann sich in jedem einzelnen Strafverfahren, in dem über Kriminalisierung entschieden wird, unmittelbar auswirken.

Ist ein „Krimineller“ in diesem Sinne etikettiert, so sei nach den Vertretern des Labeling Approach das Risiko einer kriminellen Karriere in der Regel vorgezeichnet.[155] Diese Entwicklung beschrieb *Lemert* mit dem Begriff der *sekundären Devianz* mit Hilfe eines Prozessmodells: Delinquentes Verhalten wird durch den beschriebenen Definitionsprozess als kriminell etikettiert.[156] Dies führt zu einem Stigma bei der so gekennzeichneten Person.[157] Diese nimmt im Laufe der Zeit diese Fremdbeschreibung in das Selbstbild auf. Gleichzeitig wird durch die Etikettierung der legale Zugang zu ökonomischen und sozialen Ressourcen erschwert – man spricht von strukturellem Labeling.[158] In der Folge kommt es zu sekundärer Devianz. Der Kreis-

---

151 *Becker* 1963: 9.
152 *Becker* 1963: 17 f.
153 Vgl. *Boers* 2010: 47.
154 Im Ergebnis ebenso *Boers* 2010: 47.
155 *Becker* 1963: 22 ff.
156 *Lemert* 1974: 436 f.
157 *Lemert* 1974: 436 f.
158 *Becker* 1963: 31 f.

lauf setzt sich fort. Auf diese Weise entstehen kriminelle Karrieren, die durch die sozialen Kontrollinstitutionen, die diese gerade verhindern sollen, verstärkt werden. Das ist paradox.

Die vorliegende Untersuchung beschäftigt sich aber nicht allgemein mit kriminellen Karrieren, sondern mit einer speziellen – wenn auch informellen – Institution zur Bekämpfung von Wirtschaftskriminalität. Damit knüpft sie grundsätzlich an die Perspektive des Labeling Approach, das entsprechende Kriminalitätsverständnis und die hieraus entstandene Grundlagenforschung zur sozialen Kontrolle an. Machttheoretische Erwägungen stehen dabei weniger im Vordergrund. Es soll jedoch Folgendes nach *Sack* nicht aus dem Blick geraten:

> *„Der Richter bzw. das Gericht sind ‚Tatsachen‘ erzeugende und setzende Institutionen. Das Urteil schafft ein neues Merkmal für den Angeklagten, setzt ihn in einen Status ein, den er ohne das Urteil nicht besitzen würde. Die soziale Struktur in einer Gesellschaft, die zwischen gesetzestreuen und normverletzenden Bürgern unterscheidet, ist keine vorgegebene Ordnung, sondern eine ständig neu produzierte."*[159]

Bei Wirtschaftskriminalität sind die Täter definitionsmächtig, sie haben beispielsweise über Lobbyisten und Interessensverbände auf die Normsetzung[160] und u. a. durch ausreichende wirtschaftliche Ressourcen für eine qualifizierte und spezialisierte Strafverteidigung[161] auf die durch Normanwendung *„ständig neu produzierte Ordnung"*[162] mehr Einfluss als der sonstige Straftäter.[163] Der Definitionsprozess verläuft in diesen Fällen privilegierter, bis hin zu einer Dekriminalisierung durch eine Nichtnormsetzung oder Nichtnormanwendung.[164]

Es ist deshalb einerseits zu vermuten, dass sich die Privilegierung der Wirtschaftskriminalität im Definitionsprozess auch im Vorgehen der Verantwortlichen der Stabsstelle *Besondere Aufgaben* bei der Treuhandanstalt zeigt. Insbesondere Vorgänge, die als vermeintlich im Interesse der Treuhandanstalt liegend eingeordnet werden, könnten weniger intensiv verfolgt worden sein als solche, die durch persönliche Bereicherungen offensichtlich schädlich für den Erfolg der Treuhandanstalt gewesen sind. Andererseits hatte die Stabsstelle *Besondere Aufgaben* als informelle Kontrollinstitution direkt bei der Treuhandanstalt allein schon durch die Möglichkeit einer Anordnung eines unbeschränkten Zugriffs auf interne Unterlagen möglicherweise eine größere Chance, überhaupt Informationen über die gegenüber der formellen Kriminalitätskontrolle zwangsläufig eher hermetisch abgeriegelten

---

159 *Sack* 1974 [1968]: 469.
160 Vgl. die Recherche von *Adamek, Otto* 2008: 11 f.
161 Zu den Besonderheiten im Wirtschaftsstrafverfahren aus Sicht der Verteidigung *Park* 2005: 147.
162 *Sack* 1974 [1968]: 469.
163 Vgl. *Boers* 2010: 47.
164 Vgl. *Boers* 2010: 47.

Bereiche der Wirtschaftskriminalität im Sinne von Unternehmenskriminalität zu erhalten.

3.4 Strukturelle Kopplung – systemtheoretischer Ansatz zur Wechselwirkung zwischen Systemen

Unter dem Namen *Systemtheorie* existieren eine Vielzahl von Theorien in den unterschiedlichsten Disziplinen wie der Biologie, der Medizin, der Soziologie, der Literaturwissenschaft, der Mathematik, der Psychologie, der Physik oder der Ethnologie.[165] Im Rahmen dieser Untersuchung wird als weitere theoretische Grundannahme die soziologische autopoietische Systemtheorie, so wie sie im ausgereiften Werk von *Luhmann* ihren vorübergehenden End- und Ausgangspunkt als eine allgemeine Gesellschaftstheorie[166] gefunden hat, zugrunde gelegt. Diese Theorie ist *Luhmanns* Lebenswerk. So schreibt er treffend in seinem ihm ganz eigenen nüchtern-sachlichen, leicht ironischen Tonfall im Vorwort zur *Gesellschaft der Gesellschaft*:

> *„Mein Projekt lautete damals und seitdem: Theorie der Gesellschaft; Laufzeit: 30 Jahre; Kosten: keine.“*[167]

In dieser Untersuchung wird die Systemtheorie nicht beschrieben,[168] sie wird genutzt. Sie dient als Werkzeug, um die beobachteten Prozesse in und zwischen Institutionen und Organisationen sowie ihre Wechselwirkungen nachvollziehbar und erklärbar zu machen. Deshalb erfolgt eine Konzentration auf die für das Verständnis wesentlichen und für die folgenden empirischen Beobachtungen notwendigen Begriffe. Dies sind insbesondere die Differenz von System und Umwelt, Kommunikation, Irritation und strukturelle Kopplung sowie der vor allem von *Boers, Karliczek* und *Theile* hieraus weiterentwickelte Begriff der Regulierung.

Das theoretische Konzept der Systemtheorie erweist sich als fruchtbar zur Erforschung der Funktionalität der Stabsstelle zur Bekämpfung von Wirtschaftskriminalität, da hierdurch unabhängig von Personen und individuellen Motiven die Prozesse des Wirtschaftssystems, des Strafjustizsystems, des Politiksystems sowie deren Berührungspunkte beobachtet und analysiert werden können.[169] Die Stabsstelle ist bereits auf den ersten, oberflächlichen Blick eine Institution, die zwischen

---

165 Ähnlich auch *Kneer, Nassehi* 2000: 17; *Luhmann* 1984: 15; *Luhmann* 2011: 41.

166 *Luhmann* selbst spricht von einem Universalitäts-, aber keinem Ausschließlichkeitsanspruch seiner Theorie; *Luhmann* 1984: 33 f.; *Luhmann* 2009 [1970]: 143; *„Jeder soziale Kontakt wird als System begriffen bis hin zur Gesellschaft als Gesamtheit der Berücksichtigung aller möglichen Kontakte;“ Luhmann* 1984: 33.

167 *Luhmann* 1997: 11.

168 Das können andere ohnehin viel besser; vgl. insbesondere *Luhmann* 1984: Soziale Systeme oder *Kneer, Nassehi* 2000: Niklas Luhmanns Theorie sozialer Systeme.

169 Vgl. auch *Boers* 2010: 37.

den (Sub-)Systemen der Strafjustiz, der Verwaltung, der Wirtschaft und auch der Politik steht. Eine systemtheoretisch basierte Analyse ist am ehesten in der Lage, die hieraus folgenden Konsequenzen verstehbar zu machen.

Der zentrale Begriff einer „Systemtheorie" ist das System. Doch genau dieser Begriff ist aus sich selbst heraus nur schwer zu erklären, denn darin ist bereits das wesentliche, der luhmannschen Systemtheorie zugrunde liegende Verständnis enthalten. Systeme existieren nur in Differenz zu ihrer Umwelt.[170] Ausgangspunkt der Systemtheorie ist deshalb nicht das System selbst, sondern die Differenz von System und Umwelt.[171] Jedes „Innen" muss sich von seinem „Außen" abgrenzen,[172] erst dann sprechen wir von einem System. Damit hat jedes System eine Umwelt und in dieser Umwelt sind weitere Systeme, die sich ebenfalls von ihrer eigenen Umwelt als Teil der Umwelt eines anderen Systems und dieses Systems differenzieren.[173] Auch ein soziales System kann Umwelt sein, etwa wenn sich in diesem System Teilsysteme bilden, für die das System selbst wiederum Umwelt ist.[174] Deshalb ist alles immer zugleich System und zugehörig zur Umwelt anderer Systeme.[175] *„Jede Änderung eines Systems ist Änderung der Umwelt anderer Systeme; jeder Komplexitätszuwachs an einer Stelle vergrößert die Komplexität der Umwelt für andere Systeme."*[176]

Die *„Differenz von System und Umwelt"*[177] entsteht dadurch, dass eine Operation – das Letztelement des Systems, auch als Ereignis bezeichnet,[178] das immer wieder verschwindet – *„eine weitere Operation gleichen Typs erzeugt"*[179]. In diesem Fall wird von *„anschlussfähigen Operationen"*[180] gesprochen. Die Abgrenzung eines Systems von seiner Umwelt erfolgt also allgemein durch eine *„Verkettung von Operationen"*[181]. *„Nur ein System kann operieren, und nur Operationen können Systeme produzieren."*[182] Ein System entsteht nicht durch eine einmalige Operation, sondern erst durch die hieran anschließende Operation, erst die Kontinuität des Operierens erzeugt die

---

170 Vgl. *Luhmann* 1984: 35.

171 Eindringlich *Luhmann* 1984: 115 f.; 242.

172 *Luhmann* spricht auch von dem System als einer *„Form mit zwei Seiten"*, *Luhmann* 2008c [2002]: 77.

173 Vgl. auch *Luhmann* 1984: 36, der die Umwelt nicht als ein soziales System einordnet, da sie immer nur relativ in Bezug auf ein System eine Einheit bildet.

174 *Luhmann* 1984: 37.

175 Vgl. *Luhmann* 1984: 243.

176 *Luhmann* 1984: 243.

177 *Luhmann* 2011: 77 f.

178 *Luhmann* 1984: 78.

179 *Luhmann* 2011: 77 f.

180 *Luhmann* 2011: 77 f.

181 *Luhmann* 2011: 77 f.

182 *Luhmann* 2008: 28.

Differenz von System und Umwelt.[183] Kontinuität bedeutet aber nicht statische Stabilität, sondern eine durch reflexive Produktion hervorgebrachte Reproduktion.[184]

Nach *Luhmann* gibt es selbstreferentielle, autopoietische Systeme,[185] die durch so genannte *anschlussfähige* Operationen als Differenz zu ihrer Umwelt existieren.[186] Diese *„können ihre Strukturen nicht als Fertigprodukte aus ihrer Umwelt beziehen. Sie müssen sie durch ihre eigenen Operationen aufbauen und das erinnern – oder vergessen".*[187] Solche Strukturen dienen ihnen zum Erhalt der Anschlussfähigkeit,[188] sie sind das *„Gedächtnis des Systems"*[189]. Durch sie wird die Selbstkonstitution eines autopoietischen Systems laufend reproduziert.[190] *„In diesem Sinne operieren selbstreferentielle Systeme notwendigerweise im Selbstkontakt und sie haben keine andere Form für Umweltkontakt als Selbstkontakt."*[191]

In seinem Werk „Die Gesellschaft der Gesellschaft" fasst *Luhmann* die Doppelfunktion der Operationen für ein System wie folgt zusammen:

> *„Sie legen (1) den historischen Zustand des Systems fest, von dem dieses System bei den nächsten Operationen auszugehen hat. Sie determinieren das System als jeweils so und nicht anders gegeben. Und sie bilden (2) Strukturen als Selektionsschemata, die ein Wiedererkennen und Wiederholen ermöglichen, also Identitäten [...] kondensieren und in immer neuen Situationen konfirmieren, also generalisieren."*[192]

Damit sind selbstreferentielle Systeme wegen dieses kontinuierlichen Selbstbezuges auf ihre anschlussfähigen Operationen operativ geschlossen.[193] Gleichzeitig sind sie aber wegen ihres ständigen Umweltkontaktes und der Reproduktion der Umweltdifferenz offen.[194] Systeme sind damit paradoxerweise wegen ihrer Selbstreferenz operativ geschlossen und aufgrund ihrer stetigen Differenzierung zur Umwelt offen.

Selbstreferentielle Systeme werden als soziale Systeme bezeichnet, wenn sie aufgrund von *Kommunikation* operieren.[195] Kommunikation meint einen dreiteiligen Selektionsprozess, der sich zusammensetzt aus der Selektion einer Information, einer Selektion der Mitteilung dieser Information und der Erfolgserwartung, also der Annahmeselektion,[196] die wiederum als Anschlusskommunikation durch eine Diffe-

---

183 *Luhmann* 2008: 28.
184 *Luhmann* 1984: 79.
185 Vgl. hierzu auch *Kneer/Nassehi* 2000: 50 f.
186 Vgl. *Luhmann* 1984: 57 ff.
187 *Luhmann* 2008a: 12.
188 *Luhmann* 1984: 62.
189 *Luhmann* 2008a: 12.
190 *Luhmann* 1984: 59.
191 *Luhmann* 1984: 59.
192 *Luhmann* 1997: 94.
193 *Berghaus* 2011: 56 ff.
194 *Luhmann* 1984: 63.
195 *Luhmann* 1984: 193.
196 *Luhmann* 1984: 196.

renz von Mitteilung und Information erfolgt.[197] Diese Annahmeselektion bezeichnet *Luhmann* später treffender als *„Verstehen oder Missverstehen"*[198] von Mitteilung und Information. Selektion ist mithin das zentrale Verfahren der Systemreproduktion. *Luhmann* sagt: *„Kommunikation ist koordinierte Selektivität"*.[199]

Selektion ist zwingend[200] aufgrund der Komplexität sozialer Systeme, genauer aufgrund der Differenz von zwei Komplexitäten.[201] Komplexität beschreibt zunächst die Gesamtheit der möglichen Ereignisse und Zustände eines Systems und seiner Umwelt.[202] Wenn ein System oder seine Umwelt mindestens zwei Zustände annehmen können, so sind sie komplex.[203] Das bedeutet, dass *„aufgrund immanenter Beschränkungen der Verknüpfungskapazität der Elemente nicht mehr jedes Element jederzeit mit jedem anderen verknüpft sein kann"*.[204] Hierdurch entsteht eine Informationslücke. Durch die zwingend fehlende Verknüpfung aller Elemente eines Systems oder seiner Umwelt können Systeme ihre Umwelt und auch sich selbst nicht mehr vollständig beobachten.[205] Die zentrale Funktion von Systemen ist wegen der eigenen Komplexität und der Komplexität ihrer Umwelt eine *„Reduktion von Komplexität"*[206]. Reduktion von Komplexität setzt voraus, dass das *„Relationsgefüge eines komplexen Zusammenhangs durch einen zweiten Zusammenhang mit weniger Relationen rekonstruiert wird"*.[207] Hierdurch entsteht aber wiederum Komplexität, so dass Komplexität durch eine andere Komplexität reduziert wird.[208] *Luhmann* bemerkt treffend: *„Die Darstellung der Theorie praktiziert mithin, was sie empfiehlt, an sich selbst: Reduktion von Komplexität."*[209]

Soziale Systeme sind, wie bereits aufgezeigt, Kommunikationssysteme.[210] Durch Kommunikation wird die Grenze zwischen System und Umwelt ständig reproduziert.[211] Kommunikation findet pausenlos in System und Umwelt statt, so dass ein System nie in die Situation gelangen kann, über Kommunikation zu wissen, was in seiner Umwelt geschieht.[212] Denn Kommunikationen führen im System und in der Umwelt wie aufgezeigt zu Anschlussoperationen. Sämtliche soziale Systeme mit

---

197 Hierzu *Luhmann* 1997: 97.
198 *Luhmann* 2008b: 111.
199 *Luhmann* 1984: 212.
200 *Luhmann* spricht von „Selektionszwang", *Luhmann* 1984: 47.
201 *Luhmann* 1984: 48, 50.
202 Vgl. auch *Kneer/Nassehi* 2000: 40.
203 Vgl. auch *Kneer/Nassehi* 2000: 40.
204 *Luhmann* 1984: 46.
205 Vgl. *Luhmann* 1984: 51.
206 Vgl. *Luhmann* 1984: 50.
207 *Luhmann* 1984: 49.
208 Vgl. *Luhmann* 1984: 50.
209 *Luhmann* 1984: 12.
210 Vgl. *Luhmann* 2008b: 118. Vgl. auch *Kneer/Nassehi* 2000: 65.
211 *Luhmann* 1997: 76.
212 *Luhmann* 1997: 84.

ihren kommunikativen Bindungen und ihren Anschlussoperationen sind Teil eines komplexen und umfassenden sozialen Systems: der Gesellschaft.[213] Die moderne Gesellschaft ist eine funktional differenzierte Gesellschaft.[214] Die funktionale Differenzierung definiert *Luhmann* wie folgt:

> *„Funktionale Differenzierung besagt, dass der Gesichtspunkt der* Einheit, *unter dem eine* Differenz *von System und Umwelt ausdifferenziert ist, die* Funktion *ist, die das ausdifferenzierte System (also nicht: dessen Umwelt) für das Gesamtsystem erfüllt."*[215]

Jedes Funktionssystem ist also für eine besondere Funktion (*Luhmann* spricht auch von einem „Problem")[216] ausdifferenziert, diese Funktion hat nur für dieses Funktionssystem Priorität im Sinne eines funktionalen Primates.[217] Im Rechtssystem geht es um die Funktion der *Stabilisierung normativer Erwartungen.*[218] Recht hat die Funktion, *„wissen zu können, mit welchen Erwartungen man sozialen Rückhalt findet, und mit welchen nicht".*[219] Das Wirtschaftssystem verfolgt hingegen die Funktion, eine *„zukunftsstabile Vorsorge mit je gegenwärtigen Verteilungen"*[220] zu verknüpfen,[221] also dient es der Verständigung über die Verteilung knapper Güter.[222] In der Wirtschaft will jeder vorsorgen und deshalb sind Güter knapp, *„denn jeder möchte für seine Zukunft reservieren, was ein anderer schon gegenwärtig braucht."*[223] Im Wirtschaftssystem ist Kommunikation damit auf die Regelung der Güterverteilung unter der zwingenden Bedingung der Knappheit der Güter bezogen.

Funktionssysteme haben durch Kommunikationen Programme ausdifferenziert, in denen sich bestimmte Erwartungsfestlegungen manifestieren.[224] Programme sind also vorgegebene Bedingungen für die Richtigkeit der Selektion von Operationen[225] und damit in sozialen Systemen Bedingungen für die Richtigkeit der Selektion von Kommunikationen. Eine Programmierung stellt die Verknüpfung eines Systems zur Gesellschaft dar,[226] durch sie werden Bedingungen für die Codierung fixiert.[227] Ein Programm zeigt beispielsweise an, ob es richtig ist, für ein Produkt zu zahlen oder

---

213 Vgl. *Luhmann* 1997: 78.
214 *Luhmann* 1997: 743 f.
215 *Luhmann* 1997: 745 f.
216 *Luhmann* 1997: 746.
217 Vgl. *Luhmann* 1997: 746 f.
218 *Luhmann* 1993: 131.
219 *Luhmann* 1993: 132.
220 *Luhmann* 1988: 64.
221 *Luhmann* 1988: 64.
222 Vgl. *Luhmann* 1988: 14.
223 *Luhmann* 1988: 64.
224 Vgl. hierzu *Luhmann* 1984: 432 f.
225 *Luhmann* 1986: 91.
226 Vgl. *Luhmann* 1993: 191.
227 *Luhmann* 1986: 83.

nicht zu zahlen.[228] In der Wirtschaft heißen solche Programme Haushaltspläne und Investitionsprogramme, in der Wissenschaft Theorien und Methoden, in der Politik politische Manifeste oder Wahlprogramme, im Recht Gesetze, Verordnungen und die anerkannte Auslegung von Verträgen.[229]

Von dieser Programmierung zur Erwartungsfestlegung in einem Funktionensystem unterscheidet man die Codierung. Die Codierung ist eine Standardisierung des Kommunikationsprozesses in einem Funktionensystem, eine systemtypische, nur systemisch zu verstehende operative Vereinheitlichung von Information und Mitteilung.[230] Soziale Systeme kommunizieren in binären Codierungen, das bedeutet in „Zwei-Seiten-Formen".[231] Codes bilden in einem Funktionensystem systemische, also auf die jeweilige Funktion bezogene Werte und Gegenwerte, für die Programme wiederum festlegen, unter welchen Bedingungen der jeweilige binäre Code zugeordnet wird.[232]

Im Wirtschaftssystem vollzieht sich der binäre Code (also die Standardisierung des Kommunikationsprozesses) mit seiner Unterscheidung von Zahlung oder Nichtzahlung[233] durch das ebenfalls unter dem Primat der Knappheit stehende Kommunikationsmedium Geld.[234] *Luhmann* verdeutlicht an einem einfachen Beispiel die Notwendigkeit dieses binären Codes. So sei der Entschluss, keinen neuen Wagen zu kaufen (das bedeutet also: Nichtzahlung), weil dieser zu teuer geworden sei, ein Elementarereignis im Wirtschaftssystem.[235] Der binäre Code des Rechtssystems beruht auf der Unterscheidung zwischen Recht und Unrecht.[236] Politik codiert sich über Macht und Nichtmacht, Wissenschaft über Wahrheit oder Unwahrheit.[237]

Wie oben bereits festgestellt, sind Systeme operativ geschlossen. Das bedeutet, dass ein System nur mit eigenen Operationen, bei sozialen Systemen mit Kommunikationen, reproduziert werden kann.[238] Gleichzeitig kann das System nicht mit seiner Umwelt kommunizieren, es kann sich nicht gezielt durch eigene Operationen mit der Umwelt in Verbindung setzen.[239] Es existiert aber unspezifisch ausgedrückt Umweltkontakt und Kontakt zwischen einem System und einem anderen System in seiner Umwelt, und zwar in Form der *strukturellen Kopplung*.[240] Strukturelle Kopplung bezeichnet eine wechselseitige Beeinflussung zweier Systeme, die aller-

---

228 *Luhmann* 1988: 249.
229 Vgl. *Kneer, Nassehi* 2000: 133 m. w. N.
230 *Luhmann* 1984: 197.
231 *Luhmann* 1997: 750.
232 Vgl. *Luhmann* 1997: 750.
233 *Luhmann* 1988: 249.
234 *Luhmann* 1988: 230.
235 *Luhmann* 1988: 53.
236 *Luhmann* 1993: 60.
237 Vgl. hierzu *Kneer, Nassehi* 2000: 132.
238 *Luhmann* 1993: 440.
239 *Luhmann* 1993: 440.
240 Vgl. hierzu *Luhmann* 1997: 100 ff.

dings ausschließt, dass die Umwelt nach ihren eigenen Strukturen die Beeinflussung des Systems (und die dortigen Anschlusskommunikationen) konkret bestimmen kann.[241] Gleichzeitig bedeutet strukturelle Kopplung aber, dass ein System bestimmte Eigenarten seiner Umwelt dauerhaft voraussetzt und sich strukturell darauf verlässt.[242] *Luhmann* beschreibt auch die strukturelle Kopplung als eine „Zwei-Seiten-Form"[243]:

> *„Sie bündeln und steigern bestimmte Kausalitäten, die auf das gekoppelte System einwirken, es irritieren und dadurch zur Selbstdetermination anregen können. Und sie schließen andere Formen der Einflussnahme aus."*[244]

Bereiche der strukturellen Kopplung führen also dazu, dass Erwartungen der Umwelt in das System Eingang finden. Dies erfolgt bei komplexen sozialen Systemen gerade nicht unmittelbar, sondern indirekt über den Operationsmodus des Systems und deshalb gerade nicht über eine *„zugriffsichere Außensteuerung"*[245] durch die Umwelt.[246] *Luhmann* fasst das so zusammen: *„Das System hat keine Transformationsfunktion, die Inputs auf immer gleiche Weise in Outputs transformiert."*[247] Die durch eine strukturelle Kopplung manifestierten Erwartungen des Systems können immer auch enttäuscht werden. Strukturelle Kopplungen können also Irritationen, Überraschungen und Störungen auslösen.[248] Das System merkt, dass etwas nicht stimmt.[249] Eine Identifikation der Irritation ist nur möglich, weil das System durch seine Erwartungsstruktur auf die Irritation vorbereitet ist.[250] Im Störfall kann es deshalb meist auch hinreichend rasch Lösungen finden, die ein weiteres Operieren nicht blockieren.[251] Eine Irritation kann – wenn sie nicht einmalig ist – zu einer Anpassung der Erwartungsstruktur des Systems führen.[252]

Man kann diese Wechselwirkungen zwischen Systemen oder einem System und seiner Umwelt und deren Manifestation über strukturelle Kopplungen nicht als einen kausalen Steuerungsprozess beobachten und definieren, sondern allenfalls als eine Form der Regulierung.[253] *Luhmann* selbst setzt sich zwar kritisch mit dem Begriff der Steuerung auseinander,[254] verwendet aber nicht alternativ den Begriff

---

241 Vgl. *Luhmann* 1997: 100.
242 *Luhmann* 1993: 441.
243 *Luhmann* 1997: 103.
244 *Luhmann* 1997: 103.
245 *Luhmann* 1984: 69.
246 *Luhmann* 1984: 69.
247 *Luhmann* 1993: 442.
248 *Luhmann* 1993: 442.
249 *Luhmann* 1993: 443.
250 *Luhmann* 1993: 443.
251 *Luhmann* 1993: 443.
252 Vgl. hierzu auch *Karlizek* 2007: 34.
253 *Boers, Theile, Karlizcek* 2004: 478.
254 Vgl. insbesondere *Luhmann* 2011: 400 ff.

der Regulierung. Systeme sind in ihren Zuständen auch nach seiner Auffassung nicht von außen determinierbar;[255] die Umwelt und die darin enthaltenen Systeme können nur über strukturelle Kopplungen ein System mehr oder weniger massiv irritieren[256] und hierdurch die Erwartungsstruktur des Systems und damit die Kommunikation im System beeinflussen. Diese interne Kommunikation ist hingegen nicht vorhersehbar und damit nicht steuerbar, was aus der Autopoiesis des Systems folgt.[257] So können etwa politische Erwartungen Eingang in das wirtschaftliche System finden, wenn sie sich mit der binären Unterscheidung Zahlung/Nichtzahlung beobachten lassen. Das politische System kann über diesen Weg versuchen, auf das wirtschaftliche System Einfluss zu nehmen. Ob es hierdurch ein bestimmtes Ziel erreicht, ist für das politische System allerdings nicht vorhersehbar. Ein solcher Versuch einer Einflussnahme eines Systems in Bezug auf ein anderes System wird hier im Anschluss an *Boers, Karliczek* und *Theile* als *Regulierung* bezeichnet.[258]

Die Stabsstelle *Besondere Aufgaben* mit ihrem auf den ersten Blick strafrechtlich ausgerichteten Programm könnte eine Institution struktureller Kopplung sein, durch die über Irritationen Erwartungen der Umwelt, insbesondere des Strafrechtssystems, vor allem auch der Polizei, in die Treuhandanstalt, die Treuhandunternehmen sowie ihre Verhandlungspartner mit ihrer eigentlich wirtschaftlichen Orientierung Eingang gefunden haben. Die Stabsstelle sollte zur Bekämpfung von Kriminalität bei den Privatisierungsvorgängen dienen, obwohl diese Kriminalitätskontrolle ausschließlich Aufgabe des Strafverfolgungssystems und nicht der Treuhandanstalt war.

3.5   Zusammenfassung

Die Stabsstelle *Besondere Aufgaben* und die wirtschaftsdelinquenten Vorgänge bei der Treuhandanstalt werden auf Grundlage von zwei zentralen theoretischen Annahmen untersucht. Zum einen führen das Konzept der sozialen Kontrolle und die Theorie des Labeling Approach zu der Annahme, dass es sich bei der Stabsstelle um eine informelle Kontrollinstitution handeln könnte, die Aufschluss über eine mögliche Privilegierung von Wirtschaftsstraftätern im strafrechtlichen Definitionsprozess sowie die konkrete Ausgestaltung dieser Privilegierung geben könnte und die es ermöglicht, den gegenüber dem Strafverfolgungssystem hermetisch abgeschlossenen Bereich der Wirtschaftskriminalität näher zu beleuchten. Zum anderen könnte es sich bei der Stabsstelle *Besondere Aufgaben* auf Grundlage von systemtheoretischen Überlegungen um eine Institution struktureller Kopplung handeln, die Erkenntnisse über die Möglichkeiten wechselseitiger Beeinflussung verschiedener Funktionssysteme bieten könnte. Durch diese beiden Theorieansätze wird es erst möglich,

---

255 Vgl. bereits *Luhmann* 1984: 69.
256 *Luhmann* 2011: 401.
257 *Luhmann* 2011: 402.
258 *Boers, Theile, Karlizcek* 2004: 478.

die konkreten Funktionen der Stabsstelle für die Kriminalitätsbekämpfung in der Treuhandanstalt herauszuarbeiten und letztlich auch ihre Wirksamkeit im Hinblick auf diese Funktionen einer Bewertung zu unterziehen.

Mit *Luhmanns* Worten lässt sich der theoretische Teil beschließen und unmittelbar zur Empirie überleiten:

> *„Empirisch testen lässt sich diese Theorie, wenn man feststellen kann, dass sich im Zuge der Realisierung funktionaler Differenzierung tatsächlich neue Mechanismen struktureller Kopplung herausbilden.“*[259]

Durch funktionale Differenzierung entstehen generell neue Teilsysteme, die bestimmte Funktionen für das Gesamtsystem erfüllen – diese Funktionen der Stabsstelle für die Treuhandanstalt sollen herausgearbeitet werden.

---

259 *Luhmann* 1993: 446.

4 Forschungsleitende Annahmen

Untersucht wird die Stabsstelle *Besondere Aufgaben* einerseits als informelle Kontrollinstitution zur Bekämpfung von (im Definitionsprozess privilegierter) Unternehmenskriminalität und andererseits als Institution struktureller Kopplung der wechselseitigen Beeinflussung von Rechts- und Wirtschaftssystem. Die Treuhandanstalt oder auch ein Unternehmen installieren solche informellen Institutionen nicht primär zur Kriminalitätsbekämpfung, sondern es geht vordergründig um das Primat der Gewinnmaximierung oder auch anders ausgedrückt: der möglichst großen Teilhabe an den knappen Wirtschaftsgütern und am knappen Geld, das wiederum zur Erlangung von Wirtschaftsgütern dient. *Hefendehl* spricht in diesem Zusammenhang etwas unspezifisch von dem „*funktionalen Kontext*"[260] solcher Maßnahmen. Systemtheoretisch hergeleitet kann man diese Erkenntnis knapp zusammenfassen: Wirtschaft funktioniert nur nach dem Code Zahlung/Nichtzahlung.[261] Mit der Unterscheidung von Recht und Unrecht können hingegen das Wirtschaftssystem (und seine Subsysteme) sich und seine Umwelt nicht beobachten, dann wäre es Rechtssystem und nicht Wirtschaftssystem.

Die Wirksamkeit informeller Institutionen im Wirtschaftssystem für die Kriminalitätsbekämpfung nach dem Code Recht/Unrecht ist deshalb systemimmanent immer begrenzt durch die Erwartungen, die sich im Hinblick auf das Primat der Gewinnmaximierung durch Kommunikation im System und durch Irritationen durch die Umwelt herausgebildet haben. Sobald negative Folgen für die Funktion des Wirtschaftssystems erwartbar werden oder sich erwartete positive Folgen nicht einstellen, werden diese Maßnahmen nicht weiter verfolgt oder angepasst.[262] Hieraus lässt sich die folgende Grundannahme herleiten:

Informelle, von Unternehmen installierte Kontrollinstitutionen sind nur solange funktional für die Bekämpfung von Wirtschaftskriminalität, wie sich die Ziele der Unternehmen – in erster Linie also eine Gewinnmaximierung – mit denen der Kriminalitätsbekämpfung decken. Außerhalb dieser Schnittmenge, wenn eine Kriminalitätsbekämpfung nichts mehr zur Gewinnmaximierung beitragen kann oder dieser schadet, dürfte die Wirksamkeit solcher Institutionen für eine Kriminalitätskontrolle (also zur Stabilisierung der normativen Erwartungen im Bereich des Strafrechts) stark begrenzt sein.

Unternehmensintern kann es damit systembedingt keine unabhängig von den sonstigen Unternehmenszielen durchgeführten Ermittlungen geben, die ausschließlich an einer wirksamen Kriminalitätsbekämpfung ausgerichtet sind und eine solche als Primärziel verfolgen. In solchen Fällen mit Straftatverdacht wird jede Entscheidung über das weitere Vorgehen aufgrund einer Interessenabwägung getroffen, die an der Gewinnmaximierung und dem Fortbestand des Unternehmens orientiert ist und

---

260 *Hefendehl* 2006: 123.
261 Vgl. hierzu Kap. 3.4 mit Nachweisen.
262 Vgl. *Hefendehl* 2006: 123 m.w.N.

nicht an der Herstellung normgemäßer Zustände und damit einer Kriminalitätsprävention und -repression per se.

Eine Unabhängigkeit von monetären Zielen in der unternehmensinternen Untersuchung durch eine informelle Kontrollinstitution und eine Fokussierung auf die Kriminalitätsbekämpfung könnten nur durch politischen bzw. rechtlichen Zwang herbeigeführt werden. Möglich wäre das, wenn eine solche Untersuchung der einzige Weg für den Fortbestand des Unternehmens und damit für eine weitere Teilhabe an der Güterverteilung wäre. Nur dann bliebe dem Unternehmen nichts anderes übrig, als sich zur Erreichung des Ziels Gewinnmaximierung auf eine Kriminalitätsbekämpfung zu fokussieren. Aus der systemtheoretischen Perspektive funktioniert Kommunikation in der Wirtschaft nur nach dem Code Zahlung oder Nichtzahlung, das Medium für die Kommunikation ist Geld. Dagegen richtet sich das Rechtssystem nach der Codierung Recht oder Unrecht, Gesetze und andere Normen als Programme für das Rechtssystem legen die Bedingungen für die Unterscheidung zwischen Recht oder Unrecht fest.

Sämtliche Compliance-Maßnahmen und sonstige Formen informeller Kontrolle stellen Bereiche struktureller Kopplung im Wirtschaftssystem dar. Das Unternehmen hat sich an Irritationen durch das Rechtssystem angepasst und hat wegen dieser wechselseitigen Beeinflussung einen strukturellen Bereich herausgebildet, mit dem es nun auf diese Irritationen vorbereitet ist[263] und entsprechend reagieren kann. Im Störfall ist es ausreichend vorbereitet und wird in seinen weiteren Operationen nicht blockiert.

Diese Grundannahme lässt sich unmittelbar auf die historische Situation in der Treuhandanstalt übertragen. Nachdem einige Fälle von Wirtschaftskriminalität bekannt geworden waren und ein Einschreiten der Strafjustiz unvermeidbar wurde, hatte die Treuhandanstalt auf diese Irritationen aus den verschiedensten Bereichen wie der Öffentlichkeit, der Politik und auch der Justiz reagiert und die Stabsstelle *Besondere Aufgaben* als Institution struktureller Kopplung installiert. Mit dieser Institution fanden Erwartungen der Systemumwelt in die Treuhandanstalt Eingang und es entwickelten sich wechselseitig auch Erwartungen der Treuhandanstalt. Dies geschah aber nur, weil die Irritationen sich in dem Code der Treuhandanstalt – der letztlich neben der Privatisierungsaufgabe auch an einer Gewinnmaximierung, also am Code Zahlung/Nichtzahlung orientiert war – beobachten ließen. Durch öffentliche Diskussionen über Bereicherungen einzelner Privatisierer wurden beispielsweise mögliche Investoren abgeschreckt, so dass es nicht zum Abschluss von Kaufverträgen kam. Diese Irritation wurde in dem Code Nichtzahlung beobachtet und führte (nicht durch eine kausale Steuerung, sondern in Form einer von der Umwelt nicht vorhersehbaren Regulierung) zu einer strukturellen Anpassung. Damit konnte auch die Stabsstelle grundsätzlich nur insoweit funktional für eine

---

263 Auf andere Formen der Irritation reagieren Unternehmen beispielsweise über so genannte Litigation-PR, also durch eine eher aktive Form der einen Rechtsstreit begleitenden Öffentlichkeitsarbeit; vgl. etwa *Holzinger, Wolff* 2009: 189 ff.

Kriminalitätsbekämpfung sein, wie sich die Ziele der Treuhandanstalt mit denen der Strafjustiz deckten.

Die forschungsleitende Grundannahme, dass die Stabsstelle eine Institution struktureller Kopplung war, die letztlich nach dem Code Zahlung/Nichtzahlung und nicht nach der Unterscheidung Recht/Unrecht kommunizierte, kann sich in der empirischen Untersuchung anhand folgender konkreter Annahmen bewähren:

1. *Primat der Gewinnmaximierung*: Die Interessenlage der Treuhandanstalt bei der Gründung der Stabsstelle müsste letztlich auf die Verfolgung der Treuhandziele, im Ergebnis also neben der Bewältigung der Privatisierungsaufgabe auch auf eine Gewinnmaximierung, ausgerichtet gewesen sein und nicht auf eine effektive Strafverfolgung. Ziele, die in diesem Zusammenhang genannt werden, müssten sich anhand des Codes Zahlung/Nichtzahlung beobachten lassen.

2. *Positive Publizität*: Die konkrete Ausgestaltung der Stabsstelle müsste an einer ausreichenden positiven Wirkung in der Öffentlichkeit orientiert sein, nicht aber an einer effektiven Strafverfolgung um jeden Preis.

3. *Eingeschränkte Unabhängigkeit*: Die interne Unabhängigkeit der Stabsstelle müsste begrenzt sein: So dürften Entscheidungen über zu erstattende Strafanzeigen immer nur vor dem Hintergrund Zahlung/Nichtzahlung getroffen werden, so dass ein unabhängiges Operieren ohne Weisungsrecht ausgeschlossen erscheint. Erwartet wird eine Kontrolle der Stabsstellentätigkeit, um eine Ausrichtung an dem Ziel der kompletten Privatisierung unter der Bedingung einer möglichst hohen Gewinnmaximierung zu garantieren.

4. *Kontrollierte Informationsweitergabe und Ermittlungen*: Die Kriterien für eine Weitergabe von Informationen und die Aktivität eigener Ermittlungen der Stabsstelle müssten sich nach der Funktionalität für die Ziele der Treuhandanstalt richten und sich nicht an einer wirksamen Kriminalitätsbekämpfung orientieren.

5. *Weniger Aufklärungsintensität bei Unternehmenskriminalität*: Wurde eine Straftat im (vermeintlichen) Interesse der Treuhandanstalt begangen, müsste die Tätigkeit der Stabsstelle weniger auf eine wirksame Aufklärung und eine Einschaltung des Strafverfolgungssystems ausgerichtet sein, als wenn es sich um Straftaten zur Bereicherung Einzelner handelte, und damit zum Schaden der Treuhandanstalt. Im letzten Fall läge es im Interesse der Treuhandanstalt, Strafanzeige zu erstatten, aktiv an einer Aufklärung mitzuwirken und den sich Bereichernden möglicherweise sogar in Regress zu nehmen.

6. *Kriminalitätskontrolle nur in Abhängigkeit von anderen Funktionen*: Die Stabsstelle müsste im Hinblick auf Unternehmenskriminalität letztlich nur eine Art Alibifunktion erfüllt haben, eine Kriminalitätskontrollfunktion müsste hingegen immer nur in Abhängigkeit von anderen Funktionen, die letztlich der Privatisierungsaufgabe und auch einer Gewinnmaximierung dienten, erfüllt worden sein.

Bei der Analyse des empirischen Materials sollte sich zeigen, ob die Stabsstelle als eine Institution struktureller Kopplung identifiziert werden kann, die ein nur in den Grenzen der Ziele der Treuhandanstalt funktionales Konzept zur Kriminalitätsbekämpfung dargestellt hat.

5 Methode und Datengrundlage

Das empirische Sampling mit seinen theoretischen Grundlagen wurde gemeinsam in einem interdisziplinären Forschungsteam erarbeitet. Eine ausführliche Darstellung hierzu findet sich in verschiedenen Veröffentlichungen zum Forschungsprojekt.[264] An dieser Stelle soll nur das zum Verständnis und für eine Transparenz und Nachvollziehbarkeit der Forschungsergebnisse Wesentliche erläutert werden.

Zentrales Erkenntnisinteresse des Forschungsprojektes war es, in der Umbruchsituation der Wiedervereinigung aufgrund der überwiegenden Beteiligung westlicher Akteure generelle strukturtypische Bedingungen für Wirtschaftskriminalität und ihre Kontrolle zu beobachten.[265] Diese Untersuchung widmet sich eingegrenzter – wie bereits aufgezeigt – nur den Strukturen der informellen Kontrolle von Wirtschaftskriminalität durch die Stabsstelle *Besondere Aufgaben*.

Als empirisches Material standen neben den Akten der Staatsanwaltschaft und der Stabsstelle *Besondere Aufgaben*[266] am Ende der Erhebungsphase strukturierte Tiefeninterviews mit 76 Experten zur Verfügung (einige sind mehrmals befragt worden).[267] Da jedes Interview mindestens drei Stunden gedauert und zu einem Transkript von 80–100 Seiten geführt hatte,[268] waren insgesamt circa 8.000 Seiten Interviewmaterial auszuwerten. Um dies einerseits bewältigen zu können und andererseits eine möglichst große Validität der empirischen Ergebnisse zu erreichen, war ein von Anfang an methodisch abgesichertes und strukturiertes Vorgehen bei der Datenauswahl und -auswertung erforderlich.

5.1 Die angewendeten Methoden der qualitativen empirischen Sozialforschung

Dass die Methode der Wahl aus der qualitativen empirischen Sozialforschung stammen würde, kristallisierte sich schnell heraus. Zu erklären ist dies zum einen mit den Schwierigkeiten anderer methodischer Zugänge zum Phänomen der Wirtschaftskriminalität. Hellfelddaten aus der polizeilichen Kriminalitätsstatistik oder auch anderen Strafverfolgungsstatistiken und quantitative Dunkelfeldbefragungen stoßen (nicht nur) im Bereich der Wirtschaftskriminalität relativ schnell an ihre Grenzen.[269] Hellfelddaten haben schon für die Verbreitung von Kriminalität nur eine begrenzte Aussagekraft, da sie immer nur einen Ausschnitt des kriminalisierbaren Verhaltens

---

264 Vgl. insbesondere *Karliczek, Boers* 2010: 68 ff., *Karliczek* 2007: 37 ff.; *Karliczek* 2004: 210 ff.

265 *Boers* 2010: 17.

266 Zur Aktenanalyse vgl. ausführlich *Karliczek, Boers* 2010: 71 ff.

267 Vgl. auch *Karliczek, Boers* 2010: 68.

268 *Karliczek, Boers*, 2010: 80.

269 Ebenso *Boers* 2010: 35 ff., 41 ff.

erfassen, nämlich die bekannt gewordene Kriminalität.[270] Kriminalstatistiken geben in erster Linie Auskunft über Kriminalisierungs- und Registrierungsverhalten, nicht über Kriminalität.[271] Zudem fehlt es ihnen an ausreichender inhaltlicher Differenzierung und analytischer Tiefe,[272] da ihr Ziel in erster Linie nicht eine möglichst differenzierte Beobachtung von Kriminalität, sondern ein Tätigkeitsnachweis der Strafverfolgungsinstanzen ist.[273] Letztlich handelt es sich um eine Sammlung von Fallzahlen, die Aufschluss über den Geschäftsanfall bei der jeweiligen erhebenden Behörde liefern, aber generell nichts über die Verteilung und die Strukturen von Kriminalität und ihrer Kontrolle aussagen können.[274] Dunkelfeldbefragungen weisen bisher insbesondere im Bereich der Wirtschaftskriminalität eine eher geringe Rücklaufquote und damit ebenfalls keine Repräsentativität auf.[275] Des Weiteren standen zu Beginn des Jahrtausends für eine theoriegeleitete quantitative Analyse keine grundlegenden empirischen Forschungsbefunde zur Verfügung.[276] Ebenfalls kam nicht in Frage, einen Zugang zum Forschungsfeld nur über eine Aktenanalyse (der Treuhandanstalt, der Staatsanwaltschaft, der Gerichte, etc.) zu suchen, denn die Einseitigkeit solcher Ergebnisse wäre offensichtlich gewesen. Akten bilden grundsätzlich nur den Auszug des Geschehens ab, den die aktenführende Behörde für relevant hält, den sie kennt und zu deren Dokumentation sie verpflichtet ist.

Eine qualitative Untersuchung erschien deshalb für den Forschungszweck zweckmäßig. Diese ermöglicht grundsätzlich eine tiefergehende und inhaltlich breiter angelegte Analyse eines sozialen Phänomens, insbesondere auch, wenn es bisher an grundlegenden empirischen Aussagen für eine quantitative Untersuchung fehlt, so dass ständige Anpassungen der forschungsleitenden Annahmen im Untersuchungsverlauf[277] zu erwarten sind.[278]

Die Basis für eine solche zuverlässige und stetige Verknüpfung von Empirie und Theorie im Forschungsverlauf trotz fehlender empirisch gesicherter Grundlagenforschung lieferte die *Grounded Theory* von *Glaser* und *Strauss*.[279] Anhand des bereits zu Beginn einer Untersuchung bei jedem Forscher vorhandenen theoretischen und praktischen Vorwissens – seiner *„theoretischen Sensibilisierung"*[280] – werden Vorannahmen für eine Untersuchung gebildet.[281] Diese Vorannahmen werden empirisch

---

270 Vgl. *Kunz* 2011: 195.
271 *Kunz* 2011: 195; *Boers* 2010: 36.
272 Kritisch zur Rechtspflegestatistik und der dortigen Kategorienbildung ohne ausreichende Differenzierung *Heinz* 1989: 189 ff.
273 Vgl. auch *Kunz* 2011: 209.
274 *Kunz* 2011: 210 f.
275 *Karliczek, Boers* 2010: 68.
276 *Boers* 2001: 345.
277 Hierzu grundlegend *Glaser, Strauss*: 1998: 48 ff.
278 Vgl. hierzu auch *Karliczek, Boers* 2010: 69.
279 Vgl. die ausführliche Erläuterung bei *Strübing* 2004: 13 ff.
280 *Strauss, Corbin* 1996: 25 ff.
281 *Strübing* 2004: 56.

geprüft und durch die empirische Überprüfung präzisiert.[282] Theoriebildung und empirische Bewährung laufen nach der *Grounded Theory* nicht – wie bei einer quantitativen Untersuchung – nacheinander ab.[283] Vielmehr werden Theorie und Empirie durch einen stetigen Abgleich und damit einem fortschreitenden Prozess korrigiert, weiterentwickelt oder verworfen.[284]

5.2   Die konkrete Datenerhebung

Einen ersten Zugang zu den Privatisierungsfällen und der Wirtschaftskriminalität in Zeiten des sozialen Umbruchs bot eine umfassende Presseauswertung und Literaturanalyse.[285] Es folgte auf Grundlage einer Strukturierung der zu erhebenden Fälle[286] eine Durchsicht der zur Verfügung stehenden Akten sowohl der Stabsstelle *Besondere Aufgaben* als auch der zuständigen Staatsanwaltschaften. Auf diese Weise ergab sich ein exakteres Bild vom Ablauf der Privatisierungsprozesse, der formellen und informellen strafrechtlichen Kontrollen sowie dazu, wer als Interviewpartner geeignet sein könnte und welche Fälle im Einzelnen untersucht werden sollten.[287]

Zu den endgültig ausgewählten Fällen wurden jeweils Personen interviewt, die aufgrund ihrer Funktion oder Beteiligung am Geschehen ein besonderes Wissen zum Sachverhalt hatten.[288] Wichtig war, dass jeweils zu einem Fall mehrere Interviewpartner aus verschiedenen Bereichen ausgewählt wurden, um den Fall aus unterschiedlichen Perspektiven möglichst detailliert zu beleuchten. Befragt wurden in so genannten *fallspezifischen Interviews* Personen, die an einem konkreten Fall beteiligt gewesen waren – beispielsweise als Privatisierer, Investor oder Beteiligter.[289] Ergänzend hierzu wurden *organisationsspezifische Interviews* geführt, bei denen die spezifische Funktion einer Person in einer der beteiligten Organisationen wie der Treuhandanstalt, der Stabsstelle, der Polizei oder der Staatsanwaltschaft im Vordergrund stand.[290]

Die ausgewählten Interviewpartner wurden jeweils von zwei Wissenschaftlern gemeinsam befragt. Das Gespräch wurde mit einem Tonbandgerät aufgezeichnet. In der Regel war das Interviewteam interdisziplinär mit einem Ökonomen, Sozialwissenschaftler oder Juristen und Kriminologen besetzt, so dass auch unterschiedliche

---

282 Vgl. auch *Karliczek, Boers* 2010: 69.

283 Zu diesem Prozessaspekt ausführlich *Strauss, Corbin* 1996: 118 ff.

284 *Strübing* 2004: 14 f.

285 Vgl. *Karliczek, Boers* 2010: 69.

286 Zur hieraus entwickelten Erhebungsmatrix *Karliczek, Boers* 2010: 70; *Boers* 2010: 43.

287 Vgl. *Karliczek, Boers*, 2010: 72.

288 Vgl. *Karliczek, Boers*, 2010: 71 ff.

289 *Karliczek, Boers* 2010, 75; Übersicht zu allen fallspezifischen Interviews a. a. O., 76.

290 *Karliczek, Boers* 2010, 75; Übersicht zu allen organisationsspezifischen Interviews a. a. O., 77.

wissenschaftliche Perspektiven auf Forscherseite unmittelbaren Einfluss auf den Verlauf des Interviews hatten.[291]

Bei den Gesprächen handelte es sich um so genannte *leitfadenorientierte Experteninterviews*.[292] Die Gesprächsthemen wurden zu den im Einzelnen zu erörternden Problemfeldern in einem Leitfaden zusammengestellt.[293] Dieser Leitfaden gab dem Interview eine gewisse Struktur vor, beeinträchtigte aber im Unterschied zu einem ausformulierten und streng eingehaltenen Fragenkatalog nicht eine offene Gesprächsführung.[294] Anpassungen und Variationen des Leitfadens im Gesprächsverlauf waren jederzeit möglich. Dem Forschungsinteresse folgend, stand weniger die Person des Gesprächspartners, sondern die auf deren institutionell-organisatorischer Rolle beruhenden Erfahrungen und Einschätzungen im Mittelpunkt des Interviews.[295]

5.3   Die Datenauswertung

Jede Tonbandaufnahme wurde anschließend transkribiert, mittels Interviewcode anonymisiert (aus der anstelle des Namens vergebenen, dreistelligen Nummer lässt sich sowohl die Funktion, als auch der Fall- oder Organisationsbezug des Interviewpartners ableiten) und sodann mit Hilfe des Programms *MAXQDA* – einer textbasierten Datenbank – ausgewertet.[296] Sämtliche Texte wurden in ein Gesamtarchiv eingelesen. Anschließend codierte ein bisher an dem Interview nicht beteiligter Forscher mittels eines zuvor für alle Interviews entwickelten Codebaumes das Interview.[297] Durch die Zuordnung von bestimmten Textpassagen zu einzelnen Kategorien war es im weiteren Verlauf der Auswertung möglich, eine Abfrage zu einer Kategorie durchzuführen und die diesbezüglichen Passagen aller Interviews verfügbar zu haben.

Nach der Codierung der Interviews verfasste ein weiterer, noch unbeteiligter Forscher eine Zusammenfassung des Interviews. Hier wurden bedeutungsgleiche Textstellen zusammengefasst und zentrale Aussagen zu den Fragestellungen und neue Erkenntnisse selektiert.[298] Diese Zusammenfassung stellte sodann eine komprimierte Fassung der wesentlichen Aussagen eines Interviews dar und ermöglichte im Rahmen der späteren Auswertung einen schnellen Überblick über ein geführtes Interview.[299] Dass hierbei keine Verfremdung der Kernaussagen des Interviews

---

291 *Karliczek, Boers* 2010: 77 f.
292 *Meuser, Nagel* 2005: 71 ff.
293 Vgl. das Beispiel im Anhang und weitere Beispiele siehe in *Karliczek* 2007: 177 ff.
294 *Karliczek, Boers* 2010: 75.
295 Vgl. *Karliczek, Boers* 2010: 74.
296 Hierzu ausführlich *Kuckartz* 2010: 12 ff.
297 Auszug aus dem Codebaum abgedruckt bei *Karliczek, Boers* 2010: 81.
298 Ausführlich *Karliczek, Boers* 2010: 79.
299 *Karliczek, Boers* 2010: 79.

herbeigeführt wurde, verhinderte eine Kontrolle der Zusammenfassung durch die ursprünglichen Interviewer.[300]

Im Verlauf des Forschungsprojektes standen auf diese Weise immer mehr aufbereitete Interviews für eine Analyse zur Verfügung. Jeder Forscher konnte durch eigene Abfragen anhand der Codes, des Lesens der Zusammenfassungen und bei Bedarf auch der Transkripte zu den Interviews das für sein Forschungsthema Relevante herausfiltern, analysieren und weiter entwickeln. Gleichzeitig fanden fortwährend Diskussionen im Forscherteam statt, in denen Beobachtungen und Einschätzungen, Interviews und ihre Bedeutung analysiert, Hypothesen und Theorien verändert und weiterentwickelt wurden. Die Interdisziplinarität erwies sich hierbei als großer Vorteil.

5.4   Die Validität der Daten

Die auf diese Weise gewonnenen Ergebnisse weisen ein gewisses Maß an Validität auf, auch wenn diese Validität aufgrund der Komplexität der beobachteten Prozesse zwangsläufig immer begrenzt ist. Unter Validität (Gültigkeit) wird grundsätzlich das Ausmaß verstanden, in dem tatsächlich das gemessen wird, was gemessen werden soll.[301] Unterschieden wird zwischen *interner und externer Validität.*[302] Interne Validität von Forschungsergebnissen wird in den Sozialwissenschaften quantitativ vor allem durch Konstruktvalidität überprüft.[303] Externe Validität überprüft dagegen die Generalisierung der Ergebnisse auf eine Grundgesamtheit, also eine Übertragbarkeit der Ergebnisse auf Situationen, Personen und Kontexte, aus der die Stichprobe genommen wurde.[304]

Anders als in der Naturwissenschaft und der quantitativen Sozialforschung können in der qualitativen Sozialforschung Ergebnisse nicht durch gezielte Veränderungen von Variablen auf ihre interne oder externe Validität überprüft werden.[305] Bei einer qualitativen Studie ist die externe Validität auch schon mangels Repräsentativität[306] immer geringer ausgeprägt als bei einer quantitativen Studie. Ein gewisses Maß an externer Validität (und zudem eine deutlich tiefergehende Einzelfallanalyse)[307] wird dennoch durch die Einhaltung wissenschaftlicher Standards für qualitative Untersuchungen, insbesondere durch eine Triangulation des Forschungsgegenstandes auf mehreren Ebenen, erreicht. Triangulation meint ge-

---

300 *Karliczek, Boers* 2010: 79.
301 *Schnell, Hill, Esser* 2013: 144.
302 *Schnell, Hill, Esser* 2013: 207 f.
303 Hierzu vgl. *Schnell, Hill, Esser* 2013: 146 ff.
304 *Schnell, Hill, Esser* 2013: 208.
305 Hierzu auch *Karliczek, Boers* 2010: 83.
306 Zum Begriff *Schnell, Hill, Esser* 2013: 296 ff.
307 Vgl. *Strauss, Corbin* 1996: 5.

nerell die Betrachtung eines Untersuchungsgegenstandes von mehreren Seiten.[308] Nach *Denzin* unterscheidet man generell vier Formen: die Daten-, Forscher-, Theorie- und Methodentriangulation.[309] Wie bereits geschildert, wurden im Rahmen des Forschungsprojektes:

- Daten aus unterschiedlichen Quellen erhoben (Datentriangulation),
- die Interviews durch verschiedene interdisziplinäre Forscher geführt und ausgewertet (Forschertriangulation),
- verschiedene theoretische Grundannahmen zugrunde gelegt (Theorientriangulation),
- die Fälle anhand von Literatur- und Aktenanalyse sowie leitfadenorientierten Experteninterviews erhoben (Methodentriangulation).[310]

Neben der Triangulation wurde der gesamte Forschungsablauf unter Transparenz- und Nachvollziehbarkeitsgesichtspunkten umfassend dokumentiert, es wurde eine theoretische Sättigung (zum Ende des Projekts führten neue Interviews nicht mehr zu neuen Erkenntnissen) erreicht,[311] theoretische Annahmen wurden dem Konzept der Grounded Theory folgend stetig überprüft und weiterentwickelt und es fand ein Kontrollgruppenvergleich (Vergleich von Privatisierungsvorgängen mit und ohne strafrechtlich relevantem Verhalten)[312] statt.

Diese methodische Absicherung erlaubt, die gewonnenen Erkenntnisse über die Strukturen der Wirtschaftskriminalität und ihrer formellen und informellen sozialen Kontrolle unter Berücksichtigung der jeweiligen Kontexte zu verallgemeinern. Generalisierbar sind die auf der Grundlage qualitativer Sozialforschung gewonnenen Ergebnisse insbesondere dann, wenn sich aus unterschiedlichen Quellen und Perspektiven ein ähnliches Bild ergibt und gleichzeitig theoretisch keine weiteren Alternativen zu diesen Ergebnissen plausibel erscheinen.

---

308 *Flick* 2012: 309.
309 *Denzin* 1970: 297 ff.
310 Im Einzelnen *Karliczek, Boers* 2010: 82.
311 So auch *Karlizcek, Boers* 2010: 82.
312 Vgl. hierzu *Karliczek, Boers* 2010: 82.

6 Der historische Kontext: Die Treuhandanstalt und ihre Kontrollinstitutionen

Diese Untersuchung ist historisch verankert, so dass auch die politischen, rechtlichen, sozialen und wirtschaftlichen Rahmenbedingungen der strafrechtlich relevanten Privatisierungsvorgänge und ihrer Kontrolle nicht vollständig ausgeblendet werden können. Es wird nicht das Phänomen der Wirtschaftskriminalität allgemein untersucht, sondern konkret Wirtschaftskriminalität im Zusammenhang mit der Privatisierung der DDR-Betriebe durch die Treuhandanstalt. Deshalb ist es notwendig, die relevanten historischen Entwicklungen dieser Rahmenbedingungen aufzuzeigen. Im Mittelpunkt steht dabei die Treuhandanstalt als die zentrale, noch von der DDR eingeführte und von der BRD weiterentwickelte *„Privatisierungsmaschine"*.

In der DDR waren 1972 im Rahmen einer letzten großen, staatlich verordneten Enteignung weitere Betriebe im Privatbesitz mit zehn oder mehr Beschäftigten verstaatlicht worden.[313] Die Produktionsmittel der DDR befanden sich damit fast vollständig[314] – so wie es die Verfassung der DDR verlangte[315] – im Volkseigentum.[316] Organisiert waren diese Betriebe größtenteils als *Volkseigene Betriebe* (VEB).[317] Hierbei handelte es sich um rechtsfähige Organisationen mit staatlich begrenztem Aufgabengebiet, die nur in den Grenzen der vorgegebenen lang- und kurzfristigen staatlichen Planungen dispositionsfähig waren.[318] Durch eine Art Fusion konnten Volkseigene Betriebe mit technologisch und ökonomisch zusammenhängenden Produktionszweigen zur gemeinsamen Güterherstellung in einem *Kombinat* zusammengefasst werden.[319]

Nach dem Sturz des Staatsratsvorsitzenden der DDR Erich Honecker im Oktober 1989 und dem Niedergang des politischen und wirtschaftlichen Systems der DDR[320] musste eine Lösung gefunden werden, um in den Volkseigenen Betrieben und Kombinaten eine Anpassung an marktwirtschaftliche Arbeitsbedingungen zu schaffen.[321] Hierzu wurde zunächst die so genannte Urtreuhandanstalt gegründet, deren Ziel es allerdings noch war, das Volkseigentum grundsätzlich zu wahren.[322] Schon kurz vor

---

313 *BvS* 2003, 23.

314 1972 befanden sich 94,7 % der Industriebetriebe im sozialistischen Eigentum; vgl. *Bundesministerium für innerdeutsche Beziehungen* 1985: 1499.

315 Vgl. Art. 12 Absatz 1 Verfassung der DDR in der Fassung vom 7.10.1974; Privateigentum an Industriebetrieben, volkseigenen Gütern, Banken, Bergwerken etc. war unzulässig.

316 Zum sozialistischen Eigentumsbegriff *Bundesministerium für innerdeutsche Beziehungen* 1985: 315 ff.

317 Hierzu *Bundesministerium für innerdeutsche Beziehungen* 1985: 196 ff.

318 *Bundesministerium für innerdeutsche Beziehungen* 1985: 193.

319 *Bundesministerium für innerdeutsche Beziehungen* 1985: 198 ff.

320 Vgl. hierzu *Weber* 1999: 449 ff.

321 Zur Entstehung der Treuhandanstalt vgl. *Fischer, Schröter* 1993: 17 ff.

322 Vgl. *Fischer, Schröter* 1993: 29; *Kloepfer* 1993: 49.

der Wiedervereinigung im Sommer 1990 entstanden aus dieser Urtreuhandanstalt unter geänderten Vorzeichen die Treuhandanstalt[323] und die Bundesanstalt für vereinigungsbedingte Sonderaufgaben.[324]

Diese drei Organisationen, ihre Entwicklung und die wesentlichen gesetzlichen Rahmenbedingungen werden im Kapitel 6.1 näher beschrieben. Des Weiteren wird in Kapitel 6.2 ein kurzer Überblick über die externen sowie in Kapitel 6.3 über die internen Kontrollinstitutionen der Treuhandanstalt gegeben. Diese internen und externen Kontrollinstitutionen verfügten über sehr unterschiedlich ausgeprägte Kontrollpotentiale in Bezug auf wirtschaftsdelinquente Vorgänge bei den Privatisierungen. Die Stabsstelle *Besondere Aufgaben* war Teil dieses Kontrollsystems, und nur durch eine umfassende Darstellung der Kontrollpotentiale werden Wechselwirkungen zwischen den Kontrollinstitutionen und der Stabsstelle verständlich. Da für die Strafverfolgung nach der Wiedervereinigung besondere Normvorgaben in Form von speziellen Verjährungsgesetzen galten, werden diese in einem abschließenden Kapitel 6.4 dargestellt.

6.1   Der Aufbau der Treuhandanstalt und ihr Privatisierungsauftrag

Eine Anpassung an marktwirtschaftliche Bedingungen sollte zunächst durch eine Umwandlung der Volkseigenen Betriebe, Kombinate und sonstigen Einrichtungen in Kapitalgesellschaften erreicht werden.[325] Hierzu beschloss der Ministerrat der DDR am 1. März 1990 die *Verordnung zur Umwandlung von volkseigenen Kombinaten, Betrieben und Einrichtungen in Kapitalgesellschaften* sowie gleichzeitig die Gründung der *Anstalt zur treuhänderischen Verwaltung des Volkseigentums (Treuhandanstalt)*.[326] *Fischer* und *Schröter* prägten hierfür den Begriff der *Urtreuhandanstalt*.[327] Nach § 2 Absatz 2 des am 15. März 1990 erlassenen *Statuts der Anstalt zur treuhänderischen Verwaltung (Treuhandanstalt)*[328] sollte die Urtreuhandanstalt nach Umwandlung kraft Gesetzes gem. § 3 Umwandlungsverordnung die volkseigenen Geschäftsanteile und Aktien der Kapitalgesellschaften übernehmen und die Gesellschaftsrechte ausüben.[329] Ein Eigentumsübergang vom Volkseigentum zum Privateigentum war damit nicht verbunden, Privatisierungen sollten nur in Ausnah-

---

323 *Fischer, Schröter* 1993: 32 ff.

324 Zum Übergang von der Treuhandanstalt zur BvS vgl. *Gellert* 2003: 261 ff.

325 Vgl. *Fischer, Schröter* 1993: 30.

326 *BvS* 2003: 24 f.; *Karliczek, Theile* 2010: 149 f.

327 *Fischer, Schröter* 1993: 26; dort auch ausführlich zur politischen Diskussion im Vorfeld.

328 Statut der Anstalt zur treuhänderischen Verwaltung des Volkseigentums (Treuhandanstalt), GBl. DDR I 1990: 167 ff.

329 *BvS* 2003: 25.

mefällen erfolgen.[330] Mit zu Beginn der Tätigkeit 91 Mitarbeitern,[331] zehn Schreibmaschinen, drei Kopierern und neun Autos sollten innerhalb weniger Wochen ca. 8.000 Kombinate und Volkseigene Betriebe entflochten und in Kapitalgesellschaften überführt werden[332] – eine nicht zu erfüllende Aufgabe. Immerhin gelang es der Urtreuhandanstalt, bis zur Währungs-, Wirtschafts- und Sozialunion am 1. Juli 1990 3.600 Betriebe umzuwandeln.[333] Die übrigen wurden anschließend per Gesetz und damit ohne weiteren Umwandlungsakt in so genannte *Kapitalgesellschaften im Aufbau* überführt.[334] Es kamen bis zu diesem Zeitpunkt auch erste Joint Ventures mit ausländischen, also auch westlichen Investoren zustande.[335]

Der Übergang von der Urtreuhandanstalt in die Treuhandanstalt wurde von dem zum 1. Juli 1990 in Kraft getretenen *Treuhandgesetz* vom 17. Juni 1990[336] eingeleitet. Die Treuhandanstalt erhielt bereits zu diesem Zeitpunkt den Status einer Anstalt des öffentlichen Rechts und wurde mit Einigungsvertrag vom 31. August 1990[337] zu einer rechtsfähigen bundesunmittelbaren Anstalt des öffentlichen Rechts.[338] Hauptaufgabe der Treuhandanstalt war nach § 2 Absatz 1 Satz 2, § 1 Absatz 1 Satz 1 TreuhG die Privatisierung des Volkseigentums. Nach weiteren Entflechtungen war sie als Eigentümerin für ca. 12.000 Betriebe und deren Privatisierung verantwortlich.[339] In erster Linie sollte die Treuhandanstalt für eine zügige Privatisierung sorgen.[340] Gelang eine Privatisierung nicht sofort, so sollte der Betrieb nach Möglichkeit saniert[341] oder – wenn dies keine Erfolgsaussichten hatte – auch stillgelegt werden.[342] In der Folge wurde ein Unternehmen aber nicht zunächst saniert und dann privatisiert, sondern es wurde das Konzept einer *Sanierung durch Privatisierung* verfolgt.[343] Es galt das Primat der Privatisierung.[344] Für die Bewältigung der Privatisierung einer Volkswirtschaft standen der Treuhandanstalt zu Beginn 170 Beschäftigte zur Ver-

---

330 *BvS* 2003: 25 f.; *Karliczek, Theile* 2010: 149 f.

331 Im Juni 1990 waren es schon 133 Mitarbeiter in der Zentrale sowie ca. 30 weitere in den 14 Außenstellen; vgl. *Fischer, Schröter* 1993: 30.

332 *Fischer, Schröter* 1993: 30.

333 *Fischer, Schröter* 1993: 31.

334 *Fischer, Schröter* 1993: 31.

335 *Fischer, Schröter* 1993: 31; *BvS* 2003: 26.

336 Gesetz zur Privatisierung und Reorganisation des volkseigenen Vermögens (Treuhandgesetz), Gbl. DDR I 1990: 300.

337 BGBl. 1990 II: 889.

338 Hierzu *Kloepfer* 1993: 42.

339 *Karliczek, Theile* 2010: 151.

340 Zum Verhältnis von Privatisierungs- und Sanierungsauftrag ausführlich *Hax* 2003: 205 ff.

341 Vgl. nur § 2 Absatz 6 TreuhG.

342 So etwa § 8 Absatz 1 TreuhG; zu den weiteren Aufgaben ausführlich *Kloepfer* 1993: 51 ff.

343 Zu diesem Konzept und seinem Gegenkonzept *Hax* 2003: 206 ff.

344 Hierzu auch *Karliczek* 2007: 86.

fügung, 1991 waren es bereits 4.507 Mitarbeiter und Ende 1993 sogar 4.935.[345] Zum
Zeitpunkt ihrer Auflösung Ende 1994 waren 7.853 Betriebe vollständig privatisiert
oder kommunalisiert worden.[346]

Die verbleibenden Aufgaben wurden mit der Auflösung der Treuhandanstalt ab
dem 1. Januar 1995 zu einem großen Teil von der Bundesanstalt für vereinigungsbedingte Sonderaufgaben übernommen. Sie hatte für die restlichen Privatisierungen
zu sorgen sowie mittels eines Vertragsmanagements für die Einhaltung der mit der
Treuhandanstalt abgeschlossen Verträge.[347] Aufgrund des hohen Erledigungsni-
veaus stellte auch die Bundesanstalt für vereinigungsbedingte Sonderaufgaben zum
31. Dezember 2000 ihre operative Tätigkeit ein und erledigt seit dem 1. Januar 2004
ihre Restaufgaben als Anstalt in Abwicklung durch einen bestellten Abwickler.[348]

6.2   Externe Institutionen zur Kontrolle
des Privatisierungsprozesses

Es existierte eine Vielzahl von externen Institutionen mit den verschiedensten Ein-
fluss- und Kontrollmöglichkeiten auf die Privatisierungstätigkeit der Treuhandanstalt.[349] Da für das *Strafverfolgungssystem* (6.2.1) offensichtlich ist, dass dort formelle
Kontrollpotentiale im Hinblick auf umbruchsbedingte Wirtschaftskriminalität
existieren, werden diese nicht im Einzelnen beschrieben, sondern es wird erläutert,
welche Strafverfolgungsbehörden sich schwerpunktmäßig mit umbruchsbedingter
Wirtschaftskriminalität beschäftigten. Über folgende externe Kontrollinstitutionen
und ihre Kontrollpotentiale wird zudem ein Überblick gegeben: solche im Bereich
der *Regierungen* (6.2.2) und *Volksvertretungen* vor und nach der Wiedervereinigung
(6.2.3), die staatliche *Rechnungsprüfung* (6.2.4) sowie Kontrollpotentiale der *Bundesländer* (6.2.5), der *EU-Kommission* (6.2.6) und der sonstigen Wirtschaftsaufsicht
(6.2.7). Im Zusammenhang mit den Kontrollpotentialen der Regierung werden –
aufgrund ihrer starken Einflussmöglichkeit auf die Besetzung des *Vorstandes* und
des *Verwaltungsrates* der Treuhandanstalt – auch diese beiden Gremien vorgestellt.
Der Vorstand, der als Leitungsgremium über einen großen Einfluss auf die Tätigkeit
der Treuhandanstalt verfügte, wäre als Organ strukturell dem internen Bereich der
Treuhandanstalt zuzurechnen.

---

345 *BvS* 2003: 413.

346 *Karliczek, Theile* 2010: 152.

347 Vgl. im Einzelnen *BvS* 2003: 118 ff.

348 Gesetz zur Abwicklung der Bundesanstalt für vereinigungsbedingte Sonderaufgaben,
    BGBl. I 2003, 2081.

349 Ausführlich beschäftigt sich *Unger* (2003) mit der „*staatliche[n] Kontrolle über die Treu-
    handanstalt*". Trotz dieses eine zeitliche Beschränkung suggerierenden Titels zeichnet er
    auch die Entwicklungen der staatlichen Kontrolle zu Zeiten der Urtreuhand und der BvS
    nach.

6.2.1   Das Strafverfolgungssystem

Jedes Strafverfahren beginnt mit einem Ermittlungsverfahren, welches von der Staatsanwaltschaft als „Herrin des Vorverfahrens"[350] mit Unterstützung der Polizei gemäß § 152 GVG (in der Funktion als Ermittlungspersonen) geleitet wird und an dessen Ende eine Einstellung gemäß §§ 153 ff. bzw. 170 Absatz 2 Satz 1 StPO oder die Erhebung der Anklage beim zuständigen Gericht gemäß § 170 Absatz 1 StPO erfolgt. Dieser frühe erste Selektionsschritt im Strafverfahren bewirkt bereits eine starke Auslese.[351] Daraus kann abgeleitet werden, dass Staatsanwaltschaft und Polizei als die am Ermittlungsverfahren beteiligten Institutionen grundsätzlich eine sehr wichtige Rolle im Selektionsprozess der formellen sozialen Kontrolle spielen. In den Experteninterviews wurden zwar zur Datentriangulation so weit wie möglich Mitglieder aller am Strafverfahren beteiligten formellen Institutionen befragt, und die hieraus gewonnen Erkenntnisse sind auch in die Analyse eingeflossen. Der Schwerpunkt bei der Auswertung lag jedoch aufgrund der besonderen Bedeutung im Selektionsprozess bei den *Ermittlungs*behörden.

Von diesen Ermittlungsbehörden boten sich konkret diejenigen an, die am häufigsten mit Vorgängen aus dem Bereich der umbruchsbedingten Wirtschaftskriminalität befasst waren. Es existiert zwar keine bundeseinheitliche Statistik über die Art der eingegangenen Vorgänge aufgeschlüsselt nach den örtlichen Zuständigkeiten, schnell gerieten aber zwei außergewöhnliche Institutionen in den Blick. Denn insbesondere für die Regierungskriminalität kam es aufgrund des Zentralismus in der DDR und der politischen Entscheidung für eine Anwendung der allgemeinen Zuständigkeitsregeln[352] und somit insbesondere des Tatortprinzips[353] zu einer örtlichen Konzentration dieser Vorgänge bei den Strafverfolgungsbehörden in Berlin. Dieser Umstand führte bei der Wiedervereinigung zur Gründung einer zusätzlichen Staatsanwaltschaft in Berlin – der *Staatsanwaltschaft II am Landgericht Berlin*, die ausschließlich für die Verfolgung der Regierungs- und Vereinigungskriminalität zuständig war.[354] Schon vorher war es aus ähnlichen Gründen auf polizeilicher Ebene

---

350 *Beulke* 2012: 209.

351 Vgl. Trichtermodell im Kapitel 3.1.

352 Die örtliche Zuständigkeit der Staatsanwaltschaft richtet sich aufgrund des Parallelaufbaus von Gerichten und Staatsanwaltschaften gemäß § 143 Absatz 1 GVG nach der örtlichen Zuständigkeit des Gerichtes (Gerichtsstand). Für die Gerichte finden sich Hauptgerichtsstände in den §§ 7 Absatz 1, 8 Absatz 1, 9 StPO – und zwar der Gerichtsstand des Tatortes, des Wohnsitzes und des Ergreifungsortes. Neben diesen Hauptgerichtsständen gibt es subsidiär geltende Regeln, wenn nach diesen Vorschriften kein Gerichtsstand begründet wird, und zusätzlich besondere Gerichtsstände. Treffen mehrere Gerichtsstände zusammen, so erhält gemäß § 12 Absatz 1 StPO dasjenige Gericht den Vorzug, welches die Untersuchung zuerst eröffnet hat. Vgl. *Meyer-Goßner* 2015: Vor. § 7 Rn. 1 ff.

353 In der RiStBV Nr. 2 ist geregelt, dass grundsätzlich der Tatort maßgeblich für die Zuständigkeit sein soll.

354 Hierzu ausführlich *Wiepen* 2010: 552 ff.

zur Errichtung einer *Zentralen Ermittlungsstelle für Regierungs- und Vereinigungskriminalität (ZERV)* – ebenfalls in Berlin – gekommen.[355]

Eine solche Spezialisierung ließ sich im westdeutschen Strafverfolgungssystem bereits vor der Wiedervereinigung für die Wirtschaftskriminalität beobachten. Es wurden bundesweit an den verschiedensten Orten[356] so genannte Schwerpunktstaatsanwaltschaften[357] eingerichtet sowie bei einzelnen Landgerichten spezielle Wirtschaftsstrafkammern gem. § 74c Absatz 1 GVG eingesetzt. Durch diese Zuständigkeitskonzentration sollte in besonders komplexen Fällen von Wirtschaftskriminalität eine erhöhte fachliche Kompetenz für diese Sachverhalte sowohl bei der Staatsanwaltschaft als auch bei den Gerichten sichergestellt werden.

Schon aus der Benennung der neu eingerichteten Polizeibehörde und den Zuständigkeiten der Staatsanwaltschaft II beim Landgericht Berlin konnte man schließen, dass in Berlin ein Schwerpunkt für die Ermittlungen nicht nur in der Regierungskriminalität, sondern auch in der Vereinigungskriminalität – also auch bei der Wirtschaftskriminalität im Zusammenhang mit den Privatisierungsvorgängen – gesehen wurde. Dies erscheint plausibel, zumal Berlin ebenfalls Standort der wichtigsten *wirtschaftlichen* Organisationen der ehemaligen DDR[358] und Hauptsitz der Treuhandanstalt war. Auch wenn es eine Vielzahl von (kleineren) Fällen[359] gab, die in den Niederlassungen der Treuhandanstalt angesiedelt waren,[360] und zusätzlich immer die Möglichkeit bestand, dass eine andere (auch westdeutsche) Staatsanwaltschaft sich aufgrund konkurrierender Zuständigkeiten für einen Fall als zuständig erklärte,[361] waren zumindest für einen bedeutenden Teil der umbruchsbedingten Wirtschaftskriminalität nach den allgemeinen Zuständigkeitsregeln die Staatsanwaltschaft II und die ZERV zur Strafverfolgung ermächtigt. Da somit bei diesen beiden Institutionen die größten formellen Kontrollpotentiale für die umbruchsbedingte Wirtschaftskriminalität zu erwarten waren, wurde bei der Auswahl der Interviewpartner aus dem Strafverfolgungssystem insbesondere für die organisationsspezifischen Interviews ein besonderer Schwerpunkt auf diese beiden Institutionen gesetzt.[362]

---

355 Vgl. die Analyse bei *Wiepen* 2010: 537 ff.; ferner *Jankowiak* 2000 12 ff.

356 Kritische Anmerkungen zum generellen Regionalcharakter der Strafverfolgung finden sich bei *Leyendecker* 2009a: 196; *Minoggio* 2010: 25 f.

357 Vgl. *Liebl* 1987: 15; *Berckhauer* 1977: 1023; *Montenbruck* et al. 1987: 718.

358 So waren z. B. von den 221 im Jahre 1990 existierenden Unternehmen aus dem Bereich Kommerzielle Koordinierung 128 auf dem Gebiet der DDR und diese vorwiegend in Berlin angesiedelt, *BvS* 2003: 67. Die übrigen waren weltweit verteilt.

359 Vgl. insbesondere die Schilderungen zu den Privatisierungen in der Region Halle bei *Karliczek* 2007: 81 ff.

360 Den Niederlassungen sollten grundsätzlich alle Unternehmen mit weniger als 1.500 Beschäftigten zugewiesen werden; *Seibel* 1993: 122.

361 So wurde zum Beispiel der Halle-Komplex von den Stuttgarter Strafverfolgungsbehörden untersucht. Das Bremer Vulkan-Verfahren wurde in Bremen eingeleitet.

362 Vgl. Tabelle zu den Interviewpartnern bei *Karliczek* 2007: 47.

6.2.2   Kontrollpotentiale im Bereich der Regierung

Sowohl die Regierung der DDR als auch die Bundesregierung hatten verschiedene Möglichkeiten der Kontrolle der Privatisierungstätigkeit. Zusätzlich hatten sie grundsätzlichen Einfluss auf die Struktur der Treuhandanstalt und die Besetzung der zentralen Gremien der Treuhandanstalt. Zunächst werden der Vorstand und der Verwaltungsrat als wichtige Leitungs- und Kontrollgremien der Treuhandanstalt vorgestellt (6.2.2.1), um anschließend die Einflussmöglichkeiten der Regierung auf deren Besetzung und dadurch vermittelt auf die Privatisierungstätigkeit erörtern zu können (6.2.2.2). In diesem Zusammenhang werden außerdem kurz die einer unmittelbaren Kontrolle dienenden Aufsichtsrechte der Regierung über die Treuhandtätigkeit erläutert. Des Weiteren wurden von der Regierung, einzelnen Fachministern sowie dem Bundeskanzler die unterschiedlichsten Kontrollinstitutionen gegründet (6.2.2.3).

6.2.2.1 Der Vorstand und der Verwaltungsrat der Treuhandanstalt

Der Urtreuhandanstalt stand ein aus fünf Mitgliedern bestehendes Direktorium vor, dem die eigenverantwortliche Leitung im Sinne einer Gesamtgeschäftsführung, die Vertretung der Urtreuhandanstalt im Rechtsverkehr und – nur rein formell, da zu dieser Zeit kein Verwaltungsrat eingesetzt wurde[363] – die Berichterstattung an den Verwaltungsrat oblag.[364] Dieses Direktorium wurde mit Gründung der Treuhandanstalt durch einen aus einem Präsidenten und mindestens vier weiteren Mitgliedern bestehenden, weisungsunabhängigen Vorstand ersetzt, in dem, abgesehen von wichtigen Entscheidungen,[365] einzelne Mitglieder des Vorstandes einen ihnen im Rahmen der Geschäftsverteilung zugewiesenen Geschäftsbereich (Abbildung 2) eigenverantwortlich führten.[366] Zusätzlich war der Vorstand für die Aufstellung des Jahresabschlusses und des Lageberichtes zuständig.[367]

---

363 *Seibel* 1993: 114.

364 *Kloepfer* 1993: 43. Vgl. auch § 7 des Statuts der Anstalt zur treuhänderischen Verwaltung des Volkseigentums vom 15. März 1990, veröffentlicht im GBl. DDR 1990 I: 167.

365 Gegebenenfalls bedurfte es der Entscheidung zweier Vorstandsmitglieder oder des Gesamtvorstandes.

366 *Hartl* 1995: 10 f.; *Kloepfer* 1993: 43. Vgl. auch § 3 Treuhandgesetz vom 17. Juni 1990, veröffentlicht im GBl. DDR 1990 I: 300 und §§ 11, 12 Satzung der Treuhandanstalt vom 18. Juli 1990, veröffentlicht im GBl. DDR 1990 I: 809.

367 *Hartl* 1995: 10 f.; *Kloepfer* 1993: 43. Vgl. auch § 3 Treuhandgesetz vom 17. Juni 1990, veröffentlicht im GBl. DDR 1990 I: 300 und §§ 11, 12 Satzung der Treuhandanstalt vom 18. Juli 1990, veröffentlicht im GBl. DDR 1990 I: 809.

Abbildung 2:   Vorstandsbereiche der Treuhandanstalt (Stand 1.10.1992)

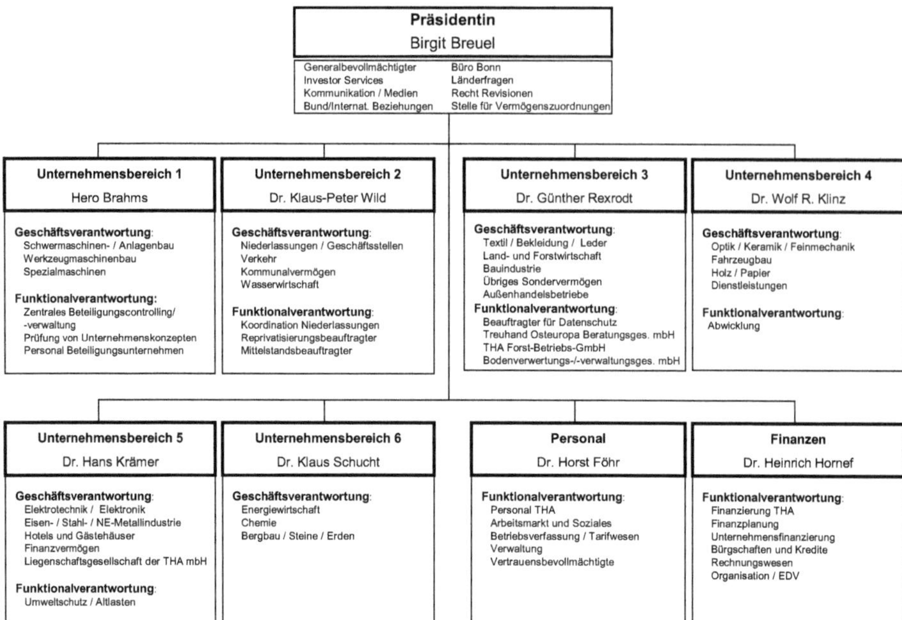

Quelle: *BvS* 2003: 442.

Ab dem 1. Januar 2001 bestand der Vorstand der Treuhandanstalt schließlich nur noch aus dem Präsidenten und einem kleinen Beraterstab.[368] Seitdem die Anstalt sich in Abwicklung befindet (1. Januar 2004), sind sogar sämtliche Organe entfallen, es existiert seit diesem Zeitpunkt lediglich ein Abwickler.[369]

Die Hauptaufgaben des Verwaltungsrats bestanden aus der Bestellung und Abberufung des Vorstandes sowie der Überwachung der laufenden Geschäfte, er war in seinen Aufgaben dem Aufsichtsrat einer Aktiengesellschaft ähnlich.[370] Zur Erfüllung dieser Aufgaben wurden dem Verwaltungsrat in § 8 Absatz 2 Satz 1 THA-Satzung ein Einsichts- und Prüfungsrecht eingeräumt.[371] Des Weiteren war der Vorstand zu einer regelmäßigen Berichterstattung an den Verwaltungsrat verpflichtet, und es bestand eine Unterrichtungspflicht des Präsidenten gegenüber dem Vorsitzenden des Verwaltungsrates über alle wichtigen Geschäftsangelegenheiten.[372] Darüber hinaus bedurften wichtige Entscheidungen des Vorstandes der Zustimmung des

---

368 *BvS* 2003: 184.

369 Informationen auf der Internetseite http://www.bvs.bund.de/003_menue_links/01_wir/ index.html (letzter Abruf: 12.10.2015).

370 *Hartl* 1995: 12; *Kloepfer* 1993: 44; *BvS* 2003: 110.

371 *Kloepfer* 1993: 44.

372 *Kloepfer* 1993: 44.

Verwaltungsrates.[373] Ein eng mit dem Treuhandvorstand in Verbindung stehender Mitarbeiter der Treuhandanstalt erklärte in einem der geführten Interviews einen zentralen Unterschied zwischen der Treuhandanstalt und einer Aktiengesellschaft in Bezug auf die Tätigkeit des Verwaltungsrates bzw. eines Aufsichtsrates:

[Der Verwaltungsrat war zuständig] *„… für die großen Privatisierungen, für die großen Finanzierungen von Noch-Treuhandunternehmen[, …] für die bedeutenden Richtlinien und natürlich für hochrangige Personalentscheidungen. Das war so im Wesentlichen das Budget. [… U]nd der hat monatlich getagt, und sicher jeden Monat im Schnitt so, ich sag mal haarige, große Fälle auf den Tisch gekriegt. […] Auf jeden Fall kann ich aber sagen, dass der Verwaltungsrat der Treuhandanstalt allein schon deswegen das praktische Geschäft sehr viel intensiver betreut hat, […] als in jeder normalen Aktiengesellschaft"* (11-1-7 418/481).

Nachdem der Vorsitzende des Verwaltungsrates nach Beschluss des Abwicklungsgesetzes die Position des Abwicklers übernommen hatte, wurde der Verwaltungsrat ab dem 1. Januar 2004 aufgelöst.[374]

Zusammengefasst oblagen dem Vorstand letztlich alle wichtigen Entscheidungen innerhalb der Treuhandanstalt. Dort liefen sämtliche internen Fäden zusammen. Deshalb verfügte dieses Gremium – neben einem großen gestalterischen Einfluss auf die Strukturen der Treuhandanstalt im Rahmen der gesetzlichen Vorgaben – über vielseitige Kontrollpotentiale bezüglich der Privatisierungstätigkeit. Als unmittelbares Kontrollgremium des Vorstandes eingesetzt, wies der Verwaltungsrat ebenfalls nicht unwesentliche Kontrollmöglichkeiten auf. Dies gilt umso mehr, da der Verwaltungsrat der Treuhandanstalt scheinbar in das operative Geschäft intensiver eingebunden war, als es ansonsten bei Aufsichtsräten üblich ist. Es wurde offenbar im Verwaltungsrat regelmäßig über konkrete Fälle und Entscheidungen gesprochen, so dass eine Kontrolle zumindest größerer Privatisierungsvorgänge durch den Verwaltungsrat erfolgen konnte.

6.2.2.2 Aufsichtsrechte und sonstige Einflussmöglichkeiten der Regierung

Die Regierungen der DDR, BRD und des wiedervereinigten Deutschlands verfügten zum einen wegen verschiedener Aufsichtsrechte über direkte Kontrollmöglichkeiten hinsichtlich der Privatisierungstätigkeit, zum anderen hatten sie eher indirekte Einflussmöglichkeiten, indem sie unterschiedlich starke Mitspracherechte bei der Besetzung des Vorstandes und des Verwaltungsrates der Treuhandanstalt hatten. Diese Einflussmöglichkeiten veränderten sich im Laufe der Zeit erheblich.

---

373 *Kloepfer* 1993: 44 f. Vgl. im Einzelnen § 3 Absatz 2 Satz 2, § 4 Treuhandgesetz sowie
    §§ 7–10 Satzung der Treuhandanstalt.
374 *BvS* 2003: 184.

Die Urtreuhandanstalt war gemäß Ziffer 1 Satz 2 des Gründungsbeschlusses[375] dem Ministerrat der DDR unterstellt.[376] Der Begriff der Unterstellung bedeutete im Wirtschaftsverwaltungsrecht der DDR die Überwachung der Aufgabenerfüllung und der Rechtsdisziplin der nachrangigen Wirtschaftsverwaltungseinheit durch das übergeordnete Exekutivorgan ohne Einbuße der Selbstständigkeit.[377] Die inhaltliche Ausgestaltung dieser Unterstellung erfolgte durch das Statut der Urtreuhandanstalt.[378] Eine wichtige Regelung hätte die gemäß § 10 Absatz 1 Statut vorgesehene Installation eines Verwaltungsrates sein können, der die Tätigkeit der Anstalt und ihres Leitungsgremiums, des ersten Direktoriums, kontrollieren sollte. Die Einrichtung eines solchen Rates unterblieb jedoch und die Aufgaben wurden gemäß § 14 Absatz 2 Statut ersatzweise vom Ministerrat selbst übernommen.[379] Neben diesen abgeleiteten Kontrollrechten hatte die Regierung ein uneingeschränktes Weisungsrecht gegenüber dem Direktorium der Anstalt.[380] Von dieser Möglichkeit machte der Ministerrat Gebrauch, indem er Einfluss auf die Organisationsstruktur der Urtreuhandanstalt nahm und sich in den Privatisierungsfällen sowie den sich anbahnenden Joint Ventures die Entscheidungen vorbehielt.[381]

Mit der Wirtschafts-, Währungs- und Sozialunion vom 1. Juli 1990 wuchsen die Einflussmöglichkeiten der Bundesregierung.[382] Zu diesem Zeitpunkt wurden durch das Inkrafttreten des 1. TreuhG[383] die Regelungen der Unterstellung verändert. Der Begriff der Aufsicht wurde aus dem westdeutschen Staatsrecht übernommen, gemeint war insbesondere eine Rechts- und Fachaufsicht.[384] Diese Kontrollmöglichkeit der Gesetz- und Zweckmäßigkeit der laufenden Tätigkeit der Treuhandanstalt

---

375 Beschluss zur Gründung der Anstalt zur treuhänderischen Verwaltung des Volkseigentums vom 1. März 1990; veröffentlicht in GBl. DDR 1990 I: 107.

376 Die erst seit 1954 offiziell als Ministerrat der DDR bezeichnete Regierung der DDR war Organ der Volkskammer und verantwortlich für die Erarbeitung von Grundsätzen der staatlichen Innen- und Außenpolitik der DDR sowie für die Organisation der Aufgabenerfüllung in allen staatlichen, wirtschaftlichen und gesellschaftlichen Bereichen der DDR. Der Ministerrat setzte sich aus dem Ministerpräsidenten, seinen Stellvertretern, den in ihrer Anzahl differierenden Fachministern und weiteren Mitgliedern, wie dem Staatssekretär für Arbeit und Löhne, zusammen. Vgl. *Akademie für Staats- und Rechtswissenschaft der DDR* 1984: 305 ff.; 313 ff.; *Weber, H.* 1999: 234.

377 Nach *Kloepfer* 1993: 59; zu den Instrumenten zur Erfüllung dieser Aufgabe siehe *Unger* 2002: 82.

378 Statut der Anstalt zur treuhänderischen Verwaltung des Volkseigentums vom 15. März 1990; veröffentlich im GBl. DDR 1990 I: 167.

379 *Seibel* 1993: 114.

380 *Unger* 2002: 86.

381 Zur Praxis der Kontrolle durch den Ministerrat ausführlich *Unger* 2002: 87 ff.

382 *Unger* 2002: 99; *Kloepfer* 1993: 60.

383 GBl. DDR 1990 I: 300.

384 Vgl. *Kloepfer* 1993: 61.

oblag dem Vorsitzenden des Ministerrates (Ministerpräsident).[385] Dem Ministerrat standen zudem einige organisationsrechtliche Befugnisse zu, wobei ein Teil der Organisationsstruktur, insbesondere die Errichtung der Treuhandanstalt sowie die Bildung von Verwaltungsrat und Vorstand, bereits von der Legislative festgelegt worden war.[386] Darüber hinaus wurde für den Ministerrat eine Besetzungskompetenz bezüglich eines Teiles des Verwaltungsrates beschlossen.[387]

Mit der Wiedervereinigung übernahm die Bundesregierung die Aufgaben des Ministerrates der DDR. Die beschriebenen Aufsichtsrechte gingen nach Art. 25 Absatz 1 Satz 3 1. Halbsatz EV insgesamt auf den Bundesminister für Finanzen über.[388] Die Fachaufsicht musste jedoch im Einvernehmen mit dem Bundesminister für Wirtschaft und dem jeweils zuständigen Fachminister erfolgen.[389] Der Bundesregierung stand gemäß Art. 25 Absatz 1 Satz 3 EV das Recht zur Berufung der Mitglieder des Verwaltungsrates, insbesondere auch des Vorsitzenden zu – abgesehen von der Benennung der sechs Vertreter der neuen Bundesländer und Berlins. Damit hatte die Regierung entscheidenden Einfluss auf die personelle Besetzung des Verwaltungsrates. Daneben ist zu vermuten, dass – wie oft bei politischen Entscheidungen – auch inoffiziell Einfluss genommen wurde. In diese Richtung deutet die Aussage eines Mitarbeiters der Treuhandanstalt in einem Interview:

> *„Der offizielle Weg der Politikeinbindung war [...] zu Treuhandzeiten natürlich im Wesentlichen bei besonders schwergewichtigen Fällen der Treuhandverwaltungsrat. [... I]m Vorfeld zu solchen Verwaltungsratssitzungen erfolgten dann zu schwerwiegenden Fällen eben auch alle möglichen Abstimmungsgremien, Ausschüsse und so. Dann gab's aber natürlich auch noch den Einfluss der Politik praktisch ins Tagesgeschäft, indem ein Privatisierungsdirektor angerufen wird oder ein Vorstand. [...] Also solche Einflussnahme gab's natürlich auch. Und es gab bei der Treuhandanstalt Menschen, gute und schlechte, es gab Leute, die da sehr zäh waren, dem zu widerstehen und auch notfalls gesagt haben: ‚Passen Sie mal auf, dann weisen Sie mich an. Und ansonsten handele ich hier in meinem Handlungsrahmen‘‘ (11–1-5 439/452; über einen gescheiterten Versuch einer Einflussnahme auch 11–1-7 607/637).*

Über die Qualität und Quantität solcher Beeinflussungen lassen sich anhand der Interviews keine generellen Aussagen machen.

Durch den Übergang von der Treuhandanstalt zur BvS im Januar 1994 wurden die offiziellen Einflussmöglichkeiten der Bundesregierung ausgeweitet. So war die

---

385 *Kloepfer* 1993: 60; zur tatsächlich erfolgten Aufsicht vgl. *Unger* 2002: 157 ff.; vgl. auch § 2 Absatz 2 Treuhandgesetz, § 1 Absatz 2 Satzung der Treuhandanstalt.

386 *Unger* 2002: 134 f. Ausführlich zur Besetzung des ersten Verwaltungsrates der Treuhandanstalt, der sich am 3. Juli 1990 konstituierte, *Seibel* 2005: 124 ff.

387 Vgl. § 4 Absatz 2 Treuhandgesetz.

388 Zur Praxis dieser Regierungsaufsicht bei der Treuhandanstalt vgl. *Unger* 2002: 243 ff. (zur BvS 463). Zu weiteren Kontroll- und Einflussmöglichkeiten des Bundeskanzlers als Teil der Regierung *Unger* 2002: 330 ff.

389 *Kloepfer* 1993: 61; zur Reichweite der Fachaufsicht speziell bei der Treuhandanstalt auch *Rechenberg* 1994: 239.

Regierung nach dem Wegfall der Satzung zum alleinigen Erlass der Geschäftsordnung befugt, selbst der Bestellung der Vorstandsmitglieder musste sie mittlerweile zustimmen.[390] Die Aufsichtsrechte blieben unverändert.[391]

6.2.2.3 Von der Regierung eingesetzte Kontrollinstitutionen

Weitere Kontrollpotentiale könnten sich aus der Gründung spezieller Institutionen durch die Regierung insgesamt oder durch einzelne Regierungsmitglieder ergeben. So existierte ab Juli 1990 ein (in Teilen bereits vor der Wiedervereinigung zur Überprüfung der Mittelverwendung) vom Bundesminister für Finanzen eingesetzter *Leitungsausschuss*.[392] Dieser war ein eigenständiges, für die Treuhandanstalt tätiges Beratungsorgan.[393] Seine Aufgabe bestand in der Überprüfung aller eingehenden Unternehmenskonzeptionen anhand eines festgelegten Rasters sowie einer Empfehlung zur weiteren Behandlung durch Einstufung des Unternehmens in die Stufen *eins* bis *sechs* (von „Unternehmen arbeitet rentabel" bis hin zu „Unternehmen ist nicht sanierungsfähig").[394] Mitarbeiter der Treuhandanstalt berichteten uns in den Interviews beeindruckt und respektvoll von der Arbeit des Leitungsausschusses:

> *„Der Herr Rohwedder hat ihn [den Leiter des Leitungsausschusses] gefragt: ‚Wir haben jetzt vierzehnhundert Unternehmen. Wie lange brauchen sie mit ihrem Leitungsausschuss, um die zu prüfen? Um die Spreu vom Weizen zu trennen?' Dann hat er gesagt: ‚Sechs Wochen. In sechs Wochen kriegen Sie das Ergebnis.' […] Es war da nach sechs Wochen. Das war schon hart"* (11–1–4 4020/4030; vgl. auch ähnlich *11–1–8 588/607*).

Für die Prüfung spezieller finanzieller Fragen und zur Beratung bildete das Bundesministerium für Wirtschaft einen *Kredit- und Bürgschaftssauschuss* sowie das Bundesministerium für Finanzen eine *Arbeitsgruppe Bilanzprüfung* und eine *Task Force Besondere Handelsgesellschaften*.[395]

Auf Betreiben der Bundesregierung und persönliche Initiative des Bundeskanzlers wurden außerdem so genannte *Vertrauensbevollmächtigte* als weitere unabhängige Berater der Treuhandanstalt ernannt, deren Aufgabe darin bestand, Hinweisen auf kollusives Zusammenwirken ehemaliger Funktionäre (Problem der „alten oder

---

390 *Unger* 2002: 456f.

391 Hierzu *Unger* 2002: 463.

392 *Czada* 1993: 157.

393 *Czada* 1993: 157.

394 *Czada* 1993: 157; *Freese* 1995: 91; *Treuhandanstalt* Bd. 10 1994: 50 ff.; *Breuel* 1993: 89 ff.; eine Übersicht über den Stand der eingestuften Treuhandunternehmen (Stand: November 1992) findet sich bei *Schmidt, K.-D.* 1993: 222 f. Zur Begleitung von als sanierungsfähig eingestuften Treuhandunternehmen durch den Leitungsausschuss *Schwalbach* 1993: 184 ff.

395 Zu den Aufgaben im Einzelnen *Unger* 2002: 211 ff.

neuen Seilschaften")[396] und auf Personen, die als offizielle oder inoffizielle Mitarbeiter des Staatssicherheitsdienstes Unrecht begangen hatten, nachzugehen.[397] Insoweit arbeiteten die Vertrauensbevollmächtigten eng mit der Behörde des Bundesbeauftragten für personenbezogene Unterlagen des ehemaligen Staatssicherheitsdienstes (sog. Gauck-Behörde)[398] zusammen.[399] Ein Treuhandmitarbeiter beschrieb das Verhältnis zwischen Mitarbeitern der Treuhandanstalt und den Vertrauensbevollmächtigten allerdings relativ emotional als weniger vertrauensvoll:

> *„Also viel gefürchteter [als die Stabsstelle] waren diese Vertrauensbevollmächtigten. Das war ja nun tatsächlich 'ne ideologische Polizei. Das war so eine Inquisition. [...] Die beiden Herren da so. Der eine war ein wirklich scharfer Kommunistenfresser, der andere [...] der Herr, der alles verzeihen konnte" (11–1-3 1241/1247).*

Diese Einschätzung überrascht angesichts der Aufgabe der Vertrauensbevollmächtigten nicht unbedingt. Sie hat aber keine Allgemeingültigkeit und gibt nur die subjektive Sichtweise eines einzelnen Interviewpartners wieder.

Des Weiteren berief die Bundesregierung Arbeitsgruppen zu den verschiedensten Themen: die *Arbeitsgruppe Forschungs-GmbH*, die für den Erhalt des industrienahen Forschungspotentials sorgen sollte,[400] die *Forderungsrunde*, deren Ziel die Steuerung des Einzuges problematischer Auslandsforderungen der Außenhandelsbetriebe war, die *Arbeitsgruppe Kommerzielle Koordinierung*, deren Aufgabe unter Beteiligung von Staatsanwaltschaft II und ZERV der Informationsaustausch bezüglich des Komplexes Kommerzielle Koordinierung[401] und des Vermögens der Parteien und

---

396 Dies wurde auch als besonderes Problem im Bericht der Enquete-Kommission „Aufarbeitung von Geschichte und Folgen der SED-Diktatur in Deutschland" behandelt; BT-Drucksache 12/7820: 214 ff. Zum Umgang mit dieser Problematik innerhalb der Treuhandanstalt *Treuhandanstalt* Bd. 10 1994: 796 f., 908 f. Insbesondere wurden alle Aufsichtsräte, Vorstände und Geschäftsführer der Treuhandunternehmen gebeten, eine persönliche Erklärung abzugeben, dass sie nicht als offizieller oder inoffizieller Mitarbeiter bei der Stasi tätig waren.

397 *Treuhandanstalt* Bd. 10 1994: 794 ff.; *Breuel* 1993: 157; *Seibel* 2005: 179 ff. Ausführlich *Krieger* 1993: 18 ff., der selbst Vertrauensbevollmächtigter bei der Treuhandanstalt war und deshalb einen durch persönliche Erfahrungen geprägten Einblick in die damalige Tätigkeit gewährt.

398 Zu den Aufgaben vgl. § 1 StUG; veröffentlicht in BGBl. I: 2272, zuletzt geändert durch das Fünfte Gesetz zur Änderung des Stasi-Unterlagen-Gesetzes (5. StUÄndG) vom 2. September 2002, BGBl. I: 3446. Zum Aufbau und zur Tätigkeit der Behörde ausführlich „Erster Tätigkeitsbericht des Bundesbeauftragten für die Unterlagen des Staatssicherheitsdienstes der ehemaligen Deutschen Demokratischen Republik" aus dem Jahr 1993, BT-Drucksache 12/5100.

399 *Unger* 2002: 215.

400 *Treuhandanstalt* Bd. 8 1994: 650 ff.

401 Die gesamte Koordination des Außenhandels der DDR oblag zentral dem Ministerium für Außenhandel (MAH); Produzenten, Handelsbetriebe oder Kombinate waren nicht

Massenorganisationen der DDR sowie die Koordinierung des weiteren Vorgehens war, außerdem die gemeinsame *Arbeitsgruppe Bund, Treuhand und Länder,* die sich mit Einzelfragen aus den Bereichen der Umsetzung der Finanzierungsregelung der ökologischen Altlasten befasste.[402] Daneben bestand die informelle, aber durchaus bedeutsame *Ludewig-Runde,*[403] deren hochrangige politische Mitglieder sich auf Einladung des Bundeskanzlers trafen und in der es um vertrauensvollen Informationsaustausch sowie die Abstimmung über allgemeine länderübergreifende, politisch brisante Fragen des ökonomischen Umbruchs ging.[404]

Nach dem Übergang von der Treuhandanstalt zur BvS (ab dem 1. Januar 1995) wurden deutlich weniger neue Institutionen gegründet als zuvor. Von der Bundesregierung wurden fünf *EALG-Beiräte*[405] bei der soeben gegründeten Bodenverwertungs- und -verwaltungsgesellschaft mbH zur Privatisierung des land- und forstwirtschaftlichen Vermögens (BVVG) zur Unterstützung in Fällen von Entschädigungs- und Ausgleichsleistungen eingesetzt.[406] Außerdem wurde vom Bundesministerium für Wirtschaft die Bund-Länder-Arbeitsgruppe *Managementunterstützung für Unternehmen in den neuen Bundesländern* ins Leben gerufen. Am 21. Oktober 1996

---

befugt, selbstständige Handelsbeziehungen zu unterhalten. Die konkrete Abwicklung der Handelsgeschäfte wurde von den untergeordneten Außenhandelsbetrieben (AHBs) übernommen. Hierzu *Bundesministerium für innerdeutsche Beziehungen* 1985: 899 (MAH); 104 (AHB); vgl. auch 122 ff. (Außenwirtschaft und Außenhandel). Neben diesen offiziellen Handelsbeziehungen mit dem sozialistischen Ausland existierte für den Bereich des Außenhandels zur Erwirtschaftung von Devisen ein eigener Bereich Kommerzielle Koordinierung (KoKo), der zunächst dem MAH untergeordnet, dann aber direkt dem Zentralkomitee (ZK) der SED unterstellt war (höchstes Organ der SED zur Leitung ihrer gesamten politischen Tätigkeit, es wählte das Politbüro, also die faktische Regierung der DDR; ausführlich dazu *Bundesministerium für innerdeutsche Beziehungen* 1985: 1005 ff. (Politbüro des ZK der SED); 1540 ff. (ZK der SED)). Vgl. auch Bericht zum 1. Treuhand-Untersuchungsausschuss BT-Drucksache 12/7600: 77. Gewinne aus diesem Bereich flossen nicht in den Staatshaushalt, sondern konnten etwa für die Ausstattung des Ministeriums für Staatssicherheit (MfS) eingesetzt werden, welches gegen „konterrevolutionäre Anschläge auf die sozialistische Staat- und Gesellschaftsordnung der DDR" durch Überwachungsstrukturen in allen Gesellschaftsbereichen absichern sollte (vgl. *Bundesministerium für innerdeutsche Beziehungen* 1985: 909 ff. (MfS)); BT-Drucksache 12/7600: 322 ff.

402 Umfassender und mit weiteren Nachweisen *Unger* 2002: 217 ff.

403 Benannt war diese Runde nach dem damaligen Vertreter des Bundeskanzleramtes Ministerialdirektor Johannes Ludewig; *Czada* 1993: 158.

404 *Czada* 1993: 157 f.

405 Die Grundlage für ihre Tätigkeit bildete das „Gesetz über die Entschädigung nach dem Gesetz zur Regelung offener Vermögensfragen und über staatliche Ausgleichsleistungen für Enteignungen auf besatzungsrechtlicher oder besatzungshoheitlicher Grundlage" (Entschädigungsleistungs- und Ausgleichsleistungsgesetz; kurz EALG) vom 27. September 1994 BGBl. I: 1185.

406 *Unger* 2002: 458 f.

trat erstmals der *land- und forstwirtschaftliche Beirat* bei der BVVG zusammen.[407] Der Bundeskanzler berief am 14. Februar 1996 die *Gesprächsrunde Kommerzielle Koordinierung*, die durch Einbindung der Nachrichtendienste eine Fortentwicklung der gleichnamigen Arbeitsgruppe war.[408] Aus dieser Gesprächsrunde entstand durch Beschluss vom 12. Juli 1996 die *Arbeitsgruppe Koordinierte Ermittlung (AKE)*, die sich nicht nur wie die Vorgänger regelmäßig zum Informationsaustausch traf, sondern für die eine feste Geschäftsstelle errichtet und vier so genannte *Task Forces* eingesetzt wurden, die von der Arbeitsgruppe gezielte Aufträge zur Aufklärung bestimmter Sachverhalte erhielten.[409] Hierdurch sollten ein intensiver Informationsaustausch zwischen den Ermittlungsinstanzen und eine ständige Abstimmung über das Vorgehen gewährleistet werden.[410] Von Treuhandmitarbeitern wurde der Erfolg dieser Einrichtung eher bezweifelt, insbesondere wurde berichtet, dass sich die Staatsanwaltschaft nicht aktiv eingebracht habe. Ein Mitarbeiter der Stabsstelle berichtete uns wörtlich:

> *„Und dann sind in diesem Arbeitskreis, der also regelmäßig tagte und so sich zusammengesetzt hat, Vertreter von Staatsanwaltschaften und Polizei und der BvS und so weiter eingeladen worden, um dort zu berichten. Die Staatsanwaltschaften haben diesen Einladungen nur zögernd Folge geleistet, ich habe in meinen ein, zwei Jahren da keinen Vertreter von irgendeiner Staatsanwaltschaft mehr gesehen oder es ist mir berichtet worden, dass dort einer aufgetaucht ist. Die […] ZERV war dort ständig vertreten"* (3–1-5 2005/2011).

Mit dem Rückgang der operativen Geschäfte verloren die Beratungsgremien, Arbeitsgruppen und Beiräte insgesamt immer mehr an Bedeutung, so dass sie sukzessive aufgelöst wurden.

6.2.3   Parlamentarische Kontrolle

Auch wenn es seit Gründung der Urtreuhandanstalt bis zum 3. Oktober 1990 nicht zur Einrichtung eines speziellen Volkskammerausschusses[411] zur Ausübung der Kontrolle über die Urtreuhandanstalt gekommen war,[412] so hatte die Volkskammer

---

407 *Unger* 2002: 460.

408 *Unger* 2002: 456 ff.

409 *Unger* 2002: 462.

410 *Unger* 2002: 462.

411 Die Volkskammer konnte zur Behandlung von komplexen Bereichen des staatlichen, wirtschaftlichen, sozialen und kulturellen Lebens Ausschüsse bilden, die die Einheit von Beschlussfassung, Durchführung und Kontrolle sicherstellen und eine enge Verbindung zu den Werktätigen aufrecht erhalten sollten; *Akademie für Staats- und Rechtswissenschaft der DDR* 1984: 288 f.

412 Es kam lediglich am 29. Juni 1990 zur Bildung einer „parlamentarischen Arbeitsgruppe zur Untersuchung der Vorgänge auf dem Energiesektor, insbesondere des Kraftwerkes Boxberg, und Prüfung der Einbeziehung der Treuhandstelle"; *Unger* 2002: 104. Ar-

selbst Einwirkungsmöglichkeiten aufgrund vorauswirkender, informierender und sanktionierender Kontrolle.[413] *Vorauswirkende* Kontrolle bezeichnet insbesondere die Tätigkeiten des Parlaments im Bereich der Gesetzgebung und Planung.[414] Daneben kann eine *informierende* Kontrollmöglichkeit bestehen, soweit das Parlament von der Exekutive Auskunft begehren kann, und das Parlament kann *sanktionierenden* Einfluss nehmen, indem es gegenüber der Exekutive Maßnahmen mit dem Ziel ergreift, die verantwortlichen Personen wegen Fehlverhaltens oder Versagens ihres Amtes zu entheben.[415]

6.2.3.1 Die parlamentarische Kontrolle bei der Urtreuhandanstalt

Die Volkskammer der DDR hatte zwar an dem Gründungsbeschluss und dem Statut der Urtreuhandanstalt nicht mitgewirkt,[416] dennoch konnte sie sich generell in der Folgezeit inhaltlich am Gesetzgebungsverfahren zum Staatsvertrag, dem Treuhandgesetz und der Satzung der Treuhandanstalt *vorauswirkend* beteiligen.[417] Darüber hinaus konnte sie über das Budgetrecht Einfluss auf die der Urtreuhandanstalt zur Verfügung stehenden finanziellen Mittel nehmen, denn die Volkskammer erließ in Gesetzesform die Wirtschaftspläne und den Staatshaushaltsplan.[418] Die Rechte der Volkskammer waren zwar in der DDR grundsätzlich eher formaler Natur, denn die Inhalte der Gesetze wurden weitestgehend von dem obersten politischen Führungsorgan, der SED, vorgeschrieben.[419] Jedoch wurde der Führungsanspruch der SED bereits am 1. Dezember 1989 aus der Verfassung gestrichen[420] und am 18. März 1990 wurde die erste Volkskammer frei gewählt.[421] Auch der Deutsche Bundestag konnte bereits vor der Wiedervereinigung in dem Gesetzgebungsverfahren zum Staatsvertrag, insbesondere durch den gemeinsam mit der Volkskammer besetz-

---

      beitsgruppen wurden wiederum von Ausschüssen gebildet, um die Wirksamkeit von Gesetzen an Ort und Stelle zu überprüfen und ebenfalls den direkten Kontakt mit den Werktätigen herzustellen; *Akademie für Staats- und Rechtswissenschaft der DDR* 1984: 290.

413 Dieses Kategoriensystem für westliche parlamentarische Kontrolle lässt sich auf die Volksvertretung der DDR übertragen; vgl. *Unger* 2002: 105.

414 Ihre Wirksamkeit ergibt sich aus der Bindung der Exekutive an das Gesetz und Recht gem. Art. 20 Absatz 3 GG; vgl. hierzu *Jarass, Pieroth* 2014: Art. 20 Rn. 37 ff. Damit vergleichbar war die Regelung des Art. 49 Absatz 1 Verfassung der DDR; *Kloepfer* 1993: 62 f.

415 *Achterberg* 1984: 411 ff.

416 Vgl. *Fischer, Schröter* 1993: 26 ff.

417 Vgl. *Fischer, Schröter* 1993: 32 ff.

418 *Kloepfer* 1993: 63.

419 *Kloepfer* 1993: 63.

420 *Maier* 2000: 287.

421 Ausführlich zu der Situation der Parteien im Wahlkampf vor dem 18.3.1990 und zu der Wahl selbst *Maier* 2000: 311 ff.

ten *Sonderausschuss „Deutsche Einheit"*, Einfluss nehmen.[422] Zur *informierenden* Kontrolle stand der Volkskammer ein Anspruch auf Rechenschaftslegung nach § 1 Absatz 2 Satz 2 Statut zu, der jedoch durch die Aufhebung des Statuts (§ 24 Absatz 3 TreuhG) entfiel. Daneben existierten nur die vierteljährlich zu erfüllende Rechenschaftspflicht des Ministerrates gegenüber der Volkskammer[423] sowie die parlamentarischen Frage- und Informationsrechte aus dem verfassungsrechtlich verankerten Fragerecht gemäß Art. 59 DDR-Verfassung. Auch diese Rechte bestanden in erster Linie formal.[424] Sie erhielten allerdings durch das Inkrafttreten der Geschäftsordnung am 12. Juli 1990 in Anlehnung an die Geschäftsordnung des deutschen Bundestages eine Stärkung und Erweiterung.[425] *Sanktionierende* Kontrolle wurde gegenüber der Urtreuhandanstalt von der Volkskammer nicht ausgeübt, obwohl gemäß § 9 Absatz 2 Satz 3 Statut von ihr gewählte Mitglieder des Verwaltungsrates wieder abgewählt werden konnten.[426] Es kam aber erst gar nicht zu einer Wahl.

6.2.3.2 Die parlamentarische Kontrolle bei der Treuhandanstalt

Nach der Wiedervereinigung unterlag die Treuhandanstalt der alleinigen parlamentarischen Kontrolle des Deutschen Bundestages. Zur Ausübung dieser Kontrolle bediente sich der Bundestag mehrerer Ausschüsse[427] und anderer Gremien. So existierte vom 24. Oktober 1990 bis zum 3. Februar 1993 ein eigens eingerichteter *Unterausschuss Treuhandanstalt des Haushaltsausschusses*, dessen Aufgaben ab dem 10. Februar 1993 von einem *Ausschuss Treuhandanstalt* übernommen wurden.[428] Daneben gab es weitere Unterausschüsse zu speziellen Themen, zum Beispiel den *Unterausschuss „Privatisierung der Autobahnnebenbetriebe"* sowie zwei Enquete-

---

422 *Unger* 2002: 517; 194 ff.

423 *Kloepfer* 1993: 63.

424 *Kloepfer* 1993: 64.

425 *Unger* 2002: 200 ff.

426 *Unger* 2002: 204.

427 Ausschüsse stellen Unterorgane des Bundestages dar, die Entscheidungen für das Plenum vorbereiten, BVerfGE 80, 188, 222; 84, 304, 323; vgl. auch § 62 Absatz 1 Geschäftsordnung des 18. deutschen Bundestages (GO-BT) (in Fortführung der für die letzten Wahlperioden geltenden Regelungen). Die Kompetenzen des Bundestages können an einen solchen nur aufgrund verfassungsrechtlicher Ermächtigungsgrundlage übertragen werden, im Übrigen reicht ein einfaches Gesetz als Rechtsgrundlage; *Jarass, Pieroth* 2014: Art. 40 Rn. 3. Ausschüsse können gemäß § 55 Absatz 1 GO-BT ihrerseits wieder Unterausschüsse einsetzen.

428 Die Gründung eines eigenen Ausschusses könnte der zunehmenden öffentlichen Kritik an der Betrachtung der Treuhandanstalt ausschließlich anhand von haushaltsrechtlichen Maßstäben geschuldet gewesen sein; so *Kloepfer* 1993: 65. Aufgrund der weit reichenden Unabhängigkeit der Treuhandanstalt vom Bundeshaushalt und mangelnder Einzelinitiative von (ostdeutschen) Bundestagsabgeordneten sieht *Seibel* (2005: 161) hier jedoch nur beschränkte faktische Einflussmöglichkeiten.

Kommissionen.[429] Auch in den einzelnen Fraktionen wurden eigene Arbeitsgruppen zum Thema Treuhandanstalt eingerichtet.[430] Am 6. Juni 1991 wurde die Einsetzung des *1. Untersuchungsausschusses „Kommerzielle Koordinierung"* beschlossen und am 30. September 1993 die des *2. Untersuchungsausschusses „Treuhandanstalt".*[431]

Vorauswirkende Kontrolle konnte der Deutsche Bundestag durch eine Reihe von Gesetzgebungsverfahren ausüben, die sich unmittelbar mit der Treuhandanstalt und ihrer Tätigkeit befassten. Eine vorauswirkende Kontrolle durch das Budgetrecht erfolgte demgegenüber nicht,[432] da die Treuhandanstalt als öffentliches Unternehmen gemäß § 112 Absatz 2 Satz 1 BHO formal keine Haushaltsmittel beanspruchte und daher einer parlamentarischen Haushaltskontrolle entzogen war.[433] Jedoch wurden 1992, nachdem der große Finanzierungsbedarf der Treuhandanstalt immer deutlicher zutage trat, durch den Erlass des Treuhandkreditaufnahmegesetzes[434] die Inanspruchnahme eines deutlich erhöhten Kreditrahmens und die Überschreitung der Kreditobergrenze von der Einwilligung des Haushaltsausschusses abhängig gemacht, so dass der Bundestag von diesem Zeitpunkt an Einfluss auf die finanziellen Möglichkeiten der Treuhandanstalt hatte.[435] Eine vorauswirkende Kontrolle durch bindende Parlamentsbeschlüsse zur inneren Struktur der Treuhandanstalt wurde dem Bundestag hingegen nicht ermöglicht. Denn bei der Binnendifferenzierung der Treuhandanstalt durch Niederlassungen (bis Ende September 1990

---

429 Enquete-Kommissionen werden vom Bundestag zur Vorbereitung von Entscheidungen über umfangreiche und entscheidende Sachkomplexe eingesetzt; vgl. § 56 Absatz 1 GO-BT. Sie können auch mit Nicht-Parlamentariern besetzt werden.

430 *Unger* 2002: 374.

431 *Unger* 2002: 373 f. Zur Bedeutung der Untersuchungsausschüsse als Instrumente der ausführlicheren Informationsbeschaffung vgl. *Kloepfer* 1993: 66; kritisch bezüglich einer Ausgleichsfunktion von Kontrolldefiziten durch den Untersuchungsausschuss „Treuhandanstalt" *Seibel* 2005: 162. Untersuchungsausschüsse können gemäß § 44 Absatz 1 GG eingesetzt werden, um Sachverhalte, deren Aufklärung im öffentlichen Interesse liegt, zu untersuchen und dem Bundestag darüber Bericht zu erstatten; *Jarass, Pieroth* 2014: Art. 44 Rn. 4.

432 Das Budgetrecht umfasst, dass gemäß Art. 110 Absatz 2 GG die Feststellung des Haushaltsplanes der Bundesregierung durch Gesetz des Deutschen Bundestages erfolgen muss, dass es zur Aufnahme von Krediten des Bundes gemäß Art. 115 Absatz 1 GG eines Bundesgesetzes bedarf und dass die Mitwirkung des Bundestages gemäß § 22 Absatz 3 BHO aufgrund qualifizierter Sperrvermerke im Haushaltsplan auch während der Haushaltsführung erforderlich sein kann; *Boetticher* 2002: 245 f.

433 Jedoch konnte man in der schon damals gemäß Art. 25 Absatz 4 Satz 1 EV bestehenden Möglichkeit zur Kreditaufnahme in Höhe von 25 Mrd. DM eine Umgehung der parlamentarischen Kontrolle durch das Budgetrecht sehen, denn die Kreditaufnahme der Treuhandanstalt kann, insbesondere da die Kredite letztlich den Bund belasteten, einer solchen direkt durch den Bund gleichgestellt werden; *Unger* 2002: 394 f.

434 Gesetz zur Regelung der Aufnahme von Krediten durch die Treuhandanstalt vom 3. Juli 1992, BGBl 1992 I: 1190.

435 *Kloepfer* 1993: 63.

„Außenstellen")[436] und Geschäftsstellen handelte es sich nicht um eine zustimmungsbedürftige Gründung von Mittel- und Unterbehörden der Treuhandanstalt, sondern diese stellten lediglich unselbstständige Teile einer Anstalt des öffentlichen Rechtes dar.[437] Zusätzlich entfiel eine Mitwirkung bei der Berufung der Mitglieder des Verwaltungsrates, wie sie der Volkskammer (zumindest formal) eingeräumt war.[438] Der Bundestag konnte aber Parlamentsbeschlüsse erlassen, die allerdings mangels rechtlicher Bindungswirkung nur Appellcharakter hatten und deshalb als ein „weiches" Instrument vorauswirkender parlamentarischer Kontrolle angesehen werden müssen.[439] Daneben existierten weitere weiche Instrumente wie die laufende Abstimmung von Regierungs- und Fraktionspolitik, die der Parlamentsmehrheit einen Einfluss auf die Regierung erlaubten, oder das Engagement einzelner Mitglieder des Deutschen Bundestages.[440]

Des Weiteren gab es für die Parlamentarier die Möglichkeit einer *informierenden* Kontrolle. Zum einen konnten Berichte, in seltenen Fällen an das Plenum des Bundestages, häufiger an den Unterausschuss Treuhandanstalt des Haushaltsausschusses oder den Ausschuss Treuhandanstalt der Bundesregierung, angefordert werden. Zum anderen stehen den einzelnen Abgeordneten grundsätzlich eine Vielzahl von Frage- und Auskunftsrechten zu, von denen sie damals intensiv Gebrauch machten.[441] Der Bundestag verfügte außerdem über verschiedene parlamentarische Untersuchungsrechte, zum Teil auch mit speziellen Durchsetzungsmöglichkeiten für Informationsansprüche: öffentliche Anhörungen in den Ausschüssen,[442] von denen jedoch nur wenig Gebrauch gemacht wurde; Erkenntnisse aus der bereits beschriebenen Einsetzung von Enquete-Kommissionen und aufgrund weitreichender Untersuchungsrechte aus den Untersuchungsausschüssen; Petitionsinformationsrechte aus der Errichtung eines Petitionsausschusses gemäß Art. 45c GG, der sich mit eingehenden Bitten und Beschwerden befasste, die beim 12. Deutschen Bundestag

---

436 *Freese* 1995: 52.

437 *Unger* 2002: 398 f.

438 *Unger* 2002: 400.

439 Zum Beispiel für den Beschluss des 12. Deutschen Bundestages zur Behandlung von Ferienheimen und Hotels durch die Treuhandanstalt lässt sich aber eine Wirkung feststellen; *Unger* 2002: 403.

440 *Unger* 2002: 404 ff.

441 Bis einschließlich März 1993 befassten sich fünf große Anfragen (§§ 75 Absatz 1, 100 GO-BT), 37 kleine Anfragen (§§ 75 Absatz 3, 104 GO-BT), zwölf aktuelle Stunden (§ 106 Absatz 1 GO-BT in Verbindung mit den Richtlinien für Aussprachen zu Themen von allgemeinem aktuellen Interesse) und mehr als 300 informelle schriftliche und mündliche Anfragen (§ 105 GO-BT in Verbindung mit den Richtlinien für die Fragestunde und für die schriftlichen Einzelfragen, Anlage 4 der GO-BT) mit der Treuhandanstalt; *Kloepfer* 1993: 64.

442 Ein Ausschuss kann gemäß § 70 GO-BT zur Information über einen Gegenstand seiner Beratung öffentliche Anhörungen von Sachverständigen, Interessenvertretern und anderen Auskunftspersonen vornehmen.

bezüglich der Treuhandanstalt etwa eine Anzahl von 5.000 erreichten.[443] *Sanktionierende* Maßnahmen standen dem Bundestag gegenüber der Treuhandanstalt nicht zu.

6.2.3.3 Die parlamentarische Kontrolle bei der BvS

Die BvS war deutlich seltener Objekt der parlamentarischen Kontrolle als die Treuhandanstalt. Neben den ständigen Ausschüssen dienten einige Gremien, die sich zumindest auch mit der BvS beschäftigten, der Ausübung von parlamentarischer Kontrolle: der *2. Untersuchungsausschuss DDR-Vermögen*, die zunächst bestehende Arbeitsgruppe *„Aufbau Ost"*, die später in den Unterausschuss „Aufbau Ost" überging, sowie die Fortführung der entsprechenden Enquete-Kommissionen.[444]

Vorauswirkende Kontrolle gegenüber der BvS wurde vom Bundestag insbesondere durch den Erlass des Gesetzes zur abschließenden Erfüllung der verbleibenden Aufgaben der Treuhandanstalt ausgeübt.[445] Des Weiteren erfolgte eine vollständige Einbindung der Anstalt in den Bundeshaushalt.[446]

Weiche Instrumente *vorauswirkender* Kontrolle sowie Frage- und Auskunftsrechte als *informierende* Kontrolle wurden auch gegenüber der BvS wahrgenommen, allerdings wegen des deutlich abnehmenden politischen Interesses im Laufe der Zeit immer weniger.[447] Unter den Berichtsanforderungen sind insbesondere der *Bericht der Bundesregierung zu Abschnitt III. 3 des Untersuchungsauftrages (Bremer Vulkan Verbund AG) an den 2. Untersuchungsausschuss „DDR-Vermögen"* und die *Berichte der Bundesregierung zur Lage der Deutschen Einheit*[448] hervorzuheben; in Ausübung parlamentarischer Untersuchungsrechte wurden außerdem einzelne öffentliche Anhörungen und an den Petitionsausschuss gerichtete Anfragen vorgenommen.[449]

Insgesamt existierten zahlreiche unmittelbare oder durch Ausschüsse vermittelte parlamentarische Kontrollmöglichkeiten. Ob diese jedoch zu einer wirksamen parlamentarischen Kontrolle über die Privatisierungstätigkeit führten, kann ange-

---

443 *Unger* 2002: 418 ff.

444 *Unger* 2002: 481 ff.

445 *Unger* 2002: 485 ff.

446 *BvS* 2003: 158 f.

447 Es gab in der Periode des 13. Deutschen Bundestages 5 große Anfragen, 17 kleine Anfragen, 6 aktuelle Stunden und knapp 100 mündliche oder schriftliche Anfragen mit Bezug zur BvS; *Unger* 2002: 493.

448 Zur BvS findet sich dort allerdings von Anfang an (1997) nur ein kleiner Abschnitt, der noch an Umfang abnahm; vgl. für die Jahre 1997–1999 BT-Drucksache 13/8450: 50 f.; 13/10823: 29; 14/1825: 25 f. Bisher weitergeführt bis 2013 als *„Jahresbericht der Bundesregierung zum Stand der deutschen Einheit"*, abzurufen auf der Seite https://www.bmi. bund.de/SharedDocs/Downloads/DE/Broschueren/2013/jahresbericht_de_2013.pdf?__ blob=publicationFile (letzter Abruf: 12.10.2015).

449 *Unger* 2002: 492 ff.

sichts der Vielzahl an Vorgängen in der Treuhandanstalt, speziell für die Untersuchungsausschüsse wegen datenschutz- und geheimhaltungsrechtlicher Probleme[450] sowie der einer umfassenden Kontrolle immanenten Gefahr einer Abschreckung von Investoren und des Primates einer schnellen Privatisierung eher bezweifelt werden.[451] Unterstützt wird diese Vermutung beispielhaft durch folgende Aussage eines leitenden Treuhandmitarbeiters:

„Diejenigen, die uns kontrollieren sollten, die sind uns immer hinterhergelaufen. Wir waren immer schon weiter als die" (11–1-4 295/297).

Ein anderer Gesprächspartner äußerte sich ebenfalls skeptisch zu einer Kontrolle durch Regierung und Parlament:

„Eine Kontrolle durch Ausschuss und Ministerium und Parlament? Vollkommen abwegig, wenn man sieht, welche Problembewältigungskapazität diese Gremien haben. Ja, wie viele Themen die auf einmal jonglieren können, da ist völlig klar, dass die das niemals gekonnt hätten. Die hätten einen Privatisierungsfall pro Jahr […] bewältigt, aber nicht zehntausend pro Jahr" (11–1-3 917/925).

6.2.4   Die staatliche Rechnungsprüfung

Weitere Kontrollpotentiale finden sich naturgemäß bei den staatlichen Rechnungsprüfungsinstitutionen. Die Ordnungsmäßigkeit der Abrechnungen der Urtreuhandanstalt sollte von der staatlichen Finanzrevision überprüft und bestätigt werden, hierzu ist es allerdings in der Praxis aufgrund der Kürze des Bestehens der Urtreuhandanstalt nicht gekommen.[452] Durch die Neufassung des Haushaltsrechts der DDR entstand gemäß § 8 Absatz 3 RechnungshofG der *Rechnungshof der Republik*. Dieser löste die staatliche Finanzrevision ab, allerdings erlangte er ebenso wenig wie diese Bedeutung.

Nach der Wiedervereinigung unterlag die Treuhandanstalt (und später die BvS) der Kontrolle des *Bundesrechnungshofes*,[453] der gemäß § 1 BRHG eine weisungsfreie, unabhängige Institution der externen öffentlichen Finanzkontrolle darstellt.[454] Prüfungsgegenstand war die Haushalts- und Wirtschaftsführung der Treuhandanstalt, also jede finanzwirtschaftliche Betätigung.[455] Der Rechnungshof hat grundsätzlich die Aufgabe, einen gegebenen Sachverhalt festzustellen, diesen in seinen finanzwirksamen Faktoren nachzuvollziehen, im Hinblick auf die einschlägigen Prüfungsmaß-

---

450 Zur Geheimhaltungspflicht im zweiten Untersuchungsausschuss „Treuhandanstalt" BT-Drucksache 13/10900: 38 ff.

451 So auch *Seibel* 2005: 162 f.

452 *Kloepfer* 1993: 66; *Unger* 2002: 132, 204.

453 *Kloepfer* 1993: 66.

454 *Jarass, Pieroth* 2014: Art. 114 Rn. 4 ff.; *Zavelberg* 1995: 514.

455 *Zavelberg* 1995: 515.

stäbe zu analysieren und wenn möglich zu bewerten.[456] Prüfungsmaßstäbe stellen dabei grundsätzlich die Ordnungsmäßigkeit, insbesondere die rechnerische Richtigkeit der Rechnungsführung,[457] und die Wirtschaftlichkeit des Finanzgebarens dar, also die Prüfung, ob nicht mit geringerem Aufwand der gleiche Nutzen oder mit gleichem Aufwand ein größerer Nutzen hätte erreicht werden können.[458] Schwierigkeiten bei der Überprüfung der Wirtschaftlichkeit der Treuhandtätigkeit zeigten sich insbesondere bei der Festlegung des Nutzens, da die Treuhandanstalt eine Vielzahl von Aufgaben und Zielen verfolgte.[459] Deshalb wurde von der Treuhandanstalt selbst mehrfach Kritik an diesem Maßstab der Kontrolle geübt.[460] Letztlich wurde bei der Bewertung ein großzügiger Maßstab angelegt, um der vom Gesetzgeber geforderten Bereitschaft der Treuhandanstalt zu risikofreudigem Entscheidungsverhalten nicht entgegenzuwirken.[461] Insbesondere zu Beginn ihrer Tätigkeit verfügte die Treuhandanstalt zudem nicht über ein ausreichendes Regelwerk und genügend Zeit, um Dokumentationen nach prüfungsrechtlichen Maßstäben anzulegen.[462] Auch dies berücksichtigte der Bundesrechnungshof bei seinen Prüfungen.[463]

Wie der Bundesrechnungshof eine solche Prüfung vornimmt, liegt gemäß § 94 BHO in Verbindung mit § 111 Absatz 1 Satz 2 BHO in seinem Ermessensspielraum.[464] Innerhalb der Grenzen der Verhältnismäßigkeit hatte die Treuhandanstalt all diejenigen Unterlagen vorzulegen und Auskünfte zu erteilen, die der Bundesrechnungshof gemäß § 95 BHO in Verbindung mit § 111 Absatz 1 Satz 2 BHO zur Erfüllung seiner Aufgaben für erforderlich hielt. Daneben bestanden Unterrichtungspflichten, das heißt, die Treuhandanstalt musste dem Bundesrechnungshof unaufgefordert Informationen in bestimmten Bereichen mitteilen.[465] Diese Unterrichtung erfolgte laut Vereinbarung regelmäßig durch den Bundesminister der Finanzen.[466]

---

456 Vgl. Art. 114 Absatz 2 GG, §§ 5, 22, 27 GO BRH; *Zavelberg* 1995: 515.

457 Ein Großteil dieser so genannten Belegprüfungen wird allerdings durch Vorprüfungsstellen gemäß § 100 BHO übernommen.

458 *Zavelberg* 1995: 521; *Jarass, Pieroth* 2014: Art. 114 Rn. 7.

459 *Unger* 2002: 446.

460 *Breuel*, Schreiben an den Bundesminister für Wirtschaft v. 24.9.1992, Nachdruck in *Treuhandanstalt* 1994, Bd. 11: 832 f.

461 *Unger* 2002: 446.

462 Zur Entwicklung der internen Privatisierungsrichtlinien bei der Treuhandanstalt vgl. im Einzelnen *Karliczek* 2007: 63 ff.

463 Vgl. die Vorbemerkungen des Bundesrechnungshofes zur Berichterstattung bis Mitte 1993, BT-Drucksache 12/5650: 169.

464 Zu Beginn der Prüfungstätigkeit bei der Treuhandanstalt kam es zu so genannten Orientierungsprüfungen, die einen ersten Einblick in bestimmte Arbeitsbereiche verschafften. Im Anschluss daran kam es in besonders wichtigen Bereichen zu Schwerpunktprüfungen, und die Zweckmäßigkeit von Verfahren war Gegenstand von Systemprüfungen; gegebenenfalls wurden noch anschließend bezüglich der Änderungen Kontrollprüfungen durchgeführt; *Kloepfer* 1993: 67.

465 *Unger* 2002: 454 f.

466 *Unger* 2002: 454 f.

Aus Sicht von Treuhandmitarbeitern hatte die Prüfungstätigkeit des Bundesrechnungshofes jedoch nur wenige Auswirkungen auf das operative Tagesgeschäft. Dies wird durch ein von verschiedenen Interviewpartnern der Treuhandchefin inhaltlich zugeschriebenes Zitat belegt. Ein Interviewpartner äußerte hierzu wörtlich:

„Sie [der Bundesrechnungshof] haben ja einen Bericht gemacht, der sehr interessant ist und wir […] finden es auch wichtig und richtig, was sie größtenteils geschrieben haben. Und wir werden ihre Anregungen für die nächste Wiedervereinigung vorlegen" (4–1-2 836/838; vgl. auch 11–1-7 354/367; 11–1-5 697/700).

6.2.5   Die Einflussmöglichkeiten der Bundesländer

Nach der Wiedervereinigung konnten die Bundesländer im Rahmen ihrer Mitarbeit im Bundesrat Einfluss auf die Treuhandanstalt nehmen, und zwar zum einen durch die Mitwirkung des Bundesrates im Gesetzgebungsverfahren, zum anderen durch die von den neuen Bundesländern zu bestimmenden Mitglieder des Verwaltungsrates und Beiräte der Niederlassungen.[467] Des Weiteren diente die Einrichtung von Treuhand-Wirtschaftskabinetten bei den jeweiligen Landesregierungen der Verknüpfung von Aufgaben der Treuhandanstalt und der Länder insbesondere auf dem Gebiet der Arbeitsmarktpolitik.[468] Zu dem Einfluss der Bundesländer und deren Beziehung zur Treuhandanstalt berichtete in einem Interview ein Treuhandmitarbeiter anschaulich den Ablauf der Diskussionen:

„Es war auch so, dass im Verwaltungsrat gegen das betroffene Bundesland eigentlich nie eine Entscheidung gefallen ist. Das war auch so ein Spiel in dem Sinne, dass ein anderes Bundesland dann sagte: ‚Gut, wir stimmen zu, wenn die Sachsen das bekommen. Aber wenn beim nächsten Mal Mecklenburg-Vorpommern dran ist, dann möchten wir dieselben Konditionen haben.‘ Es gab […], und das war auch bewusst gewollt von der Treuhandanstalt, ein großes Interesse der jeweiligen Bundesländer am Privatisierungsgeschehen. Und nachher auch an den Nachverhandlungen, die ihr Bundesland betrafen. Dass die also gesagt haben: ‚Aus Sicht des Wohles des Landes wollen wir eine solche oder solche Entscheidung.‘ […] Die Treuhandanstalt hat ja von sich aus bewusst den Kontakt mit den Ländern gesucht, sie hat ein eigenes Direktorat gehabt ‚Beziehung zu den Ländern‘ und hat dem Bedeutung beigemessen" (11–1-1(2) 1448/1470).

Es ist zu vermuten, dass diese Einflussmöglichkeiten der Bundesländer in erster Linie zur Vertretung der eigenen Länderinteressen genutzt wurden und nicht so sehr, um eine wirksame Kontrolle über die Privatisierungstätigkeit auszuüben.

---

467 *Kloepfer* 1993: 68.
468 *Kloepfer* 1993: 69.

6.2.6   Die Europäische Kommission

Des Weiteren war die Treuhandanstalt seit der Wiedervereinigung und der Erweiterung des Geltungsbereiches des Europäischen Gemeinschaftsrechtes bei der Vergabe von Finanzhilfen an die Vorschriften des Beihilferechtes der Gemeinschaft gebunden. Eine diesbezügliche Kontrolle über die Einhaltung dieser Vorgaben wurde von der Europäischen Kommission ausgeübt.[469] Aufgrund der Vielzahl der relevanten Sachverhalte erklärte die Kommission in einer grundlegenden Entscheidung einen Verzicht auf die Notifizierung dieser Vorgänge, behielt sich aber eine Einzelfallprüfung in den so genannten sensiblen Bereichen wie Stahl, Schiffbau, Kraftfahrzeuge, Chemiefasern und bestimmten landwirtschaftlichen Tätigkeiten vor, und verpflichtete die Bundesregierung, halbjährlich in ausführlicher Form über die Tätigkeit der Treuhandanstalt zu berichten.[470]

6.2.7   Sonstige Wirtschaftsaufsicht

Außerdem verfügten die zur Wirtschaftsaufsicht berufenen Bundeseinrichtungen in Einzelfällen über geringfügige Kontrollpotentiale. Das Bundeskartellamt prüfte auf Anfrage der Treuhandanstalt, ob die besonders langfristigen, ohne Zustimmung der Treuhandanstalt zu einem sehr niedrigen Pachtzins geschlossenen Pachtverträge zwischen den Geschäftsführern der Interhotel AG und der Steigenberger Hotel AG gegen Kartellrecht verstießen.[471] Bei Wirksamkeit drohten der Treuhandanstalt Verluste von über einer Milliarde DM.[472] Des Weiteren wurden vom Bundesauf-

---

469 Wirtschaftshilfen mit Beihilfecharakter im Sinne des Art. 92 Absatz 1 EWGV lagen in den neuen Bundesländern in Darlehens- und Bürgschaftsprogrammen, Existenzgründungshilfen, Zuwendungen im Rahmen der Regionalförderung sowie Investitionszulagen; *Sinz* 1992: 430.

470 *Schütterle* 1992: 17 f.

471 Bei Interhotel handelte es sich um eine Hotelkette, die vor der Wiedervereinigung unter dem Namen Vereinigung Interhotel DDR Generaldirektion (kurz: VE Interhotel) existierte und die alle größeren Hotels gehobenen Standards auf dem Gebiet der DDR umfasste. Nach der Wiedervereinigung wurde diese Kette als Interhotel AG weitergeführt, um die ein erbitterter Kampf geführt wurde. Unter anderem wurde ein mit der Steigenberger Hotel AG geschlossener Vertrag, den Mitarbeiter der Treuhandanstalt ohne die nötigen Vollmachten schlossen, nicht vom Treuhandchef *Rohwedder* anerkannt. In der Folge kam es zur Zerschlagung der Kette, wobei der Hauptteil an die Berliner Investorengruppe Groenke und Guttmann GmbH (sog. „Klingbeilgruppe") ging. Ausführlich zu den Entwicklungen der ehemaligen VE Interhotel *Lembke* in *Treuhandanstalt* 1994, Bd. 6: 885 ff.

472 *Breuel* 1993: 264 f.; vgl. auch zur Untersagung der Übernahme aller Anteile der Burger Knäcke GmbH durch die Sandoz Deutschland GmbH *Breuel* 1993: 382.

sichtsamt für Kreditwesen[473] etwa die Schlussbilanzen und gegebenenfalls die DM-Eröffnungsbilanzen und Konzernbilanzen der Außenhandelsbetriebe geprüft und bestätigt.[474] Diese Prüfungen erfolgten allerdings auch nicht in erster Linie zur Kontrolle der Privatisierungstätigkeiten.

Festzuhalten ist, dass zahlreiche externe Einfluss- und Kontrollmöglichkeiten über die Privatisierungstätigkeit der Treuhandanstalt existierten. An ihrer Wirksamkeit bestehen allerdings aufgrund der Fülle der Vorgänge und des immensen Zeitdrucks bei den Privatisierungen durchaus Zweifel. Die Aussagen einzelner Interviewpartner über eine Wirksamkeit der externen Kontrolle weisen ebenfalls in diese Richtung eines Kontrolldefizites.

6.3   Interne Institutionen zur Kontrolle des Privatisierungsprozesses

Innerhalb der Treuhandanstalt existierten ebenfalls verschiedene Abteilungen und Direktorate, die der Kontrolle der Privatisierungstätigkeit dienten. Zu nennen sind insbesondere das Direktorat Recht (6.3.1), die Revision (6.3.2), die kaufmännischen Direktorate, später das hieraus entstandene Controlling- und Vertragsmanagement-Direktorat (6.3.3) sowie die Stabsstelle *Besondere Aufgaben* (6.3.4).

Bei der nachfolgenden Darstellung bleibt teilweise unberücksichtigt, dass in der Treuhandanstalt des Öfteren Umstrukturierungen in der Aufbauorganisation vorgenommen wurden, die zum Beispiel die Zuordnung einer Abteilung zu einer übergeordneten Hierarchieebene änderten. Denn letztlich kann man die aufgezählten Kontrolleinrichtungen relativ konstant während der gesamten operativen Tätigkeit der Treuhandanstalt beobachten, und viele der kleineren Veränderungen haben für die vorliegende Untersuchung keine Bedeutung.

6.3.1   Das Direktorat Recht

Das Direktorat Recht sollte für alle Vorstandsbereiche der zentrale „Dienstleister" in Bezug auf Rechtsfragen aus den Gebieten Privatisierung, Reprivatisierung, Vertragsmanagement, Beteiligungsverwaltung und Abwicklung sein, es sollte insgesamt die Rechtmäßigkeit der Geschäfts- und Verwaltungstätigkeit der Treuhandanstalt sicherstellen und dem Meinungsaustausch mit den Bundesressorts in Fragen der Rechtsanwendung und Gesetzgebung dienen.[475] Die Aufgaben des Direktorates

---

473 Durch eine Gesetzesnovellierung ist das damalige BAKred zum 1. Mai 2002 mit den damaligen Bundesaufsichtsämtern für den Wertpapierhandel (BAWe) und das Versicherungswesen (BAV) zur Bundesanstalt für Finanzdienstleistungsaufsicht (BaFin) verschmolzen.

474 *Sproß* 1993: 295.

475 *Treuhandanstalt* Bd. 10 1994: 832.

Recht waren deshalb vorwiegend in zivilrechtlichen Bereichen angesiedelt (Vertrags-, Gesellschafts-/Unternehmens-, Insolvenz-, Arbeitsrecht). Dazu kamen öffentlich-rechtliche Fragestellungen zu den Rechtsgrundlagen der deutschen Einheit und der Gesetzgebung zur Treuhandanstalt selbst. In einer ersten Auflistung wurden des Weiteren das Strafrecht und insbesondere die Vermeidung strafrechtlicher Risiken als Aufgaben genannt.[476] Ab Februar 1991 fiel dieser Bereich jedoch in die Zuständigkeit der Stabsstelle *Besondere Aufgaben*.

Zur Erfüllung seiner Aufgaben bediente sich das Direktorat Recht folgender Mittel: der Rechtsberatung in Einzelfällen, der zentralen Betreuung von allen die Treuhandanstalt betreffenden Prozessen, der Erarbeitung grundsätzlicher Richtlinien, der Unterstützung durch externe Berater oder dezentral eingesetzte juristische Mitarbeiter, der Durchführung eines regelmäßigen Informationsaustausches mit den Direktoraten der verschiedenen Unternehmensbereiche und Niederlassungen sowie der Weitergabe von Daten aus der Erfassung der vermögensrechtlichen Ansprüche.[477]

6.3.2 Die Revision

Im Januar 1991 wurde innerhalb der Treuhandanstalt entsprechend den Grundsätzen moderner Unternehmensführung zur betriebswirtschaftlichen Prüfung eine interne Revisionsabteilung eingerichtet, die als Direktorat im Präsidialbereich direkt dem Präsidenten unterstellt und die damit weisungsunabhängig von anderen Vorstandsbereichen war.[478] Aufgabe der Revision war es, durch regelmäßige, systematische Prüfungen die Ordnungsmäßigkeit, Wirtschaftlichkeit und Transparenz aller Treuhandaktivitäten zu *überwachen*[479] und interne Kontrollsysteme für wesentliche Kernbereiche des operativen Geschäfts zu entwickeln und aufzubauen.[480] Es konnten bei einem Verdacht auf Unregelmäßigkeiten zum Nachteil der Treuhandanstalt auch Einzelfallprüfungen durchgeführt werden (die laut Aussage eines Mitarbeiters der Treuhandanstalt einen großen Teil der Prüfungen ausmachten; vgl. *11–1-1(2) 1934/1935*), um schadensverhütende und -begrenzende Maßnahmen zu ermöglichen. Die Ergebnisse wurden zur Überprüfung im Hinblick auf mögliche und not-

---

476 *Treuhandanstalt* Bd. 10 1994: 832.

477 *Treuhandanstalt* Bd. 10 1994: 833.

478 *Treuhandanstalt* Bd. 10 1994: 1020.

479 Genauer zum Ablauf der Systemprüfungen *Treuhandanstalt* Bd. 10 1994: 1056 f. In einem betriebswirtschaftlichen Sinne spricht man von Prüfungen, wenn eine Überwachungsmaßnahme von einer Person durchgeführt wird, die unabhängig vom zu überwachenden Prozess oder Verantwortungsbereich ist; der Begriff Kontrolle wird hingegen für die Überwachung durch die mit der Aufgabe befassten Person verwendet; *Wöhe, Döring* 2013: 155 f.

480 *Treuhandanstalt* Bd. 10 1994: 1021; allgemein zu den Aufgaben einer internen Revision in einem Unternehmen *Wöhe, Döring* 2013: 155 f.

wendige straf- und zivilrechtliche Schritte an das Direktorat Recht weitergegeben.[481] Ein Mitarbeiter der Treuhandanstalt umschrieb die Funktion der Revision aus seiner Sicht bildhaft:

> *„Die Revision hatte dann die Aufgabe gewissermaßen, immer in der Nachhut, wenn das Kind in den Brunnen gefallen war, nachzuforschen, warum ist es in den Brunnen gefallen? [...] Ex post. Und dann zu sagen: ‚Also in Zukunft müssen wir überall ein Gitter hin machen oder ein Schild aufstellen‘“ (11–1-1(2) 1521/1525).*

Des Weiteren konnte die Revision gegenüber den operativen Bereichen eine beratende Funktion wahrnehmen und zwar insbesondere dann, wenn Schwachstellen und Risiken bei den Überprüfungen festgestellt wurden und nun interne Kontrollmechanismen zur Vermeidung solcher Risiken entwickelt werden sollten.[482] Außerdem übernahm die Revision die Koordinierungsfunktion in der Zusammenarbeit mit dem Bundesrechnungshof und dem gesetzlichen Abschlussprüfer.[483]

Im Hinblick auf die Entdeckungswahrscheinlichkeit für Vorgänge mit Kriminalitätsbezug durch die Revision findet sich im Abschlussbericht der BvS die Einschätzung: Es *„konnte nur Kommissar Zufall helfen“*.[484] Originär war die Revision nun einmal – wie üblich in Unternehmen – nicht zur Kontrolle von Kriminalität eingerichtet.

6.3.3   Die kaufmännischen Direktorate

In jedem operativen Vorstandsbereich (Unternehmensbereich) der Treuhandanstalt wurde ein kaufmännisches Direktorat errichtet. Innerhalb des jeweiligen Unternehmensbereiches übernahm dieses eine Art Stabsfunktion, denn es war für alle Branchen innerhalb des Unternehmensbereiches zuständig.[485] Untergliedert war das Direktorat zunächst in die drei Abteilungen Privatisierung/Sanierung, Controlling und Vertragsmanagement, wobei die beiden letzten Abteilungen später verselbstständigt wurden (hierzu im Einzelnen 6.3.3.1 und 6.3.3.2).[486]

Während die Abteilung Privatisierung/Sanierung die laufenden Vorgänge überwachte und begleitete, sollte das Vertragsmanagement die abgeschlossenen Verträge erfassen, deren Erfüllung überwachen und eventuell notwendige Anpassungen vornehmen.[487] Das Controlling sammelte hingegen verschiedene Informationen aus

---

481 *Treuhandanstalt* Bd. 10 1994: 1021; 1032.
482 *Treuhandanstalt* Bd. 10 1994: 1021.
483 *Treuhandanstalt* Bd. 10 1994: 1021; zur Vorgehensweise der Revision vgl. *Treuhandanstalt* Bd. 10 1994: 1022.
484 *BvS* 2003: 115.
485 *Küpper* 1993: 332.
486 *Küpper* 1993: 332.
487 *Küpper* 1993: 332, 327.

den Vorgängen, um diese zu analysieren und dann im Hinblick auf die Organisationsziele Planungen zu erstellen und deren Durchsetzung zu steuern.[488] Nachdem das Controlling und Vertragsmanagement ausgegliedert wurden, verlor das kaufmännische Direktorat erheblich an Bedeutung – insbesondere wegen der steigenden Anzahl von erledigten Privatisierungsvorgängen, die nun nicht mehr begleitet werden mussten, sondern die einer Nachsorge bedurften.

6.3.3.1 Das Controlling

Bereits ab Januar 1991 wurde aus der Abteilung Controlling ein eigenständiges Direktorat Controlling innerhalb jedes Unternehmensbereiches, dessen Aufgaben in der kaufmännischen Betreuung des jeweiligen Bereiches lag.[489] Hierzu sollte insbesondere:

- geschäftsbegleitend bei den Privatisierungen und Beteiligungsverwaltungen mitgewirkt werden,
- eine Planung und Auswertung erfolgen, um Transparenz und Wirtschaftlichkeit bei den Verfahren und Abläufen sicherzustellen,
- und als wichtiges Kontrollinstrument das Vier-Augen-Prinzip eingeführt werden.[490]

Grundsätzlich arbeitet ein Controlling zur Optimierung der Gesamtzielerreichung eines Unternehmens (oder auch einer Behörde) neben anderen eng damit in Verbindung stehenden Aufgaben ständig an einer Sicherstellung und Verbesserung der Informationsversorgung der Entscheidungsträger.[491] Im Gegensatz zur Revision dient das Controlling der zukünftigen Steuerung der Prozesse im Unternehmen und nicht nur der Kontrolle der Vergangenheit. Das Controlling ist damit Koordinationsstelle für die Führungsbereiche Planung, Kontrolle, Organisation, Personalführung und Information.[492] Bei der Treuhandanstalt ergaben sich jedoch besondere Schwierigkeiten bei der Erfüllung dieser Aufgaben. Die Fülle an Informationen, wenn eine gesamte Volkswirtschaft privatisiert wird, machte zu Beginn der Treuhandtätigkeit ein wirksames Controllingkonzept so gut wie unmöglich, wie ein Treuhandmitarbeiter in einem Interview beispielhaft erläuterte:

> *„Das war natürlich bei der Treuhandanstalt am Anfang ziemlich unmöglich, weil die erst mal sich mit der Frage beschäftigen mussten: Was hab ich überhaupt alles? [...] Und einen analytischen Plan zu machen, wie Sie eine ganze Volkswirtschaft privatisieren, ist natürlich 'ne beliebig schwierige Aufgabe. Deshalb hat man erst mal angefangen zu arbeiten. Der*

---

488 *Küpper* 1993: 332.
489 *Küpper* 1993: 332.
490 *BvS* 2003: 114.
491 Allgemein zu den Zielen und Aufgaben des Controllings *Hentze et al.* 2001: 460 ff.
492 *Wöhe, Döring* 2013: 181.

Problematik war man sich aber insoweit bewusst, dass man gesagt hat: ,Wir wollen, weil da unter Umständen ja Interessenkonflikte programmiert sind und gegebenenfalls auch kriminelle Machenschaften, das Ganze erschweren können, wir wollen das Vier-Augen-Prinzip etablieren und führen deshalb in jedem Direktorat ein kaufmännisches Direktorat ein, was bestmöglich versuchen soll, praktisch im Entscheidungsprozess den Fall zu begleiten und sicherzustellen, dass er nachvollziehbar entschieden wird und nicht willkürlich'" (11-1-5 91/100).

Erst im Dezember 1993 nahm ein zentrales Controlling, untergliedert in die Bereiche kaufmännische Prüfung, Steuerung/Planung Berichtwesen und Koordination Organisation/DV-Schulungen,[493] seine Arbeit mit dem Ziel und der Aufgabenstellung auf, einheitliche Standards durchzusetzen, die in den Privatisierungshandbüchern schon seit längerer Zeit festgelegt waren, um Unregelmäßigkeiten zu verhindern.[494] Hierzu war insbesondere eine aktuelle Eingabe aller relevanten Daten in die Datenverarbeitungssysteme durch die operativen Bereiche erforderlich.[495] Das zentrale Controlling war auch für die Durchführung des Vier-Augen-Prinzips zuständig (vgl. *11-1-1 II 2304/2349*).

6.3.3.2 Das Vertragsmanagement

Die Umstrukturierung 1993 aufgrund der sich verschiebenden Schwerpunkte von der Begleitung der Vertragsverhandlung hin zur Überwachung der Vertragserfüllung führte zu einer Gründung von eigenen Vertragsmanagement-Direktoraten in den jeweiligen Unternehmensbereichen.[496] Dies kommentierte ein Mitarbeiter der Treuhandanstalt:

„Vermutlich auch zu spät, denn man hätte auch schon bei Abschluss der ersten Privatisierungsverträge sagen müssen, das ist nicht ein Austauschvertrag, wie er am Kiosk abgeschlossen wird, sondern das ist ja ein langfristiger Vertrag mit langfristigen Zielen, mit langfristigen Bindungen auf beiden Seiten. [...] Mit der Konsequenz, weil es ein Massengeschäft ist, muss ich es auch standardisieren und muss von vornherein sagen: ,Aha, mit einem solchen Vertrag, der geht dann in eine Vertragsabteilung und die wird dann nachhalten.' [...] Also hat man dann [...] das Vertragsmanagement aufgebaut" (11-1-1(2)1803/1812).

Innerhalb dieses selbstständigen Direktorates wurde das operative Tagesgeschäft von Spezialfällen getrennt. So gab es eine Abteilung *operatives Vertragsmanagement* und daneben einige der Abteilung zugeordnete Spezialisten, die sich mit Einzelfällen auseinandersetzen konnten.[497] Darüber hinaus existierte eine Stabsabteilung

---

493 *Küpper* 1993: 336.
494 *BvS* 2003: 115.
495 *BvS* 2003: 115.
496 Vgl. *BvS* 2003: 120.
497 *Küpper* 1993: 334.

Dokumentation/Archiv/Auswertung.[498] Die Aufgaben des Vertragsmanagements lassen sich als Vertragsanalyse umschreiben – also den Abgleich zwischen Vertrag und Vorlage, Feststellung von Rechten und Pflichten, Vornahme von Nachbesserungen, EDV-Erfassung, Ausarbeitung eines Aktionsplanes, Archivierung/Aktenführung, Erfüllung aller aufschiebenden Bedingungen wie die Erteilung von Verkehrsgenehmigungen oder Investitionsbescheiden, beiderseitige Vertragserfüllung und Anpassung, das heißt die Durchführung von Nachverhandlungen oder die Einleitung rechtlicher Schritte.[499] In diesem Zusammenhang konnten sich Hinweise auf ein kriminalisierbares Verhalten ergeben.

6.3.4   Die Stabsstelle *Besondere Aufgaben*

Im Februar 1991 kam es zur Gründung der Stabsstelle *Besondere Aufgaben*.[500] In den Veröffentlichungen zur Stabsstelle wird in diesem Zusammenhang von einer Entscheidung des Vorstandes zur Errichtung einer solchen Institution gesprochen.[501] Ihre zentrale Aufgabe war es, den Hinweisen auf strafrechtlich relevantes, vermögensschädigendes Verhalten zum Nachteil der Treuhandanstalt und der einzelnen Unternehmen nachzugehen, die jeweiligen Sachverhalte zu erforschen und gegebenenfalls die notwendigen Schritte einzuleiten.[502] Insbesondere sollte der Kontakt in allen Strafsachen zu den Strafverfolgungsbehörden koordiniert und die erforderli-

---

498 *Küpper* 1993: 334.

499 *Küpper* 1993: 328.

500 In folgenden Fundstellen wird der Februar 1991 als Gründungsmonat genannt: *Treuhandanstalt* Bd. 10 1994: 1002; *Erbe* 1999: 27; *Erbe* 2003: 367; Bericht des 2. Untersuchungsausschusses BT-Drucksachen 13/10900: 355. In einem Schreiben der Pressestelle der Treuhandanstalt an den Kriminaldirektor Schmidt findet sich der Januar 1991 als Entstehungstermin; *Treuhandanstalt* Bd. 10: 974. An anderer Stelle wird nur von Anfang 1991 gesprochen: *Treuhandanstalt* Bd. 10 1994: 933. Daten über die Tätigkeit der Stabsstelle finden sich ab März 1991; *Treuhandanstalt* Bd. 10 1994: 920, 928, 938, 948. Mangels Gründungsbeschluss oder anderweitig öffentlich zugänglich gemachter Entscheidung lässt sich der Entstehungstermin also nicht mit letzter Sicherheit bestimmen. Fest steht jedenfalls, dass im März 1991 erste Vorgänge registriert worden waren und die Stabsstelle in diesem Monat jedenfalls ihre Tätigkeit aufgenommen hatte.

501 *Erbe* 1999: 26; *Erbe* 2003: 367. Eine Dokumentation dieser Entscheidung liegt dem Forschungsteam nicht vor. Es ist ungeklärt, ob sie in die Vorstandsprotokolle aufgenommen wurde. Eine zumindest terminliche Zuordnung der Entscheidung anhand der veröffentlichten Tagesordnungen des Vorstandes ist ebenfalls nicht möglich, da es dort an Details zu den einzelnen Punkten fehlt, so dass die Errichtung der Stabsstelle etwa unter dem Punkt „Zuordnung von Juristen" oder ganz allgemein unter dem Tagesordnungspunkt „Organisation der Treuhandanstalt" diskutiert werden konnte; vgl. etwa Tagesordnungen vom 21.12.1990 sowie 15.1.1991 *Treuhandanstalt* Bd. 10 1994: 690, 694.

502 *Erbe* 2003: 367.

che Amtshilfe geleistet werden.[503] Insoweit übernahm die Stabsstelle einen Teil der ursprünglichen – auch strafrechtlichen – Aufgaben des Direktorates Recht. Mangels einer Ermächtigung zur Kriminalitätskontrolle durch einen staatlichen Rechtsetzungsakt war die Stabsstelle keine formelle Kontrollinstitution und verfügte auch nicht über Befugnisse zum Erlass formeller Maßnahmen. Ein Stabsstellenleiter fasste die informelle Ausrichtung der Stabsstelle pointiert zusammen:

> *„Die Stabsstelle ist keine Staatsanwaltschaft im Hause. Sie ist auch keine Polizeibehörde im Hause. Sie hat keine unmittelbaren Exekutivbefugnisse"* (3–1–5 370/371).

Festzuhalten bleibt, dass sich auch die internen Kontrollinstitutionen bei der Treuhandanstalt erst nach und nach entwickelten und es zu Beginn der Privatisierungstätigkeit neben den externen Kontrolldefiziten auch erhebliche interne Defizite gab.[504]

6.4   Exkurs: Die „Verjährungsgesetze"

Als außergewöhnliche Bedingung für die formelle soziale Kontrolle nach der Wiedervereinigung können die „Verjährungsgesetze" angesehen werden, die kurz nach der Wiedervereinigung erlassen wurden. Ein Strafverfahren kann immer nur unter bestimmten Voraussetzungen mit dem Ziel eingeleitet und fortgeführt werden, dass am Ende dieses Verfahrens eine Verurteilung oder ein Freispruch steht. Liegen diese Prozess- oder Strafverfolgungsvoraussetzungen, die in jedem Stadium des Verfahrens von Amts wegen zu überprüfen sind,[505] nicht vor, so darf ein Strafverfahren erst gar nicht in Gang gesetzt bzw. ein bereits eingeleitetes Verfahren muss umgehend wieder eingestellt werden.[506] Im Zusammenhang mit verschiedensten Schwierigkeiten bei der Aufklärung von Regierungs- und Vereinigungskriminalität[507] wurden die nachfolgend näher beschriebenen speziellen Verjährungsvorschriften erlassen. Einzelne Gründe für den Erlass der Verjährungsgesetze insbesondere in Bezug auf die umbruchsbedingte Wirtschaftskriminalität werden zunächst erläutert (Kapitel 6.4.1). Anschließend wird kurz die Systematik der allgemeinen Verjährungsvorschriften dargestellt (Kapitel 6.4.2). Zum Schluss dieses Kapitels wird der wesentliche Inhalt der Regelungen in Bezug auf die umbruchsbedingte Wirtschaftskriminalität erörtert (Kapitel 6.4.3). Insgesamt gibt es eine Vielzahl von Literatur, vieles ist an den Regelungen umstritten gewesen, dies führte hin bis zu Zweifeln an der Verfassungsmäßigkeit der Rechtsvorschriften. Da die Verjährungsgesetze nach

---

503 *Erbe* 2003: 367.

504 Vgl. hierzu die Ausführungen unter 7.3.1.

505 *Sternberg-Lieben/Bosch* in *Schönke, Schröder* 2014: Vorbem. §§ 78 ff. Rn. 5.

506 *Beulke* 2012: 188 ff. mit einem Überblick zu den wichtigsten Prozessvoraussetzungen.

507 Unter Regierungskriminalität versteht man sämtliche strafbaren Handlungen des SED-Regimes und seiner Funktionäre; *Jankowiak* 2000: 13. Vereinigungskriminalität meint auch umbruchsbedingte Wirtschaftskriminalität.

der Wiedervereinigung selbst jedoch nicht den Schwerpunkt dieser Untersuchung bilden, wird hierauf nicht näher eingegangen.[508]

6.4.1   Gründe für spezielle „Verjährungsgesetze"

Man könnte vermuten, dass eine Ergänzung der Verjährungsregelungen nach der Wiedervereinigung – neben den besonderen Problemen mit der Bewältigung von Regierungskriminalität – auch durch die hohe Komplexität von (umbruchsbedingten) wirtschaftsstrafrechtlichen Vorgängen zu begründen war. So wird in Wirtschaftsstrafsachen grundsätzlich kritisiert, dass die Bearbeitungszeit häufig – insbesondere in Großverfahren – so lang sei, dass selbst die doppelte (absolute) Verjährungsfrist nicht zur Aufklärung und Verurteilung ausreiche.[509] Gründe für spezifische Aufklärungsprobleme bei Wirtschaftsdelikten sind insbesondere die oft scheinbar legalen Handlungsweisen, die personale Distanz zwischen Täter und Opfer, die Unübersichtlichkeit der Organisation eines Unternehmens, der verstärkte Einsatz moderner Technologien und bei grenzüberschreitender Wirtschaftsdelinquenz die Zusammenarbeit mit ausländischen Behörden.[510] Neben den ohnehin knappen Ressourcen, insbesondere bei den Staatsanwaltschaften,[511] wird außerhalb des Strafverfolgungssystems oft auch eine fehlende Effizienz bei der Nutzung dieser Ressourcen bemängelt.[512] In den Experteninterviews wurde beispielsweise durch einen Strafverteidiger eine fast absurd anmutende Verjährungssituation geschildert:

> *„Dann habe ich die Verzeichnisse [gemeint sind Inhaltsverzeichnisse der beschlagnahmten Aktenordner] bekommen, das war ein Leitzordner voll, ein Leitzordner! Dann habe ich da-*

---

508 Zur Verfassungswidrigkeit *Pieroth, Kingreen* 1993: 385 ff.; insbesondere zur Vereinbarkeit des 2. Verjährungsgesetzes mit Art. 103 Absatz 2 GG und dem Rechtsstaatsprinzip *Heuer, Lilie* 1993: 356 f.; mit Art. 3 Absatz 1 GG *Jordan* 1996: 295 f. Vgl. auch die Begründung der Ablehnung zweier verbundener Verfassungsbeschwerden im Hinblick auf die Verfassungsmäßigkeit des 2. und 3. Verjährungsgesetzes BVerfG, 2 BvR 1247/01 vom 26.11.2003, Randnummern 1–61, 31 ff. Zu den parlamentarischen Debatten über die Verfassungsmäßigkeit der Verjährungsgesetze im Gesetzgebungsverfahren vgl. *Lang* 2005: 120 ff.

509 Als symptomatisch für den Wettlauf mit der Zeit wurde schon früh der so genannte „Herstatt-Prozess" gesehen; *Keller, Schmid* 1984: 202. Neben dem Verfahrenshindernis der absoluten Verjährung kann eine überlange Verfahrensdauer eine Verletzung des Beschleunigungsgebotes abgeleitet aus dem Fair-Trial-Grundsatz (Art. 6 MRK) bedeuten. Dies führt allerdings nur in Einzelfällen zu einem Verfahrenshindernis, ansonsten wird ein Verstoß bei der Strafzumessung berücksichtigt; *Meyer-Goßner* 2015: Art. 6 MRK Rn. 9 ff.

510 Überblick bei *Dannecker* 2014: 22 ff.

511 Auch aus Sicht eines Strafverteidigers bestätigt; *Park* 2005: 149 f.

512 Zu potentiellen, effizienzsteigernden Maßnahmen in Großverfahren bereits *Keller, Schmid* 1984: 201 ff.; *Rebmann* 1984: 241 ff.; *Michaelsen* 1982: 498 ff.; wenn auch bezogen auf die Situation in der Schweiz, dennoch in Teilen übertragbar *Hersberger* 2003: 61.

mals schon geschrieben, ‚Leute, können wir vergessen‘, haben sie [Staatsanwaltschaft] nicht geglaubt. Dann irgendwann kam eine Sonderkommission [der Polizei] nach vier Jahren, die schrieb dann Berichte zum Einzelkomplex, 100 Seiten, da stand unten drunter, der Bericht wird fortgesetzt – Punkt. [...] Dann waren fünf Jahre ungefähr vorbei. Dann habe ich auf die Fortsetzung gewartet. Und dann nach acht oder neun Jahren habe ich den zuständigen Dezernenten, das war der dritte in der Nachfolge, mal angeschrieben und gesagt, ‚also ich hab es mir angeguckt: Verjährt, verjährt, verjährt, verjährt, verjährt, verjährt, verjährt, verjährt! Bitte einzustellen.‘ Ein Schreiben kam zurück: Im Hinblick auf die Belastungslage der Abteilung ist bei diesem komplizierten Sachverhalt eine Prüfung der Verjährung auf absehbare Zeit nicht möglich" (9–2-1 1752/1768).

Die Gründe für eine politische Diskussion über spezielle Verjährungsgesetze nach der Wiedervereinigung lagen aber nicht schwerpunktmäßig in diesen allgemeinen Problemen bei der Bewältigung von Wirtschaftsstrafverfahren. In den parlamentarischen Debatten kristallisierten sich vor allem folgende Motive für eine (vorübergehende) Änderung der Rechtslage heraus:[513]

Zum einen wurde immer wieder angeführt, dass die Strafverfolgungsbehörden durch personelle und organisatorische Umstrukturierungen nach der Wiedervereinigung erheblich verschärfte Kapazitätsprobleme insbesondere bei der Bewältigung von Regierungs- und Vereinigungskriminalität hatten.[514] Es herrschte ein allgemeiner Konsens über die extreme Ressourcenknappheit und die zudem auftauchenden Schwierigkeiten im Umgang mit den besonderen Kriminalitätsformen vor allem in den neuen Bundesländern. Unter anderem die daraus resultierende Ungleichheit in der Verfolgungseffizienz zwischen den alten und neuen Bundesländern sollte auf die Dauer ausgeglichen werden, um eine vergleichbare Verfolgungswahrscheinlichkeit herzustellen.[515] Zur Veranschaulichung der Problematik kann die beispielhafte Aussage eines Polizeibeamten dienen, der über eine wahre Anzeigenflut nach der Wiedervereinigung und eine gleichzeitig große Unsicherheit bezüglich der Behandlung dieser Fälle berichtete:

---

513 Ausführlich zu der Entwicklung der einzelnen Verjährungsgesetze in der politischen Diskussion *Lang* 2005: 120 ff., 141 ff., 151 ff.

514 Entsprechende Beschreibungen finden sich in den Begründungen und Entwürfen zu den Verjährungsgesetzen wieder; vgl. BT-Drucksache 12/4349: 2; 12/5613: 1, 5; 12/5637: 1, 4; 12/5701: 2, 5; BR-Drucksache 319/93, 3 f.; zu den Problemen beim Aufbau einer Justiz in den neuen Bundesländern auch *Jordan* 1996: 294; *Letzgus* 1994: 60 f.; *Kinkel* 1992: 488; *Weber, K.* 1993: 198; kritisch zu diesen Gesetzesgründen *Lemke* 1993: 531; *Heuer, Lilie* 1993: 357.

515 So laut Gesetzesentwurf zum 2. Verjährungsgesetz des Landes Mecklenburg-Vorpommern vom 3.3.1992, BR-Drucksache 147/92: 6. Für eine weitere Verlängerung wurde angeführt, dass die Justiz in den neuen Bundesländern trotz großer Anstrengungen noch immer an ihre Grenzen stoße, vgl. die Begründung zum 3. Verjährungsgesetz BT-Drucksache 13/8962.

> *„Der Anfang war, dass eben bei uns Anzeigen eingingen – in jeder Form. Die Leute, die gingen eben nicht nur auf den Kudamm und nicht nur Bananen kaufen, [...] die gingen auch auf die Polizeiabschnitte als ersten Schritt und erstatteten Anzeige unter dem Gesichtspunkt, ‚uns ist Unrecht geschehen‘ und ‚endlich haben wir mal ’ne Polizei, die uns anhört und bei der wir ohne Bedenken mal ’ne Anzeige erstatten können‘. [...] Es tauchten die ersten Fragen auf. ‚Wie sieht das aus mit der Verjährungsfrist?‘ [...] Also es brach eine Flut offener Fragen über uns zusammen, die erstmal dazu führte, dass wir um Hilfe riefen [...] und sich die Polizei sofort an die Innenverwaltung wandte, mit der Bitte um Klärung entsprechender Fragen und Unterstützung“ (2–1–1 200/221).*

Plausibel erscheint, dass das gesamte Strafverfolgungssystem nach der Wiedervereinigung sowohl durch zunehmenden Input als auch durch zusätzliche personelle Engpässe stärker gefordert war als zuvor. Ganz offensichtlich existierte eine große Unsicherheit über die Behandlung einzelner Vorgänge, für die die Verjährungsfrage aufgrund der umstrittenen und unübersichtlichen Rechtslage nicht auf den ersten Blick geklärt werden konnte.[516]

Zum anderen sollte durch die Verjährungsgesetze verhindert werden, dass gerade in dieser Zeit, in der eine Aufarbeitung des begangenen Unrechts (zumindest unter anderem) durch das Strafrecht in der Öffentlichkeit gefordert wurde, eine effektive Strafverfolgung ausblieb bzw. diese in der öffentlichen Diskussion als uneffektiv galt.[517] Stattdessen sollte insbesondere die Wahrnehmung einer strafrechtlichen Aufarbeitung verbessert werden, um so das Bild der Rechtsstaatlichkeit des vereinigten Deutschlands in der Öffentlichkeit zu untermauern.[518] Kurz gesagt: Es sollte das Vertrauen der ostdeutschen Bevölkerung in das neue Justizsystem nicht gleich nach der Wiedervereinigung enttäuscht werden. Möglicherweise hatten auch zufällig zusammentreffende Ereignisse einen Einfluss auf die Verjährungsgesetzgebung. Dies könnte man angesichts folgender von einem Polizeibeamten erzählten Begebenheit glauben:

> *„Ich war geladen im Innen- und Rechtsausschuss in Bonn. Da im Langen Eugen. Eine Verjährungsdebatte. [...] Ich fliege da nach Bonn und nehme die Süddeutsche Zeitung, die ich sonst nicht lese. Ich habe nichts gegen die Zeitung, aber ich lese eben ’ne andere Zeitung. [...] Und finde da auf der Titelseite so einen großen Artikel, halbseitig: ‚Eine Milliarde Mark Schaden in Bitterfeld. Wirtschaftskriminalität angesichts der Vereinigung.‘ [...] Das reiße ich mir raus. [...] Ich sitze da in Bonn und [...] Herr X von der Staatsanwaltschaft war auch dabei, der war ein strikter Gegner der Fristverlängerung und ich als Polizist dafür, eine merkwürdige Konstellation. Der Herr X sagte, er habe ‚nur noch wenige Verfahren‘, ein*

---

516 Vgl. *Zimmermann* 1997: 91 ff., 112 f. speziell zur Unsicherheit in der Rechtspraxis als Entstehungsgrund für die Verjährungsgesetze.

517 Zu dem Erfordernis einer umfassenden, d. h. nicht nur strafrechtlichen, sondern auch historischen, politischen und wissenschaftlichen Aufarbeitung *Kinkel* 1992: 485 ff.; *Weber, K.* 1993: 229; Gesetzesbegründung zum 2. Verjährungsgesetz BT-Drucksache 12/5637: 4. Kritisch zu den Möglichkeiten der Vergangenheitsbewältigung durch das Strafrecht *Lüderssen* 1992: 735 ff.; *Odersky* 1992: 1 ff.

518 *Kinkel* 1992: 489.

anderer ergänzte, ,und im Wirtschaftsbereich schon gar nicht. Da gibt es überhaupt keine neuen Fälle.' Und da sticht mich der Teufel. Ich nehme diesen Fetzen da raus, also so einen Zeitungsausschnitt und wedele damit rum. Und ich sage: ,Ich möchte nur mal sagen, dass ich heute Morgen hier im Flugzeug gelesen habe, eine Milliarden Schaden. Ein Fall, den ich noch gar nicht kannte.' Als Reaktion kam dann, ,Was? Eine Milliarde in Bitterfeld? Das haben wir gar nicht gelesen.' ,Ja, dann darf ich das mal herumgeben?' Und dann ging das 'rum. Und da waren sie alle tief beeindruckt und die Verjährungsfristverlängerung wurde beschlossen. So war das" (2–1-2 2139/2180).

Es entstand damals jedenfalls aufgrund verschiedener Faktoren der Eindruck einer besonderen Verjährungsproblematik, die durch den Gesetzgeber zu lösen war und auch gelöst wurde.

6.4.2   Die allgemeinen Verjährungsregeln im Überblick

Das Institut der Verjährung[519] gemäß §§ 78 ff. StGB stellt eine wichtige negative Prozessvoraussetzung dar. Bei Verjährung einer Straftat tritt ein Prozesshindernis ein und das Verfahren kann erst gar nicht eröffnet bzw. muss eingestellt werden (gemäß § 78 Absatz 1 StGB ist die Ahndung der Tat und die Anordnung von Maßnahmen gemäß § 11 Absatz 1 Nr. 8 StGB ausgeschlossen). Der Lauf der Verjährungsfrist beginnt gemäß § 78a Satz 1 StGB, sobald die Tat beendet ist, die Dauer der Verjährungsfrist richtet sich gemäß § 78 Absatz 3 StGB nach dem Höchstmaß der Strafandrohung. Dieses findet man als Rechtsfolge im jeweils einschlägigen Straftatbestand des Besonderen Teils des StGB oder der Nebenstrafgesetze. Der Lauf der Verjährungsfrist kann durch eine der in § 78c Absatz 1 StGB abschließend aufgezählten Handlungen unterbrochen werden (eine neue Frist beginnt mit dem Tag, an dem die Unterbrechungshandlung erfolgt, zu laufen).

So wird beispielsweise durch die Bekanntgabe an den Beschuldigten, dass gegen ihn ein Ermittlungsverfahren eingeleitet wird, der Lauf der Verjährungsfrist gemäß § 78c Absatz 1 Nr. 1 StGB unterbrochen und diese beginnt erneut zu laufen. Da der Lauf auch durch jede weitere Verfahrenshandlung (etwa den Erlass eines Haftbefehls oder die Eröffnung der Hauptverhandlung) gemäß § 78c Absatz 1 StGB in den verschiedenen Verfahrensstadien unterbrochen wird und neu beginnt, ist in § 78c Absatz 3 Satz 2 StGB eine Höchstgrenze festgelegt: Spätestens nach Überschreiten des Doppelten der gesetzlichen Verjährungsfrist tritt in jedem Fall Verjährung ein.

---

519 Bei den Regeln zur Verjährung unterscheidet man die Verjährung der Verfolgung (§§ 78 ff. StGB), also wie lange die Strafverfolgungsinstanzen eine Tat mit den Mitteln der StPO verfolgen und aufklären können, und die Verjährung der Vollstreckung (§§ 79 ff. StGB). Diese schließt nach Fristablauf die Möglichkeit aus, ein rechtskräftiges Urteil zu vollstrecken; *Sternberg-Lieben/Bosch* in *Schönke, Schröder* 2014: Vorbem. §§ 78 ff. Rn. 1. Die Verjährungsgesetze sind ausschließlich auf die Verlängerung der Strafverfolgungsverjährung gerichtet, so dass im Folgenden mit „Verjährung" nur die „Verfolgungsverjährung" gemeint ist.

So würde sich für eine gemäß § 263 Absatz 1 StGB mit höchstens fünf Jahren Freiheitsstrafe bedrohte Betrugshandlung gemäß §§ 78c Absatz 3 Satz 2, 78 Absatz 3 Nr. 4 StGB eine doppelte Verjährungsfrist von zehn Jahren ergeben. Außerdem kann der Lauf der Frist unter bestimmten Voraussetzungen des § 78b StGB wegen der Minderjährigkeit des Opfers oder der Immunität eines Abgeordneten ruhen. Der weitere Lauf wird also gehemmt, der bereits abgelaufene Teil der Verjährungsfrist bleibt allerdings im Gegensatz zur Unterbrechung bestehen. Diese sich aus den allgemeinen Verjährungsregeln ergebende Rechtslage wurde durch die Verjährungsgesetze vorübergehend für bestimmte Straftaten geändert.

6.4.3   Die Systematik der „Verjährungsgesetze"

Bezüglich der Frage nach der Verjährung von Straftaten im Zusammenhang mit der Wiedervereinigung, die nach dem 3. Oktober 1990 begangen wurden (Neutaten), also auch für die nach der Wiedervereinigung begangene umbruchsbedingte Wirtschaftskriminalität, gelten grundsätzlich die gemäß Art. 8 EV auch für das Beitrittsgebiet in Kraft getretenen §§ 78 ff. StGB.[520] Für die vor diesem Stichtag in der DDR begangenen Straftaten (Alttaten) enthält der § 315a Absatz 1 EGStGB eine spezielle Überleitungsregel: eine Straftat, die nach DDR-Recht nicht verjährt war, dies aber nach den §§ 78 StGB ist, gilt weiterhin als nicht verjährt.[521] Diese Regelung konnte lediglich für die Fälle der umbruchsbedingten Wirtschaftskriminalität einschlägig sein, die nach der Gründung der Treuhandanstalt am 1. Juli 1990 (bzw. Urtreuhandanstalt ab März 1990)[522] bis zum 3. Oktober 1990 begangen wurden und für die gemäß § 80 Absatz 1 StGB DDR ein Strafanspruch der DDR bestand, für die also ein Tatort auf dem Gebiet der ehemaligen DDR lag. Bedeutsam ist diese Regelung im Übrigen nur dort, wo im StGB der DDR längere Verjährungsvorschriften vorgesehen sind oder andere Ruhensregeln gelten.[523]

Aus denselben Erwägungen hatte das erste Verjährungsgesetz nur für diesen kurzen Zeitraum Auswirkungen auf die Verjährung der umbruchsbedingten Wirt-

---

520 *König* 1991: 566; *Heuer, Lilie* 1993: 354; *Letzgus* 1994: 57.

521 *Sänger* 1999: 253; *König* 1991: 566.

522 Maximal kann der Begriff der umbruchsbedingten Wirtschaftskriminalität auf den Zeitraum vom 15. März 1990 bis zum 30. Juni 1990 ausgedehnt werden, denn zu dieser Zeit gab es einen Vorläufer der Treuhandanstalt, die Anstalt zur treuhänderischen Verwaltung des Volkseigentums. Bereits damals könnten erste Unregelmäßigkeiten im Zusammenhang mit der Privatisierungstätigkeit durch die Treuhandanstalt aufgetaucht sein, wenn auch die Privatisierungstätigkeit an sich zu dieser Zeit eine untergeordnete Rolle spielte (es gab nur 54 rechtswirksame Kaufverträge, jedoch stammen eine Vielzahl von Joint Ventures aus dieser Zeit); *BvS* 2003: 23 ff.

523 *Lemke, Hettinger* 1992: 22; zur Verjährung nach DDR-Recht (§§ 82–84 StGB-DDR) vgl. *Ministerium der Justiz* 1987: 241 ff.

schaftskriminalität.[524] Dieses regelte neben dem Ruhen der Verjährung von SED-Unrecht[525] die Verjährung von Alttaten, für die neben dem Strafanspruch nach DDR-Recht zudem ein solcher der alten Bundesrepublik aufgrund der Regeln des internationalen Strafrechtes gemäß §§ 4–7 StGB[526] begründet wurde.[527] Soweit diese Straftaten nach Art. 315a Absatz 1 EGStGB am 3. Oktober 1990 nach DDR-Recht noch verfolgbar waren – hiervon ist bei der umbruchsbedingten Wirtschaftskriminalität aufgrund des kurzen Begehungszeitraumes von höchstens sechseinhalb Monaten vor Wiedervereinigung bei einer minimalen Verjährungsdauer von zwei Jahren gemäß § 82 Absatz 1 Nummer 1 StGB DDR auszugehen – so galt die Verjährung gemäß Art. 315a Absatz 1 Satz 3 EGStGB als an dem Tag des Wirksamwerdens der Wiedervereinigung unterbrochen,[528] so dass diese gemäß § 78c Absatz 3 Satz 1 StGB mit den Fristen des § 78 Absatz 3 StGB neu zu laufen begann, wobei § 78c Absatz 3 StGB gemäß Art. 315a Absatz 1 Satz 3 2. Halbsatz EGStGB unberührt blieb. In Art. 315a

---

524 1. Verjährungsgesetz vom 26.3.1993, BGBl. I: 392.

525 Zu der in Art. 1 des Verjährungsgesetzes geregelten Ruhensregelung bezüglich SED-Unrechtstaten, die nicht Gegenstand dieses Forschungsprojektes sind, *Letzgus* 1994: 58; *Heuer, Lilie* 1993: 355.

526 Nachdem der BGH 1980 bezüglich der Einordnung der DDR vom „Inland" zum „funktionellen Inlandsbegriff" überging (BGHSt 30, 1, 3), fiel die DDR nach allgemeiner Auffassung nicht unter den Begriff des Inlands, so dass kein Strafanspruch aus § 3 StGB begründet war. Die DDR war zwar nicht Ausland im Sinne des Staatsrechtes, jedoch musste sie vom Sinn und Zweck des deutschen Strafrechtes her wie Ausland behandelt werden, so dass §§ 4–7 StGB (direkt/exklusiver oder entsprechend/inklusiver Schutz der DDR-Bürger gegenüber Straftaten von DDR-Bürgern, vgl. *König* 1991: 568 m. w. N.) anzuwenden waren; zusammengefasst *Küpper, Wilms* 1992: 91. Anderer Auffassung lediglich *Samson*, wonach eine ursprüngliche Auslandsstraftat nachträglich rückwirkend durch die Wiedervereinigung eine Inlandsstraftat werden sollte, *Samson* 1991: 337. Es kann sich jedoch nur entweder um eine Auslands- oder um eine Inlandstat handeln, ein rückwirkender Übergang erscheint nur schwer nachvollziehbar; so *Küpper, Wilms* 1992: 91; kritisch auch *Liebig* 1991: 372 f. Zur Herleitung einer solchen Strafbarkeit gemäß § 7 StGB für SED-Unrecht ausführlich *Küpper, Wilms* 1992: 91 ff.

527 Vor Einführung des 1. Verjährungsgesetzes war diese Rechtslage umstritten. Durch das Einfügen des § 315a Absatz 1 Satz 2 EGStGB wurde klargestellt, dass diese Altfälle, soweit für sie bereits vor Wiedervereinigung das Strafrecht der Bundesrepublik Deutschland galt, nicht von der Situation des § 315a Absatz 1 Satz 1 EGStGB auszunehmen sind. Im Hinblick darauf, dass ein Teil der Literatur und Rechtsprechung durch gesetzeskonforme Auslegung der Art. 315, 315a EGStGB in der Fassung des Einigungsvertrages zum gleichen Ergebnis wie die Gesetzesänderung kamen, hat § 315a Absatz 1 Satz 2 EGStGB nur deklaratorische Funktion; *Heuer, Lilie* 1993: 354 f.; gegen eine solche Auslegung *Lemke, Hettinger* 1992: 23.

528 Zum Teil wurde vertreten, dass dies nur für die Fälle gelte, wegen derer in der DDR bereits mit der Strafverfolgung begonnen wurde, *Küpper, Wilms* 1992: 96; ähnlich *Schneiders* 1990: 1051, es müssten bereits Handlungen im Sinne von § 78c StGB vorgenommen worden sein; vgl. auch *Breymann* 1991: 463 f.; kritisch demgegenüber *König* 1991: 567; BGHSt 39, 353, 356.

Absatz 1 Satz 3 1. Halbsatz EGStGB ist zwar ein eigener Unterbrechungstatbestand geregelt, die Rechtsfolgen unterscheiden sich jedoch nicht von den in § 78c Absatz 1 StGB geregelten Unterbrechungsmodalitäten. Folglich gilt die Regelung bezüglich der absoluten Verjährung ab Verjährungsbeginn auch hier. Bei einer minimalen Verjährungsdauer von zwei Jahren und einem maximalen Begehungszeitraum von sechseinhalb Monaten vor der Wiedervereinigung konnte die absolute Verjährung trotz fingierter Unterbrechung bereits drei Jahre und fünfeinhalb Monate nach der Wiedervereinigung eintreten oder, wenn es nicht zu weiteren Unterbrechungshandlungen kam, zwei Jahre nach der Wiedervereinigung. An diesem Zeitpunkt hatte sich durch das Verjährungsgesetz nichts geändert. Es bestand nun allerdings nicht mehr die Gefahr, dass ein solches Delikt mangels Unterbrechungshandlung bereits ein Jahr und fünfeinhalb Monate nach der Wiedervereinigung verjährte.

In einem zweiten Verjährungsgesetz[529] wurde der Art. 315a EGStGB um einen zweiten Absatz ergänzt, in dem die Verfolgungsverjährung für die vor Ablauf des 31. Dezember 1992 im Beitrittsgebiet begangenen Straftaten, die im Höchstmaß mit einer Freiheitsstrafe von mehr als einem Jahr bis zu fünf Jahren bedroht waren, zunächst auf frühestens den 1. Januar 1998 verschoben wurde; die Taten, die vor dem 3. Oktober 1990 begangen wurden und die mit Freiheitsstrafe bis zu einem Jahr oder Geldstrafe bedroht waren, sollten frühestens mit Ablauf des 31. Dezember 1995 verjähren.[530] Von dieser Ergänzung wurden nun wegen des nach der Wiedervereinigung liegenden Stichtages, bis zu dem eine Tat begangen sein musste, und mangels weiterer Einschränkungen im Wortlaut – etwa auf das SED-Unrecht – auch Neutaten erfasst.[531] Es erfolgte insbesondere eine Ausdehnung auf die Vereinigungskriminalität und somit auf die umbruchsbedingte Wirtschaftskriminalität, die bis zum 31. Dezember 1992 begangen wurde, soweit ein Tatort in den neuen Bundesländern oder im Ostteil Berlins lag.[532] Je nach Tatort konnte es dann aufgrund dieser Verjährungsregel zu einer Rechtsspaltung zwischen Ost und West kommen, indem nur in Westdeutschland begangene Kriminalität bereits verjährt war, während die gleiche Tat im Osten noch keinem Verfahrenshindernis unterlag.[533]

Durch das dritte Verjährungsgesetz[534] wurde der Zeitpunkt des Art. 315a Absatz 2 EGStGB noch einmal vom 1. Januar 1998 auf den 3. Oktober 2000 hinausgeschoben; zugleich entfiel die zeitliche Beschränkung auf Straftaten, die vor dem 31. Dezember 1992 begangen worden waren (Art. 2 des 3. Verjährungsgesetzes). Das bedeutete, die

---

529 Gesetz zur Verlängerung strafrechtlicher Verjährungsfristen vom 27.9.1993, BGBl. I: 1657, in Kraft getreten am 30.9.1993.

530 *Eser* in *Schönke, Schröder* 2014: Vorb. zu §§ 3–7 Rn. 115; *Heuer, Lilie* 1993: 356.

531 Kritisch zu einer fehlenden Beschränkung auf schwerste Verbrechen wie bei den so genannten Ahndungsgesetzen aus den Jahren 1946 bis 1948, *Lemke, Hettinger* 1992: 529.

532 Zur Vereinigungskriminalität *Jordan* 1996: 294; *Heuer, Lilie* 1993: 356; vgl. auch Gesetzgebungsmaterialien BR-Drucksache 319/93, 6; BT-Drucksache 12/5613: 1, 5; 12/5637: 1.

533 Kritisch hierzu *Lemke* 1993: 531f.

534 Gesetz zur weiteren Verlängerung strafrechtlicher Verjährungsfristen vom 22.12.1997, BGBl I S. 3223.

Anwendung auf umbruchsbedingte Wirtschaftskriminalität unterlag zwar keiner zeitlichen Begrenzung mehr, jedoch veränderte sich die Situation nur in den Fällen, in denen die gesetzliche Verjährungsfrist vor dem 3. Oktober 2000 endete.[535] Nach Erreichen dieser Zeitpunkte galten in allen Fällen wieder die allgemeinen Verjährungsregeln.

Interessant erscheint, ob die einzelnen Verjährungsgesetze in der Praxis die an sie gestellten Erwartungen erfüllen konnten. Zeigten sich die erwarteten Auswirkungen auf die Arbeit und den Erfolg des Strafverfolgungssystems? Sowohl von Seiten der Polizei als auch der Treuhandanstalt wurde in den Experteninterviews über einen konkreten Engpass aufgrund drohender Verjährung berichtet. Die Interviewpartner bezogen sich dabei auf die Situation im Vorfeld des zweiten Verjährungsgesetzes:

> *„Mussten wir also Mitteilungen über laufende Verfahren machen, um durch die Mitteilungen an die Beschuldigten die Verjährung zu unterbrechen. [...] Um nun in den einzelnen Verfahren die richtigen Mitteilungen an die richtigen Leute [zu machen ...], also die Verjährung lief [...] am 31. Dezember ab und das fiel also der Staatsanwaltschaft und uns dann am 5. Dezember ein, dann mussten wir für die drei Wochen bis Weihnachten [...] 80 Leute aus den anderen Kommissariaten herausziehen, [...] damit diese Benachrichtigungen pünktlich heraus konnten"* (2–1–1 939/952; vgl. auch 3–1–2 261/269).

Dies verdeutlicht die für die Dauer des Gesetzgebungsverfahrens zum 2. Verjährungsgesetz bestehende Rechtsunsicherheit, besagt jedoch nichts über die Wirkung der anderen Gesetze. Weitere Stellungnahmen finden sich nicht in den Interviews. Dies könnte darauf zurückzuführen sein, dass die Bedeutung der Verjährungsgesetze längst nicht so groß war, wie propagiert wurde.[536] Mehr als eine vorsichtige Vermutung kann dies jedoch aufgrund des vorliegenden Materials nicht sein, denn die Verjährungsgesetze und ihre Wirksamkeit standen nicht im Mittelpunkt des Forschungsinteresses.

6.5   Zusammenfassung

Betrachtet man die Entwicklung der externen und internen Kontrolle der Privatisierungstätigkeit insgesamt, so lässt sich – angesichts der komplexen Privatisierungsaufgabe nicht unerwartet – feststellen, dass die diversen Kontrollinstitutionen einerseits nach der Wiedervereinigung erst langsam auf- und ausgebaut wurden und andererseits diese Kontrolle wieder von dem Zeitpunkt an abgebaut wurde, in der auch das operative Geschäft der Treuhandanstalt, also die Anlässe zur Begehung

---

535 Die Kritik, die am zweiten Verjährungsgesetz geäußert wurde, gilt hier erst recht; vgl. speziell zum 3. Verjährungsgesetz *Braum* 1998: 75.

536 Eine solche Vermutung über den nur kleinen Anwendungsbereich und damit die geringe Bedeutung der Verjährungsgesetze in der Rechtspraxis findet sich ebenfalls bei *Sänger* 1999: 268.

von umbruchsbedingter Wirtschaftskriminalität, zurückgingen. Nach dem Beginn der Tätigkeit der Treuhandanstalt und den damit entstehenden Gelegenheiten zur Begehung umbruchsbedingter Wirtschaftsdelikte wurden die Kontrollmechanismen größtenteils erst parallel zu den ersten Privatisierungen entwickelt und nach und nach zahlreiche interne und externe Kontrollinstitutionen installiert.

An der Wirksamkeit der eingeführten Kontrollinstitutionen bestehen aufgrund der Fülle der Privatisierungsvorgänge und des großen Zeitdrucks bei den Privatisierungen – insbesondere zu Beginn der Privatisierungstätigkeit – durchaus Zweifel. Die Aussagen einzelner Interviewpartner über die (fehlende) Wirksamkeit der externen und internen Kontrolle aus ihrer Sicht weisen ebenfalls in diese Richtung eines – wenn auch stetig abnehmenden – Kontrolldefizites. Dieses Zwischenergebnis deckt sich mit der teilweise in der Literatur formulierten Annahme, dass der größte Anteil der Schäden durch Wirtschaftskriminalität zu Beginn der Tätigkeit der Treuhandanstalt entstanden sein soll, als die (interne und externe) Kontrolle gerade noch nicht ausgereift war.[537]

---

537 Vgl. nur *Gimmy* 1994: 635.

7 Die Stabsstelle *Besondere Aufgaben*

Dieses Kapitel widmet sich nun dem eigentlichen Untersuchungsobjekt: der Stabsstelle *Besondere Aufgaben*. Zunächst wird zum besseren Verständnis die Bezeichnung genauer untersucht (7.1) und die Entstehungsgeschichte – soweit sie bekannt ist – nachvollzogen (7.2). Im Anschluss daran werden die Entstehungsgründe für die Stabsstelle beschrieben und Ziele aufgezeigt, die mit ihrer Gründung verfolgt werden sollten (7.3). Für einen ersten Eindruck von ihrer Tätigkeit werden sodann die Arbeitsabläufe in der Stabsstelle beschrieben (7.4). Um eine Vorstellung von der Ausgestaltung und Funktionsweise der Stabsstelle zu bekommen, werden anschließend die personelle Besetzung (7.5), die vor allem statistischen Werte der Vorgangserledigung (7.6) und die Stellung der Stabsstelle innerhalb der Treuhandorganisation (7.7) betrachtet und analysiert.

7.1 Die Bezeichnung der Stabsstelle

Die Stabsstelle hatte viele Namen. Die verwendeten Bezeichnungen reichen von *Stabsstelle Besondere Aufgaben*[538] über *(Sonder-)Stabsstelle Recht*[539] bis hin zu den Abkürzungen *RE BA*[540] oder *BA*[541], oft wurde auch vereinfacht von der *Stabsstelle* gesprochen.[542] Diese Praxis wird hier der Einfachheit halber übernommen, so dass sie im Folgenden nur die *Stabsstelle* genannt wird.[543] Mitarbeiter des Direktorats Recht und der Stabsstelle äußerten zu der Bezeichnung der Stabsstelle Folgendes:

---

538 Diese Bezeichnung findet sich 14-mal in elf verschiedenen Interviews. Außerdem in *Erbe* 2003: 367; *Sänger* 1999: 196 und vor allem in offiziellen und internen Dokumenten der Treuhandanstalt, vgl. *Treuhandanstalt* Bd. 10 1994: 903, 904, 919, 931, 933, 955, 959, 961, 966, 992, 1009.

539 In den Interviews wurde diese Form fünfmal so oft verwendet wie Stabsstelle *Besondere Aufgaben*, und zwar 70-mal in 30 verschiedenen Interviews. In den Dokumenten der Treuhandanstalt dagegen deutlich seltener; vgl. *Treuhandanstalt* Bd. 10 1994: 974. *Erbe* tendiert eher zu dieser Bezeichnung; *Erbe* 1999: 26; *Erbe* 2003: 367 (jeweils im Titel der Aufsätze).

540 Von *Erbe* 2003: 367 als Variante benannt; außerdem 26mal in zwei Interviews benutzt.

541 Diese Abkürzung wurde 18mal in drei Interviews verwendet; sie findet sich auch in *BvS* 2003: 181.

542 Ohne Zusatz wird das Wort in den Interviews 970mal in 66 Texten benutzt. In den Dokumenten der Treuhandanstalt wird die Bezeichnung „Stabsstelle" als Kurzform der vorher benutzten (für den ständigen Gebrauch vielleicht zu langen) Bezeichnung „Stabsstelle *Besondere Aufgaben*" verwendet; zum Beispiel *Treuhandanstalt* Bd. 10 1994: 905, 920.

543 Auch wenn einige Fundstellen (*Erbe* 1999: 30; *BvS* 2003: 181; 9–3-1 1113/1120; 3–1-5 2311/2318) dafür sprechen, dass die Stabsstelle nur zu Beginn (also zu Zeiten der Treuhandanstalt) Stabsstelle *Besondere Aufgaben* genannt und später bei der BvS in Sonderstabsstelle Recht umbenannt wurde, wird auf diese Unterscheidung verzichtet, da sich

> *„Stabsstelle Recht hieß sie gar nicht. Recht war ja alles. So war das die Stabsstelle für besondere Aufgaben. Als die habe ich sie geschaffen"* (11-1-3 592/596).

> *„Die ‚Iii-bah-Abteilung', also wenn Feten waren oder in Kantinen mochte man auch nicht mit uns an einem Tisch sitzen [...] (Lacht) Das ist die ‚Bah', also damals hießen wir Stabsstelle Besondere Aufgaben und wir hatten dann das Kürzel BA und dann haben die immer schon ‚Iii bah' und so [gesagt]"* (3-1-2 51/53).

Interessant ist neben der historischen Dokumentation vor allem die damalige Auswahl eines offensichtlich wichtigen Bestandteiles in der Bezeichnung dieser Einrichtung: Durch die Verwendung des aus der Betriebswirtschaftslehre stammenden Fachbegriffes *Stabsstelle* könnten – gewollt oder ungewollt – bestimmte Assoziationen geweckt worden sein. In der Betriebswirtschaftslehre wird auf diese Art und Weise eine *Stelle* (Zusammenfassung von Teilaufgaben zu einem Arbeits- und Aufgabenbereich)[544] in einem Unternehmen bezeichnet, die einer innerbetrieblichen *Instanz*[545] untergeordnet ist und die vorbereitende sowie unterstützende Aufgaben für diese übernimmt.[546] Eine Stabsstelle verfügt über keinerlei Weisungsbefugnisse, nimmt demnach ausschließlich eine beratende Position im Unternehmen ein. Sie ist an der Vorbereitung einer Entscheidung beteiligt, trifft jedoch nicht selbst eine solche, sondern überlässt dies der ihr zugeordneten Instanz und verfügt somit nur über indirekten Einfluss auf die Entscheidung.[547] Das bedeutet, eine Stabsstelle führt durch die entsprechende Aufbereitung von Informationen Entscheidungen herbei, die sie nicht verantwortet. Ihre Funktion besteht grundsätzlich in der Entlastung der Führungsebene, der sie zugeordnet ist.

Vergleicht man nun den abstrakten Begriff der Stabsstelle mit der tatsächlich in der Treuhandanstalt gegründeten Institution, so fällt Folgendes auf: Es bestehen bereits nach einem ersten Blick in die wenigen Veröffentlichungen zur Stabsstelle Zweifel an einer rein beratenden und unterstützenden Funktion. Zugeordnet wurde die Stabsstelle zwar offiziell dem Direktorat Recht, welches wiederum direkt dem Präsidenten der Treuhandanstalt unterstand.[548] Eine übergeordnete Instanz lässt sich also leicht ausmachen. Jedoch umschrieb *Erbe* als ehemaliger Stabsstellenleiter die Aufgaben der Stabsstelle wie folgt: Die Stabsstelle sollte Hinweisen auf möglicherweise strafrechtlich relevantes Verhalten im Zusammenhang mit der Treuhand-

---

     nicht alle Aussagen eindeutig einer Phase zuordnen lassen, einige Interviewpartner diese Unterscheidung offensichtlich nicht verinnerlicht hatten und es wahrscheinlich eher zu Verwirrungen, denn zu einem Erkenntnisgewinn kommen würde.

544 *Wöhe, Döring* 2013: 107.

545 Als Instanz wird eine Stelle bezeichnet, die Leitungsaufgaben für mehrere rangniedere Stellen übernimmt; die Gesamtheit von rangniederen Stellen und der Instanz nennt man Abteilung; *Wöhe, Döring* 2013: 107 f.

546 *Wöhe, Döring* 2013: 121; *Bea, Schweitzer* 2011: 191.

547 *Wöhe, Döring* 2013: 121.

548 *Treuhandanstalt* Bd. 10 1994: 901 f., 919, 931, 935, 957, 961, 992, 994, 1002.

anstalt und ihrer Tätigkeit nachgehen, diese Sachverhalte erforschen und schließlich aus dem Ergebnis dieser Ermittlungen die Konsequenzen ziehen.[549] In Veröffentlichungen der Treuhandorganisation wurde ebenfalls berichtet, die Stabsstelle habe ihre Vorgänge mit einer Entscheidung abgeschlossen, entweder sei das interne Verfahren bei Nichterweislichkeit der Vorwürfe eingestellt oder es sei Strafanzeige bei den zuständigen Strafverfolgungsbehörden erhoben worden.[550] Eine Weitergabe der Vorgänge für eine endgültige Entscheidung an das Direktorat Recht wird in diesen Veröffentlichungen nicht erwähnt. Es spricht deshalb zunächst nichts für eine rein vorbereitende und beratende Funktion der Stabsstelle für eine übergeordnete Instanz.

Die Bezeichnung konnte somit wegen der geweckten Assoziationen bereits zu ersten Fehlvorstellungen über die tatsächlich eingerichtete Institution und ihre Funktionalität führen. Es stellt sich sodann die Frage, ob dieser Begriff vielleicht sogar gezielt eingesetzt wurde, um bei potentiellen Kritikern eines Konzeptes unternehmensinterner Kontrolle den Eindruck einer wenig bedeutsamen Institution zu erwecken, die über keinerlei Entscheidungsbefugnis und somit über nur geringen Einfluss verfügt. Denn wenn die Stabsstelle eine ausschließlich beratende Institution für das Direktorat Recht gewesen wäre, so hätte sich an der Kalkulierbarkeit der Entscheidungen aufgrund dieser eindeutig bestehenden Abhängigkeit und einer fehlenden Entscheidungskompetenz bei der Stabsstelle nichts Wesentliches verändert. Das Direktorat Recht wäre lediglich im Bereich der Vorgänge mit potentiell strafrechtlichem Bezug durch diese zusätzliche Einrichtung entlastet worden.

Insgesamt würde eine solche, ihrem Namen gerecht werdende Stabsstelle über deutlich geringeren Einfluss verfügen als eine unabhängig entscheidende Einrichtung. Ob dieses Bild einer beratenden und nicht entscheidenden Institution bewusst oder unbewusst gewählt wurde, bleibt ein Geheimnis.

7.2   Die Entstehungsgeschichte

Ebenso wie die Bezeichnung ist auch der Ablauf des Gründungsvorganges selbst von Interesse: Wer war an der Entscheidung beteiligt, welche Positionen bildeten sich im Entscheidungsprozess heraus, woher stammte die Idee einer Stabsstelle, existierten Alternativkonzepte? Vor allem die grundsätzlichen Einstellungen zum Konzept könnten in der weiteren Analyse von Bedeutung sein – insbesondere könnten sie bei der Auswertung die Grundlage für eine besondere Sensibilisierung auf mögliche Regulierungsversuche der Stabsstellentätigkeit darstellen.

Zu Beginn der Diskussionen um die Errichtung einer Stabsstelle wurde ein alternatives, externes Modell (beispielsweise ein externer Ombudsmann) offenbar relativ schnell wieder verworfen. Ein Stabsstellenleiter berichtete uns:

---

549 *Erbe* 2003: 369, 371.
550 *Treuhandanstalt* Bd. 10 1994: 940, 1007.

> *„Die Idee war schon da, das war dann die Überlegung, ob [...] jemand außerhalb der Treuhand angesiedelt werden kann.“ Das sei aber ein Nachteil. Man brauche den unbedingten Zugang zu allen Mitarbeitern der Treuhand und das habe man nur, wenn man selber in der Treuhand drin sei. Und ansonsten müsse man bei der Justiz angesiedelt werden und so etwas dazwischen könne es eigentlich nicht geben (3–1-1 302/310).*

Eine Einflussnahme auf die Entscheidungsfindung über die Errichtung einer Stabsstelle seitens der Politik erscheint im Hinblick auf die Einbindung der Treuhandanstalt in das politische System und die von politischer Seite gefürchtete Wirkung der Berichterstattung im Zusammenhang mit der Tätigkeit der Treuhandanstalt nicht ganz fern liegend.[551] In den raren Quellen zur Stabsstelle steht hierzu nur der Hinweis, dass die Stabsstelle *gerade nicht* durch Anstoß von außen entstand, insbesondere nicht durch Einflussnahme aus dem politischen System.[552] Die (Über-)Betonung einer fehlenden Einflussnahme lässt das Gegenteil vermuten. Doch ebenso wenig ließen sich in den Experteninterviews Anhaltspunkte für eine treuhandexterne Initiative oder einen sonstigen Einfluss ausmachen. Ein Stabsstellenleiter beschrieb lediglich, dass das Finanzministerium *später* den Wert einer Stabsstelle für sich entdeckt hatte (3–1-3 17). Innerhalb der Treuhandanstalt herrschte allerdings auch keine Einigkeit darüber, auf wen das Konzept konkret zurückzuführen war. Dies fasste ein Interviewpartner aus dem Direktorat Recht wörtlich wie folgt zusammen:

> *„Wer hat die Stabsstelle erfunden? Da gibt's hübsche historische Schulstreitigkeiten“ (11–1-3 1068/1070).*

Zu Beginn seines Interviews hatte der Mitarbeiter aus dem Direktorat Recht sich selbst, ungeachtet aller Meinungsverschiedenheiten, diese Idee zugeschrieben:

> *„Und ich war derjenige, der die, glaube ich, gute Idee hatte, so 'was [wie die Stabsstelle] aufzubauen. Ganz am Anfang“ (11–1-3 100/102).*

Dagegen erklärte ein eng mit dem Vorstand in Verbindung stehender Mitarbeiter der Treuhandanstalt auf Nachfrage, dass die Urheberschaft auf den Vorstand der Treuhandanstalt zurückginge *(11–1-7 1030/1040).*[553] Ein Mitglied des damaligen Vorstandes relativierte dies wiederum, die Idee sei lediglich von einem Vorstandsmitglied aufgegriffen worden:

551　*Czada* spricht von einem durch formelle und informelle Netzwerkbildung in der deutschen Politik gebildeten *Treuhand-Komplex*; *Czada* 1993: 150. In einer eher journalistischen, denn wissenschaftlichen Veröffentlichung wurde auch berichtet, dass einzelne, von einer Stilllegung bedrohte Unternehmen wegen der zu befürchtenden negativen Meldungen in der Presse kurzfristig während der Wahlkampfzeit durch Liquiditätshilfen aus dem Bundeshaushalt weitergeführt wurden; *Jürgs* 1997: 261.

552　*Treuhandanstalt* Bd. 10 1994: 1002; *Erbe* 2003: 369.

553　Über eine detaillierte Einblicke gewährende, dem Vorstand nahe stehende Position verfügte dieser Mitarbeiter im Februar 1991 jedoch noch nicht.

„[Die Gründung der Stabsstelle war also im] Februar 1991. Ich nehme an, es wurde darüber zu Beginn im Vorstand gesprochen. Meines Wissens war es eine Initiative, die dann [ein Vorstandsmitglied][554] *übernommen hatte" (11–1-4 88/90).*

Von dem Interviewpartner aus dem Direktorat Recht wird aber gerade der dort gemeinte Vorstand als eher kritisch gegenüber der Gründung einer Stabsstelle beschrieben:

„Im Februar, ja, dann war es noch vor dem Tod von Rohwedder. Aber das war nicht ganz leicht, [einem Teil des Vorstandes] zu erklären, was so was [sollte]. Ja? Also ein normaler Unternehmer will mit diesen Stellen nichts zu tun haben. [...] Das war am Anfang bei [einem Teil des Vorstandes] vermittlungsbedürftig" (11–1-3 551/555).

Fasst man diese Erkenntnisse zusammen, wird in den Interviews auf der einen Seite das Direktorat Recht mit dem Ursprung der Stabsstellenidee in Verbindung gebracht, auf der anderen Seite wird dem Vorstand der Treuhandanstalt die Urheberschaft zugeschrieben.

Möglicherweise lassen sich diese etwas widersprüchlichen Aussagen dennoch einigermaßen plausibel zusammenfügen: Das Direktorat Recht war nach der ersten Aufgabenbeschreibung für den Bereich des Strafrechts zuständig gewesen.[555] Das heißt, ursprünglich waren alle Vorgänge mit strafrechtlicher Relevanz innerhalb der Treuhandanstalt dorthin weiterzuleiten, damit dieses die weitere Vorgehensweise und die schlussendliche Erledigung bestimmen konnte. Somit konnten Mitarbeiter dieser Abteilung anhand der eingehenden Fälle und der Arbeitsbelastung am ehesten beurteilen, ob und welch ein Bedarf zu einer Umstrukturierung der Zuständigkeit für strafrechtlich relevante Sachverhalte bestand. Deshalb erscheint es durchaus plausibel, dass die ursprüngliche Idee zur Gründung einer Stabsstelle von dort stammte. Abgesehen von diesem möglichen Ideenursprung wird der Vorstand der Treuhandanstalt letztlich natürlich die Gründung der Stabsstelle beschlossen haben und muss deshalb auch in den Entscheidungsvorgang involviert gewesen sein. Gemäß § 9 Absatz 2, 3 GO THA traf dieser (bei Maßnahmen von besonderer Bedeutung gegebenenfalls mit Zustimmung des Verwaltungsrates gemäß § 8 Absatz 4 Satzung THA in Verbindung mit § 15 Absatz 3 GO THA) wesentliche Entscheidungen über die Aufbauorganisation innerhalb der gesetzlichen Vorgaben des § 5 Satzung THA.

Unabhängig von der Entwicklung der ursprünglichen Idee und der endgültigen Entscheidung soll aber nochmals hervorgehoben werden, dass laut der Aussage eines Interviewpartners nicht alle Vorstände gleich leicht zu überzeugen waren. Es sei besonders schwierig gewesen, den aus der Privatwirtschaft stammenden Vorstandsmitgliedern (*„Unternehmern"*) ein solches Konzept von informeller Kontrolle

---

554 Der Name wurde anonymisiert, es handelt sich nicht um ein aus der Privatwirtschaft stammendes Vorstandsmitglied.

555 Vgl. Aufgabenbeschreibung des Direktorates Recht in Kapitel 6.3.1.

näherzubringen. Grundsätzlich überrascht wegen der Unbekanntheit des Konzeptes anfängliche Skepsis nicht. Jedoch war dieses Konzept den aus dem politischen oder staatlichen Bereich stammenden Vorstandsmitgliedern ebenso unbekannt. Diese unterschiedlichen Reaktionen könnten auch durch die berufliche Vergangenheit der Vorstandsmitglieder der Treuhandanstalt (Tabelle 2) bedingt gewesen sein.

Tabelle 2:   Besetzung des Vorstandes der Treuhandanstalt im Februar 1991

Name	Mitglied des Vorstandes seit	Hauptfunktion innerhalb der Treuhandanstalt	Vorherige Position
Dr. D. Roh-wedder	01.01.1990	Präsident	Manager bei Hoesch
W. Krause	15.07.1990	Finanzen	Minister in der DDR
Dr. G. Halm	09.08.1990	Sondervermögen und Verwaltung	Minister in der DDR
K. Schirner	09.08.1990	Privatisierung	Mergers & Acquisitions-Chef bei Daimler-Benz
Dr. K.-P. Wild	09.08.1990	Sanierung und Abwick-lung	Ministerialdirektor Bayern
B. Breuel	18.09.1990	Niederlassungen	Wirtschaftsministerin Niedersachsen
Dr. A. Koch	01.10.1990	Personal	Vorstand Grundig
Dr. W. R. Klinz	01.11.1990	Beteiligungen	Vorstand Landis & Gyr
Dr. H. Krämer	15.11.1990	Refinanzierung und Liegenschaften	Vorstand STEAG

Quelle: eigene Darstellung nach *BvS* 2003: 431, *Jürgs* 1997: 255, *Maaßen* 2002: 153.

Im Februar 1991 stammte also knapp mehr als die Hälfte des damaligen Vorstandes aus der westdeutschen Privatwirtschaft, die vier übrigen Vorstandsmitglieder waren zuvor als hohe Regierungsbeamte oder Minister Teil des politischen oder staatlichen Systems der BRD oder DDR. Die Vorstandsmitglieder lassen sich folglich anhand ihres beruflichen Kontextes klassifizieren. Es existierten deutliche Unterschiede in ihrem beruflichen Werdegang. Während im Wirtschaftssystem der Kommunikationsprozess nach dem binären Code Zahlung/Nichtzahlung standardisiert ist und es hierbei um eine Verteilung knapper Güter und damit um eine Gewinnmaximierung geht, wird im politischen System nach dem Code Macht/Nichtmacht kommuniziert. Fraglich ist, ob diese vorhandene Unterscheidung aus systemtheoretischer Sicht zwischen den Codierungen, Programmen und Funktionen[556] im jeweiligen Herkunftssystem der Vorstände tatsächlich mit der Einstellung zum Stabsstellenkonzept korrelierte.

---

556 Hierzu vgl. ausführlich Kapitel 3.4.

Unterstützt wird diese Vermutung einer unterschiedlichen Rezeption des Konzeptes bedingt durch die Herkunft dadurch, dass eben jenes Vorstandsmitglied, welches sich der Idee laut Aussage eines anderen Vorstandsmitgliedes angenommen hatte, nicht der Privatwirtschaft entstammte. Auch ein Leiter der Stabsstelle nannte Namen, die er als aktive Beteiligte mit der Gründung (und dem Fortbestehen der Stabsstelle) in Verbindung brachte (3–1–5(2) 1263/1285). Bei diesen handelte es sich ebenfalls ausschließlich um Mitarbeiter der ersten oder zweiten Führungsebene der Treuhandanstalt, die nicht aus der Privatwirtschaft zur Treuhandanstalt gekommen waren. An gleicher Stelle beschrieb dieser für die Zeit der operativen Tätigkeit der Stabsstelle den Versuch einer Person aus dem privatwirtschaftlichen Kontext, die Ressourcen der Stabsstelle im Laufe der Zeit zu beschränken. Dies sei allerdings durch ein Mitglied des Verwaltungsrates vereitelt worden, welches zuvor ein hoher Regierungsbeamter gewesen sei. Natürlich kann nicht ausgeschlossen werden, dass es sich nur um eine zufällige Verteilung der Sympathien für ein solches Konzept im Vorstand handelte, oder dass andere Faktoren als die Herkunft eine Rolle spielten, die zufällig bei den Vorständen gleich verteilt mit ihrer beruflichen Herkunft waren.

Dass es letztlich doch zu einer Gründungsentscheidung kam, könnte (neben der Überzeugungskraft der Befürworter) durch eine besondere Eigenschaft des Vorstandes der Treuhandanstalt in seiner Besetzung vom Februar 1991 begünstigt worden sein. Ein Stabsstellenleiter stellte hierzu die These auf, dass Entstehungsbedingung für eine solche Kontrollinstitution ein starker und selbstbewusster Vorstand gewesen sei:

„Diesen Sprung quasi über den eigenen Schatten, mal auch Kontrollkompetenz aus der Hand zu geben, schafft nur ein starker, selbstbewusster Vorstand" (3–1–5 (2) 1272/1280).

Auch ein Vorstandsmitglied bescheinigte dem damaligen Vorstand Treuhandanstalt einen außergewöhnlich guten Zusammenhalt:

„Also eigentlich [... in einer] Vorstandssituation sehr ungewöhnlich, dass da niemand am Stuhl des anderen gesägt hat. Wir waren da wirklich ein verschworenes Team, von dem jeder so viel zu tun hatte, dass er gar nicht darauf kam, dem anderen Prügel in den Weg zu werfen" (11–1–4 1432/1444).

Bestärkt wurde dieser Zusammenhalt wahrscheinlich noch durch den großen öffentlichen Druck auf den Vorstand und die Treuhandanstalt unmittelbar vor der Ermordung des Präsidenten Rohwedder, die zeitlich kurz nach der Gründung der Stabsstelle erfolgte.[557] Ein eng mit dem Vorstand in Verbindung stehender Mitarbeiter bestätigte nach längerer Diskussion in einem der Interviews über die Vorstandssituation diese Situation mit der zugespitzten Aussage:

„Wir [der Vorstand] gegen den Rest der Welt" (11–1–7 1893/1894).

---

557 Vgl. auch *Jürgs* 1997: 268.

Auch altruistische Motive mögen die vorhandene interne Loyalität begünstigt haben,[558] so berichtete dieser Mitarbeiter im Verlauf des Interviews weiter:

> *„Also es hört sich ja blöd an, aber ein wesentlicher Teil der Leute, die da als Führungskräfte hingegangen sind, sind aus Patriotismus hingegangen" (11–1-7 2714/2716).*

Insgesamt war die damalige Vorstandssituation jedenfalls offenbar durch einen ungewöhnlich ausgeprägten Zusammenhalt, unter anderem bedingt durch eine große Menge an zu bewältigender Arbeit und durch die Angriffe aus der Öffentlichkeit, gekennzeichnet. Ob diese Situation tatsächlich die endgültige Gründungsentscheidung für eine Stabsstelle begünstigte, konnte letztlich nicht festgestellt werden.

7.3   Entstehungsgründe und erste Zielformulierungen

Dass es zu einer derart innovativen Entscheidung kam,[559] war jedoch auf jeden Fall der besonderen Situation geschuldet, in der sich die Treuhandanstalt zu Beginn des Jahres 1991 befand: So wurde damals die Kritik an der Treuhandtätigkeit immer lauter und es zeichnete sich ab, dass wegen der geringen Kontrolldichte zu Beginn der Privatisierungstätigkeit bald zahlreiche strafrechtlich relevante Vorgänge bekannt werden würden. Diese besondere Situation bewirkte als eine Art Stimulus (im Sinne von „es muss *etwas* geschehen")[560] eine spezifische Zielbildung (als die *erste Konkretisierung* dessen, *was* geschehen muss), für deren Erreichung offenbar die Gründung einer treuhandinternen informellen Kontrolleinrichtung als geeignetes Mittel eingeschätzt wurde.[561] Auch wenn nicht sofort alle Vorstandsmitglieder von der Idee überzeugt waren, entschied man sich doch recht schnell für die Errichtung der Stabsstelle *Besondere Aufgaben*.

Mit dieser Entscheidung sollten, nach einer detaillierten Auswertung der geführten Interviews und der Veröffentlichungen zur Stabsstelle, die folgenden Ziele erreicht werden, die der Stabsstelle gleichzeitig als eine erste, wenn auch sehr abstrakte Orientierungshilfe für ihre operative Tätigkeit dienen konnten: Die Bündelung und Durchführung informeller Kontrolle innerhalb der Treuhandanstalt (7.3.1), außerdem die Verbesserung des *öffentlichen Ansehens* der Treuhandanstalt (7.3.2) sowie – weniger nahe liegend – der Ausgleich der Ressourcenknappheit des Strafverfolgungssystems (7.3.3).

Bevor diese Ziele näher beleuchtet werden, sei noch bemerkt, dass im Übrigen in Veröffentlichungen zur Stabsstelle meist betont wurde, diese sei zur Unterstüt-

---

558 Zu der These, Jüngere seien wegen der Chance auf Karriere gekommen, Ältere aus patriotischen Motiven ausführlich *Jürgs* 1997: 191.
559 Allgemein zum innovativen Entscheidungsprozess vgl. bereits *Hauschildt* 1977: 133.
560 *Hauschildt* 1977: 131.
561 Grundsätzlich zum Prozess der Zielbildung und -variation *Hauschildt* 1977: 135.

zung der gesetzlichen Funktion der Treuhandanstalt eingerichtet worden.[562] Dies weist bereits eindrücklich darauf hin, dass man die für die Stabsstelle formulierten Ziele niemals losgelöst von den *Organisationszielen* der Treuhandanstalt betrachten kann, da sie ein Bestandteil der Organisation der Treuhandanstalt war. Die aus den gesetzlichen Grundlagen abzuleitenden Organisationsziele der Treuhandanstalt waren bekanntlich die Privatisierung der volkseigenen Betriebe und des Vermögens der DDR sowie gegebenenfalls die Sanierung oder Stilllegung dieser Objekte.[563] Die operative Tätigkeit sollte letztendlich dem Abbau des gesamten Unternehmensportfolios dienen,[564] wobei das Primat der Privatisierung galt.[565] Des Weiteren existierten ergänzende Zielvorgaben, wie die Sicherung von Arbeitsplätzen und eine den Erlös maximierende Verwertung, die bei der Erfüllung der Privatisierungsaufgabe zu beachten waren.[566]

Weil es innerhalb einer so komplexen Organisation wie der Treuhandanstalt schwierig ist, diese abstrakten Ziele als Richtlinie für konkrete Entscheidungen heranzuziehen, entwickelt sich innerhalb einer hierarchisch aufgebauten Organisation grundsätzlich eine entsprechend differenzierte Zielhierarchie, d. h. es bilden sich konkretisierte Zwischen- und Unterziele für bestimmte Bereiche der Organisation.[567] Die Stabsstelle war, wie noch ausführlich dargestellt wird, zumindest in allen nicht inhaltlichen Fragen abhängiger Bestandteil des Direktorates Recht. Dieses Direktorat hatte die Aufgabe, die Einhaltung aller rechtlichen Vorgaben zu gewährleisten und nach Möglichkeit die Rechte der Treuhandanstalt durchzusetzen. Die für die Stabsstelle formulierten Ziele lassen sich also als Unterziele einordnen, die jedoch weiterhin wegen ihres immer noch hohen Abstraktionsgrades für die Mitarbeiter der Stabsstelle in konkrete Handlungs- und Arbeitsanweisungen zu transformieren waren. Für die Stabsstelle und ihre Mitarbeiter ergab sich wegen der bereits formulierten Gründungsintentionen zunächst folgende, formale Zielrangordnung (Tabelle 3).

---

562 *Erbe* 1999: 26 f.; *Balz* im Vorwort zum Zwischenbericht 1992, nachgedruckt in *Treuhandanstalt* Bd. 10 1994: 933; vgl. auch *Noa* in *Treuhandanstalt* Bd. 10 1994: 1003.

563 *Kloepfer* 1993: 50 f.

564 *Maaßen* 2002: 82.

565 *BvS* 2003: 34; maßgeblich im sog. „Osterbrief" von *Rohwedder* an alle Mitarbeiter/innen der Treuhandanstalt wurde von der Priorität der Privatisierung gesprochen, plakativ wurde formuliert: „Privatisierung ist die wirksamste Sanierung" (abgedruckt in *Treuhandanstalt* Bd. 1 1994: A 7).

566 Aufgeführt im *Handbuch Privatisierung* der Treuhandanstalt, Stand Januar 1993: 2. Kapitel Gesetzliche Aufgabenstellung, Anlage zu Punkt 2.1., S. 2 f.; *Schmidt, K.-D.* 1993: 216; *Maaßen* 2002: 85.

567 *Wöhe, Döring* 2013: 71 f.

Tabelle 3:   Zielrangordnung der Treuhandanstalt

Rang	Zielvorschrift	Geltungsbereich
Oberziele	Abbau des Unternehmensportfolios durch: *1. Privatisieren* *2. Sanieren* *3. Stilllegen* ergänzende Zielvorgaben: • Schnelle und vollständige Privatisierung • Arbeitsplatz-/ Investitionszusagen • Schaffung effizienter Wirtschaftsstrukturen • Erlös maximierende Verwertung	Gesamtorganisation
Zwischenziele	insbesondere: *Einhaltung von rechtlichen Vorgaben und Durchsetzung der Rechte der Treuhandanstalt*	Direktorat Recht
Unterziele	• *Bündelung/Durchführung informeller Kontrolle* • *Verbesserung des öffentlichen Ansehens der Treuhandanstalt* • *Ausgleich der Ressourcenknappheit im Strafverfolgungssystem*	Stabsstelle

7.3.1   Die Bündelung und Durchführung informeller Kontrolle innerhalb der Treuhandanstalt

Das offensichtlichste Ziel der Stabsstellengründung war zunächst einmal die Bündelung der spezifischen informellen Kriminalitätskontrolle sowie die Durchführung entsprechender Maßnahmen durch diese Institution zur Verhinderung und Aufdeckung strafrechtlich relevanter Verhaltensweisen. Ob dieses auch eine Fokussierung auf eine *wirksame* Kontrolle bedeutete, sei an dieser Stelle noch dahingestellt. Dieses Ziel lässt sich unter anderem aus der für die Stabsstelle formulierten Aufgabe der Selbstkontrolle (und Selbstreinigung) im Zusammenhang mit strafrechtlich relevantem Verhalten ableiten, die ihr von Anfang an zugeschrieben wurde.[568] Explizit wird außerdem eine Bündelung der Kontakte mit den Strafverfolgungsbehörden erwähnt, wodurch den anderen Mitarbeitern der Treuhandanstalt die für sie sachfremde Bearbeitung strafrechtlicher Fragen erspart werden sollte.[569] Dieses Ziel erklärt sich dennoch nicht von selbst, da die Treuhandanstalt, solange sie ihre Verpflichtungen zur Gewährung von Amtshilfe erfüllen konnte, ebenso wenig wie

---

568 Zur Aufgabenstellung *Erbe* 1999: 27; *Erbe* 2003: 369; Vorwort zum ersten Zwischenbericht zur Stabsstelle 1992, abgedruckt in *Treuhandanstalt* Bd. 10 1994: 933.
569 *Treuhandanstalt* Bd. 10 1994: 933, 935.

ein Unternehmen rechtlich zur Errichtung einer solchen informellen Kontrollinstitution verpflichtet war.[570]

In erster Linie sind interne Gründe zu vermuten. Am naheliegendsten erscheint, dass die Treuhandanstalt sich aus ökonomischen Gründen für die Stabsstelle entschied. Auch wenn eine Gewinnmaximierung bei ihr nicht an erster Stelle stand, sollten die Privatisierungen doch so Erlös maximierend wie möglich erfolgen. Durch Straftaten bei den Privatisierungsvorgängen auf Seiten der Investoren und/ oder der eigenen Mitarbeiter konnten für die Treuhandanstalt unmittelbare Vermögensschäden entstehen. Ein Stabsstellenleiter verneinte jedoch, dass ökonomische Erwägungen eine direkte Rolle bei der Gründung der Stabsstelle spielten:

„So weit waren die damals noch nicht" (3–1–5 (2) 1684).

In späteren Veröffentlichungen findet sich aber immerhin die allgemeine Formulierung, durch die Errichtung der Stabsstelle sei bezweckt worden, Schäden von der Treuhandanstalt abzuhalten.[571] Schon hier sei darauf hingewiesen, dass eine solche Erwägung dafür spricht, die Stabsstelle vor allem zur Bekämpfung von Straftaten einzusetzen, die nicht im (wirtschaftlichen) Interesse der Treuhandanstalt begangen wurden, also zur Bekämpfung von Occupational Crime und nicht von Corporate Crime.

Hinsichtlich der Einrichtung der Stabsstelle muss der Vorstand einen besonderen Anlass gehabt haben, vermehrt über die nachteiligen Folgen von Straftaten für die Treuhandanstalt nachzudenken. Es war frühzeitig abzusehen, dass die niedrige Kontrolldichte in den Anfängen der Privatisierungstätigkeit besondere Möglichkeiten für die Begehung von Straftaten eröffnete.[572] In diesem Zusammenhang sprach *Balz*, der Direktor Recht, 1992 von der *„unvermeidliche[n] Unordnung"* und den *„Versuchungen, denen manche drinnen und viele draußen unterliegen".*[573] Diese lückenhafte Kontrolle wurde anfangs als Bedingung für die schnelle Erfüllung des Privatisierungsauftrages gesehen und war somit durchaus akzeptiert. Der zeitweilige Generalbevollmächtigte der Treuhandanstalt *Dr. von Scherpenberg* äußerte sich Jahre später:

„Und wenn sie mich fragen, ob ich mir mehr Kontrolldichte gewünscht hätte, dann muss ich sagen: ganz klar – nein! Wir hätten natürlich mit stärkeren administrativen Kontrollen die Kriminalität reduzieren können, [...] aber der Preis wäre zu hoch gewesen, denn

---

570   Entsprechend führte *Richter*, der erste Leiter der Stabsstelle, aus, dass die Bekämpfung der Wirtschaftskriminalität aus rechtlichen (und auch aus politischen sowie strukturellen) Gründen nicht Aufgabe der Treuhandanstalt gewesen sei; *Richter* in einem Schreiben vom 3.12.1991, abgedruckt in *Treuhandanstalt* Bd. 10 1994: 901.

571   *Treuhandanstalt* Bd. 10 1994: 935.

572   Zu den anfänglichen Schwierigkeiten beim Aufbau eines Kontrollsystems *BvS* 2003: 114 ff. Ein zentrales Controlling wurde beispielsweise erst im Dezember 1993 eingeführt.

573   *Treuhandanstalt* Bd. 10 1994: 933.

die Kontrolle hätte die Arbeitsgeschwindigkeit stark reduziert, und wir hätten sicher einige Fehler nicht gemacht, dafür aber durch Unterlassen sehr viel größeren Schaden in Kauf genommen."[574]

Fraglich ist jedoch, warum diese Kontrolllücken, die zunächst allem Anschein nach geduldet waren, nunmehr plötzlich den Vorstand beunruhigten. Wurden vermehrt Straftaten innerhalb der Treuhandanstalt bekannt? Aus einer Statistik der Stabsstelle für das Jahr 1991 ergibt sich immerhin, dass schon zu Beginn der Stabsstellentätigkeit im März 1991 über 40 Vorgänge anfielen.[575] Oder war eine zeitliche Zäsur im Privatisierungsgeschehen eingetreten, die erstmals die Möglichkeit eröffnete, den konkreten Ausbau der internen Kontrolle zu überdenken? Einiges spricht dafür, einen wichtigen Auslöser für die Entscheidung und damit auch für die Zielbildung der Stabsstelle in der Öffentlichkeit und ihrem Einfluss auf die Treuhandanstalt zu suchen.

7.3.2   Die Verbesserung des öffentlichen Ansehens der Treuhandanstalt

Zwar war für die Öffentlichkeit Anfang 1991 noch keine auffällig vermehrte Berichterstattung über strafrechtlich relevantes Verhalten oder eingeleitete Ermittlungsverfahren im Zusammenhang mit der Privatisierung erkennbar, dennoch wurde als Entstehungsgrund ausdrücklich auf die Bedeutung der damals zunehmend kritischen Darstellung der Treuhandanstalt und ihrer Tätigkeit in den Medien und damit in der Öffentlichkeit Bezug genommen.[576] Ein wichtiges Ziel für die Gründung der Stabsstelle war also offenbar die Verbesserung des Ansehens der Treuhandanstalt in der Öffentlichkeit.

Als ein Indiz für die negative Grundstimmung in der Öffentlichkeit bezüglich der Treuhandanstalt kann die damalige Berichterstattung angesehen werden. Hierzu wird nachfolgend eine quantitative Analyse von *Kepplinger* über mehr als 3.600 Zeitungsberichte aus dem Pressearchiv der Treuhandanstalt herangezogen.[577] Jeder ausgewertete Artikel wurde in dieser Untersuchung auf einer Ausprägungsskala von eins (eindeutig positiv) bis fünf (eindeutig negativ) eingestuft. Für den Tenor aller

---

574 Aus einem zweiteiligen Fernsehbericht (Koproduktion mdr und arte) „Schlussverkauf DDR – Die Geschichte der Treuhandanstalt 1990–1994" von *Michael Jürgs* und *Axel Grote*; Zitat nachgedruckt in *Jankowiak* 2000: 14.

575 Statistik abgedruckt in *Treuhandanstalt* Bd. 10 1994: 911.

576 Laut Aussage des dritten Stabsstellenleiters ist die kritische Begleitung der Arbeit der Treuhandanstalt durch die Medien ein Auslöser zur Gründung der Stabsstelle gewesen, *Erbe* 1999: 26; *Erbe* 2003: 368; ähnlich auch *Balz*, Leiter des Direktorates Recht, im Vorwort zum Zwischenbericht 1992 zur Stabsstelle, abgedruckt in *Treuhandanstalt* Bd. 10 1994: 933.

577 Ausführlich zu dieser quantitativen Untersuchung *Kepplinger* 1993: 363 f.

untersuchten Artikel ergab sich ein Gesamtmittelwert von 3,3.[578] Dieses Ergebnis lässt einen Schluss auf eine leicht negativ gefärbte Berichterstattung über die Treuhandanstalt und ihre Tätigkeit während des Untersuchungszeitraumes zu.[579] Die Wahrnehmung der Entscheidungsträger der Treuhandanstalt musste jedoch nicht unbedingt diesem durchschnittlichen Resultat entsprechen, da grundsätzlich bei jedem Rezipienten eine Selektion stattfindet, indem in gewissen Zeiträumen nur Artikel bestimmter Zeitungen oder Zeitschriften zu ausgewählten Themen gelesen werden. Außerdem ist die Wahrnehmung einer Bewertung in einem Artikel immer von der subjektiven Rezeption des Einzelnen abhängig. Auf der Vorstandsebene der Treuhandanstalt kann allerdings von einer umfassenden Auswertung der Presse und sonstiger Medien ausgegangen werden, da die Treuhandanstalt über eine eigene Abteilung Kommunikation/Medien verfügte, deren Aufgabe neben der Öffentlichkeitsarbeit in der Analyse der Berichte in den Medien bestand.[580] Der Tenor der untersuchten Zeitungsartikel dient somit zumindest als ein Hinweis auf die Wahrnehmung von eher negativ geprägter Berichterstattung, auch wenn weitere Medien wie der Rundfunk und das Fernsehen außer Betracht blieben.

Unterstützt wird diese Annahme durch den Start einer umfassenden und kostspieligen (Gesamtbudget circa 9 Millionen DM) Werbekampagne der Treuhandanstalt im Jahr 1992, deren Ziel es war, das Image der Anstalt aufzubessern, deren Funktionsweise den Bürgern, insbesondere in Ostdeutschland, näherzubringen und für die verbliebenen Privatisierungsgegenstände unternehmerische Initiativen zu

---

578 *Kepplinger* 1993: 365.

579 Zeitlich sind in die Untersuchung von *Kepplinger* Artikel vom 1.10.1990 bis zum 30.9.1992 eingeflossen, dies ist genau der Zeitraum, in den die Gründung der Stabsstelle fiel. Jedoch gibt es keine weiteren zeitlichen Differenzierungen, es können anhand der Untersuchung nur Aussagen für den ganzen Zeitraum getroffen werden, auch wenn sich die Wahrnehmung des Einzelnen innerhalb dieser Zeit je nach Auswahl der Artikel verändern oder unterscheiden könnte und es hier vor allem auf den Zeitraum vor der Gründung ankommt. Auch bezüglich der Hauptthemen der Berichterstattung und zwischen den gewählten Printmedien ergaben sich Unterschiede, die sich je nach Interessenschwerpunkt und Vorliebe auf die Wahrnehmung auswirken konnten. So fielen besonders negativ Berichte zu den Themen „Verkaufpolitik der THA – Reprivatisierung" (3,6), „Ziele für die THA", „Verkauf von Sondervermögen", „Kommunalisierung" und „Ostdeutsche Wirtschaft allgemein" (alle 3,4) auf, stattdessen schnitten Berichte zur „Auftragsvergabe an THA-Unternehmen" (2,8), „Verkaufspolitik der THA – Privatisierung" und „Grundsatzdiskussion um die Privatisierung" (beide 2,9) besser ab. Des Weiteren unterschieden sich die Bild (4,2), Neues Deutschland (4,0), der Spiegel und die Tageszeitung (beide 3,7) aufgrund besonders negativer Berichterstattung vom Capital (2,8), der Börsenzeitung, der Frankfurter Allgemeinen Zeitung und der Welt (alle 2,9), die leicht positiv berichteten. Zu den Differenzierungen innerhalb des Gesamtportfolios genauer *Kepplinger* 1993: 365 f.

580 *BvS* 2003: 443.

wecken.[581] Zudem finden sich in Veröffentlichungen zur Tätigkeit der Treuhandanstalt Hinweise, dass der öffentliche Ruf der Treuhandanstalt in dieser Zeit bereits beschädigt war und weitere sich negativ auswirkende Meldungen zu erwarten waren.[582] Des Weiteren berichteten uns in den Interviews Treuhandmitarbeiter aus verschiedenen Bereichen von der schlechten Positionierung der Treuhandanstalt in der Öffentlichkeit:

> *„Aber die Öffentlichkeit und ihre Äußerungen waren in der Zeit extrem kritisch. Die Treuhand war, wie ich mal so vereinfacht sagte, Prügelknabe der Nation, da hatte die Politik einen geschickten Schachzug meines Erachtens gemacht, sich selbst etwas zurückzuhalten und zu sagen: ,Das war die böse Treuhand‘‘‘ (4–3-1 3216/3220; vgl. auch 3–1-3 711/724).*

Es kann daher angenommen werden, dass die Treuhandanstalt in der Öffentlichkeit kein hohes Ansehen genoss und dieses Problem dem Vorstand bekannt war. Damit sich hieraus aber die Notwendigkeit einer gegenläufigen Strategie ergibt, bedürfen die Folgen eines solchen negativen Bildes in der Öffentlichkeit einer näheren Betrachtung.

Zum einen drohte durch den schlechten Ruf ein Vertrauensverlust der Bevölkerung in die Fähigkeiten der Treuhandanstalt, der Erfüllung ihrer Aufgaben nachzukommen. Im schlimmsten Fall würden dadurch Investoren abgehalten und somit eine Privatisierung verhindert.[583] Dies bedeutete unter Umständen eine Gefährdung der gesetzlichen Funktion und der Erfüllung der Organisationsziele der Treuhandanstalt. Ein Mitarbeiter des Direktorates Recht mit Leitungsfunktion wies uns in einem Interview explizit auf diese negative Folge hin:

> *„Sprich, es muss auch noch möglich sein, das Geschäft zu machen. Es darf nicht so sein, dass die Anstalt so ins Gerede kommt, dass die gar nicht mehr agieren kann. […] Denn wenn ich meinen Ruf beschädigen lasse, dann nimmt keiner mehr einen Bissen Brot von mir‘‘ (11–1-3 899/904).*

---

581 Kritisch dazu die Artikel „Anzeigen sind keine Lösung“ im Horizont vom 16.4.1992 und „Raus aus dem Image-Loch“ in der Tageszeitung vom 6.6.1992; nachgedruckt in *Treuhandanstalt* Bd. 11 1994: 1026 f.; 1028 ff. (Abbildungen der Anzeigen); vgl. auch Artikel „Kommunikativer Kraftakt für zwei verwandte Welten“ in werben & kaufen, Nr. 10 vom 12.3.1993, nachgedruckt in *Treuhandanstalt* Bd. 11 1994: 1067.

582 *Jürgs* 1997: 240. Bis zur Bundestagswahl am 2. Dezember 1990 wurden offenbar im Hinblick auf die negative Publizität große Stilllegungen vermieden (Ausnahme die am 2.10.1990 beschlossene stille Liquidation des Spiegelreflexkameras herstellenden VEBs Pentacon), nach dieser politischen Verzögerung waren weitere symbolträchtige Stilllegungen zu erwarten (es folgten etwa Trabant, Wartburg, Interflug); *Jürgs* 1997: 260 ff.; *Seibel* 1993: 131. Vgl. des Weiteren Interview mit dem Vorstandsvorsitzenden *Rohwedder* „Vor den Ostdeutschen liegt ein Jahr bitterer Wahrheiten“ in „die Wirtschaft“ vom 21.2.1991; nachgedruckt in *Treuhandanstalt* Bd. 1 1994: A 65.

583 Ähnlich *Balz* im Vorwort zum Zwischenbericht 1992, abgedruckt in *Treuhandanstalt* Bd. 10 1994: 933.

Zum anderen konnte die negative Berichterstattung Auswirkungen auf die Tätigkeit der Mitarbeiter der Treuhandanstalt haben, wie sich beispielsweise aus der Aussage eines Privatisierers entnehmen lässt:

> *„Wir werden in der Öffentlichkeit zerrissen. Wir sind hier mehr oder weniger freiwillige Mitarbeiter. Aber wer deckt uns ab? Welche Risiken, die wir hier eingehen im täglichen Business!"* (4-3-1 2468/2470).

Jedoch gingen die Mitarbeiter wahrscheinlich unterschiedlich mit dieser Situation um. So erläuterte ein Mitarbeiter des Direktorates Recht mit Leitungsfunktion, dass teilweise auch Gleichgültigkeit gegenüber der öffentlichen Meinung herrschte:

> *„Es hat auch 'ne gewisse Abstumpfung verursacht. Nach dem Motto, wir haben halt den Ruf weg. [...] Es hat überhaupt keine Chance gegeben, dagegen anzukämpfen. Und Frau Breuel hat immer gesagt, aber auch schon Herr Rohwedder, ‚das perlt ab wie das Wasser auf den Federn der Enten'"* (11–1-1(2) 3351/3355).

Insgesamt hatte der Vorstand der Treuhandanstalt also wegen verschiedenartiger, hier nur angedeuteter negativer Folgen eines schlechten öffentlichen Rufes auf den Privatisierungsauftrag ein starkes Interesse an dessen Verbesserung. Berichte über strafbares Verhalten und Strafverfahren genießen zudem insgesamt in der Öffentlichkeit eine erhöhte Aufmerksamkeit,[584] gleichzeitig werden aber die teilweise komplexen Inhalte nicht immer vollständig von den Medien dargestellt oder vom Leser erfasst.[585] So kann es, insbesondere bei einer rechtswidrigen Abwägung des allgemeinen Persönlichkeitsinteresses des Beschuldigten mit dem Informationsinteresse der Öffentlichkeit und der freien Berichterstattung der Medien[586] in der

---

584 Auch *Erbe* deutete diese Skandalisierungsfähigkeit von Kriminalität in den Medien in seinem Aufsatz über die Stabsstelle an. Berichte über rechtmäßiges Verhalten seien hingegen uninteressant; *Erbe* 1999: 30 Fn. 12.

585 Kriminalitätsberichterstattung erfolge überwiegend nach der Gestaltungstrias *Sensationalismus, Vereinfachung und Selektion*; *Löhr* 2009: 585. Eine sehr differenzierte Betrachtung einer Kriminalitätsberichterstattung (auch unter Einbeziehung der kurzen, regelmäßig erscheinenden Meldungen über leichtere und mittlere Kriminalität), die neben der Skandalisierbarkeit, einer damit verbundenen übertriebenen Kriminalitätswahrnehmung und einer folgenden verstärkten Repression auch Unterhaltungswert hat und die bestehende Ordnung symbolisiert und bestätigt, findet sich bei *Brüchert* 2005: 105 ff.

586 Bis zu einer gerichtlichen Verurteilung darf nur bei einem gesteigerten Bedürfnis der Allgemeinheit an der Identität des Beschuldigten sein Name oder Bild veröffentlicht werden. Ein solcher Bericht muss sich streng an die Unschuldsvermutung halten; so schon *Bornkamm* 1983: 107 f. Die vorhandenen gesetzlichen Regeln gewähren einen ausreichenden Schutz, dies war das Ergebnis einer in den achtziger Jahren des letzten Jahrhunderts geführten Debatte (vgl. etwa *Hassemer* 1985: 1929; BT-Drucksache 10/4608: 33) in Folge der „Parteispenden-Affäre" über die Einführung einer dem englischen „contempt of court act" nachempfundenen strafrechtlichen Regelung in das deutsche Straf-

Öffentlichkeit zu Vorverurteilungen kommen, ohne dass die Schuld des Belasteten erwiesen ist, während eine mögliche Bestätigung seiner Unschuld meist kaum mediale Beachtung erfährt. Oft sind in diesem Stadium bereits irreversible Schäden bei den Betroffenen und auch den Unternehmen entstanden.

Einer solchen negativen Unternehmenspublizität wird in der kriminologischen Literatur deshalb eine kontrollierende Funktion im Hinblick auf Wirtschaftskriminalität zugeschrieben.[587] Diese besondere Bedeutung des Strafrechts im Zusammenhang mit der ohnehin zunehmend kritischen Darstellung der Treuhandanstalt in den Medien spricht dafür, dass der Treuhandvorstand zum damaligen Zeitpunkt dringend ein Konzept benötigte, das genau an diesem sensiblen und kritischen Punkt einer negativen Publizität ansetzte und das versprach, *öffentlichkeitswirksam* zu sein. Die Stabsstelle wurde als ein solches Konzept angesehen und die Verbesserung des öffentlichen Rufes wurde als eines ihrer wichtigen Ziele formuliert.

7.3.3 Der Ausgleich der Ressourcenknappheit im Strafverfolgungssystem

Die im Aufbau befindliche Justiz in den neuen Bundesländern und die überlasteten Staatsanwaltschaften, die möglicherweise der Aufgabe einer effektiven Strafverfolgung nicht gewachsen waren, werden außerdem als Grund für die Entstehung der Stabsstelle genannt.[588] Diese Formulierung lässt auf das weitere Ziel eines Ausgleichs der Ressourcenknappheit im Strafverfolgungssystem durch das Konzept einer Stabsstelle schließen.

Zunächst kann festgestellt werden, dass die Strafverfolgungsbehörden zur Zeit des sozialen Umbruchs unbestritten unter einem personellen Engpass litten und dass dies auch in der Treuhandanstalt (und in der Öffentlichkeit) bekannt war.[589] Damit dies jedoch als Grund für die Entstehung einer Stabsstelle dienen konnte, musste die Treuhandanstalt ein eigennütziges Interesse an einer funktionstüchtigen oder sogar effektiven Strafverfolgung haben. Die Feststellung eines Mangels im Strafverfolgungssystem reicht hierfür alleine nicht aus. Denn die Ausstattung und

---

recht; *Widmaier* 2004: 401 f. Der contempt-act führte in England 1981 drastische Strafen zum Schutz des gerichtlichen Verfahrens vor Störungen und Beeinflussungen ein, die in der Regel den Herausgeber des Publikationsorgans treffen (Rechtfertigungsgrund des guten Glaubens bei zufälligem Zusammenhang von Störung oder Beeinflussung und veröffentlichtem Beitrag); BT-Drucksache 10/4608: 39.

587 *Braithwaite* 1985: 8 f.; *Boers* 2001: 343.

588 *Erbe* 1999: 26; *Erbe* 2003: 368; so auch *Noa* (zweiter Stabsstellenleiter) in einem von ihm erstellten Dokument zu den Aufgaben und zum Auftrag der Stabsstelle, nachgedruckt in *Treuhandanstalt* Bd. 10 1994: 1003.

589 Vgl. Schreiben des ersten Stabsstellenleiters an die Präsidentin (zur Kenntnisnahme des Direktors Recht und des Generalbevollmächtigten), in dem ausdrücklich die unverzügliche personell und sachlich adäquate Ausstattung der Strafverfolgungsbehörden gefordert wird, nachgedruckt in *Treuhandanstalt* Bd. 10 1994: 900 ff.

Funktionsfähigkeit dieses Systems ist Aufgabe des Staates und nicht der Treuhandanstalt.

Wenn aber in der Öffentlichkeit gehäuft über die unzureichende personelle und sachliche Ausstattung sowie die eingeschränkten Ermittlungsmöglichkeiten der Strafverfolgungsbehörden in den neuen Bundesländern berichtet wurde, so hatte dies wahrscheinlich negative Auswirkungen auf das Vertrauen der Bevölkerung in dieses Strafverfolgungssystem. Eine solche ebenfalls verstärkt zu befürchtende Berichterstattung über Mängel in der Strafverfolgung könnte in Verbindung mit dem bereits ohnehin schlechten Ansehen der Treuhandanstalt den Eindruck bestärken, dass diese einer sehr geringen staatlichen Kontrolle unterlag und dass durch diese Freiräume Gelegenheiten zur Begehung von Straftaten gefördert würden. Diese Vorstellung könnte sich wiederum bekräftigend auf das negative Image auswirken. Um einem solchen Bild und der damit verbundenen mittelbaren Gefährdung des gesetzlichen Auftrages vorzubeugen, könnte ein Ausgleich der Ressourcenknappheit vom Vorstand der Treuhandanstalt als ein zweckmäßiges Ziel zur Verfolgung der Oberziele der Treuhandanstalt beurteilt worden sein. Dieses Ziel wurde aber offensichtlich nicht um seiner selbst willen verfolgt, sondern unter dem Gesichtspunkt der Verbesserung des *öffentlichen Ansehens* der Treuhandanstalt und letztlich somit zur Sicherung der gesetzlichen Funktion der Treuhandanstalt und zur Bewältigung der Privatisierungsaufgabe unter der Bedingung einer Gewinnmaximierung. Dieses formulierte Ziel eines Ausgleichs der Ressourcenknappheit hatte deshalb wahrscheinlich nur wenig eigenständige Bedeutung. Es diente vielmehr dazu, sich öffentlich gegenüber dem Vorwurf einer unzureichenden Strafverfolgung zu exkulpieren, denn die Treuhandanstalt ging durch die freiwillige Errichtung einer informellen Institution zur Unterstützung des Strafverfolgungssystems bereits weit über das hinaus, was sie für eine strafrechtliche Aufklärung leisten musste.

Für die Stabsstelle wurden damit bei ihrer Gründung Ziele formuliert, die letztlich der Erfüllung der Privatisierungsaufgabe (immer unter der Bedingung einer Erlös maximierenden Verwertung) dienen sollten. Entscheidende Bedeutung hatte hierbei eine Verbesserung des öffentlichen Rufes der Treuhandanstalt. Hiermit unmittelbar im Zusammenhang zu sehen, wurde auch ein Ausgleich der Ressourcenknappheit im Strafverfolgungssystem durch die Stabsstelle und damit durch die Treuhandanstalt propagiert. Erreicht werden sollten diese Ziele mit der Stabsstelle durch eine Bündelung und Durchführung von informeller Kontrolle innerhalb der Treuhandanstalt, diese Aufgabe wurde damit gleichzeitig auch zum offenkundigsten, ausdrücklich formulierten Ziel der Stabsstelle.

7.4   Die Arbeitsabläufe in der Stabsstelle – der Staatsanwalt im eigenen Haus?

Mangels einer durch den Vorstand vorgegebenen Verfahrensordnung oder Erfahrungsberichten vergleichbarer Einrichtungen war bezüglich der Strukturierung der

Arbeitsabläufe in der Vorgangserledigung die Kreativität der Stabsstellenleiter gefragt. Fest stand lediglich, dass die Stabsstelle, da sie keine „Außenstelle der Staatsanwaltschaft" darstellen konnte,[590] über keinerlei Exekutivbefugnisse zur Durchführung von Zwangsmaßnahmen verfügte.[591] Wenn in den Interviews dennoch gelegentlich beispielsweise von „Vernehmungen" durch Stabsstellenmitarbeiter die Rede war, so wurde dieser Begriff nicht rechtstechnisch, sondern im übertragenen Sinne benutzt (so auch *3–1-1 1401/1403*). Die Verwendung solcher Begriffe weist allerdings darauf hin, dass durchaus Parallelen in der Arbeitsweise von staatlichen Strafverfolgungsbehörden im Ermittlungsverfahren und der Stabsstelle bei ihren Untersuchungen existierten. Diese Affinität erscheint einerseits nahe liegend, da das Personal, insbesondere die Stabsstellenleiter, fast ausschließlich zuvor im Strafverfolgungssystem tätig waren (hierzu sogleich). Dass diese Affinität andererseits nicht ungewollt war, zeigt folgende Aussage eines Stabsstellenleiters:

> *„Also wir haben eigentlich versucht, so die staatsanwaltschaftliche Tätigkeit ein bisschen zu imitieren. Wir haben quasi einen Ermittlungsansatz gehabt und [...] wir haben dann einen polizeilichen Mitarbeiter zum Sachbearbeiter gemacht, der dann in dieser Sache die notwendigen Ermittlungen getätigt hat. [...] Urkunden eingeholt – was auch immer. Und letztlich führte das dann zu einer Auswertung, die entweder zu einer Einstellung des Verfahrens geführt hat oder eben zu [...] einer Strafanzeige, wobei wir auch [den] Anspruch hatten, die Strafanzeige so zu gestalten, dass sie ja wie eine Anklage [...] mit den Beweismitteln, mit einem schlüssigen Vortrag [den] tatsächlichen Tatbestand abdeckte und wir haben dabei also bereits in dieser Phase mit den Staatsanwaltschaften und den Polizeidienststellen auch sehr zusammengearbeitet, und [...] auch danach noch"* (3–1-3 463/472).

Das Strafverfolgungssystem hatte offenbar eine Art Modellcharakter für die Tätigkeit der Stabsstelle. In den einzelnen Fällen wurde im Prinzip ähnlich vorgegangen wie in einem staatlichen Ermittlungsverfahren – allerdings immer mit dem wesentlichen Unterschied, dass die Stabsstelle keine hoheitlichen Befugnisse hatte.

Anstelle einer förmlichen Strafanzeige ging bei der Stabsstelle meist ein so genannter „Hinweis" ein. Es wurden dann im Rahmen der Möglichkeiten „Nachforschungen" angestellt und eben nicht Ermittlungen mit Zwangsmaßnahmen durchgeführt. Zum Schluss wurde nicht Anklage erhoben oder das Verfahren eingestellt, sondern eine „Erledigungsentscheidung" getroffen (Überleitung des Vorgangs ins Strafverfolgungssystem oder interne Erledigung). Wie diese Schritte im Einzelnen aussahen, lässt sich anhand der geführten Interviews und Veröffentlichungen relativ gut rekonstruieren.

---

590 *Treuhandanstalt* Bd. 10 1994: 934, 1002.
591 *Erbe* 2003: 374.

7.4.1   Die externen und internen Hinweise

Zu Beginn erhielt die Stabsstelle einen internen oder externen Hinweis auf ein möglicherweise strafrechtlich relevantes Verhalten.[592] Die internen Hinweise konnten dabei aus allen (Unternehmens-)Bereichen der Treuhandanstalt bzw. ihrer Niederlassungen stammen, insbesondere genannt wurden die interne Revision, die Bereiche Personal und Finanzen, die kaufmännischen Direktorate, das Direktorat Recht und das Vertragsmanagement *(11-1-1(2) 2022/2025; 3-1-5 652/669).*[593] Als externe Hinweisgeber wurden vor allem das Bundesfinanzministerium, die Strafverfolgungsbehörden und der gesamte parlamentarische Bereich gesehen.[594] Bei den Hinweisen aus dem Strafverfolgungssystem handelte es sich vereinzelt um solche Fälle, die bereits einer Niederlassung bekannt waren, die aber von dort aus nicht an die Stabsstelle weitergegeben wurden, sondern erst über die Strafverfolgungsbehörden an die Stabsstelle gelangten:

> *„Also es hat natürlich Fälle gegeben, [...] dass die uns gar nicht eingeschaltet haben. Zum Beispiel Geschäftsstellen später, die [...] eigene Rechtsabteilungen haben, die dann einfach Strafanzeigen rausgeschickt haben, uns gar nicht informiert haben und wir bekamen dann ein offizielles Schreiben eines Gerichtes: ‚Ja, uns liegt die Strafanzeige vor, können Sie noch den und den Zeugen benennen?‘ Das war bei uns überhaupt nicht aktenkundig. Solche Fälle hat's auch gegeben"* (3-1-2 506/513).

In Statistiken finden sich außerdem als externe Hinweisgeber die Belegschaften der privatisierten Unternehmen, Bürger, Vertrauensbevollmächtigte, das Bürgertelefon, der Bereich Außenhandelsbetriebe sowie eine unabhängige Kommission.[595] Des Weiteren werden Medienberichte immer wieder als Auslöser für Vorgänge angeführt, soweit das entsprechende, möglicherweise strafbare Verhalten nicht ohnehin schon Gegenstand eines Vorgangs war.[596] Zur eigenständigen Hinweisbeschaffung aus den Medien war die Stabsstelle in den internen Pressespiegelverteiler der Treuhandanstalt eingebunden, wie ein Stabsstellenleiter erklärte:

> *„Das macht sehr viel Sinn, dass wir in diesem normalen Pressespiegelverteiler der Treuhandanstalt eingebunden werden, um dann zu sehen: Was beschäftigt die? Und da waren vielleicht 75 % Schrott. Sachen, die letztendlich zu nichts geführt haben. Aber die 25 %, die nicht Schrott waren, waren dann die Grundlage dafür, dass die Stabsstelle [...] entsprechend vorbereitet war"* (3-1-5(2) 479/489).

---

592 *Erbe* 2003: 372; *Erbe* 1999: 27.

593 *Erbe* 2003: 372; *Erbe* 1999: 27; *Treuhandanstalt* Bd. 10 1994: 927, 1004. *Noa* nennt in dem von ihm verfassten Dokument zum Auftrag der Stabsstelle als interne Hinweisgeber auch externe Berater wie Wirtschaftsprüfungsgesellschaften. Vielleicht ordnet er diese so ein, da die Hinweise nicht direkt an die Stabsstelle weitergegeben wurden, sondern zunächst im Rahmen der Beratungstätigkeit an den Auftraggeber berichtet wurde.

594 *Erbe* 2003: 372; *Erbe* 1999: 27; *Treuhandanstalt* Bd. 10 1994: 1004.

595 *Treuhandanstalt* Bd. 10 1994: 927.

596 *Erbe* 2003: 373; *Erbe* 1999: 27; *Treuhandanstalt* Bd. 10 1994: 927, 1004.

Diese Hinweise hatten zum einen für die Tätigkeit der Stabsstelle die zentrale Bedeutung, die weiteren Arbeitsabläufe in der Stabsstelle in Gang zu setzen und die Vorgangserledigung einzuleiten. Zum anderen kann die Verteilung der Hinweise aus den verschiedenen Bereichen als ein Indiz dafür dienen, inwieweit die Tätigkeit der Stabsstelle akzeptiert wurde (hierzu unter 7.6). Durch eine weitgehende Unabhängigkeit der Stabsstelle in ihren Entscheidungen sollte ein besonderer Schutz der Vertraulichkeit für die Mitarbeiter bei Erteilung von Hinweisen gewährt werden (hierzu unter 7.7). Diese Unabhängigkeit war deshalb auch wesentlich für eine interne Akzeptanz der Stabsstelle. Die Mitarbeiter hätten ansonsten beispielsweise negative arbeitsrechtliche Folgen für sich fürchten können und wären so von Hinweisen abgehalten worden. Der Wechsel in der Stabsstellenleitung vom ehemaligen Staatsanwalt (*Noa*) zum Rechtsanwalt (*Erbe*) gewährte diesbezüglich wegen des anwaltlichen Schweigerechtes aus § 53 Absatz 1 Nr. 3 StPO zusätzliche Schutzmöglichkeiten. Neben diesem Schutz der Vertraulichkeit, der grundsätzlich jedem Hinweisgeber gewährt wurde,[597] hatten auch anonyme Hinweise eine gewisse Bedeutung in der Tätigkeit der Stabsstelle. Ein Stabsstellenleiter schilderte, diese habe es vor allem im Zusammenhang mit der Regierungs- und sonstigen Vereinigungskriminalität gegeben:

> *„Die [...] vertraulichen oder anonymen Hinweise [... gingen] mehr so in Richtung Sondervermögen. Also das Vermögen der Parteien und Massenorganisationen der DDR. Und da haben sich häufig die Leute nicht so gerne geoutet, was ihre Identität anbetrifft"* (3–1–5 671/675).

Anonyme Hinweise werden nach verbreiteter Ansicht überwiegend mit der Intention gegeben, nicht selbst mit einem Vorgang in Zusammenhang gebracht zu werden, um möglichen Nachteilen und Repressalien zu entgehen.[598] Als für interne Kontrolleinrichtungen anscheinend wichtigster Weg, um strafrechtlich relevante Informationen zu erhalten, werden sie grundsätzlich akzeptiert und entsprechend berücksichtigt. Die Akzeptanz anonymer Hinweise erleichtert es allerdings, jemanden zu Unrecht – ohne negative Folgen für den Hinweisgeber selbst – zu beschuldigen.[599]

---

597 *Erbe* 2003: 372; *Erbe* 1999: 27; *Treuhandanstalt* Bd. 10 1994: 937;

598 Allgemein wird die Bedeutung der Installation eines anonymen oder zumindest vertraulichen Hinweisgebersystems zur Aufhellung des Dunkelfeldes von Wirtschaftskriminalität als Kontrollkriminalität aus diesen Gründen als hoch eingeschätzt; vgl. zuletzt *PricewaterhouseCoopers* 2007: 33. Kritisch und überzeugend hierzu *Backes, Lindemann* 2006: 106. So fand sich in den dort ausgewerteten Fällen, die sich aus anonymen Hinweisen ergaben, kein einziger (!), in dem es Anhaltspunkte dafür gab, dass der anonyme Anzeigenerstatter solche Repressalien fürchten musste.

599 Zu solchen offensichtlichen Verleumdungen, die sich auch in dem vom LKA Niedersachsen eingeführten anonymen Hinweissystem fanden, vgl. z. B. Fall 133 in *Backes, Lindemann* 2006: 21 f.; 102 f. Wird ein solches anonymes Anzeigenerstattungssystem von der Polizei als Teil der formellen Sozialkontrolle eingesetzt, so führt dies zu einer rechtsstaatlich schwer hinnehmbaren, „systematisch intendierte[n] faktische[n] Nichtanwendung" des § 164 StGB; *Backes, Lindemann* 2006: 102 f.; 106.

Gerade bei anonymen Hinweisen lässt sich eben nicht umfassend überprüfen, aus welcher Motivation heraus jemand einen Hinweis gibt[600] und wie glaubwürdig er ist,[601] weshalb sie grundsätzlich mit einer gewissen Zurückhaltung und Distanz zu behandeln sind.[602] In der Stabsstelle spielten sie aber allenfalls eine untergeordnete Rolle. Zumindest wurde diese Art von Hinweisen in den Interviews trotz ausdrücklicher Fragen zu diesem Bereich fast nie erwähnt. Die Motivation des Hinweisgebers und seine Glaubwürdigkeit wurden hingegen bei der Begründung eines Verdachtes aus einem Hinweis durchaus beachtet,[603] wie sich auch aus dieser typologisierenden Beschreibung eines Hinweisgebers durch einen Stabsstellenleiter ergibt:

> *„Das [...] war der missgünstige Mitarbeiter, das war der in einem Loyalitätskonflikt befind-liche Mitarbeiter, der gesagt hat: ‚Da ist was schief gegangen, aber nicht bei mir, sondern bei meinem Kollegen, aber mein Vertrag wird nicht verlängert, aber dessen Vertrag wird verlängert‘“ (3–1-5 654/657).*

Ein besonderes Ungerechtigkeitsempfinden bei einer bestimmten Entscheidung oder eigennützige Interessen des Hinweisgebers sprachen eher dafür, einen Hinweis mit Vorsicht und Zurückhaltung zu behandeln.

7.4.2   Die Prüfung der Zuständigkeit

Gelangte ein solcher Hinweis mündlich oder schriftlich in die Stabsstelle, war diese nur zuständig, wenn sich Anhaltspunkte für ein möglicherweise strafbares Verhalten ergaben. In einigen Fällen war diese Zuständigkeitsfrage zunächst ungeklärt. Es gab keine schriftliche Richtlinie für eine Abgrenzung der Zuständigkeit der Stabsstelle von anderen Bereichen der Treuhandanstalt, wie beispielsweise der Revision. Offenbar kam es in diesen Vorgängen zu einer unmittelbaren Abstimmung mit der Revision, wie ein Stabsstellenleiter berichtete:

> *„Es gab Einzelfälle, wo der Anlass für eine Prüfung dieses Einzelvorganges nicht auf Anhieb darauf hindeutete, dass hier möglicherweise strafrechtlich relevantes Verhalten eine Rolle spielte. Dann ist regelmäßig die interne Revision betraut worden. Das war der erste Block und nicht die Stabsstelle. Gab es Einzelfälle, wo denen das kriminelle Verhalten praktisch*

---

600 In der Untersuchung von *Backes, Lindemann* fanden sich zudem als Motive oder Zwecke einer anonymen Anzeige vor allem Unzufriedenheit mit einer Verwaltungsentscheidung, Rache und Missgunst; *Backes, Lindemann* 2006: 100 f.

601 *Backes, Lindemann* 2006: 48. Aufgrund des Fehlens eines persönlichen Eindrucks könne die Glaubwürdigkeit des Hinweisgebers natürlich nur unzureichend überprüft werden.

602 Von Strafverfolgungsbehörden wird deshalb allgemein eine besonders sorgfältige und behutsame Überprüfung der den Anfangsverdacht begründenden Tatsachen gefordert; *Backes, Lindemann* 2006: 7; 83. In Nr. 8 RiStBV zur Behandlung namenloser Anzeigen findet dies jedoch schon seit 1977 nur noch bedingt Ausdruck.

603 *Erbe* 2003: 373; *Treuhandanstalt* Bd. 10 1994: 937.

> *auf die Stirn geschrieben war, ist die Stabsstelle betraut worden und nicht die Revision. Und bei solchen Mischlagen [… w]ar es dann also der Abstimmung untereinander vorbehalten, wer macht was. Ja? Also wer arbeitet wem zu oder wer informiert. Damit man weiß, ist das nur ein Revisionsfall, oder ist das auch ein Stabsstellenfall? Und im Einzelfall war das auch so, […] wenn wir nicht mehr konnten, weil wir zu voll waren, […] dann sagten [wir]: ‚Dann hätten wir aber ganz gerne eine vernünftige Überprüfung.‘ Dann ist dann im Einzelfall die Revision damit betraut worden. Das war also kein Gegeneinander, sondern ein Miteinander"* (3–1–5 1953/1991).

In diesen Grenzfällen (insbesondere wenn gleichzeitig personelle Engpässe bei der Stabsstelle herrschten) wurde zunächst in der Regel die Revision mit dem Vorgang befasst, die ihn dann gegebenenfalls an die Stabsstelle weiterleiten konnte, wenn sich doch die Hinweise auf strafrechtswidriges Verhalten verdichteten. In Einzelfällen hat man auch von Beginn an zusammengearbeitet:

> *„[… W]ir hatten einen ganzen Fallkomplex, da ging's darum, dass irgendein Niederlassungsleiter irgendwas angestellt haben sollte. […] Und dann sind wir zu zweit dahin marschiert. […] Der eine aus revisorischer Sicht, wir aus strafrechtlicher Sicht"* (3–1–5 2229/2237).

An der fehlenden Abgrenzung der Zuständigkeiten wird deutlich, dass die Voraussetzungen für die Vorgangserledigung durch die Stabsstelle nicht immer eindeutig geregelt waren. Grundsätzlich sollte diese *„allen Hinweisen nachgehen"*.[604] Anders als die Strafverfolgungsbehörden war sie aber eben nicht darauf angewiesen, dass Tatsachen vorlagen, die einen Anfangsverdacht gem. § 152 Absatz 2 StPO begründeten.[605] Es wurde in diesem Zusammenhang auch immer wieder hervorgehoben, dass die Stabsstelle schon im Vorfeld einer konkreten Schadensverursachung tätig werden konnte.[606] Dies deutet auf eine weitergehende, präventive Funktion der Stabsstelle hin. Des Weiteren konnte die Stabsstelle aber auch sogar bloßen Vermutungen ohne tatsächliche Anhaltspunkte nachgehen, da ihre Tätigkeit im Gegensatz zu den Strafverfolgungsbehörden nicht an die Bejahung eines konkreten Anfangsverdachtes gebunden war. Diese Art der Vorverlagerung der Tätigkeit der Stabsstelle in den Bereich der Mutmaßung beschrieb ein Stabsstellenleiter in einem Interview für einen Fall:

> *„[… O]der die Gewerkschaft aus diesem Betrieb heraus, hat beim Vorstand oben um ein Gespräch nachgesucht und hat gesagt: ‚Wir sind hier falsch behandelt worden. So. Sollen wir an die Presse gehen? Oder sollen wir sonst was machen?‘ Wenn die zu diesem Zeitpunkt eine Strafanzeige erstattet hätten, wäre gar nichts passiert. Die Staatsanwaltschaft hätte es zur Kenntnis genommen und abgelegt, weil nämlich allein die eben geschilderten Tatsachen nicht […]reichen, um ein Ermittlungsverfahren in Gang zu setzen. […] Und genau also*

---

604 *Erbe* 2003: 369; *Erbe* 1999: 27.
605 *Erbe* 2003: 370; *Erbe* 1999: 27.
606 *Erbe* 2003: 370; *Erbe* 1999: 27.

in einem bereits dem strafrechtlichen Ermittlungsverfahren vorgelagerten Feld konnte die Stabsstelle tätig werden" (3–1-5 535/552).

Die Stabsstelle konnte in solchen Fällen durchaus bereits weitere Informationen sammeln, aus denen sich schließlich vielleicht ein Anfangsverdacht ergab. Insoweit übernahm die Stabsstelle Vorarbeiten für die Strafverfolgungsbehörden, die diese nur in sehr eingeschränktem Maße (immer orientiert am Verhältnismäßigkeitsgrundsatz) vornehmen dürften. In diesem Zusammenhang wird hervorgehoben, eine solche Stelle helfe, dass Dunkelfeld aufzuhellen.[607] Dies stimmt natürlich nur insoweit, als dass die aufgrund von Vermutungen gewonnenen Hinweise auch tatsächlich auf kriminalisierbares Verhalten schließen lassen. Im Hinblick auf die Untersuchungsergebnisse von *Backes* und *Lindemann* ergeben sich jedoch an der Werthaltigkeit solcher Hinweise vorsichtige Zweifel.[608] Wie dies bei der Stabsstelle zu beurteilen ist, darauf wird bei der Analyse ihrer quantitativen Ergebnisse zurückzukommen sein (hierzu 7.6).

7.4.3   Die weitere Vorgangserfassung und -bearbeitung

Aufgrund der Hinweise wurden jeweils einzelne Vorgänge (Akten) angelegt und in einer Vorgangsdatei erfasst. Diese Akten mussten anschließend einem Sachbearbeiter zugeteilt werden:

> *„Die Dinger [wurden] zugeteilt und zwar nach [… dem] Belastungsgrad des Einzelnen […]. [Und nach der] Fallkomplexität […], dass [… man] sagte: ‚Das ist ein Fall, der ist eher geeignet für den oder den.' Und dann […] nach Sachzusammenhänge[n …]. Also nicht […] willkürlich nach Buchstaben oder nach Eingangszahl"* (3–1-5 1033/1042).

Bei der Verteilung der Vorgänge durch den Stabsstellenleiter wurden also zum einen die Auslastung der einzelnen Sachbearbeiter berücksichtigt und zum anderen ihre Erfahrung im Hinblick auf die Komplexität des Vorgangs und den speziellen Sachzusammenhang. Der zuständige Sachbearbeiter war in der Folgezeit weitgehend selbstständig mit der Bearbeitung betraut, nur Wichtiges wurde mit dem Leiter besprochen, wie ein Mitarbeiter schilderte:

> *„Also es war auch nicht so, dass Dr. Erbe meinetwegen jede Woche eine Sitzung einberaumt hat und gesagt hat: ‚Also erzählen Sie doch mal über Fall XY, was haben Sie da gemacht?' So was ist nicht gemacht worden, also das hat man alles eigenständig, ja, musste man überlegen, ist das jetzt wirklich so wichtig, dass ich das jetzt mit ihm absprechen muss, es gab keine Richtlinien, wie ich mich zu verhalten habe"* (3–1-2 280/289).

---

607 *Bussmann, Salvenmoser* 2006: 208; *Erbe* 2003: 376; *Backes, Lindemann* 2006: 5.

608 In 50 wegen ihres Bezuges zu Korruptionsdelikten aus der Untersuchungsgruppe ausgewählten Fällen kam es zu keiner einzigen Verurteilung oder Einstellung aus Opportunitätsgründen; *Backes, Lindemann* 2006: 98.

Zum Teil (wahrscheinlich bei besonders komplexen Sachverhalten und in Abhängigkeit von der Auslastung der Stabsstelle) wurde ein Vorgang auch im Team erledigt:

> *„[... U]nd dann auch in Teams, dass nicht nur ein einzelner Bearbeiter an dem Fall saß, sondern dass wirklich ein Team von zwei, drei Leuten sich rangesetzt hat"* (3–2(1)-1 404/409).

Eine solche Teamarbeit ermöglichte im Optimalfall das Zusammenführen von kriminalistischem, juristischem und wirtschaftlichem Sachverstand. Sicherlich fehlte es hierzu aber oft an personellen Ressourcen, denn eine Teamarbeit wurde insgesamt in den Interviews eher selten erwähnt.

Betrachtet man die bei der Stabsstelle registrierten Vorgänge, so traten vor allem folgende typische Fallgestaltungen in den Vorgängen auf:[609]

- Vertragspartner der Treuhandanstalt täuschten über Bonität, Unternehmensplanung oder andere vertragsbeeinflussende Faktoren beim Erwerb eines Unternehmens;
- Mitarbeiter eines Treuhandunternehmens entzogen diesem Vermögenswerte;
- Vertragspartner der Treuhandanstalt höhlten das erworbene Unternehmen aus, indem sie diesem Vermögenswerte entzogen;
- zur Abwendung von Vertragsstrafen wurden falsche Angaben gemacht;
- zur Erlangung von Liquiditätshilfen oder anderen Subventionen wurden falsche Angaben gemacht;
- Vorteilsannahme oder Bestechung durch Mitarbeiter der Treuhandanstalt und ihrer Unternehmen;
- Erwerb von Unternehmen durch Mitarbeiter der Treuhandanstalt unter Ausnutzung von Insiderkenntnissen;
- falsche Abrechnung von Honoraren durch Berater;
- Mitarbeiter der Treuhandunternehmen wurden durch ihre Vertragspartner getäuscht.[610]

7.4.4 Die Recherchemöglichkeiten

War ein solcher Vorgang also angelegt, erfasst und mindestens ein Sachbearbeiter mit ihm betraut, so stellte sich die Frage, wie weiter vorzugehen war und welche Möglichkeiten der Recherche dem Mitarbeiter zur Verfügung standen. Die Stabsstelle hatte – wie schon oft erwähnt – keine hoheitlichen Befugnisse. Sie musste deshalb auf anderem Weg an Informationen gelangen, um einen Hinweis auf seinen strafrechtlich relevanten Gehalt zu überprüfen.

---

609 Presseerklärung der *Stabsstelle* vom 17. März 1994 (liegt dem Forschungsteam vor, aber n. v.); *Boers* 2001: 344.

610 Presseerklärung der *Stabsstelle* vom 17. März 1994 (liegt dem Forschungsteam vor, aber n. v.); *Boers* 2001: 344.

Einen ersten Zugang zu Tatsachen konnten gelegentlich die Medien bieten, wenn dort über den Vorgang oder einzelne Fakten berichtet worden war. Sehr abstrakt und allgemein umschrieb *Erbe* in seinen Aufsätzen die Tätigkeit: Man müsse *„Untersuchungen anstellen oder Untersuchung durch Dritte veranlassen"*[611] mit dem Ziel einer internen Klärung.[612] Dazu würden Nachforschungen im Haus, in den Niederlassungen oder betroffenen Unternehmen angestellt.[613] Wenn notwendig, musste die Stabsstelle hierbei diskret vorgehen. Es konnten auch Erkundigungen bei den Strafverfolgungsbehörden eingeholt werden.[614] Ohne weitere Maßnahmen zur Aufklärung ließen sich nur sehr wenige Vorgänge abschließen (nur in ungefähr 5 % der Vorgänge war eine weitere Aufklärungsarbeit nicht notwendig).[615]

Neben dieser Aufklärungsarbeit ging es immer auch um die juristische Bewertung der Vorgänge, also um die Klärung der Frage, ob ein Verhalten überhaupt unter einen Straftatbestand zu subsumieren war.[616] Einen Überblick über die Tätigkeit gab am Beispiel der so genannten „Liquidatorenfälle"[617] ein Stabsstellenmitarbeiter:

> *„[… A]ls zum Beispiel die ersten Liquidatorenfälle hoch kamen, war für uns nicht sofort ersichtlich […] – es fehlte sehr viel Geld – aber ist das überhaupt strafrechtlich relevant? Dass Erbe erst mal darum gebeten hat, ein umfassendes Gutachten zu erstellen: ‚Liegt hier eine Untreue vor?' Und dass man dieses Gutachten erst mal erstellt hat, parallel aber schon die ersten Maßnahmen in dem Sinne eingeleitet hat, dass man die Akten […] sicherte. [… D]a haben wir das im Team […] gemacht, dass die eine also in die Literatur eingestiegen ist und das Gutachten erstellt hat und die andere schon mal Kontakt mit der Abwicklung aufnahm und diese Dinge eingefädelt [… hat]"* (3–1–2 564/572).

Neben einem (je nach Position eingeschränkt)[618] freiwilligen Gespräch mit Auskunftspersonen (3–1–1 1394/1415) wie dem Hinweisgeber, den Betroffenen bzw. Geschädigten, anderen Treuhandmitarbeitern, Polizisten, Staatsanwälten oder dem Verdächtigen selbst kam als weitere Maßnahme insbesondere die Beschaffung von Informationen aus internen Unterlagen in Frage.[619] So äußerte ein Stabsstellenleiter:

---

611 *Erbe* 2003: 369; *Erbe* 1999: 27.

612 *Erbe* 2003: 369; *Erbe* 1999: 27.

613 *Erbe* 2003: 373.

614 *Treuhandanstalt* Bd. 10 1994: 939.

615 Diese Zahl wird in dem Zwischenbericht des Jahres 1992 genannt und mag als Anhaltspunkt dienen; *Treuhandanstalt* Bd. 10 1994: 939.

616 *Erbe* 2003: 373.

617 *„Diese Fälle zeichnen sich dadurch aus, dass es zu unrechtmäßigen Geldentnahmen aus der Liquidationsmasse durch den mit der Liquidation eines Unternehmens aus dem Treuhandbestand Beauftragten kam"* (3–1–2 577/581).

618 Handelte es sich um einen Treuhandmitarbeiter, so konnte dieser sich nur schwerlich einem Gespräch entziehen.

619 *Erbe* 2003: 373; *Treuhandanstalt* Bd. 10 1994: 939.

> *„Die Stabsstelle habe in allen Abteilungen ohne Angabe von Gründen Akten einsehen kön-*
> *nen" (3–1-5 737/745).*

Ein anderer Leiter schilderte:

> *„Wir haben die Akten aus dem Haus bekommen. Also wir hatten da unbeschränkten Zu-*
> *gang zu" (3–1-3 355/356).*

7.4.5   Die Informationsbeschaffung durch Akteneinsicht

Daneben hatte die Treuhandanstalt als „andere öffentliche Stelle" gem. Nr. 185 Absatz 2 RiStBV (mittlerweile normiert in § 474 Absatz 2, 3 StPO) die Möglichkeit, Einsicht in die Akten eines laufenden oder abgeschlossenen Ermittlungsverfahrens zu nehmen.

Eine wichtige Rolle für die Tätigkeit der Stabsstelle spielte vor allem die Möglichkeit der Informationsbeschaffung durch Akteneinsicht in staatsanwaltschaftliche Ermittlungsakten. Die Treuhandanstalt konnte unter den Voraussetzungen des § 406e StPO als Verletzte Akten einsehen. Als Verletzter wird derjenige angesehen, der unmittelbar, unterstellt man die tatsächliche Begehung der behaupteten Tat, in seinem Rechtsgut verletzt ist.[620] Neben einer natürlichen Person kann dies auch eine juristische Person, Behörde oder sonstige Stelle sein.[621] Soweit die Treuhandanstalt also durch eine Straftat in ihrem Vermögen geschädigt wurde, konnte für diese – jedoch dem Wortlaut nach nur über einen Rechtsanwalt – ein Akteneinsichtsrecht ausgeübt werden. Hiervon wurde zu Zeiten Erbes, der zugelassener Anwalt war, Gebrauch gemacht, wie uns ein Mitarbeiter der Stabsstelle berichtete:

> *„Wir haben natürlich auf der anderen Seite auch sehr schnell über den [§] 406 e [StPO] also*
> *über Doktor Erbe dann auch Akteneinsicht bei der Staatsanwaltschaft dann gesucht, dass*
> *wir ja auch Beweismittel sichten konnten und unsererseits dann die Maßnahmen ergreifen*
> *konnten" (3–1-2 1191/1194).*

Daneben kam zudem ein Akteneinsichtsrecht der Treuhandanstalt als Einziehungsbeteiligte gem. §§ 434 Absatz 1 Satz 2, 147 StPO in Betracht sowie ein solches aus § 442 Absatz 1 StPO in Verbindung mit §§ 434 Absatz 1 Satz 2, 147 StPO als eine von gleichgestellten Nebenfolgen Betroffene.[622] In den Interviews wurden diese Möglichkeiten jedoch nicht explizit erwähnt, so dass von keiner großen Bedeutung dieser Rechte bei der Tätigkeit der Stabsstelle auszugehen ist.

Ein internes Recht der Stabsstelle, uneingeschränkt alle Vorgänge einsehen zu können, konnte die Treuhandanstalt ohne weiteres anordnen. Auf welche Weise solche internen Unterlagen effektiv ohne die Zwangsmittel der Durchsuchung und

---

620 *Meyer-Goßner* 2015: Vorbem. § 406 d Rn. 2; § 172 Rn. 9.
621 *Meyer-Goßner* 2015: § 172 Rn. 10.
622 Vgl. *Minoggio* 2010: 318 ff.

Beschlagnahme beschafft wurden, erläuterte ein Stabsstellenleiter hinsichtlich des Halle-Komplexes:

> *„[… W]enn man die Hallenser Fälle sieht, dass man da sich zunächst mit der Geschäftsstelle ins Benehmen gesetzt hat, die die sämtlichen Akten hatte. Dort Ansprechpartner ausgewählt hat, die man für vertrauenswürdig gehalten hat und von dort aus sämtliche Unterlagen, die man bekommen konnte, nach Berlin gebracht hat, um die dort auszuwerten, damit nicht noch jemand anderes in Halle an diese Unterlagen rankommt, als Beispiel“ (3–2(1)-1 226/231).*

In der Treuhandanstalt und ihren Niederlassungen hatte die Stabsstelle die Befugnis, sämtliche Akten einzusehen und diese auch mitzunehmen. Insoweit waren alle Bereiche der Treuhandanstalt angewiesen worden, die Stabsstelle bei ihrer Tätigkeit zu unterstützen. Wenn eine Abteilung nicht kooperativ war, konnte die Stabsstelle einen entsprechenden Beschluss des Vorstandes in Aussicht stellen und hoffen, dass dieser erlassen werde, wie ein Stabsstellenleiter erklärte:

> *„[… M]an hat natürlich zunächst versucht, […] der Spitze der Abteilung […] den Sachverhalt darzulegen, wir brauchen jetzt die Sachen, nicht warum, aber wir brauchen sie, wenn man da auf Schwierigkeiten gestoßen ist, konnte man immer noch mit einem Beschluss des Vorstandes drohen. […] Also, ich selbst hab's nie erlebt, dass der Vorstand gesagt hat: […] ,Kriegt ihr nicht, wir unterstützen euch da nicht.' [… U]nd es ist mir auch nicht bekannt, dass das passiert ist. [… H]ätte der Vorstand gesagt, ,nein, Stabsstelle, du bekommst von mir nicht diese Unterstützung, ich möchte nicht, dass du die Akten prüfst', dann […] hätte man externe Hilfe, sprich Strafverfolgungsbehörden, in Anspruch nehmen müssen“ (3–2(1)-1 850/862).*

Als letztes Mittel konnte die Stabsstelle die Strafverfolgungsbehörden informieren. Diese konnten gegebenenfalls mit Zwangsmaßnahmen die Unterlagen sicherstellen, jedoch nur, wenn ein entsprechender Anfangsverdacht vorlag. Offenbar wurde dieser Weg aber in keinem Fall gegangen, möglicherweise da die Akten schon aufgrund internen Druckes herausgegeben wurden. Dies bestätigte zumindest auch ein anderer Stabsstellenmitarbeiter:

> *„Also Akten aus dem Haus haben wir immer bekommen. Aber es hat manchmal länger gedauert, oder dass […] übergeordnete Gremien noch mal eingeschaltet wurden, also dass meinetwegen der Direktor Abwicklung gesagt hat: ,Nein, also die kriegen nicht direkt von mir die Akten.' Dass dann Erbe eben mit dem Vorstand telefoniert hat und dann gesagt wurde: ,Aber hallo.' Und dann wurden die Akten, also das war nur zeitlich bezogen. Ich kann mir nicht vorstellen, oder das ist eigentlich nie auffällig gewesen, dass dann irgendwie eine Akte fehlte oder […] beschönigt war“ (3–1-2 695/701).*

Hier wird aber auch deutlich, dass in dieser Zeit, in der die Stabsstelle sich um die Durchsetzung ihres Rechtes auf interne Akteneinsicht bemühte, die Akten durchaus noch verändert werden konnten. Ein Stabsstellenleiter äußerte sich entsprechend skeptisch bezüglich der Vollständigkeit und Manipulationsfreiheit der Akten insbesondere aus den Bereichen Abwicklung:[623]

> *„Ich [...] glaube, dass gerade in der Abteilung Abwicklung die Unterlagen vorher noch mal [...] aufbereitet worden sind. Während in anderen Abteilungen [gesagt wurde:] ‚Hier sind die Akten [...].‘ Und in der Abteilung Abwicklung lief das immer anders. Also die Abteilung Abwicklung hat das immer aufbereitet [...] übergeben. Dann musste man noch mal nachfragen [...] ‚der und der Punkt fehlt uns noch.‘ ‚Ja, hm hm hm hm hm hm‘. Es war nicht so, dass dann das Material, [das ...] nachgeliefert worden ist, irgendwelche Hinweise auf Fehlverhalten gegeben hat, um es ganz neutral auszudrücken, aber trotz alledem wurde das wiederum sehr sehr widerwillig herausgegeben“ (3–2(1)-1 1504/1511).*

Ein Polizeibeamter berichtete von ähnlichen Wahrnehmungen, dass die Stabsstelle nicht alle Informationen erhalten habe:

> *„Die Stabsstelle hat nicht gemauert. Das Grundproblem liegt ja auch darin, dass die Stabsstelle verschiedene Dinge wahrscheinlich selbst gar nicht bekommen hat. [...] Also da wurde in den einzelnen Bereichen gemauert und zwar massiv“ (2–7-2 371/376).*

Ein anderer Stabsstellenleiter verwies darauf, dass es entscheidend darauf ankam, wie von Seiten der Stabsstelle versucht wurde, an die Unterlagen heranzukommen:

> *„Also das ist ein rein menschliches Problem, denke ich. Wenn's einem peinlich ist, was er vorlegt, dann wird er vielleicht erst mal gucken, was hab ich darin stehen. Also nachher kann man natürlich vermuten, der [...] könnte etwas beseitigt haben. [... D]as ist auch eine Frage der Taktik, wie man da hingeht. Also wenn ich überraschend hingehe und sage: ‚Ich will jetzt die Akten haben.‘ Dann kann man das ja nicht mehr“ (3–1-3 368/373).*

Auf die Frage, ob er gezielte Manipulationen in den Akten wahrgenommen habe, antwortete er ausweichend:

> *„Das müsste man im Einzelfall sehen, also so generell könnte man das sicher nicht sagen. Ich meine, dass die Dokumentation teilweise völlig unzureichend war, das ist ganz klar“ (3–1-3 382/383).*

Grundsätzlich war auch die interne Akteneinsicht und Mitnahme der Akten sicherlich ein wichtiges Instrument, um Informationen zu den Vorgängen zu erhalten. Es gab hier aber genügend Raum für Manipulationen. Die Verneinung eines Tatverdachtes in einem Vorgang sagt schon deshalb nur in begrenztem Umfang etwas darüber aus, ob es tatsächlich zu einem strafrechtlich relevanten Verhalten gekommen

---

623 Innerhalb der Treuhandanstalt existierte das „Direktorat Abwicklung“, sowie in jeder der Niederlassungen eine „Abteilung Abwicklung“. Diese Bereiche (unter *Rohwedder* wurde anstelle von Abwicklung ursprünglich der Begriff Stilllegung verwendet) sollten die Verfahren zur Auflösung von Unternehmen (Gesamtvollstreckung oder Liquidation) durchführen, begleiten oder überwachen; *Wandel* 1993: 284 f.

war oder nicht. Über die Verbreitung solcher Manipulationen und ihre Auswirkungen auf die Vorgänge lässt sich allerdings nur mutmaßen.

Die Ergebnisse der Nachforschungen wurden während der Vorgangsbearbeitung schriftlich fixiert. Alle Vorgänge wurden ohnehin in einer Vorgangsdatei verwaltet, mit deren Hilfe Zusammenhänge zwischen einzelnen Vorgängen erkannt werden sollten.[624] Von den Experten wurde dieser Vorgangsdatei offenbar keine große Bedeutung zugemessen, da sie in keinem der Interviews Erwähnung fand.

7.4.6   Die Abschlussentscheidung

Aufgrund der so gesammelten Informationen erfolgte schließlich eine Entscheidung über eine Abgabe des Vorgangs an die Staatsanwaltschaft oder eine interne Erledigung. Neben der Initiierung eines Strafverfahrens konnte die Stabsstelle auch auf zivilrechtliche und vor allem arbeitsrechtliche Schritte hinwirken.[625] Diese wesentliche Entscheidung über das weitere Vorgehen wurde in den Akten vermerkt und dem Hinweisgeber übermittelt, wie man auch aus der Aussage eines Stabsstellenleiters schließen kann:[626]

„Bei uns [...] hieß Abschluss der Vorgänge entweder eine Strafanzeige zu erstatten oder [...] einen Abschlussvermerk zu verfassen und zu sagen, da ist aus strafrechtlicher Sicht nichts zu veranlassen. Wir haben keinen hinreichenden Tatverdacht. Wir haben keine zureichenden tatsächlichen Anhaltspunkte für strafbares Verhalten" (3–2(1)-1 77/80).

Da es zu diesem Zeitpunkt um den Übergang in das förmliche Strafverfahren ging, sollte diese Abschlussentscheidung im Optimalfall (aus Sicht einer effektiven Strafverfolgung) nach dem Kriterium des Anfangsverdachtes erfolgen. Ein Stabsstellenleiter führte hierzu aus:

„Weil die Stabsstelle tätig wurde, unabhängig von der Frage des Anfangsverdachts, und eigentlich den Sachverhalt so aufbereitet lieferte, dass die Staatsanwaltschaft aus Gründen des Legalitätsprinzips handeln musste. Also die Stabsstelle hat zu keinem Zeitpunkt irgendwelche unschlüssigen Anzeigen da erstattet" (3–1-5(2) 1375/1378).

Wenn Anzeige erstattet wurde, so enthielt diese folglich mindestens die Tatsachen, aus denen ein Anfangsverdacht zu begründen war. Eine verfasste Strafanzeige wurde immer vom Stabsstellenleiter unterzeichnet, diese Entscheidung traf der Sachbearbeiter nicht selbstständig:

---

624 *Treuhandanstalt* Bd. 10 1994: 936.

625 *Erbe* 2003: 370.

626 *Erbe* 2003: 374. Eine Parallele zu der Verfügung des „Abschlusses der Ermittlungen" (§ 169 a StPO) und den weiteren Abschlussverfügungen im staatsanwaltschaftlichen Ermittlungsverfahren fällt auch hier auf.

> „[... W]o [... der Stabsstellenleiter] also drauf bestand, war, dass er die Strafanzeige mit
> unterschreibt. Also diese Abschlussverfügung wurde durch ihn getroffen, aber alles andere
> haben wir selbständig [gemacht]" (3-1-2 422/424).

Über die spezifische Ausgestaltung dieser Strafanzeigen äußerte insbesondere *Erbe*,
es sei hierfür die besondere Form der *qualifizierten Strafanzeige*[627] entwickelt worden. Diese sollte den Bedürfnissen der Strafverfolgungsbehörden unter Berücksichtigung aller materiell- und formell-strafrechtlichen Gesichtspunkte genügen.[628] Ein
weiterer Stabsstellenleiter zeichnete diese Entwicklung vom einfachen Ermittlungs-
bericht zur qualifizierten Strafanzeige nach:

> „Die [...] Strafanzeigen, die zu Treuhandanstaltszeiten erstattet worden sind, waren im
> Prinzip Ermittlungsberichte der jeweiligen Bearbeiter. Die Ermittlungen, die daraufhin vor-
> genommen worden sind bei der Staatsanwaltschaft, waren relativ schleppend, man konnte
> nicht so schnell Erfolge erzielen. Als dann die Form der qualifizierten Strafanzeige eingesetzt
> worden ist, [... wurde es] den Staatsanwaltschaften erleichtert, den Sachverhalt zu erfassen.
> Dort hat schon jemand den Straftatbestand subsumiert, den Sachverhalt so zusammenge-
> stellt, die Beweismittel benannt, so dass man von Seiten der Staatsanwaltschaft aus auch
> viel schneller agieren konnte. Es war eine Unterstützung der Staatsanwaltschaft aus dem
> eigenen Interesse heraus, dass die Ermittlungen dann auch schneller durchgeführt werden
> konnten. [... Diese Form] hat Doktor Erbe in 1995 [...] entwickelt, die sich auch bewährt
> hat" (3-2(1)-1 1227/1236).

Im Optimalfall sollte diese qualifizierte Strafanzeige von der Staatsanwaltschaft
direkt als Anklageschrift eingesetzt werden können, wie uns ein Stabsstellenleiter
erklärte:

> „Das Ideal [...] war, dass der Staatsanwalt unsere Strafanzeige [...] diktiert und er hat
> die Anklageschrift. [...] In den früheren Zeiten sind einfach Revisionsberichte zum Beispiel
> herausgegangen. Also dass die Abteilung Revision umfassend den Vorgang geprüft und das
> Produkt dem Vorstand vorgestellt hat. Und gleichzeitig wurde BA eingeschaltet mit der Bitte
> um Weiterleitung an die Staatsanwaltschaft XY" (3-1-2 531/536).

Ein Vorgang war mit einer Abgabe an das Strafverfolgungssystem nicht unbedingt
endgültig abgeschlossen. Es konnten noch eine Begleitung und Unterstützung des
Strafverfahrens durch die Stabsstelle erforderlich sein:

> „So viel auch vielleicht noch zur Ergänzung der Aufgaben. Die Stabsstelle hörte ja nicht auf
> zu arbeiten, wenn die Strafanzeige erstattet war, sondern da fing ja eigentlich die Arbeit erst
> an" (3-1-5 1363/1364).

Für die Stabsstelle war damit teilweise ein Vorgang erst dann beendet, wenn es in
dem Strafverfahren zu keiner weiteren Entscheidung mehr kommen konnte.

---

627 *Erbe* 2003: 373 f.
628 *Erbe* 2003: 373 f.

Festzuhalten ist, dass die Arbeitsabläufe und Rechte der Stabsstelle nicht innerhalb der Treuhandanstalt durch schriftliche Regeln fixiert waren und dass die Leiter sich mangels Erfahrungswissen für eine solche informelle Stelle generell an der Arbeitsweise einer Staatsanwaltschaft orientierten. Zu dieser Arbeitsweise gab es aber einen entscheidenden Unterschied: Mangels Hoheitsbefugnissen zur Durchführung von Zwangsmaßnahmen war die Stabsstelle längst nicht so durchsetzungsstark wie eine Staatsanwaltschaft. Insbesondere bei ihrem Recht auf eine interne Akteneinsicht konnte es zu akuten Durchsetzungsschwierigkeiten und zeitlichen Verzögerungen kommen, so dass es durchaus Möglichkeiten zu einer vorherigen Manipulation der Akten gab und zumindest auch der Verdacht auf solche Manipulationen von einigen Interviewpartnern berichtet wurde.

7.5   Die personelle Besetzung

Von großer Bedeutung für die Funktionsfähigkeit einer jeden Institution ist ihre personelle Ausstattung. Fehlt es an ausreichend qualifiziertem Personal, wirkt sich dies unmittelbar auf die Erfüllung der Aufgaben aus. Neben einer quantitativen und qualitativen Beurteilung ist in diesem Zusammenhang vor allem interessant, ob eine bestimmte Ressourcenverteilung durch den Vorstand bewusst als Mittel eingesetzt wurde, um auf die Funktionsfähigkeit der Stabsstelle Einfluss zu nehmen. Dass die teilweise unzureichende personelle Ausstattung damals nicht allein der Situation, sondern vielmehr strategischen Erwägungen geschuldet war, wird durch die Aussage eines Stabsstellenleiters angedeutet:

„Hätte man auch in die größeren Bereiche reingehen können, hätte die Kapazität auch dafür einsetzen können, [...] das hat man [auf Vorstandsseite] nicht wollen. [...] Das ist das Prinzip uns eben personell nicht entsprechend auszustatten" (3–1-1 Absatz 1094/1096).

Diesem Hinweis auf eine gezielte Ressourcenbeschränkung wird im Folgenden nachgegangen. Dies könnte zu ersten Erkenntnissen darüber führen, ob die bei der Gründung formulierten Ziele wirklich mit allen notwendigen Mitteln verfolgt werden sollten. Zunächst wird ein Überblick über die Hierarchieebenen innerhalb der Stabsstelle und deren Aufgaben gegeben (7.5.1). Im Anschluss daran werden die personelle Entwicklung der Leitungs- (7.5.2) und Mitarbeiterebenen (7.5.3) im Einzelnen beschrieben. Zum Schluss wird die Entwicklung der personellen Besetzung in Phasen zusammengefasst (7.5.4).

Aufgrund zweier spezieller Problemkreise bedarf dieses Kapitel noch einer methodischen Bemerkung: Zum einen konnte es für die exakten Zeiträume einer Beschäftigung bei der Stabsstelle aufgrund der retrospektiven Erhebung zu ungenauen Angaben kommen, da bis zur Durchführung der Interviews in der Regel einige Jahre vergangen waren und die Interviewten während des Gesprächs nicht immer über entsprechende Dokumente verfügten, so dass insoweit Veröffentlichungen als zuverlässiger angesehen werden mussten. Nicht jede der gewünschten Informationen ist aber auf diese Weise dokumentiert, so dass in Einzelfällen die Interviews auch für solche „harten" Eckdaten als Ergänzung herangezogen werden mussten. Die angegebenen Zeiträume sind insoweit nur als ungefähre Bereiche anzusehen. Zum anderen wurde teilweise auf konkrete Belege für die Interviewfundstellen verzichtet, da durch die ansonsten bestehende Gefahr der Zuordnung der Passagen zu bestimmten Stabsstellenleitern und damit zu den entsprechenden Kürzeln eine zugesagte Anonymisierung der Interviewpartner nicht mehr zu gewährleisten wäre.

7.5.1   Die Hierarchieebenen innerhalb der Stabsstelle

Betrachtet man die personelle Gestaltung der Stabsstelle, kann man in erster Linie zwischen einer Leitungsebene und den sonstigen Mitarbeitern differenzieren. Diese lassen sich des Weiteren in Sachbearbeiter und Schreibkräfte unterteilen, wobei die Schreibkräfte im Folgenden mangels inhaltlicher Beschäftigung mit den Vorgängen kaum relevant sind.

Zu einer Abgrenzung der Aufgaben[629] dieser beiden Hierarchieebenen ergibt sich aus dem 1992 veröffentlichten Zwischenbericht über die Tätigkeit der Stabsstelle Folgendes:[630] Der Leiter der Stabsstelle legte die Grundlinien der Recherchen fest und klärte in regelmäßiger Absprache mit dem Direktor Recht materiell-strafrechtliche sowie strafprozessuale Fragen. Außerdem fiel der Kontakt mit den Strafverfolgungsbehörden in sein Aufgabenspektrum. Jedem Mitarbeiter der Stabsstelle oblag hingegen die Betreuung eines Sachgebietes und die konkrete Behandlung der innerhalb dieses Bereiches anfallenden Vorgänge. Unter den Sachgebieten wurden zehn Delinquenzfelder verstanden, denen die eingehenden Vorgänge zugeordnet wurden (Tabelle 4).[631]

---

629 Bei den folgenden Aufgabenbeschreibungen handelte es sich um konkrete Handlungsvorgaben für die jeweiligen Hierarchieebenen innerhalb der Stabsstelle zu den formulierten abstrakten Unterzielen.
630 Nachgedruckt in *Treuhandanstalt* Bd. 10 1994: 935.
631 *Treuhandanstalt* Bd. 10 1994: 941.

Tabelle 4:   Die Sachgebiete der Stabsstelle

Nr.	Sachgebiet
1	Vorwürfe gegen Mitarbeiter der Treuhandanstalt
2	MfS, AHB, KoKo[632], Parteivermögen, Transferrubel[633] u. a.[634]
3	Missbrauch im Subventionsbereich
4	Manipulation im Grundstücksverkauf, -miete
5	Manipulation bei Verträgen über Miete, Pacht, Leasing
6	Manipulation bei Anstellungs-, Dienstleistungs- und Lizenzverträgen
7	Untreue durch Aushöhlungshandlungen, Gründungsschwindel
8	Sabotage, geschäftliche Verleumdung, Umweltschutz
9	Betrug und Erpressung im Zusammenhang mit Unternehmensverkäufen
10	Sonstiges (Schwarze Kassen, sonstige Untreue, Unterschlagung, Buchführungs- und Bilanzdelikte, Leiharbeit)

Quelle: *Treuhandanstalt* Bd. 10 1994: 910.

Die eindeutige Zuordnung eines Fallkomplexes zu einem Sachgebiet war nicht immer unproblematisch oder im Laufe der Ermittlungen erwies sich eine ursprüngliche Einschätzung als unzutreffend.[635] Wahrscheinlich wurde diese Unterscheidung deshalb in späteren Statistiken infolge der geschilderten Schwierigkeiten und wegen einer sehr unterschiedlichen Gewichtung in den Sachgebieten nicht mehr fortgeführt.[636] Anhand dieser Aufgabenbeschreibungen lässt sich die erste grobe Übersicht zu den Zielvorgaben für die Stabsstelle um konkretere hierarchiegebundene Aufgaben ergänzen (Tabelle 5).

---

632 Alle Vorgänge, die mit dem Bereich Kommerzielle Koordinierung im Zusammenhang standen, wurden hier eingeordnet; z. B. die Fälle der so genannten „Zwangsprovisionäre", bei denen es sich um vom Bereich KoKo eingesetzte Privatpersonen oder Gesellschaften handelte, durch die Provisionen beim An- und Verkauf von Gütern durch die DDR erwirtschaftet wurden; nachzulesen in *Treuhandanstalt* Bd. 10 1994: 916 f.; vgl. hierzu auch Bericht zum 2. Treuhanduntersuchungsausschuss BT-Drucksache 13/10900: 99.

633 Zu den Transferrubelfällen vgl. *Schmidt* 1993: 10 f.

634 Insgesamt fielen in dieses Sachgebiet besonders umfangreiche Vorgänge, die häufig mit internationalen Beziehungen und Verflechtungen von hoher politischer Brisanz im Zusammenhang standen; *Treuhandanstalt* Bd. 10 1994: 945.

635 Vgl. bereits entsprechende Ausführungen im Zwischenbericht zur Stabsstelle von 1992, abgedruckt in der *Treuhandanstalt* Bd. 10 1994: 941.

636 Ab der Monatsstatistik vom Januar 1994 tauchte diese Unterscheidung jedenfalls nicht mehr auf; vgl. *Treuhandanstalt* Bd. 10 1994: 950.

Tabelle 5:   Konkretisierung der ursprünglichen Zielvorgaben

Rang	Zielvorschrift	Geltungsbereich
Unterziele	• *Bündelung/Durchführung informeller Kontrolle* • *Verbesserung des öffentlichen Ansehens der Treuhandanstalt* • *Ausgleich der Ressourcenknappheit im Strafverfolgungssystem*	Stabsstelle
Konkretisierung/ Aufgaben	• *Festlegung der Grundlinien der Recherche* • *regelmäßige Absprache mit dem Direktor Recht* • *Kontakt mit den Strafverfolgungsbehörden*	Leitung der Stabsstelle
	• *Durchführung der Vorgangsbearbeitung*	Sonstige Mitarbeiter

7.5.2   Die Leiterinnen und Leiter der Stabsstelle 1991–2000

Aufgrund der konkreten Aufgaben der Stabsstelle erscheinen für eine qualifizierte Leitung Berufserfahrungen im Bereich der Wirtschaftskriminalität, also ein fundiertes strafrechtliches *und* ökonomisches Fachwissen, notwendig. Um die Recherchen strategisch leiten zu können, sind zudem Kenntnisse in der Arbeitsweise bei formellen Ermittlungsverfahren von Vorteil (dies setzt eine frühere Tätigkeit bei der Staatsanwaltschaft, der Polizei oder als Strafverteidiger voraus). Alle Personen, die in der Zeit von Anfang 1991 bis Mitte 2000 die Stabsstelle leiteten, passten in dieses Profil.

Trotz der damaligen personellen Engpässe bei den Strafverfolgungsbehörden fand sich erstaunlich schnell eine erste geeignete Stabsstellenleitung. Bereits zu Beginn des Jahres 1991 – nur einen Monat nachdem er gefragt wurde, ob er bereit sei, diese Aufgabe zu übernehmen – begann *Hans Richter* seine Tätigkeit in der Treuhandanstalt. Er wurde als ein im Wirtschaftsstrafrecht erfahrener, überdurchschnittlich qualifizierter und belastbarer Staatsanwalt beschrieben, der vom Land Baden-Württemberg zur Leistung dieses Dienstes vorübergehend beurlaubt worden war.[637] Zudem verfügte *Richter* als Diplom-Betriebswirt für einen Juristen über überdurchschnittliche ökonomische Kenntnisse. Da er schon früh in den Entstehungsprozess der Stabsstelle eingebunden wurde und kein förmliches Regelwerk, wie eine solche Stelle auszusehen habe, existierte,[638] verfügte er über besonderen Einfluss: Er hatte die Möglichkeit, an der konkreten Gestaltung der Stabsstelle mitzuwirken. So wurde von einigen Punkten bezüglich des Aufbaus der Stabsstelle berichtet, die bereits bei seinem Einstellungsgespräch diskutiert wurden.

Da das Land Baden-Württemberg sich – trotz intensiver Bemühungen durch die Treuhandanstalt – nicht in der Lage sah, die Beurlaubung von Richter zu

---

637 *Erbe* 1999: 27; *Erbe* 2003: 371; *Treuhandanstalt* Bd. 10 1994: 933.

638 So auch *Erbe* 2003: 372; vgl. *Noa* in der von ihm formulierten Aufgabenbeschreibung der Stabsstelle, veröffentlicht in *Treuhandanstalt* Bd. 10 1994: 1004.

verlängern,[639] übernahm nach seinem Ausscheiden Ende 1992 *Daniel Noa* die Leitung der Stabsstelle.[640] Bei ihm handelte es sich ebenfalls um einen aus Baden-Württemberg stammenden, hoch qualifizierten Staatsanwalt.[641] Er hatte sich zehn Jahre lang bei der Schwerpunktstaatsanwaltschaft Stuttgart zumeist mit Wirtschaftskriminalität befasst, anschließend war er zwei Jahre lang als wissenschaftlicher Mitarbeiter bei der Bundesanwaltschaft in Karlsruhe tätig gewesen.[642] Noa blieb bis März 1995 bei der BvS. Während seiner Tätigkeit knüpfte er weitgehend an die durch seinen Vorgänger geprägten Strukturen innerhalb der Stabsstelle an und führte auf diese Weise die begonnene Arbeit fort.

Mit einer Übergangszeit bis März 1995, in der Noa ebenfalls noch bei der BvS blieb, betreute *Joachim Erbe* ab Anfang 1995 die Stabsstelle als anwaltlicher Berater.[643] Seit 1994 war *Erbe* als Rechtsanwalt zugelassen und blieb dies auch während der Zeit seiner Tätigkeit für die Stabsstelle.[644] Vor seiner Zulassung als Rechtsanwalt leitete er als Oberstaatsanwalt bei der Staatsanwaltschaft am Landgericht Berlin eine Hauptabteilung zur Bekämpfung von Wirtschaftskriminalität, die vor Gründung der Staatsanwaltschaft II für die vereinigungsbedingte Wirtschaftskriminalität zuständig war.[645] Er unterschied sich in seiner Stellung von den bisherigen Stabsstellenleitern. Neben seiner ständigen Tätigkeit für die BvS, wodurch er zu einer Art Syndikusanwalt[646] wurde, betreute er weitere eigene Mandate und bewahrte so trotz des Anstellungsverhältnisses seine anwaltliche Selbstständigkeit.[647] Die Gründe für die Wahl dieser neuen Konstellation durch den Vorstand, ergeben sich aus der folgenden Aussage eines Stabsstellenleiters:

> *„Und dann war die Frage: ,Ja kriegen wir überhaupt noch einen Staatsanwalt oder kriegen wir den nicht?' Und den kriegte man nicht, weil zwischenzeitlich durch die Flut der Verfahren diejenigen, die es eigentlich hätten [...] machen können, die waren nicht verfügbar, weil keine Landesjustizverwaltung sich in der Lage gesehen hat, irgendeine Beurlaubung auszu-*

---

639 *Treuhandanstalt* Bd. 10 1994: 955.

640 Im Zwischenbericht der Stabsstelle 1992 wird im Vorwort durch *Balz*, Direktor Recht, auf den bevorstehenden Wechsel in der Stabsstellenleitung hingewiesen, auch *Richter* und *Noa* kommen zu Wort; abgedruckt in *Treuhandanstalt* Bd. 10 1994: 933 f.

641 *Erbe* 2003: 372.

642 *Treuhandanstalt* Bd. 10 1994: 934.

643 *Erbe* 1999: 30.

644 *Erbe* 1999: 30.

645 *Erbe* 1999: 30.

646 Dies ist ein zugelassener Rechtsanwalt, der ein Unternehmen im Rahmen eines Anstellungsvertrages rechtlich berät; hierzu im Einzelnen *Minoggio* 2010: 145.

647 Durch seine Stellung als Syndikusanwalt durfte er für die BvS vor Gerichten oder Schiedsgerichten in seiner Eigenschaft als Rechtsanwalt nicht mehr tätig werden (vgl. § 46 BRAO); die damals diskutierten Probleme bei der Zulassung von Syndikusanwälten stellten sich bei Erbe aufgrund seiner weiteren Tätigkeit als freier Anwalt nicht; vgl. hierzu etwa *Kleine-Cosack* 1993: 1292 ff. Zur Zulässigkeit der Vertretung eines Unternehmens im Ermittlungsverfahren durch den Syndikusanwalt vgl. *Minoggio* 2010: 147 ff.

> *sprechen und da fügte sich das eigentlich relativ glücklich, [...] dass da ein ‚Wahnsinniger'*
> *auf dem Markt war, der diese ganzen Erfahrungen mit sich rum trug, und dann hatte man*
> *überlegt: Dann macht man das halt mal so – kritische Probe. [...] Also es stand [...] nicht*
> *irgendeine großartige strategische Überlegung am Anfang"* (3–1-5 174/188).

Die Besetzung der Leitung durch einen Rechtsanwalt war somit der damals angespannten Personalsituation im Strafverfolgungssystem und daneben dem Zufall geschuldet. Diese Veränderung bot des Weiteren einen entscheidenden Vorteil gegenüber den vorherigen Konstellationen. Durch das Zeugnisverweigerungsrecht[648] und das Beschlagnahmeprivileg,[649] die grundsätzlich auch für die Tätigkeit als Syndikusanwalt gelten, boten sich neue Möglichkeiten des Vertrauensschutzes für die Hinweisgeber.[650] Dies wurde von der BvS durchaus gesehen:

> *„Seitdem die Stabsstelle anwaltlich begleitet wurde, war es dem anwaltlichen Berater dieser*
> *Stabsstelle [...] möglich, auch Vertraulichkeitsschutz zu gewähren. [... Es ist] vom Vorstand*
> *der BvS genehmigt worden, einem Hinweisgeber Vertraulichkeitsschutz zu gewähren. [...]*
> *Auch gegenüber dem Vorstand"* (3–1-5 558/568).

Ob durch diesen Wandel bei der Stabsstellenleitung tatsächlich positive Effekte im Sinne von mehr Hinweisen entstanden, lässt sich nur schwer beantworten. Die Statistiken über die Tätigkeit der Stabsstelle gerade für diese Übergangszeit liegen nicht lückenlos vor, so dass ein sprunghafter Anstieg von Hinweisen nicht festzustellen ist. Ohnehin nahmen die Neueingänge während der Tätigkeit von *Erbe* insgesamt eher ab (insbesondere weil das operative Geschäft der BvS immer mehr zurückgefahren wurde). Es wurde zudem von keinem der Interviewpartner eine besondere Veränderung bei den Hinweisen für diese Zeit berichtet.

Nachdem Ende 2000 der Treuhandpräsident *Günter Himstedt* in den Ruhestand gegangen war, existierte die BvS ab dem 1. Januar 2001 nur noch als eine personenlose Anstalt mit *Hans H. Schroeder-Hohenwarth* als Präsidenten. Das bedeutete, die Geschäfte sollten ausschließlich von den Organen der BvS (Präsident und Verwal-

---

648 Soweit ein Syndikusanwalt anwaltliche Aufgaben erfüllt und seine Stellung trotz des ständigen Beschäftigungsverhältnisses dem Berufsbild des unabhängigen Anwaltes entspricht, steht ihm ein Zeugnisverweigerungsrecht nach Maßgabe des § 53 Absatz 1 Nr. 3 (oder auch Nr. 2) StPO, § 383 Absatz 1 Nr. 6 ZPO zu; *Roxin* 1992: 1136. Bestätigt noch einmal in *Roxin* 1995: 21.

649 Das Beschlagnahmeprivileg gem. § 97 Absatz 1 StPO gilt infolge des Zeugnisverweigerungsrechtes des Syndikusanwaltes ebenso für diesen. Die Gegenstände müssen sich nur gem. § 97 Absatz 2 Satz 1 StPO im Gewahrsam des Berechtigten befinden. Über die Möglichkeiten, wie die Gewahrsamsphäre des Anwaltes von der des Unternehmens oder der Behörde zu trennen sind, ausführlich *Roxin* 1995: 22.

650 Zum Nutzen des Zeugnisverweigerungsrechtes und einer damit korrespondierenden Schweigepflicht (strafrechtlich abgesichert durch § 203 StGB) äußerten sich auch im Rahmen eines externen Ombudsmannmodells *Hoffmann, Sandrock* 2001: 434.

tungsrat) geführt werden.[651] Bereits im Vorfeld dieser einschneidenden Umstrukturierung mussten nach und nach die operativen Bereiche reduziert werden, so dass es nicht verwundert, dass schon ab Juli 1999 versucht wurde, die Tätigkeit der Stabsstelle einzuschränken, um sie 2000 schließen zu können.

In dieser Phase ab Mitte 1999 leitete für ungefähr ein Jahr *Elke Schäfer* die Stabsstelle. Sie war in der Vergangenheit als Staatsanwältin mit Wirtschaftskriminalität befasst und arbeitete schon seit Anfang 1995 als zusätzliche Juristin in der Stabsstelle. Erstmalig stand also eine bereits eingearbeitete Mitarbeiterin für die Leitungsaufgaben zur Verfügung. Dadurch wurde ein fließender Übergang gewährleistet, der in der Schlussphase von Vorteil war. Eine lange Einarbeitungszeit wäre nicht dienlich gewesen. Die ohnehin relativ kurze Leitungstätigkeit war demnach vor allem durch die Vorbereitung der Auflösung der Institution gekennzeichnet.

Ein Mitarbeiter der Stabsstelle brachte mit der endgültigen Schließungsentscheidung zum einen den Präsidenten *Himstedt* und zum anderen den Leiter der Abteilung Zivilrecht und Prozesse innerhalb des Direktorates Recht in Verbindung; diese sei nicht mehr gewollt gewesen (vgl. *3–1–2 861/871*). Da bei Auflösung der Stabsstelle die verbleibenden Aufgaben am ehesten von einer Abteilung des Direktorates Recht übernommen werden könnten und sich so deren Arbeitsanfall (somit ihre Bedeutung) noch ein letztes Mal vergrößern könnte, spielten hier auf Seiten des Direktorates Recht sicherlich Selbsterhaltungsinteressen eine Rolle. Es fielen mittlerweile allerdings auch deutlich weniger Vorgänge an, so dass dieser Schritt nicht völlig unbegründet war (vgl. *3–2(1)-1 61/75*).

Nach der Auflösung der Stabsstelle als eigene Organisationseinheit folgten drei verschiedene Entwicklungsphasen:

Nachdem sich die Auffassung, fast alle Verfahren seien mehr oder weniger abgeschlossen, als Trugschluss herausgestellt hatte, übernahm zunächst der damalige Präsident *Schöder-Hohenwarth* persönlich die Erledigung der noch offenen Verfahren, insbesondere die Beantwortung der Amtshilfegesuche der Strafverfolgungsbehörden *(3–1–5 2267/2307)*. Schließlich wurde wegen der großen Anzahl an Anfragen und noch offenen Verfahren vom Bundesministerium für Finanzen als Aufsichtsbehörde die erneute Einsetzung einer Stabsstelle angewiesen. Diese Weisung konnte aufgrund des deutlich verringerten Vorgangsvolumens nicht eine Wiederbelebung der alten Institution bedeuten. Man übertrug deshalb in einem zweiten Schritt die noch zu erledigenden Aufgaben der ursprünglichen Stabsstelle zusammen mit den Aufgaben der Geschäftsstelle der Arbeitsgruppe Koordinierte Ermittlung an eine Person.[652] Daraufhin tauchten weitere Probleme auf:

---

651 *BvS* 2003: 183 f.

652 Die Arbeitsgruppe Koordinierte Ermittlung (AKE) regelte nach der Wiedervereinigung den Informationsaustausch zwischen den Strafverfolgungsbehörden und übernahm ab 1996 nach Einrichtung einer Geschäftsstelle gezielte Ermittlungsaufträge insbesondere im Bereich „kommerzielle Koordinierung".

> *„Dass man also in Personalunion die Leitung der Stabsstelle und die Leitung der AKE auf Herrn Winkelhaus überträgt. Das ist dann auch geschehen und [...] ein halbes, dreiviertel Jahr ganz gut gegangen. Bis man feststellte, die Arbeit der Stabsstelle ist eben doch was anderes als Koordinierungsfunktion. Und insbesondere [...] konnte eben Herr Winkelhaus nicht Akteneinsicht nehmen oder Beweismittel besichtigen. [...] Und [...] es gab eine Vielzahl neuer Vorgänge mit Vorstandsrelevanz"* (3-1-5 2293/2300).

Ein Mitarbeiter des Direktorates Recht bemerkte hierzu:

> *„Ich meine, also wenn man irgendwo einen Juristen braucht, bei aller Bescheidenheit, (lacht) ..."* (11-1-1(2) 3311/3314).

Letztlich entschloss man sich – wiederum auf Weisung des Bundesministeriums für Finanzen – in einem dritten Schritt, die ehemaligen Aufgaben der Stabsstelle in die Verantwortung des Verwaltungsrates zu legen, und diesem einen Juristen aus dem ursprünglichen Direktorat Recht zur Seite zu stellen (3-1-5 2293/2315; siehe auch 11-1-1(2) 3311/3320). Auf diese Weise wurden schließlich noch die letzten Vorgänge abgeschlossen.

7.5.3   Sonstige Stabsstellenmitarbeiter

Betrachtet man die Mitarbeitersituation in der Stabsstelle, so fallen dort insbesondere Anfangsschwierigkeiten bei der personellen Ausstattung auf. *Richter* begann seine Tätigkeit lediglich unterstützt durch einen Kriminalbeamten.[653] Selbst für diese Verstärkung musste *Richter* sich intensiv einsetzen, wie die nachfolgende, zu Anonymisierungszwecken nicht wörtlich wiedergegebene Interviewpassage eines Mitarbeiters der Stabsstelle belegt:

> *Es sei damals nur eine einzige Stelle [...] geplant gewesen. Im Übrigen hätte das Sekretariat von Herrn Balz, dem Direktor Recht, mitbenutzt werden sollen. Man habe erst einmal klar stellen müssen, dass dies so nicht gehe, dass die Stabsstelle schließlich ermitteln und eine Art Vorprüfungsstelle werden solle. Deshalb brauche die Stabsstelle Ermittlungsbeamte. [...] Rohwedders Rückfrage sei gewesen, ob die Stabsstelle damit etwa einen Polizisten meine. Woraufhin man noch einmal klar gestellt habe, dass man nicht irgendeinen Polizisten brauche, sondern einen Wirtschaftskriminalisten. Das sei eine harte Nuss für Rohwedder gewesen. Schließlich sei es aber genehmigt worden und man habe einen Wirtschaftskriminalisten gesucht* (Beleg zu Anonymisierungszwecken entfernt).

Nach diesem ersten kleinen Erfolg bemühte *Richter* sich nach den Aussagen unserer Interviewpartner weiterhin um zusätzliches Personal. Letztlich verfügte er ab Mai 1991 bis zu seinem Abschied Ende 1992 über drei Kriminalbeamte, zwei Sachbearbeiterinnen und eine Schreibkraft.[654] Die Mitarbeiter wurden als wirtschaftsstraf-

---

653 *Treuhandanstalt* Bd. 10 1994: 1008.
654 *Treuhandanstalt* Bd. 10 1994: 933, 1008.

rechtlich versiert bezeichnet, so seien die Sachbearbeiterinnen prüfungserfahrene, den Wirtschaftsreferenten der Schwerpunktstaatsanwaltschaften vergleichbare Sachverständige der Finanzverwaltung gewesen.[655] Wie *Richter* stammten diese Beamten überwiegend aus Baden-Württemberg, ihre Beurlaubung endete sukzessive von Ende 1992 bis zum Frühjahr 1993.[656] Das Bundesland konnte seine Spezialisten zur Bekämpfung von Wirtschaftskriminalität nicht länger entbehren. Kennzeichnend für die Personalsituation in dieser Zeit war aber insbesondere das vergebliche Bemühen *Richters* um eine Verstärkung seines Teams durch einen weiteren Juristen. Ein Stabsstellenmitarbeiter führte hierzu aus:

> *Jede einzelne zusätzliche Person sei ein Kampf gewesen. Herr Richter habe fast von Anfang an einen zweiten Juristen im Sinn gehabt. Und das sei auf massiven Widerstand gestoßen. Den zweiten Juristen habe Richter nie durchsetzen können. Der Sinn eines zweiten Volljuristen wäre gewesen, dass sich der eine etwas um strukturelle Fragen hätte kümmern können und der andere mehr um das Tagesgeschäft – als der Ansprechpartner für die Kriminalbeamten* (Beleg zu Anonymisierungszwecken entfernt).

Schon früh wurde von *Richter* die Idee verfolgt, den Stabsstellenleiter von den täglich anfallenden Aufgaben zu entlasten und Freiräume für strategische Planungen zu schaffen. Dies passte auch zu der vorgesehenen Aufgabe für die Leitungsebene, sich auf die Festlegung der Recherchegrundlinien und die Kontaktpflege zu anderen Kontrolleinrichtungen zu konzentrieren. Fragen zu den Recherchen in einzelnen Vorgängen, insbesondere im Hinblick auf die juristische Beurteilung der Sachverhalte, wären dann Aufgabe des zweiten Juristen gewesen. Welche Folgen diese mangelnde Besetzung für die Erledigung komplexerer Vorgänge hatte, ergibt sich auch aus folgender Aussage eines Stabsstellenmitarbeiters:

> *In der Zeit von Richter habe man es nicht geschafft, in diese Dinge [gemeint: komplexere Fälle] einzudringen. Richter sei gezielt davon abgeschirmt worden und er habe auch keinesfalls die Zeit dazu gehabt. „Und derjenige wäre ja gerade der zweite Jurist gewesen – über das dringlichste Tagesgeschäft hinaus"* (Beleg zu Anonymisierungszwecken entfernt).

Die fehlende Einstellung eines zweiten Juristen zu dieser Zeit wurde insgesamt weder als zufällig noch als unerheblich eingeschätzt. Dennoch wurde *Richters* Arbeit sehr positiv bewertet:

> *„Das ist, also es müssen katastrophale Arbeitsbedingungen gewesen sein. Ich bewundere den Doktor Richter dafür, dass der das so durchgezogen hat. Mit, ja, mit so viel Erfolg auch"* (3-2(1)-1 1425/1427).

Die unzureichende Mitarbeiterausstattung führte dazu, dass sich die offiziell vorgegebene Aufgabenverteilung zwischen Leitung und Mitarbeitern nicht in der Realität

---

655 *Erbe* 1999: 27; *Erbe* 2003: 371.
656 *Treuhandanstalt* Bd. 10 1994: 955.

verwirklichen ließ. Dass die Stabsstelle aufgrund mangelnder Ressourcen nicht zu tief in komplexe Vorgänge eindringen konnte, kann nach der (strukturierten) Analyse als (auch) geplant angenommen werden.

Noa als Nachfolger *Richters* hatte mit neuen Schwierigkeiten in der personellen Besetzung zu kämpfen. Denn nicht nur die Leitung, sondern auch die Mitarbeiter, die vom Land Baden-Württemberg beurlaubt waren, verließen nach und nach die Stabsstelle. Es gestaltete sich schwierig, gleichwertige Spezialisten zu finden, sogar das Bundesministerium sowie die Senatsverwaltung für Justiz in Berlin wurden um Mithilfe gebeten.[657] Zwischenzeitlich wurde laut Vermerk vom 30. September 1992 sogar eine Verkleinerung der Abteilung erwogen.[658] Eine solche Personalreduzierung wäre offenbar nicht allen in der Treuhandanstalt ungelegen gekommen, wie ein Stabsstellenleiter bemerkte:

Die Stabsstelle müsse ausreichend Mitarbeiter haben. So gerade in diesem Übergangsstadium, die erste Riege sei wieder zurückgegangen und der neue Stabsstellenleiter habe dann eigentlich ganz alleine dagestanden. Manchen in der Treuhand wäre es am liebsten gewesen, Noa hätte nur so als Aushängeschild dagestanden, ohne Mitarbeiter und ohne Einblick (Beleg zu Anonymisierungszwecken entfernt).

Dennoch gelang es letztlich wiederum, neues qualifiziertes Personal zu verpflichten:

Das Personal sei dann bei den Polizeidienststellen rekrutiert worden und einen habe die Stabsstelle gehabt, der sei Steuerfahnder gewesen. Da seien Noa seine Beziehungen von früher zu Gute gekommen. Er habe zuvor bundesweit gearbeitet und habe mit dem Bundeskriminalamt zusammengearbeitet, mit verschiedenen Landeskriminalämtern und da habe er dann genau gewusst, welche Leute gut seien (Beleg zu Anonymisierungszwecken entfernt).

Ab dem 1. Dezember 1993 verfügte die Stabsstelle neben *Noa* über fünf Kriminalbeamte, die gleichfalls als erfahrene Kriminalisten bezeichnet wurden,[659] eine Sachbearbeiterin und drei Sekretariatskräfte.[660] Diese Besetzung (je zwei Kriminalbeamte und Sekretariatskräfte mehr als bei Richter, dafür eine Sachbearbeiterin weniger) beurteilte *Noa* angesichts der gleich bleibend hohen Fallzahlen gerade noch als ausreichend, allerdings sei es in dieser Zeit schwierig gewesen, wegen der neuen eiligen Vorgänge die Altverfahren abzubauen.[661] Die zunehmende Komplexität der Vorgänge habe die Bearbeitung zusätzlich erschwert.[662]

In einem Bericht über den Auftrag und die Aufgaben der Stabsstelle behauptete *Noa* dennoch, die Stabsstelle sei ihren Aufgaben bisher im vollen Umfang

---

657 *Treuhandanstalt* Bd. 10 1994: 956, 960, 961 f.
658 *Treuhandanstalt* Bd. 10 1994: 958.
659 *Treuhandanstalt* Bd. 10 1994: 974.
660 *Treuhandanstalt* Bd. 10 1994: 952, 1008.
661 *Treuhandanstalt* Bd. 10 1994: 952.
662 *Treuhandanstalt* Bd. 10 1994: 1008.

nachgekommen,[663] was angesichts des Umstandes, dass *Noa* ebenso wenig wie *Richter* über einen zweiten Juristen verfügte, nicht unmittelbar plausibel erscheint. Erst einen Monat vor seinem Ausscheiden wurde ein solcher eingestellt (3–2(1)-1 21/43). Die Vermutung, dass nicht immer alles bearbeitet werden konnte, bestätigten uns auch Stabsstellenleiter:

„Sie können ja nur zehn, zwölf Stunden am Tag arbeiten und dann ist halt Schluss, ne? Und was dann nicht bearbeitet ist, das muss man halt liegen lassen. [...] Also insofern, das ist keine Besonderheit bei der Treuhandanstalt. Dass mangelnde Ressourcen ..." (3–1-3 510/514). *„Allerdings seien keine wesentlichen Sachen liegengeblieben"* (3–1-5 263/265).

Insgesamt unterschied sich die personelle Ausstattung unter *Noa* nicht wesentlich von *Richters* Situation. Dies spricht für eine weiterhin eher knappe personelle Ausstattung (so auch 3–2(1)-1 316/317). Mit Übernahme der Leitung durch *Erbe* veränderte sich die personelle Zusammensetzung der Stabsstelle erheblich. Ein Stabsstellenleiter beschrieb diesen Wandel ab 1995:

„Also, ich denke, im Durchschnitt von 1995 bis Anfang 1999 waren es sieben immer so im Schnitt. Wobei auch viele Aushilfskräfte einsprangen, also Dreimonatskräfte, Sechsmonatskräfte, die ich jetzt mal außen vor lasse, weil das im Prinzip keine Unterstützung ist, sondern das ist eine Einarbeitungsphase und gerade dann, wenn die Mitarbeiter soweit sind, dass sie eigenverantwortlich Fälle bearbeiten können, ist der Vertrag zu Ende und man arbeitet einen neuen Mitarbeiter ein. Also, im Schnitt waren es sieben. Ich denke, die Spitze waren mal zehn Mitarbeiter. Der Bruch kam so in 1995. [...] Dann wurden Juristen, mehr Juristen eingestellt, dort in dem Bereich. Vorher waren es der Leiter als Jurist und [...] ansonsten Steuerfahnder und Polizeibeamte" (Beleg zu Anonymisierungszwecken entfernt).

Offenbar verbesserte sich die quantitative Ausstattung ein wenig. Weder *Richter* noch *Noa* verfügten (die Sekretariatskräfte ausgenommen) über mehr als sechs Mitarbeiter. Dagegen ist nun von durchschnittlich sieben Mitarbeitern die Rede, wobei allerdings unklar bleibt, ob in- oder exklusive Leitung. Zusätzlich wurden noch befristete Aushilfskräfte angestellt, die – wenn auch sicherlich mit den beschriebenen Einschränkungen – einerseits in kleineren Vorgängen oder für begrenzte Aufgaben unterstützend eingesetzt werden konnten. Die Beschäftigung dieser Aushilfskräfte (hierunter fielen auch die so genannten „Warteschleifenreferendare")[664] barg jedoch andererseits ein Risiko, wie ein Mitarbeiter des Direktorates Recht mit Leitungsfunktion erläuterte:

„Es war aber auch nicht zweckmäßig, so viele Jungassessoren oder Referendare da zu nehmen. Denn das ist schon ein sensibles Geschäft. Man hätte da auch Kontinuität gebraucht. Manchmal habe ich Angst gehabt davor, dass man nun so einem Warteschleifenreferendar,

---

663 Treuhandanstalt Bd. 10 1994: 1008.
664 Gemeint sind Juristen mit 1. Staatsexamen, die auf einen Referendariatsplatz warteten und die in der Übergangszeit eingestellt wurden.

dessen Vorleben ich nicht kannte, dessen Nachleben ich nicht kannte, [...] so sensible Dinge gibt" (11–1–1(2) 3266/3271).

Kennzeichnend für die Zeit ab 1995 war aber vor allem der Einsatz von zusätzlichen Juristen als Ersatz für ausscheidende Kriminalbeamte.[665] *Erbe* selbst beschrieb diese Entwicklung als eine Verlagerung vom ermittlungstechnischen zum wirtschaftsstrafrechtlichen Bereich aufgrund rechtlich immer schwieriger zu beurteilender und komplexerer Fälle.[666] Diese zunehmende Komplexität könnte als sachliches Argument gedient haben, den Vorstand der Treuhandanstalt von diesem Schritt zu überzeugen. Möglicherweise war dies erfolgversprechender als die Bitte um Schaffung von Freiräumen für strategische Planungen, die vorherige Stabsstellenleiter vortrugen. Vielleicht kam *Erbe* aber auch zugute, dass die Stabsstelle mittlerweile ein etabliertes Konzept in der BvS war (bereits für die Zeit von *Noa* wurde von wachsendem Vertrauen gegenüber der Stabsstelle berichtet; vgl. etwa (Beleg zu Anonymisierungszwecken entfernt)). Ein Vorstandsmitglied der Treuhandanstalt sah diese Entwicklung zudem mit weiterhin steigenden Vorgangszahlen verbunden:

„Das scheint mir plausibel zu sein, dass mit einem gewissen Zeitablauf mehr Fälle hoch kamen. Und dass es da mehr Fälle zu betreuen und zu verfolgen und zu begleiten gab" (11–1–4 2667/2671).

Ein solch verzögertes Aufkommen an Vorgängen wurde immer wieder beschrieben. Ein Stabsstellenleiter sprach in diesem Zusammenhang von einer *„Phasenverschiebung"*, denn zum einen habe es seine Zeit gedauert, bis ein Vorgang von den internen Abteilungen an die Stabsstelle weitergegeben worden sei (er vermutete: bis zu zwei Jahre Zeitverzögerung) und zum anderen sei das interne Kontrollsystem erst schrittweise verstärkt worden.[667]

Aufgrund der Unvollständigkeit der Vorgangsstatistiken lässt sich eine solche Entwicklung nicht anhand der Eingangszahlen nachzeichnen, zu Zeiten *Erbes* nahm jedenfalls die Zahl der Neueingänge eher wieder ab. In dieser Zeit findet sich aber eine hohe Zahl an Nachbearbeitungen, die über einen kurzen Zeitraum erfasst wurden. Als Erklärungsansatz für einen Austausch von Kriminalisten gegen Juristen bietet sich vielmehr an, dass die verbliebenen Altvorgänge die umfangreicheren, komplexeren und damit zeitaufwendigeren Verfahren waren, die nicht schnell erledigt werden konnten. Eigene Ermittlungen der Stabsstelle waren in diesen Fällen nicht mehr erforderlich, da diese bereits entsprechend ausermittelt waren. Nun ging es verstärkt um die juristische Bewertung. In den Neuzugängen war zudem möglicherweise von Anfang an weniger Ermittlungsarbeit erforderlich, da sie nicht mehr

---

665 Dies habe sich auch schon vorher bei dem zweiten Stabsstellenleiter angedeutet, so *Erbe* 2003: 371 f. Eingestellt wurde dieser jedoch erst einen Monat vor *Noas* Abschied.

666 *Erbe* 1999: 27; *Erbe* 2003: 371.

667 *Treuhandanstalt* Bd. 10 1994: 1008.

so umfangreich waren. Ein Mitarbeiter des Direktorates Recht mit Leitungsfunktion führte aus:

> *„Denn wir hatten ja auch gesagt, also die Hochzeiten sind vorbei, die gewaltigen Privatisierungen gibt's nicht mehr"* (11–1-1(2) 3246/3248).

Es fehlte also wahrscheinlich aufgrund der Struktur der Neuzugänge und der ausermittelten offenen Verfahren der Bedarf für kriminalistisch erfahrenes Personal. Der Schwerpunkt der Tätigkeit der Stabsstelle hatte sich insoweit auf die juristische Bearbeitung verlagert. Stabsstellenleiter erläuterten übereinstimmend die grundsätzlich unterschiedliche Arbeitsweise von Kriminalbeamten und Juristen:

> *„Die Kripobeamten, die da rumturnten, haben [zwar] vernünftige Arbeit geleistet. Die Qualität der Arbeit hat [aber] nicht immer dem entsprochen, was aus Sicht einer Staatsanwaltschaft – und das war ja die Korrespondenzstelle – notwendig war. [...] Ermitteln kann im Prinzip, wenn man [...] vernünftige Fragen stellt, kann der Mitarbeiter der Treuhand selbst ermitteln, indem er nämlich die Akten sich durchguckt. Es sei denn, [...] er [...]steht auch in dem Verdacht, an den Akten manipuliert zu haben. Was wichtig ist, ist einen Fall überhaupt zu kapieren, strukturell zu verstehen, aus einer Zielvorstellung heraus auch die entsprechenden Tatbestandsmerkmale abfragen zu können. So dass, also nach meiner Beurteilung, das entsprach im Übrigen auch meinem Selbstverständnis aus der Staatsanwaltschaft heraus, Ermittlungsbeamte sind schön und gut, wenn sie nicht vernünftig geführt werden, fuchteln die mit irgendwelchen strafprozessualen Waffen rum und richten mehr Schaden an als sie nützen. Und das nun alles bei beschränkten auch personellen Ressourcen war meine Auffassung diejenige, die Stabsstelle, sprich BVS ist besser bedient, mehr juristische denn Ermittlungskompetenz dort zu haben"* (Beleg zu Anonymisierungszwecken entfernt; *vgl. auch* Beleg zu Anonymisierungszwecken entfernt).

Ein Stabsstellenleiter vermutete, dass die veränderte personelle Ausstattung zu mehr Akzeptanz bei den Ermittlungsbehörden führte:

> *„Mit dem personellen Wandel der Stabsstelle, der 1994, 1995 einsetzte [...], konnte die Stabsstelle auch die Ergebnisse ihrer Arbeit mit mehr auch juristischer Akzeptanz ausstatten. Es war eben nicht mehr der normale Ermittlungsbericht, den man aus irgendeiner Akte kennt, der von einem Kriminalhauptmeister, obwohl die gute Arbeit leisten, zusammengeschustert wurde, sondern er war auch in der Sprache, der Diktion einer Staatsanwaltschaft abgefasst. Was im Übrigen dazu führte, dass die Stabsstelle noch höhere Akzeptanz genoss."* (Beleg zu Anonymisierungszwecken entfernt).

Bei *Erbe* existierten folgerichtig am ehesten Freiräume, um strategische Überlegungen anzustellen und sich den originären Leitungsaufgaben zu widmen. Dennoch wurde ebenso für diese Zeit angedeutet, es sei versucht worden, über die personellen Ressourcen die Bearbeitung der Fälle zu bremsen:

> *„Und es wurde ja vom Haus auch durch Personal oder durch Haushaltmittel versucht, zu steuern. So haben wir das schon gesehen, dass man teilweise im Berg versank, [...] und*

die Stabsstelle – innerhalb des Justiziariats hatte man ab einem gewissen Zeitpunkt schon den Eindruck, die wollten das nicht mehr haben" (Beleg zu Anonymisierungszwecken entfernt).

Zum Ende der Amtszeit von *Erbe* gingen die Bemühungen anscheinend also schon dahin, die Stabsstelle insgesamt aufzulösen. So wurden Überprüfungen durch Unternehmensberatungen durchgeführt, die sicherlich keine Verstärkung der Stabsstellenbesetzung zur Folge haben sollten:

„Wir sind also von 1996–1999 zwei Mal überprüft worden. [...] Und die Unternehmen[sberatungen], das waren zwei verschiedene, kamen eigentlich immer zu dem Ergebnis, ‚die sind sehr wichtig‘. Und die haben dann unsere Statistiken vorgelegt bekommen, die haben sich mit uns unterhalten, die haben sich mit dem Justiziariat unterhalten und unterm Strich war eigentlich unsere Abteilung immer diejenige, wo gesagt wird, ‚ja, also der Schlüssel ist genau richtig‘. Zwölf, dreizehn Mitarbeiter, das ist eigentlich zu wenig, aber das muss gehalten werden. Ulkigerweise waren wir letztendlich doch die erste Abteilung, die ihre Türen schließen durfte" (Beleg zu Anonymisierungszwecken entfernt).

Allerdings befand sich in dieser Zeit die gesamte BvS in einer Umbruchphase und zahlreiche Abteilungen waren von den Umstrukturierungen betroffen. 1997 wurde bereits jede vierte geschlossen.[668] Die Stabsstelle wurde zudem nicht als erste Abteilung geschlossen. Ihre Auflösung Mitte 2000 erscheint vor diesem Hintergrund nicht als bewusster Versuch der Gegensteuerung, sondern als zu erwartende organisatorische Entscheidung.

7.5.4 Entwicklungsphasen in der Personalentwicklung

Es zeichnen sich bei der gesamten Entwicklung der personellen Besetzung verschiedene charakteristische Phasen ab:

Die *erste Phase des Aufbaus und der Erweiterungsanbahnung* umfasst die Zeiträume *Richter* und *Noa*. Prägend für diese Phase war die Besetzung der Stabsstelle mit nur jeweils einem Juristen, unterstützt vorwiegend durch Kriminalbeamte, für deren Abordnung sich *Richter* anfangs stark einsetzen musste. Den originären Leitungsaufgaben konnten beide aufgrund der unzureichenden Personalsituation nur in einem begrenzten Umfang nachkommen. Insgesamt existierten anfangs relativ starke Widerstände gegen die Tätigkeit der Stabsstelle, obwohl aufgrund der Lücken im internen Kontrollsystem eine solche Stelle gebraucht wurde, da immer wieder relevante Vorgänge bekannt wurden.

Mit der Übernahme der Stabsstellenleitung durch *Erbe*, der als Syndikusanwalt der Treuhandanstalt bezeichnet werden kann, begann *eine zweite Phase der Erledigung und Etablierung*. *Erbe* verfügte über eine verbesserte Personalsituation. Insgesamt verlagerten sich die personellen Kapazitäten von einer Ermittlungsarbeit mehr

---

668 *BvS* 2003: 178.

zu juristischen Tätigkeiten. Die Vorgänge waren ausermittelt, jetzt musste über die Erledigung entschieden werden.

Schließlich wurde durch die Übernahme der Stabsstellenleitung durch *Schäfer* die *dritte Phase,* die *der Auflösung,* eingeleitet. Die meisten Vorgänge waren erledigt, es kamen nur noch wenig neue hinzu. Das führte zu Personalabbau und schließlich zur kompletten Auflösung der Abteilung. Die letzten Aufgaben wurden durch den Verwaltungsrat übernommen. Eine Zusammenstellung dieser Phasen findet sich in der Tabelle 6.

Tabelle 6:   Phasen in der personellen Ausstattung

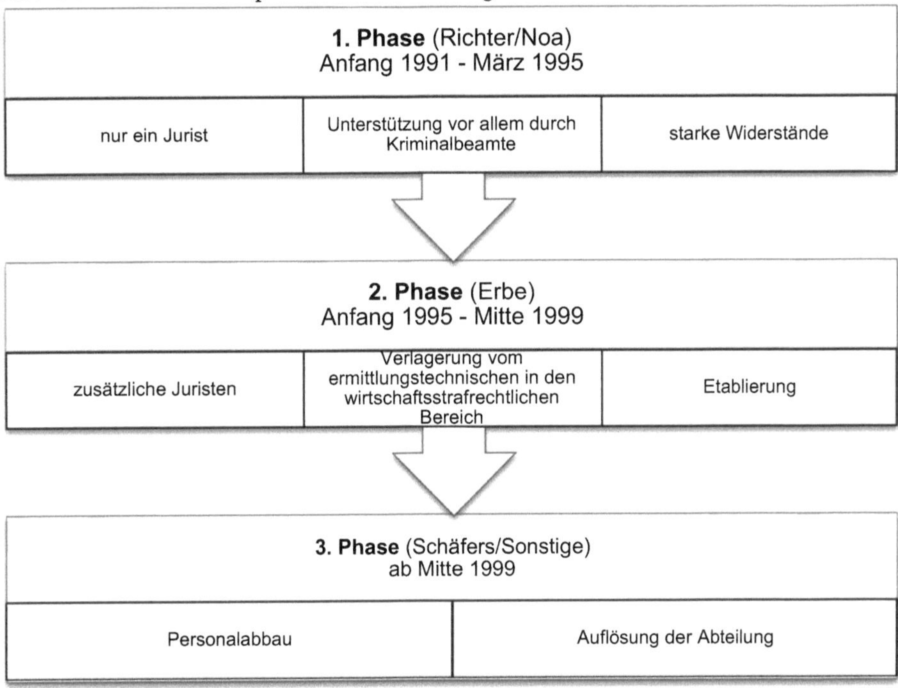

Insgesamt war die personelle Ausstattung zu keiner Zeit ausreichend, jedoch waren die Schwierigkeiten in der 2. Phase geringer als in der Zeit des Aufbaus. Es ist nicht auszuschließen, dass wegen der teilweise unzureichenden personellen Ausstattung Vorgänge liegen bleiben mussten. In den Interviews entstand bereits im Zusammenhang mit der Schilderung der Personalsituation verschiedentlich der Eindruck, dass eine maximal funktionsfähige Kontrollinstitution zumindest nicht von Beginn an gewollt war. Die Erreichung des unter anderem propagierten Zieles, einer wirksamen Kontrolle von Wirtschaftskriminalität, wurde offenbar innerhalb der Treuhandanstalt zumindest nicht um jeden Preis verfolgt.

7.6   Vorgangserledigung in der Stabsstelle

Der Schwerpunkt der Tätigkeit der Stabsstelle lag sicherlich in der in Kapitel 7.4 beschriebenen *Vorgangsbearbeitung*, das heißt in der Sammlung und Bearbeitung von Hinweisen auf strafrechtlich relevantes Verhalten. Das Ergebnis dieser Tätigkeit konnte schließlich die Erstattung einer Strafanzeige sein. Daneben waren die Mitarbeiter zuständig für die Erfüllung von Amtshilfegesuchen durch die Strafverfolgungsbehörden – auch in Vorgängen, die (noch) nicht intern bearbeitet wurden. Außerdem wurden in den Interviews weitere, eher präventiv ausgerichtete Tätigkeitsbereiche wie beispielsweise Mitarbeiterschulungen in Bezug auf strafrechtliche Risiken genannt (vgl. *3–1-1 237/387*). Grundsätzlich stand die Stabsstelle der gesamten Treuhandanstalt als Ansprechpartner in allen strafrechtlichen Fragen zur Verfügung. Ein Vorstandsmitglied erinnerte sich zum Beispiel, dass *Erbe* ihn auf Befragungen in einem der Untersuchungsausschüsse vorbereitet habe:

> „[… I]ch war ja auch verschiedentlich im Untersuchungsausschuss und […] ich [habe] dem Erbe gesagt […]: ‚Schauen Sie doch mal die Akten nach. Was da möglicherweise an Fragen auf uns zukommt‘" (11–1-4 2890/2892).

Dass aber die Bearbeitung der Hinweise auf strafrechtlich relevantes Verhalten im Mittelpunkt stand, zeigt sich auch daran, dass die anderen Tätigkeitsfelder nur selten und knapp in den Interviews erwähnt wurden. Die bisherige qualitative Beschreibung des Bearbeitungsprozesses und der Vorgänge wird im Folgenden um quantitative Ergebnisse der Stabsstellentätigkeit ergänzt, soweit diese aus den von der Stabsstelle geführten Monatsstatistiken zu entnehmen sind.

Die einzelnen Vorgänge der Stabsstelle und ihre Erledigung wurden monatlich in einer so genannten *„Monatsstatistik"* erfasst. Zum Teil sind diese in der Treuhandanstalt veröffentlicht,[669] ab Januar 1999[670] bis Juli 2000 wurden sie dem Forschungsteam fast komplett zur Verfügung gestellt. Insbesondere für den langen Zeitraum von September 1994 bis Dezember 1998 (bzw. Januar 1999) fehlen statistische Informationen. Auch für die Zeit bis 1994 lässt sich keine lückenlose Entwicklung nachzeichnen. Für diesen Zeitraum können jedoch in der Treuhandanstalt abgedruckte Grafiken über die Entwicklung des Geschäftsanfalls ergänzend herangezogen werden,[671] an denen sich zumindest eine Entwicklungstendenz ablesen lässt. Die jeweiligen Statistiken beinhalten folgende Informationen zum Geschäftsanfall: neben einer einfachen Eingangszählung Auskünfte darüber, welchem Sachgebiet die Vorgänge zuzuordnen waren, woher die Hinweise auf diese Vorgänge stammten oder gegen wen sich die Vorwürfe richteten sowie welche Maßnahmen zur Erledigung durchgeführt wurden, vor allem ob Strafanzeige erstattet wurde oder ob bereits ein Ermittlungsverfahren in diesem Vorgang anhängig war.

---

669 *Treuhandanstalt*, Bd. 10, 1994: 904, 910, 927, 947, 950, 953.
670 Diese Statistik enthält teilweise Angaben über den Dezember 1998.
671 *Treuhandanstalt* Bd. 10 1994: 911, 920, 928, 948.

Im Laufe der Zeit wurde der Aufbau der Statistiken jedoch immer wieder verändert. Dies beeinträchtigt ihre Vergleichbarkeit. In den ersten Monatsstatistiken findet sich etwa eine Aufteilung der Vorgänge nach den Sachgebieten, später wurde nur noch zwischen Vorwürfen im Zusammenhang mit den Privatisierungen und Vorwürfen im Zusammenhang mit Aushöhlungshandlungen unterschieden.[672] Um eine Vergleichbarkeit zu gewährleisten, werden deshalb manche Informationen weniger differenziert dargestellt, als dies möglich wäre.

Dass diese Statistiken abgesehen von ihrer Unvollständigkeit noch aus anderen Gründen nicht uneingeschränkt als aussagekräftig angesehen werden dürfen, legt folgende Bemerkung eines Stabsstellenmitarbeiters nahe:

„Presse war immer, ja wenn die Statistik aufgefüllt werden musste. Also wir haben ja ein Buch geführt und da trug dann jeder Bearbeiter, also man vergab selber ein Aktenzeichen, das laufende Aktenzeichen und dann war also für Doktor Erbe Ende des Monats meinetwegen absehbar, [...] also die Statistik stimmt nicht mehr ganz so, dann wurde der Pressespiegel noch mal etwas intensiver durchgeforstet und man fand dann ein paar Blättchen als Neuvorgang" (3-1-2 359/365).

Dies stellt ein grundsätzliches Problem im Zusammenhang mit Statistiken dar, die Aufschluss über die Tätigkeit einer Institution geben sollen und die von dieser selbst geführt werden. Denn neben dem Erfolg, der messbar gemacht werden soll, lässt sich an einer Entwicklung der Eingangszahlen möglicherweise ablesen, wann die Arbeitsbelastung innerhalb einer Institution abnimmt. In einer solchen Situation besteht ein gewisser Anreiz, Vorgänge zu konstruieren, um eine Schließung oder einen Personalabbau zu verhindern. Die Stabsstelle wie die Treuhandanstalt insgesamt sah sich – vermehrt zum Ende der 1990er Jahre – mit der Gefahr einer Auflösung konfrontiert. Es ist nicht ganz fernliegend, dass zumindest gelegentlich gezielt Vorgänge geschaffen wurden, um eine ausreichende Legitimationsgrundlage zu bewahren oder um eine bessere personelle Besetzung durchzusetzen. Dennoch können diese Statistiken Auskunft über Tendenzen in der Tätigkeit der Stabsstelle geben und gleichzeitig ungefähre Größenordnungen vermitteln.

Die *Vorgangsentwicklung* (Tabelle 7) umfasst zum einen die steigende Gesamtzahl der Vorgänge und die jeweiligen Neueingänge pro Monat, zum anderen die Entwicklung der Erledigungen insgesamt und pro Monat. Darüber hinaus wurden für einen Zeitraum von sieben Monaten die Nachbearbeitungen gezählt. Diese umfassen Maßnahmen im Zusammenhang mit Vorgängen, die bereits als erledigt (Abschlussentscheidung getroffen) eingestuft wurden, in denen dann jedoch weitere Tätigkeiten der Stabsstelle – vor allem zur Unterstützung der Strafverfolgungsbehörden – erforderlich wurden.

In neuneinhalb Jahren Stabsstellentätigkeit fielen insgesamt 3.661 Vorgänge an (im Durchschnitt sind das über 30 Neueingänge pro Monat). Die Zahl der Neuein-

---

672 So in den Monatsstatistiken der Stabsstelle ab Januar 1994; vgl. *Treuhandanstalt* Bd. 10 1994: 950.

Tabelle 7:   Vorgangsentwicklung in der Stabsstelle

	Mai 91	Dez 91	Jun 92	Jun 93	Jan 94	Sep 94	Dez 98	Jan 99	Feb 99	Mrz 99	Apr 99	Mai 99	Jun 99
Gesamtzahl der Vorgänge	136	461	789	1227	1491	1790	3426	3446	3464	3482	3500	3522	3542
Gesamtzahl der erledigten Vorgänge	33	292	565	1123	1272	1653	3055	3064	3086	3106	3131	3147	3182
Anteil offener Vorgänge insgesamt	76%	37%	28%	8%	15%	8%	11%	11%	11%	11%	11%	11%	10%
Nachbearbeitungen seit dem 1.3.1995 insgesamt	-	-	-	-	-	-	9088	9256	9431	9608	9778	9946	10116
Neueingänge/Monat	34	27	66	47	34	27	24	20	18	18	18	22	20
Erledigung/Monat	9	40	54	28	16	68	25	9	22	20	25	16	35
Nachbearbeitungen/Monat	-	-	-	-	-	-	381	168	175	177	170	168	170

	Jul 99	Aug 99	Sep 99	Okt 99	Nov 99	Dez 99	Jan 00	Feb 00	Mrz 00	Apr 00	Mai 00	Jun 00	Jul 00
Gesamtzahl der Vorgänge	3592	3600	3610	3617	3625	3629	3635	3644	3651	3655	3660	3661	3661
Gesamtzahl der erledigten Vorgänge	3407	3479	3518	3539	3546	3560	3571	3594	3612	3628	3647	3657	3657
Anteil offener Vorgänge insgesamt	5%	3%	3%	2%	2%	2%	2%	1%	1%	1%	0,4%	0,1%	0,1%
Neueingänge/Monat	-	-	10	7	8	4	6	9	7	4	5	1	-
Erledigung/Monat	50	8	39	21	7	14	11	23	18	16	19	10	-
Nachbearbeitungen/Monat	225	72	-	-	-	-	-	-	-	-	-	-	-

Quelle: Veröffentlichte (*Treuhandanstalt* Bd. 10 1994: 904, 910, 927, 947, 950, 953) und unveröffentlichte Statistiken der Stabsstelle sowie eigene Berechnungen.

gänge war starken Schwankungen unterworfen. So bewegten sich die Werte bis September 1994 zwischen 27 und 66 Neueingängen.[673] Zwischen September 1994 und Dezember 1998 hatte sich die Gesamtzahl noch einmal fast verdoppelt (von 1790 auf 3426). In der Zeit bis einschließlich September 1994 fielen damit durchschnittlich im Monat etwas mehr neue Vorgänge an (fast 41) als in der nachfolgenden Zeit bis Dezember 1998 (nur noch 32 im Durchschnitt). Diese leicht abnehmende Tendenz bestätigend, äußerte sich ebenfalls ein Stabsstellenleiter:

> *„Also, von 1995 bis 2000 hin, hat sich [...] der Arbeitsanfall verringert, das ist ganz klar. Und auch die Aufgaben haben sich ein bisschen verschoben. Dass, am Ende, ein großer Anfall von Amtshilfeersuchen gab, aber weniger Neufälle. Vorgänge, die wir als Neuvorgänge bezeichnet haben bei uns in der Terminologie, das ist, das ist zurückgegangen“ (3–2(1)-1 62/66).*

Auch wenn die in der personellen Besetzung herausgearbeiteten zeitlichen Phasen nicht komplett deckungsgleich mit diesen Zeitpunkten sind, deutet auch die Statistik der Stabsstelle daraufhin, dass während der *ersten Phase* die Arbeitsbelastung bei schlechterer Personalausstattung höher war als in der *zweiten Phase*. Für die Zeit des ersten Stabsstellenleiters *Richter* ist im Zwischenbericht der Stabsstelle aus dem Jahr 1992 sogar von durchschnittlich 50 Hinweisen pro Monat die Rede.[674] In der zweiten Phase nahm dafür wahrscheinlich die Komplexität der Vorgänge zu. Seine Eindrücke in diesem Zusammenhang beschrieb ein Stabsstellenleiter wie folgt:

> *„Es waren [ab 1995] komplexere Fälle. Es waren also Fälle, die genau diese Sicherheitsmaschen, die eingebaut worden sind, einfach umgangen haben. Ja? Oder es waren halt Fälle, wo intern dann auch ja mitgewirkt worden ist. Da kann man die besten Kontrollen schalten, [...] da kommen Sie nicht gegen an. Da können Sie keine Kontrollmechanismen einbauen. Das geht trotzdem immer noch. Solche Fälle waren das. [... M]an merkte, da steckte mehr Sachverstand hinter. Das waren nicht, ‚ich [...] nehme das Geld und gehe schnell‘. [...] Das war wirklich komplexer strukturiert[...]“* (Beleg zu Anonymisierungszwecken entfernt).

Diese zunehmende Komplexität der Vorgänge wurde bereits als einer der Auslöser für eine Umstrukturierung im personellen Bereich (vermehrt Juristen anstelle von Kriminalisten) genannt und dort ausführlich diskutiert.

Abgesehen von einem Ausreißer im Juli 1999 (50 Neueingänge) kamen ab Januar 1999 jeden Monat nur noch etwa 20 Neueingänge hinzu. Zum Ende *der zweiten Phase* nahm die Arbeitsbelastung folglich deutlich ab. Ab August 1999 (3600 Vorgänge insgesamt) verringerte sich die Zahl der Neueingänge sogar noch deutlicher auf maximal zehn neue Vorgänge im Monat, in der Mitte des Jahres 2000 blieben solche ganz aus. Dies fügt sich in die Vermutung ein, die *dritte Phase* sei vor allem eine Abarbeitungs- und Auflösungsphase gewesen. Insgesamt stützt die Vorgangs-

---

673 Vgl. hierzu auch graphische Darstellung zu den monatlichen Neuzugängen zwischen März 1991 und Juni 1993 in *Treuhandanstalt* Bd. 10 1994: 948.

674 *Treuhandanstalt* Bd. 10 1994: 938.

entwicklung die These von einer insbesondere anfangs hohen Arbeitsbelastung. Über den Erfolg der Stabsstelle sagt die Gesamtzahl der Vorgänge hingegen abstrakt nichts aus. Hierfür kommt es eher darauf an, wie viele dieser Vorgänge in das Strafverfolgungssystem überführt wurden.

Wenn die Entwicklung der Eingangszahlen als Indikator für die Arbeitsbelastung dient, bietet sich die Anzahl der Erledigungen pro Monat als Tätigkeitsnachweis der Stabsstelle an. Eine niedrige Zahl an Erledigungen, die nicht durch eine nur noch geringe Zahl an offenen Verfahren bedingt ist, könnte auf einen Stillstand in der Tätigkeit der Stabsstelle hindeuten. Für die erste Zeit der Tätigkeit der Stabsstelle fällt auf, dass zunächst trotz beständiger Neueingänge nur wenige Verfahren erledigt werden konnten,[675] die Prozentzahl der offenen Vorgänge war deshalb im Vergleich zu späteren Zeitpunkten außergewöhnlich hoch. Dies ist sicherlich mit der Aufbauphase der Stabsstelle und den anfänglichen Schwierigkeiten *Richters* bei der Durchsetzung seiner Personalwünsche zu begründen. Die Situation verbesserte sich nach und nach, die monatlichen Erledigungszahlen unterlagen allerdings bis September 1994 fortlaufend starken Schwankungen. Dies lässt sich ergänzend der Darstellung des Verlaufes der Erledigungen zwischen 1991 und Mitte 1993 in der Treuhandanstalt entnehmen.[676] Solche Schwankungen sind vielleicht aufgrund der unterschiedlichen Komplexität der Vorgänge zu erklären. Besonders stark stieg die Zahl der Erledigungen kurz vor der Übergabe der Leitung von *Richter* an *Noa* an. *Richter* wollte seinem Nachfolger möglicherweise so wenig offene Vorgänge wie möglich übergeben. Für die Übergabe von *Noa* an *Erbe* lässt sich ein solches Phänomen mangels Datenmaterial nicht feststellen, aber zum Ende der Zeit von *Erbe* kam es wiederum zu einer sehr hohen Erledigungszahl. So wurden im Juli 1999 225 Vorgänge abgeschlossen, was zu einer Halbierung auf nur noch 5 % an offenen Vorgängen führte. In der dritten Phase gelang es schließlich, den Anteil der offenen Vorgänge auf 0,1 % zu reduzieren, dies entsprach einer absoluten Zahl von vier offenen Vorgängen. Die Abarbeitung war also zumindest formal fast vollständig geglückt. Dass es dennoch weiterhin zu Nachbearbeitungen und Anfragen kam, zeigten bereits das dargestellte Rückgängigmachen der ursprünglichen Auflösungsentscheidung und die anschließende Diskussion.

Über den qualitativen Wert der Erledigungen sagen die Statistiken nichts aus. Hierzu könnten allenfalls die gezählten Nachbearbeitungen einen Anhaltspunkt liefern. Diese Werte wurden aber nur vorübergehend aufgeführt. Diese über 10.116

---

675 Eine weitere ergänzende Übersicht zum Geschäftsanfall und zur Erledigung für das Jahr 1991 findet sich in *Treuhandanstalt* Bd. 10 1994: 911. Dort zeigt sich ein zwischen 30 und 50 schwankender Neueingang pro Monat, im Oktober 1991 waren es sogar über 70. Es wird auch deutlich, dass bis Juni nur unter 20 Vorgänge pro Monat erledigt wurden, von Juli bis September zwischen 30 und 40, ab Oktober sogar über 40.

676 *Treuhandanstalt* Bd. 10 1994: 948. Meist bewegten sich die Erledigungen zwischen 30 und 50 pro Monat. In dieser Übersicht zeigte sich aber ein Anstieg zwischen August und Dezember 1992 auf über 60 (Höhepunkt ca. 100) Erledigungen pro Monat.

Nachbearbeitungen in viereinhalb Jahren werden jedenfalls nicht unwesentlich zur Arbeitsbelastung in der Stabsstelle beigetragen haben. Hierbei wird es sich oft um Anfragen der Strafverfolgungsbehörden zu einzelnen erledigten Vorgängen gehandelt haben.[677] Auch konnte ein Vorgang beispielsweise zwecks Einleitung eines zivilrechtlichen Verfahrens an das Direktorat Recht abgegeben werden und dieses dann weitere Informationen benötigen. Ausführlichere Informationen über die Art der Nachbearbeitungen wurden uns in den Interviews nicht gegeben.

Als Maßstab für die Akzeptanz und Bedeutung einer solchen Stelle könnte die Verteilung der Herkunft der Hinweise auf verschiedene externe und interne Bereiche dienen. Bis September 1994 finden sich diesbezüglich sehr differenzierte Informationen (Tabelle 8).

Tabelle 8:   Herkunft der Hinweise auf relevante Vorgänge an die Stabsstelle von März 1991 bis September 1994

	Bereich	**Anzahl**
Interne Bereiche	Vertragsmanagement	11
	Unternehmensbereich 1[678]	35
	Unternehmensbereich 2	86
	Unternehmensbereich 3	38
	Unternehmensbereich 4	66
	Unternehmensbereich 5	85
	Niederlassungen	19
	Direktorat Recht	182
	Direktorat Revision	40
	Direktorat Finanzverwaltung	33
	Bürgertelefon	4
	Sonstige	8
Externe Bereiche	Bürger, Belegschaft	423
	Polizei, Staatsanwaltschaft	364
	Presse	88
	Unabhängige Kommission	7
	Sonstiges	149
	Insgesamt intern	607
	Insgesamt extern	1031

Quelle: *Treuhandanstalt* Bd. 10 1994: 954

677 Im Zwischenbericht aus dem Jahre 1992 wurde deshalb ausdrücklich darauf hingewiesen, dass die abgeschlossenen Vorgänge „kein Ruhekissen" seien; *Treuhandanstalt* Bd. 10 1994: 940.

678 Vgl. hierzu Abbildung 2 mit einer genauen Benennung der einzelnen Unternehmensbereiche.

Ungefähr zwei Drittel der Hinweise stammten aus externen Quellen, ein Drittel aus internen. Bei den internen fällt vor allem das Direktorat Recht auf, aus dem fast ein Drittel aller internen Hinweise kamen. Aufgrund des Aufgabenbereichs verwundert dies nicht. Weitere wichtige Hinweisgeber fanden sich außerdem offenbar in den verschiedenen Unternehmensbereichen.[679] Die dortigen Treuhandmitarbeiter nahmen das Privatisierungsgeschehen unmittelbar wahr. Ähnliches müsste für die Niederlassungen gelten. Hier fällt jedoch auf, dass die Anzahl der Hinweise deutlich geringer war. Vielleicht war die in der Treuhandzentrale angesiedelte Stabsstelle schlicht durch die räumliche Entfernung zu wenig präsent. Extern waren die Bürger und die Belegschaft der privatisierten, sanierten oder stillgelegten Unternehmen sowie die Strafverfolgungsbehörden maßgeblich. Insbesondere bei der Gruppe der Bürger und der Belegschaft liegt die Vermutung nahe, dass diese sich im Unterschied zu internen Hinweisgebern ohne Zögern an die Stabsstelle wandten, wenn ihnen etwas verdächtig vorkam (sofern sie von deren Existenz überhaupt wussten).

In den späteren Statistiken wurde nur noch zwischen externen und internen Hinweisgebern unterschieden (Tabelle 9). Es wurden teilweise mehr Hinweise benannt, als insgesamt Vorgänge existierten, einige betrafen daher offenbar einen bereits vorhandenen Vorgang. Möglicherweise wurde auch bei einzelnen Hinweisen wegen ihrer offensichtlichen Irrelevanz kein Vorgang angelegt.

Insgesamt gab es stets mehr externe Hinweise als interne. Bis September 1994 lag der Anteil der externen Hinweise um die 60 %.[680] Ab Beginn 1999 lag er sogar deutlich höher bei ca. 75 %. Zwischen September 1994 und Januar 1999 waren nur 200 interne Hinweise dazugekommen, während sich die externen Hinweise um das Zweieinhalbfache steigerten. Insbesondere kamen ab Anfang 1999 nur vier Hinweise aus internen Bereichen, aber immerhin noch 211 externe dazu. Gerade in der Auflösungsphase der BvS verwundert dieses Ungleichgewicht nicht. Die BvS befand sich in einem Abwicklungsprozess, oberstes Ziel war nun die Erledigung aller Aufgaben. Andere Ziele (wie die Außendarstellung) verloren an Wichtigkeit.

Grundsätzlich verfügten die internen Abteilungen aber über die besten Einblicke in die einzelnen Privatisierungsvorgänge, deshalb ist die größere Anzahl externer Hinweise nicht unbedingt zu erwarten gewesen. Da es an Aussagen zu einer möglicherweise unterschiedlichen Qualität interner und externer Hinweise fehlt, kann man nur mutmaßen, dass von außen eventuell häufiger Vorgänge an die Stabsstelle herangetragen wurden, die (noch) keinen substantiierten Tatvorwurf enthielten (nur nach dem Motto: „Hier ist doch irgendetwas faul.“). In internen Bereichen wurde vielleicht eher darauf geachtet, dass ein konkreter Tatverdacht vorlag, bevor ein Vorgang an die Stabsstelle weitergeleitet wurde und damit vielleicht ein anderer Mitarbeiter belastet wurde. In diesem Zusammenhang könnte es auch eine Rolle gespielt haben, dass interne Abteilungen die Stabsstellentätigkeit eher mit einiger Skepsis betrachteten.

---

679 Vgl. zu der inhaltlichen Zuordnung zu den einzelnen Unternehmensbereichen die Abbildung 2 unter 6.2.2.1.

680 So auch im Zwischenbericht 1992, veröffentlicht in der *Treuhandanstalt* Bd. 10 1994: 937.

Tabelle 9:   Aufteilung der Vorgänge der Stabsstelle nach Herkunft der Hinweise[681]

	Mai 91	Dez 91	Jun 92	Jun 93	Jan 94	Sep 94	Dez 98	Jan 99	Feb 99	Mrz 99	Apr 99	Mai 99	Jun 99
Hinweise aus der Treuhand	61	204	349	535	585[682]	6607[683]	-	871	871	871	872	872	873
Hinweise extern	95	264	440	692	864	1031	-	2575	2593	2611	2628	2650	2669
Anteil externer Hinweise	61%	56%	56%	56%	60%	63%	-	75%	75%	75%	75%	75%	75%

	Jul 99	Aug 99	Sep 99	Okt 99	Nov 99	Dez 99	Jan 00	Feb 00	Mrz 00	Apr 00	Mai 00	Jun 00	Jul 00
Hinweise aus der Treuhand	873	873	873	873	873	-	873	874	875	875	875	-	875
Hinweise Extern	2719	2727	2737	2744	2752	-	2762	2770	2776	2780	2785	-	2786
Anteil externer Hinweise	76%	76%	76%	76%	76%	-	76%	76%	76%	76%	76%	-	76%

Quelle: Veröffentlichte (*Treuhandanstalt* Bd. 10 1994: 904, 910, 927, 947, 950, 953) und unveröffentlichte Statistiken der Stabsstelle sowie eigene Berechnung.

681 Die Zählung erfolgte kumulativ, es konnten also verschiedene Hinweise für einen Vorgang erfasst werden.
682 In der veröffentlichten Statistik findet sich für Hinweise aus der Treuhandanstalt der Wert 582, die drei Hinweise vom Bürgertelefon wurden weder bei den Externen noch bei diesen dazugerechnet. Deshalb wurde hier abweichend der Wert 585 eingesetzt.
683 Ebenfalls erweitert um vier Hinweise vom Bürgertelefon.

Bei Auflösung der Institution hatten insgesamt 3.661 Vorgänge eine Bearbeitung in der Stabsstelle durchlaufen. Fraglich im Hinblick auf ihren Erfolg ist, wie oft die Stabsstelle tatsächlich Strafanzeige bei den Strafverfolgungsbehörden erstattete (Tabelle 10). Diese Zahl könnte im Idealfall (jeder Anfangsverdacht wurde an das Strafverfolgungssystem weitergegeben) einen Anhaltspunkt zur Qualität der Hinweise und der Tätigkeit der Stabsstelle geben. Eine hohe Anzahl von internen Erledigungen könnte auf eine große Zahl querulatorischer Hinweise oder auch auf ein Handeln (Verschweigen) im Interesse der Treuhandanstalt hindeuten. Neben dieser Anzeigenrate könnte es darüber hinaus interessant sein, in wie vielen Vorgängen insgesamt Ermittlungsverfahren existierten, also die Strafverfolgungsbehörden ebenfalls einen Anfangsverdacht bejahten. Gleichzeitig kann zumindest für drei Monate gezeigt werden, inwieweit die Tätigkeit des Weiteren zivilrechtliche Folgen hatte.

Die Stabsstelle bejahte offiziell in insgesamt 430 Vorgängen (von 3.661) einen Anfangsverdacht und erhob Strafanzeige. Demgegenüber existierten in 1.426 Vorgängen Ermittlungsverfahren, also war nur ein gutes Drittel aller Ermittlungsverfahren, die im Zusammenhang mit Vorgängen aus der Stabsstelle standen, auf Initiative der Stabsstelle entstanden. Der Hauptteil der Anzeigen der Stabsstelle (ca. 75 %) wurde bereits in der *ersten Phase* erhoben, insbesondere in der *dritten Phase* kamen nur noch 17 Anzeigen hinzu. Ähnlich entwickelte sich auch die Zahl der Ermittlungsverfahren.

Der konkrete Anteil der Stabsstelle an einer Strafverfolgung erscheint jedenfalls angesichts des relativ kleinen Anteils an durch Strafanzeige der Treuhandanstalt verursachten Ermittlungsverfahren nicht sonderlich groß. Zu bedenken ist allerdings, dass einige Vorgänge parallel von der Stabsstelle und den Strafverfolgungsbehörden bearbeitet wurden, also eine Anzeige durch die Stabsstelle nicht mehr erforderlich war. Lag in den übrigen 3221 Vorgängen tatsächlich kein Anfangsverdacht vor? *Erbe* bemerkte hierzu, 80 % der Vorgänge seien intern eingestellt worden und diese Vorgänge seien auch in keinem einzigen Fall begründet [!] angezweifelt worden.[684] Angesichts der hohen Arbeitsbelastung einerseits und der nur beschränkt unabhängigen Position der Stabsstelle andererseits ergeben sich einige Zweifel, ob wirklich alle Fälle, in denen ein Anfangsverdacht begründet werden konnte, weitergegeben wurden.

---

684 *Erbe* 2003: 374.

Tabelle 10: Strafanzeigen, Ermittlungsverfahren und zivilrechtliche Folgen aufgrund der Vorgänge der Stabsstelle

	Mai 91	Dez 91	Jun 92	Jun 93	Jan 94	Sep 94	Dez 98	Jan 99	Feb 99	Mrz 99	Apr 99	Mai 99	Jun 99
Strafanzeige durch Treu-hand	2	57	107	203	181[685]	276	-	409	409	410	414	416	419
Ermittlungsverfahren über-haupt in den Vorgängen	10	94	194	440	689	808	-	1310	1319	1332	1345	1364	1376
Zivilrechtliche Folgen	-	75	129	198	-	-	-	-	-	-	-	-	-

	Jul 99	Aug 99	Sep 99	Okt 99	Nov 99	Dez 99	Jan 00	Feb 00	Mrz 00	Apr 00	Mai 00	Jun 00	Jul 00
Strafanzeige durch Treu-hand	423	424	424	426	427	-	428	430	430	430	430	-	430
Ermittlungsverfahren über-haupt in den Vorgängen	1404	1408	1408	1410	1412	-	1416	1417	1418	1420	1424	-	1426

Quelle: Veröffentlichte (*Treuhandanstalt* Bd. 10 1994: 904, 910, 927, 947, 950, 953) und unveröffentlichte Statistiken der Stabsstelle.

685 Die ausgewiesene Zahl der Strafanzeigen der Treuhandanstalt war in 06/93 schon höher als in 01/94. Worauf diese Differenz zurückzuführen ist, ist nicht bekannt.

Des Weiteren könnte interessant sein, wie viele Vorgänge Treuhandmitarbeiter als Verdächtige betrafen und wie häufig sich dieser Verdacht bestätigte. In dem Zwischenbericht über die Tätigkeit der Stabsstelle aus dem Jahr 1992 wurde dieses Problem der Mitarbeiterkriminalität innerhalb der Treuhandanstalt als vorwiegend unbegründet dargestellt.[686] Mitarbeiter seien häufig Opfer falscher Verdächtigungen und geschäftlicher Verleumdungen geworden. Betrachtet man hierzu die Angaben in den Statistiken, so muss Folgendes bedacht werden: Endgültig bestätigt hat sich ein Verdacht erst durch ein rechtskräftiges Urteil, solange gilt die Unschuldsvermutung. Mit dem Erreichen der jeweils nächsten Verfahrensstufe steigt nur die Wahrscheinlichkeit einer Verurteilung, da jeweils ein gesteigertes Verdachtsmoment (Anfangsverdacht, hinreichender Tatverdacht) als Voraussetzung gefordert wird.[687] So werden in der Tabelle 11 zunächst die Vorgänge aufgeführt, die eine Vermutung über Vorwürfe gegen Mitarbeiter beinhalteten. Diese Vermutung verdichtete sich möglicherweise zu einem Anfangsverdacht, der Voraussetzung für die Eröffnung eines Ermittlungsverfahrens ist. Eine Einstellung seitens der Strafverfolgungsbehörden kann den Tatvorwurf grundsätzlich nur nachhaltig entkräften, wenn sie gemäß § 170 Absatz 2 StPO (kein hinreichender Tatverdacht) erfolgt. In den Statistiken wurde nicht weiter nach der Art der Einstellung differenziert. Der Anteil der Einstellungen aus Opportunitätsgründen (vereinfacht: trotz hinreichenden Tatverdachts) lässt sich somit nicht ausmachen. Eine erhöhte Wahrscheinlichkeit zur Verurteilung kann schließlich in der Erhebung der Anklage durch die Staatsanwaltschaft gesehen werden, da hierfür gemäß § 170 Absatz 1 StPO ein hinreichender Tatverdacht vorliegen muss.

Ca. 20 % aller Verfahren, die in der Stabsstelle registriert wurden, enthielten einen Vorwurf gegen einen Mitarbeiter der Treuhandanstalt.[688] Dieser Anteil ist nicht gering. Aber es kam in nur 219 von insgesamt 668 Vorgängen zu einem Ermittlungsverfahren. Im Juli 2000 waren von diesen Ermittlungsverfahren zudem bereits 120 aus nicht feststellbaren Gründen eingestellt. Eine Verurteilung erfolgte bis zu diesem Zeitpunkt lediglich in 24 Verfahren. Sechs weitere Anklagen waren zudem erhoben. Selbst wenn diese (und noch einige der noch offenen 67 Ermittlungsverfahren) auch zu einer Verurteilung führten, kann insgesamt konstatiert werden, dass es nur in relativ wenigen Fällen zu einer Verurteilung der Mitarbeiter kam.

---

686 *Treuhandanstalt* Bd. 10 1994: 942.
687 *Beulke* 2012: 74f.
688 So auch schon im Zwischenbericht 1992 vermutet; *Treuhandanstalt* Bd. 10 1994: 941.

Tabelle 11:   Vorwürfe gegen Mitarbeiter der Treuhandanstalt und ihre Erledigung

	Mai 91	Dez 91	Jun 92	Jun 93	Jan 94	Sep 94	Dez 98	Jan 99	Feb 99	Mrz 99	Apr 99	Mai 99	Jun 99
Vorwürfe gegen Mitarbeiter der Treuhand	33	88	203	325	351	393	-	645	648	652	653	654	654
Ermittlungsverfahren gegen Mitarbeiter	-	-	-	-	131	152	-	208	208	208	210	210	211
Einstellungen	-	-	-	-	51	64	-	91	91	91	96	96	96
bereits Anklage erhoben	-	-	-	-	4	6	-	6	6	6	6	7	7
Urteile[689]	-	-	-	-	3	4	-	11	11	11	11	11	11

	Jul 99	Aug 99	Sep 99	Okt 99	Nov 99	Dez 99	Jan 00	Feb 00	Mrz 00	Apr 00	Mai 00	Jun 00	Jul 00
Vorwürfe gegen Mitarbeiter der Treuhand	658	660	660	662	663	-	664	666	668	668	668	-	668
Ermittlungsverfahren gegen Mitarbeiter	212	212	212	212	217	-	217	217	219	219	219	-	219
Einstellungen	99	99	99	99	99	-	99	118	119	119	119	-	120
bereits Anklage erhoben	7	7	7	7	7	-	7	9	9	9	9	-	8
Urteile[689]	11	12	12	12	12	-	13	23	24	24	24	-	24

Quelle: Veröffentlichte (*Treuhandanstalt* Bd. 10 1994: 904, 910, 927, 947, 950, 953) und unveröffentlichte Statistiken der Stabsstelle.

---

689 Aus der Statistik geht nicht hervor, ob auch Freisprüche gezählt wurden.

Von der Stabsstelle wurden circa 30 % der Ermittlungsverfahren bei den Staatsanwaltschaften (430 von 1426 insgesamt) ausgelöst. Es fragt sich daher, wie hoch die Anklage-/Verurteilungsquote in diesen Fällen als wesentliches Kriterium für einen Erfolg im Hinblick auf eine wirksame Kontrolle von Wirtschaftskriminalität war.

Insgesamt lässt sich die Anzahl der aus allen Ermittlungsverfahren resultierenden Anklagen und Verurteilungen nicht ermitteln, da diese in den Statistiken immer nur für einzelne Bereiche (Vorwürfe gegen Mitarbeiter der Treuhand, Vorwürfe im Zusammenhang mit den Privatisierungen und Vorwürfe im Zusammenhang mit Aushöhlungshandlungen) angegeben wurden. Deshalb lässt sich eine solche Quote nur für einzelne Bereiche als Anhaltspunkt für eine allgemeine Anklage-/Verurteilungsquote ausrechnen (Tabelle 12).

Tabelle 12: Die Entwicklung der Vorgänge im Strafverfolgungssystem

Bereich	Ermittlungs-verfahren[690]	Einstellungen	Anklage	davon Urteil	Anklage-quote
Mitarbeiter	152	120	32	24	21%
Privatisierung	295	215	80	39	27%
Aushöhlung	332	240	92	49	28%

Quelle: Unveröffentlichte Statistik der Stabsstelle und eigene Berechnung.

Die Anklagequoten in diesen Teilbereichen lagen zwischen 21 % und 28 % (Tabelle 12) und damit im Bereich jener 24 % und 41 % (teilweise inklusive Strafbefehlsanträgen), die bislang allgemein als Anklagequoten in Wirtschaftsstrafverfahren mitgeteilt worden sind.[691] Insoweit scheint die Tätigkeit der Stabsstelle nicht zu einer Intensivierung der Strafverfolgung beigetragen zu haben.

Die wesentlichen Erkenntnisse aus den Vorgangsstatistiken sind noch einmal als Schaubild (Abbildung 3) zusammengefasst.

Die Stabsstelle hat insgesamt immerhin eine beachtliche Anzahl von 3.661 Vorgängen bearbeitet. Die Hinweise hierzu stammten deutlich häufiger aus dem externen Bereich und nicht aus der Treuhandanstalt selbst. Aus diesen Vorgängen resultierten 1426 Ermittlungsverfahren, wovon allerdings nur 30 % durch eine Strafanzeige der Treuhandanstalt veranlasst wurden. Die Anklagequoten in den Ermittlungsverfahren lagen mit Werten zwischen 21 % und 28 % im Bereich der allgemeinen Anklagequoten in Wirtschaftsstrafverfahren.

---

690 Zugrunde gelegt wurden nur die bereits abgeschlossenen Ermittlungsverfahren.

691 Überblick bei *Dannecker* 2014: 46 ff. m. w. N. Im zweiten periodischen Sicherheitsbericht wird für das Jahr 2004 sogar in Wirtschaftstrafsachen eine Anklagequote von 31,6 % genannt, zusätzlich sei es in 9,2 % der Ermittlungsverfahren zu einem Antrag auf Erlass eines Strafbefehls gekommen. Demgegenüber seien die Werte 2004 in den sonstigen Ermittlungsverfahren 15 % (Anklage) und 17,5 % (Strafbefehl) gewesen. Von 2003 zu 2004 kam es zu einer deutlichen Verlagerung von Strafbefehlen (2003: 22,1 %) zu Anklagen (2003: 14 %); *Bundesministerium des Innern* 2006: 236.

Abbildung 3: Zusammenfassung Vorgangsstatistik

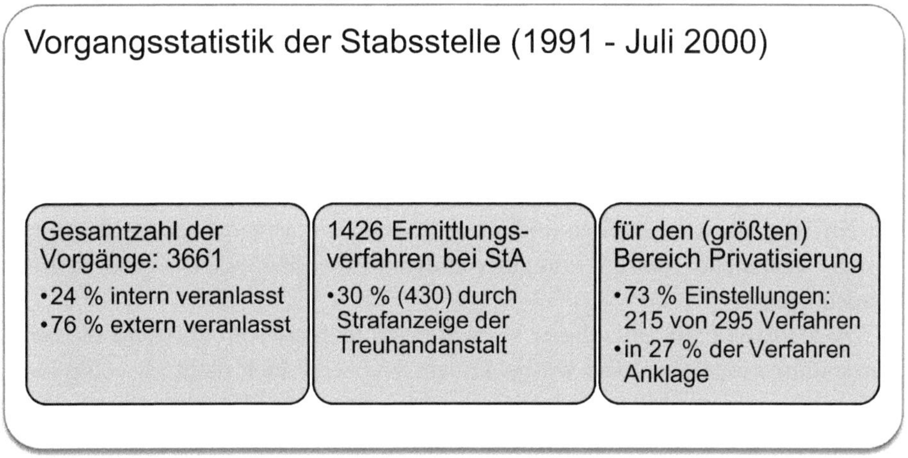

Vorgangsstatistik der Stabsstelle (1991 - Juli 2000)

Gesamtzahl der Vorgänge: 3661	1426 Ermittlungsverfahren bei StA	für den (größten) Bereich Privatisierung
•24 % intern veranlasst •76 % extern veranlasst	•30 % (430) durch Strafanzeige der Treuhandanstalt	•73 % Einstellungen: 215 von 295 Verfahren •in 27 % der Verfahren Anklage

7.7 Organisationseinheit der Treuhand

Interessant bei der Analyse der Tätigkeit der Stabsstelle erscheint insbesondere, welche Stellung die Stabsstelle innerhalb der Treuhandorganisation einnahm. In diesem Zusammenhang wird gerne von der „Unabhängigkeit" gesprochen, der besondere Bedeutung für den Erfolg einer solchen Institution beigemessen wird.[692] Dieser Bereich der Ausgestaltung des Stabsstellenkonzeptes wird also im Folgenden differenzierter betrachtet. Zunächst wird auf die Bedeutung der Unabhängigkeit näher eingegangen – immer vor dem Hintergrund der Diskussionen in der Treuhandanstalt in diesem Zusammenhang (7.7.1). Anschließend wird die Position der Stabsstelle in der Treuhandorganisation genauer bestimmt (7.7.2). Im Folgenden wird anhand des empirischen Materials untersucht, wie im Einzelnen den Berichtspflichten nachgegangen wurde und ob es zu Beeinflussungen oder sogar absprachewidrigen Weisungen kam (7.7.3). Des Weiteren wird das Material über Fälle mit Vorstands- oder Verwaltungsratsbezug als Belastungstest für das Verhältnis von Stabsstelle und Treuhandorganisation herangezogen (7.7.4). Zum Schluss werden die Ergebnisse unter dem Begriff der „intonierten Unabhängigkeit" zusammengefasst (7.7.5).

7.7.1 Die Bedeutung der Unabhängigkeit

Im Rahmen der ersten Gespräche seitens der Treuhandanstalt mit dem zukünftigen Stabsstellenleiter Richter wurde (mangels förmlicher Vorgaben) neben der personellen Ausstattung insbesondere die Form der Einbindung der Stabsstelle in die Treuhandorganisation kontrovers diskutiert. *Richter* forderte damals vehement eine

---

692 *Erbe* 1999: 28; *Erbe* 2003: 374 f.

möglichst weitreichende Unabhängigkeit der Stabsstelle von allen anderen Bereichen der Treuhandanstalt. Nach seinem Verständnis bedeutete dies, dass die Stabsstelle nicht unmittelbar – etwa als einem Direktorat untergeordnete Abteilung – in
die Hierarchie der Treuhandanstalt eingebunden werden durfte. So sollte verhindert
werden, dass die Stabsstelle Weisungen übergeordneter Hierarchieebenen entgegenzunehmen hatte.[693] Erst recht sollten Berichts- oder Genehmigungspflichten ausgeschlossen werden. Unvorstellbar war für Richter zudem, dass die Entscheidung,
wie ein Vorgang zu bearbeiten und abzuschließen war, generell nicht selbstständig
von der Stabsstelle, sondern von einer anderen (übergeordneten) Ebene getroffen
werden müsste.

Die Stabsstelle war trotz dieser Vorstellungen Richters vom Vorstand als interne
Einrichtung vorgesehen und wurde dementsprechend auch nicht als völlig losge-
löste Institution gegründet. Von dem erreichten Grad ihrer Unabhängigkeit machte
Richter aber im Wesentlichen den Erfolg einer solchen Stelle abhängig (ebenso ein
Polizist; 2–3(1)-2 870/871). Ein Stabsstellenmitarbeiter schilderte in einem Interview
die damalige Diskussion in einigen Einzelheiten:

> *„Es gab zunächst keine Hierarchie. [… die Stabsstelle] muss unabhängig jedenfalls von den
> Organen der Treuhand sein und da hat man gesagt, ja das ist aber so nicht gedacht gewesen
> und das geht auch gar nicht, weil dann könnte [… die Stabsstelle] was […] machen zum
> Nachteil der Treuhand. [… Diese] soll Vorgänge prüfen […] daraufhin, ob sie relevant für
> die Staatsanwaltschaften sind. In diesem Bereich [… muss die Stabsstelle] frei von Weisun-
> gen sein, das war […] Bedingung. Und dann kam es darüber hinaus zu Aufgaben, zum
> einen war die Frage Schulung der Mitarbeiter, Hinweis auf kriminogene Felder […], straf-
> rechtliche Risiken usw. – in diesem Bereich Schulungsarbeit. [… Für diesen Bereich war die
> Stabsstelle] Weisungen unterstellt. Und dann war ein ganz wichtiger Punkt die Pressearbeit,
> keine eigenständige Pressearbeit, war […] sowieso klar, […] dass [… die Stabsstelle] keine
> Presseerklärungen machen darf ohne Zustimmung der Treuhand. Und dann ging es eben
> um die Frage, wie ist es organisatorisch zu regeln, wenn [… die Stabsstelle] die Entscheidung
> [… trifft], bestimmte Dinge […] der jeweils zuständigen Staatsanwaltschaft, weiterzuge-
> ben. […] Kann [… die Stabsstelle] das außer Haus geben [? …] Da gab's ein Gespräch mit
> Rohwedder, der dann gesagt hat, er habe Pflichten gegenüber seinen Mitarbeitern als ihr
> Vorgesetzter und er könne das vor seinen Mitarbeitern nicht vertreten, dass er sagt, ein
> anderer Mitarbeiter, auf den er gar keinen Einfluss habe, der könne seine Mitarbeiter ja
> ohne weiteres ans Messer liefern"* (Beleg zu Anonymisierungszwecken entfernt).

Deutlich wird in dieser Aussage zum einen, dass bei der Forderung nach Unabhängigkeit zwischen den verschiedenen Tätigkeitsfeldern der Stabsstelle differenziert wurde. Für die originäre Aufgabe der Kontrolle strafbarer Verhaltensweisen
(inklusive der möglichen Erstattung einer Strafanzeige) wurde seitens der Stabsstel-

---

693 In einem hierarchischen Gefüge sind grundsätzlich leitende Stellen (auch Instanzen genannt) mit nachgeordneten Stellen durch Weisungsbefugnisse verbunden. Stabsstellen
sind in einem Unternehmen zwar meist auf der oberen Ebene in einer Hierarchie angeordnet, sie verfügen aber über kein Weisungsrecht. Vgl. *Wöhe, Döring* 2013: 107 ff.

lenleitung eine weitgehende Unabhängigkeit als unerlässlich angesehen, für andere Bereiche wie kriminalpräventive Mitarbeiterschulungen oder Pressearbeit hingegen nicht. Zum anderen zeigt sich in dieser Interviewpassage, welches Argument vom damaligen Präsidenten der Treuhandanstalt insbesondere gegen eine solche Unabhängigkeit vorgebracht wurde: die daraus resultierende Möglichkeit der Stabsstelle, nicht ausschließlich im Interesse der Treuhandanstalt und ihrer Mitarbeiter vorzugehen. Dahinter verbarg sich die Sorge, dass die Mitarbeiter der Stabsstelle möglicherweise, obwohl sie nicht dem Legalitätsprinzip verpflichtet waren, jeden Verdacht an die Strafverfolgungsbehörden weiterleiten würden, unabhängig davon, ob ein Bekanntwerden dieser Vorgänge in der Öffentlichkeit dem Ruf der Treuhandanstalt Schaden zufügen würde, oder ob ein einzelner Vorgang vielleicht besser intern bzw. auf rein zivilrechtlicher Ebene zu regeln sei. Letztlich kam es zu einem Kompromiss, wie im Laufe des weiteren Interviews ausgeführt wurde:

„… mit der Weisungsunabhängigkeit. Das war schon ein gewisser Kompromiss, der abgeschlossen worden ist. Nämlich dergestalt, dass […] vor Absendung der Strafanzeigen für die Treuhandanstalt diese […vorgetragen werden mussten], dem Vorstand. Mehr nicht. Der Vorstand hat keinen Einfluss, […] aber er soll vorher angehört werden. […] Da gibt es ein anderes Problem. Wenn […] nachher irgendwas raus[dringt] oder es passiert irgendetwas, dann heißt es, die Treuhand hat vertuscht. […] Und deswegen müsste es im Interesse des Vorstandes sein, dass man nicht drüber diskutiert" (Beleg zu Anonymisierungszwecken entfernt).

Für Vorgänge mit potentieller Vorstandsbeteiligung berichtete ein Stabsstellenleiter von der Möglichkeit, diese ersatzweise dem Verwaltungsrat vorzutragen:

„Und wenn es nun mal Sachen waren, die vorstandsrelevant waren, dann wurde eben der Aufsichtsrat, sprich der Verwaltungsrat, informiert. Und nicht erst der Vorstand. So. Gerade letzteres führte so ein bisschen zu Bauchgrimmen bei Einzelnen. Wurde aber letztendlich akzeptiert" (3–1–5 217/223).

Dieses Ergebnis stellte insoweit einen Kompromiss dar, als dass lediglich Berichtspflichten vorgesehen waren. Es wurde weder ein zwingendes Genehmigungserfordernis vor Strafanzeigenerstattung noch eine nur auf eine Entscheidungsvorbereitung beschränkte Tätigkeit der Stabsstelle vereinbart. Die Erteilung von Weisungen sollte offenbar grundsätzlich ausgeschlossen werden. Es wurde außerdem betont, dass die Stabsstelle nicht erst vom Vorstand einen Auftrag bekommen musste, um tätig zu werden:

„Wenn also im Zeitungsartikel etwas war, dann ist [die Stabsstelle] dem nachgegangen. […] Es war […] nicht so, dass sie gewissermaßen wie die Revision einen Auftrag bekommen mussten vom Vorstand, sondern sie waren insofern sehr freischaffend tätig" (11–1–1(2) 2034/2039).

Diese Form der zumindest beschränkten Unabhängigkeit lag, wie ein Interviewpartner bemerkte *(3–1–1 1146/1228),* auch im Interesse des Vorstandes, da eine offensichtlich in die Hierarchie eingebundene Einrichtung in der Öffentlichkeit erheblich an Glaubwürdigkeit verlieren würde. Gleichwohl regen sich Zweifel, ob die Berichtspflichten nicht dennoch als Einfallstor für eine Beeinflussung im Interesse der Treuhandanstalt genutzt werden konnten. Zumal sich in den Experteninterviews regelmäßig zeigte, dass selbst diese begrenzte Form der Unabhängigkeit insbesondere auf Vorstandsebene als problematisch eingeschätzt wurde. Man könnte deshalb vermuten, dass nach außen eine größere Unabhängigkeit dargestellt wurde, als sie intern tatsächlich bestand.

In diesem Zusammenhang fällt auf, dass in keiner der von der Treuhandanstalt veröffentlichten Dokumentationen eine Unabhängigkeit als Charakteristikum der Stabsstelle erwähnt wurde.[694] Vielleicht wurde aufgrund des Kompromisses sowohl interne als auch externe Kritik (zu viel bzw. zu wenig Unabhängigkeit) erwartet, so dass aus taktischen Erwägungen insgesamt vermieden wurde, Details zur Position der Stabsstelle innerhalb der Treuhandorganisation zu erwähnen. In diesem frühen Stadium wurden möglicherweise auch positive Effekte einer Unabhängigkeit in der Außendarstellung noch nicht erkannt. Diese Vermutungen lassen sich allerdings nicht durch die Interviews belegen.

Erbe hingegen betonte ausdrücklich (wie bereits *Richter* intern) in seinen Aufsätzen die Unabhängigkeit als zwingende Voraussetzung für das Gelingen einer solchen Stelle; diese setze voraus, dass die Stabsstellenmitarbeiter nicht an die Vorgesetzten berichten müssten, nicht weisungsgebunden seien und nicht Ergebnisse erst nach Zustimmung des Vorstandes an die Strafverfolgungsbehörden weitergeben dürften. Diese Aussage widerspricht auf den ersten Blick dem Kompromiss, der sich in den Experteninterviews abzeichnete. Es spricht nämlich alles dafür, dass entsprechende Berichtspflichten existierten. Erbe könnte allerdings vor dem Hintergrund des rein informierenden Charakters Berichtspflichten im klassischen Sinne zurecht verneinen, da es sich hier nicht um vorgeschriebene Berichte innerhalb einer Hierarchie handelte, die den Zweck verfolgten, das weitere Vorgehen mit der übergeordneten Hierarchieebene abzusprechen und damit vor allem Weisungen der Vorgesetzten zu ermöglichen. Die große Bedeutung einer Unabhängigkeit begründete er mit dem Vertrauen, welches nur unter dieser Bedingung bei *Externen* (also positive Außenwirkung) *und Internen* entstehen könne. Er sah in der Unabhängigkeit gleichzeitig auch eine positive Wirkung für die Akzeptanz einer solchen Stelle durch interne Mitarbeiter, obwohl die Interessen der Treuhandmitarbeiter in der ursprünglichen Diskussion eher als Argument benutzt wurden, warum die Stabsstelle gerade nicht unabhängig sein könne.

---

694 Diese wird weder im ersten Zwischenbericht aus dem Jahre 1992 (vgl. *Treuhandanstalt*
    Bd. 10 1994: 931 ff.) noch in dem 1994 von *Noa* formulierten Text zur Aufgabe und zum
    Auftrag der Stabsstelle (*Treuhandanstalt* Bd. 10 1994: 1002 ff.) angesprochen.

Nachvollziehbar erscheint dies unter folgendem Gesichtspunkt: Durch eine hierarchisch eingebundene Institution könnten interne Hinweisgeber abgeschreckt werden, da sie für sich selbst negative Folgen wegen möglicher arbeitsvertraglicher Pflichtverletzungen zu fürchten hätten. Wegen der grundsätzlich sehr niedrigen Anzeigebereitschaft wird Wirtschaftskriminalität überwiegend als Kontrollkriminalität (Entdeckung abhängig von Kontrolldichte und Intensität der Strafverfolgung) angesehen, da Mitarbeiter eines Unternehmens in der Regel nicht bereit sind, selbst wenn sie von entsprechenden möglicherweise strafbaren Verhaltensweisen Kenntnis erhalten, Anzeige zu erstatten oder mit den Strafverfolgungsbehörden zu kooperieren.[695] Neben dem Problem der Stigmatisierung als Denunziant und daraus resultierender Unannehmlichkeiten kann eine Erstattung einer Strafanzeige eine arbeitsvertragliche Pflichtverletzung darstellen und in Ausnahmefällen sogar zu einer Kündigung führen.[696] Auch dieser Vorteil einer Unabhängigkeit wurde vielleicht erst im Laufe der Zeit erkannt. Die Unabhängigkeit wurde auch zumindest anfangs wegen der dennoch zu erwartenden Kritik nicht in allen Einzelheiten umgesetzt. So wurde zwar der Vertrauensschutz als wichtige Voraussetzung für den Erfolg einer solchen Stelle genannt, jedoch ohne darauf einzugehen, wie dieser gewährt werden sollte.[697]

Erbe erwähnte, dass eben diese Unabhängigkeit den Mitarbeitern von Behörden, die es gewohnt seien, in eine Hierarchie eingebunden zu sein und Weisungen entgegenzunehmen, fremd sei und dass deshalb die Tätigkeit der Stabsstelle zunächst mit einer kritischen Distanz bewertet würde.[698] Durch eine besonders kritische Position zur Unabhängigkeit einer solchen Stelle fiel in den Interviews ein Mitarbeiter des Direktorates Recht auf, der aus einer betriebswirtschaftlich geprägten Perspektive die These aufstellte, diese führe sogar zu Ineffizienz:

„Der Vorstand hat meines Erachtens zu wenig gesteuert. [...] Er hätte zum Beispiel sagen müssen: ‚Wo sind die Ermittlungsschwerpunkte? Wie weit kümmern wir uns um die eigenen

---

695 So *Kaiser* 1996: 867; *Boers* 2001: 336; *Backes Lindemann* 2006: 4; *Bundesministerium des Innern/der Justiz* 2006: 233; aktuelle empirische Befunde finden sich hierzu bei *Bussmann, Salvenmoser* 2006: 208.

696 Vgl. hierzu ausführlich *Herbert, Oberrath* 2005: 193 ff.; BAG NZA 2004, 427 ff.; *Minoggio* 2010: 480 ff. US-amerikanisch beeinflusst, wird dieses Problem auch unter dem Begriff des „whistle blowers" diskutiert. Einen ersten Überblick über bereits früh erlassene, spezielle amerikanische Gesetze zum Schutz interner Hinweisgeber bietet *Großbach, Born* 1989: 374 ff.; zur vorgeschriebenen Etablierung eines Whistleblowing-Verfahrens durch den Sarbanes-Oxley Act 2002 *Berndt, Hoppler* 2005: 2625; allgemein zum Sarbanes-Oxley Act aus kriminalpolitischer und strafrechtsdogmatischer Perspektive *Hefendehl* 2004: 18 ff.

697 In dem Zwischenbericht aus dem Jahr 1992 findet sich bereits ein entsprechender Abschnitt zum Vertrauensschutz für die Hinweisgeber; wie dieser gewährleistet wird, dazu finden sich keine Ausführungen; *Treuhandanstalt* Bd. 10 1994: 937.

698 *Erbe* 2003: 374.

> *Mitarbeiter? Wie weit kümmern wir uns um die Unternehmen?' Er hätte eine Erfolgskontrolle machen sollen: ‚Wo macht es Sinn, dass wir noch weiterermitteln?' […] Also es darf nicht sein, dass eine solche Stabsstelle selbst dann sich ausweitet […]. Die Unternehmensführung muss eine solche Stabsstelle, sowie die Revision, gezielt einsetzen. Damit die effektiv arbeitet. […] Aber sie sollte im Unternehmen weit reichende Befugnisse haben, aber sie darf nicht unabhängig sein [… in] dem, was sie tut"* (11–1-1 793/808).

Man kann zusammenfassen, dass der vereinbarte Kompromiss zur Unabhängigkeit der Stabsstelle innerhalb der Treuhandanstalt einerseits aus den genannten Gründen mit einigen Vorbehalten gesehen wurde, dass eine gewisse Unabhängigkeit aber andererseits auch intern Vorteile bot, die allerdings erst im Laufe der Zeit erkannt wurden (dies erscheint auch plausibel wegen des prototypischen Charakters der Stabsstelle als informelle Kontrollinstitution). Für die Außenwirkung könnte gerade die Unabhängigkeit der Stabsstelle ein (wenn auch zunächst nur wenig genutztes) „Aushängeschild" gewesen sein. Anlässlich der doch zahlreichen internen Kritik kann weiterhin von Versuchen ausgegangen werden, selbst diese nur beschränkte Unabhängigkeit zu unterlaufen – wahrscheinlich möglichst in einer verdeckten Weise, die nicht der positiven Außenwirkung zuwiderlief.

7.7.2   Die organisatorische Stellung

Trotz dieser geplanten Unabhängigkeit musste die Stabsstelle, von Anfang an konzipiert als interne Kontrolleinrichtung,[699] in die Aufbauorganisation der Treuhandanstalt[700] integriert werden. In den von der Treuhandanstalt autorisierten Texten heißt es hierzu ausschließlich: die Stabsstelle „im Direktorat Recht".[701] Dies spricht für eine entsprechende Zuordnung innerhalb der Organisation, auch wenn dies im Hinblick auf die vorher gemachten Ausführungen natürlich nicht bedeuten konnte, dass sie den Status einer ganz normalen „Abteilung" innehatte. Weitere Anhaltspunkte für ihre organisatorische Stellung könnten sich aus den grafischen Darstellungen der Aufbauorganisation der Treuhand[702] ergeben, den Organigrammen.[703] In den ersten

---

699 *Erbe* spricht in diesem Zusammenhang von der Stabsstelle als Organisationseinheit der Treuhandanstalt; *Erbe* 1999: 26; *Erbe* 2003: 367.

700 Der Zustand einer Unternehmensorganisation lässt sich als Aufbau- und Ablauforganisation darstellen. Die Aufbauorganisation umfasst die hierarchische Ordnung zur dauerhaften Regelung von Rechten und Pflichten von Personen und Abteilungen, die Ablauforgansiation die bestehenden Regelungen zur zeitlichen, räumlichen und personellen Festlegung von Arbeitsabläufen. Vgl. *Wöhe, Döring* 2013: 103.

701 *Treuhandanstalt* Bd. 10 1994: 933, 1002.

702 Solche finden sich in der *Treuhandanstalt* Bd. 2 1994: 429 ff.; *BvS* 2003: 181; 441 ff. Ergänzende Auszüge aus dem Organisationshandbuch der Treuhandanstalt zu den Organisationsanweisungen, die Änderungen in der Organisationsstruktur dokumentieren sollten, wurden uns zum Teil zur Verfügung gestellt.

703 Zum Begriff des Organigramms *Wöhe, Döring* 2013: 110.

Organigrammen, in denen die Stabsstelle aufgeführt sein könnte, fehlt diese jedoch, obwohl das Direktorat Recht dort mit seinen einzelnen Abteilungen abgebildet ist.[704] Erstmalig ist sie in einem Organigramm (Stand 1.7.1993) verzeichnet – als Stabsstelle *Besondere Aufgaben*, zugeordnet dem Direktorat Recht und in ihrer Stellung rein grafisch nicht von den Abteilungen zu unterscheiden. Entsprechendes findet sich in einer weiteren Version (Stand 1.7.1994). Das Direktorat Recht war während dieser Zeit unmittelbar der Präsidentin der Treuhandanstalt unterstellt. Eine erste Veränderung ist in dem ab 1.2.1995 geltenden Organigramm (Übergang Treuhandanstalt – BvS) zu beobachten: die Stabsstelle wird zwar weiterhin dem Direktorat Recht zugeordnet, dieses wiederum unterstand nun aber dem Generalbevollmächtigten der BvS. Dies wurde ab dem 1.1.1999 wieder rückgängig gemacht. Nun findet sich die Stabsstelle gar nicht mehr als dem Direktorat Recht zugeordnete Einrichtung, sondern als direkt dem Präsidenten unterstellte Einheit, für die im Unterschied zu den anderen Abteilungen und Direktoraten durch eine nur gestrichelte Verbindung eine besondere Stellung angedeutet wird.[705]

In den Experteninterviews äußerten sich verschiedene Mitarbeiter des Direktorates Recht jeweils mit Leitungsfunktion ebenfalls zu einer Zuordnung der Stabsstelle zum Direktorat Recht:

> *„[An das Direktorat Recht] angehangen [...] war immer die Stabsstelle Besondere Aufgaben"* (11–1-1 91/96; vgl. auch 11–1-3 1076/1077).

Ein Stabsstellenleiter präzisierte aber, dass eine entsprechende Zuordnung vom Direktorat Recht gerne so gesehen worden wäre, es habe sich aber nur um eine rein organisatorische Anknüpfung gehandelt:

> *„Herr Schaal*[706] *wollte gerne immer, dass die Stabsstelle ein Teil des Justiziariats sei. Das konnte sie aber funktionell gar nicht sein. [...] Und folglich war sie auch nicht in ein hierarchisches Gefüge eingeordnet. [...] Sie war allenfalls organisatorisch am Justiziariat angeknüpft [...] und hatte auch Auswirkungen auf das Budget des Justiziariats, wobei allerdings, man hat manche Zeiten gehabt, da war das Budget der Stabsstelle höher als das des gesamten Rest-Justiziariats"* (3–1-5 308/317).

Der Begriff einer „organisatorischen" Anknüpfung umfasst offenbar die Bereiche, die nicht inhaltlich mit der originären Aufgabenerfüllung der Stabsstelle zu tun hatten, also etwa Finanz- oder Personalfragen. Weiter führte dieser Interviewpartner aus, stattdessen sei die Stabsstelle direkt beim Vorstand oder dem Generalbevollmächtigten angehängt gewesen *(3–1-5 747/753)*. Zeitweise findet sich – wie beschrie-

---

704 Stand 1.10.1992, veröffentlicht in *BvS* 2003: 443.

705 Abgedruckt mit Stand 1.1.2000, *BvS* 2003: 181.

706 Hans-Jörg Schaal war zunächst im Direktorat Recht für den Bereich Zivilrecht und Prozesse zuständig; *BvS* 2003: 443. Nach dem Ausscheiden von Balz übernahm er die Leitung des Direktorates Recht.

ben – eine solche Zuordnung in den Organigrammen, auch wenn dort eine direkte
Anbindung an den Generalbevollmächtigten nicht zu erkennen war (allenfalls mittelbar über das Direktorat Recht). Gemeint war sicherlich eher, wem gegenüber die
Berichtspflichten zu erfüllen waren.

Insgesamt spricht vieles dafür, dass die Stabsstelle in allen rein organisatorischen
Fragen ohne inhaltlichen Bezug bis 1999 dem Direktorat Recht zugeordnet war. Ab
1999 existierte eine direkte Verknüpfung mit dem Präsidenten der BvS. Es verwundert auf den ersten Blick, dass sich die (wenn auch vielleicht nur eingeschränkt)
unabhängige Stellung der Stabsstelle, die sie deutlich von einer in die Hierarchie
eingebundenen Abteilung unterschied, erst ab 1999 grafisch in der Darstellung niederschlägt. Dies fügt sich jedoch in die Vermutung ein, man habe zu Beginn der
Stabsstellentätigkeit nicht explizit auf die besondere Situation der Stabsstelle aufmerksam machen wollen.

7.7.3   Die Berichtspflichten

Ein weiteres Augenmerk wurde in den Interviews darauf gelegt, wie und wem gegenüber die bestehenden Berichtspflichten zu erfüllen waren. In diesem Zusammenhang besteht vor allem ein Interesse daran, ob es tatsächlich (wie vereinbart)
bei einer bloßen Kenntnisnahme durch den Berichtsempfänger blieb, ohne dass versucht wurde, auf das Ergebnis einzelner Vorgänge (insbesondere auf die Erstattung
einer Strafanzeige) Einfluss zu nehmen.

Ein Stabsstellenleiter führte zu den Berichtspflichten aus, dass diese zunächst für
circa zwei Jahre mündlich gegenüber dem Direktor Recht zu erfüllen waren. Dieser
habe in der Regel das ihm Berichtete für sich behalten und nur in Ausnahmefällen
an den Vorstand weitergegeben:

> „Aber es ist delegiert worden an den Herrn Balz[707] und [… man hat] diese Berichte mündlich gemacht. [… G]egen diese Vorschrift [… wurde] in den zwei Jahren vielleicht zwei-,
> dreimal verstoßen, weil […] das zu heikel war, weil [… die Stabsstelle] Angst hatte, dass der
> Balz das riecht, dass das was Brisantes sein kann und das dem Vorstand sagt. Der Balz hat
> über die Dinge, nach meinem Wissen, mit dem Vorstand in der Regel nicht gesprochen. Und
> wenn, dann wirklich nur mit […] der Frau Breuel“ (Beleg zu Anonymisierungszwecken
> entfernt).

Hier zeigt sich aber auch, dass offenbar in Einzelfällen bewusst die vereinbarte Berichtspflicht umgangen wurde. In den betroffenen Vorgängen wurde wahrscheinlich
wegen ihrer besonderen Bedeutung[708] seitens der Stabsstelle eine Intervention der

---

707 *Balz* war bereits ab Dezember 1990 Direktor Recht; vgl. *Jürgs* 1997: 191.

708 Hier kann man nur mutmaßen, dass es sich unter anderem um solche Vorgänge handelte, in die Personen der obersten Führungsebene der Treuhandanstalt verwickelt waren
und die deshalb als „brisant“ zu bezeichnen waren. In Frage kommen außerdem solche

obersten Führungsebene im Interesse der Treuhandanstalt befürchtet. Ein Verschweigen einzelner Vorgänge war ohne weiteres möglich, da schon aus Zeitgründen nicht regelmäßig über jeden offenen Vorgang in der Stabsstelle gesprochen werden konnte. Ein Mitarbeiter des Direktorates Recht mit Leitungsfunktion erzählte über die deshalb notwendige Auswahl der zu besprechenden Vorgänge:

> *„Und weil das waren ja auch Fälle, die sich sozusagen von Woche zu Woche durchgezogen haben. Das war ja nicht ein Fall [...]. In der Woche war es [...] der Fall A und der war damit erledigt und in der nächsten Woche ist es der Fall B. Sondern oft war es so, dass [... man] jetzt schon ein paar Mal nichts gehört [hatte], wie das sich weiterentwickelt hat. Wie ist denn da der Stand?"* (11–1-4 2862/2873).

Auch ein Vorstandsmitglied äußerte:

> *„Wir haben sehr fallbezogen dann berichtet, [...] wenn was Großes seiner Meinung nach [gemeint ist Richter] bald hochgehen würde. [...] Dann hat er mir auch am meisten Eindruck gemacht. Er hatte einfach eine phantastische Nick Knatterton Kombinationsgabe"* (11–1-3 959/966).

Berichtet wurde prioritär über Vorgänge, von denen man sich beispielsweise aufgrund ihrer Schadenshöhe (*„Großes"*) eine gesteigerte Aufmerksamkeit in der Öffentlichkeit erwartete. So konnte sich der Vorstand bereits vor der Information an die Strafverfolgungsbehörden und einer meist schnell folgenden Veröffentlichung in den Medien eine Strategie überlegen, wie mit diesem Geschehen umgegangen werden sollte. Die Berichte des Stabsstellenleiters hatten insoweit die Funktion eines „Frühwarnsystems", welches der Treuhandanstalt Zeit gab, sich vor allem für eine zu erwartende öffentliche Diskussion zuvor die entsprechenden Reaktionen zu überlegen und Informationen zu besorgen. Außerdem deutet der Hinweis, dass über Vorgänge auch mehrmals gesprochen wurde, darauf hin, dass nicht nur über die endgültige Entscheidung der Erstattung einer Strafanzeige berichtet wurde, sondern dass es sich um eine vorgangsbegleitende Berichtspflicht (damit auch nach Strafanzeigenerstattung)[709] handelte.

Spätestens für die Zeit ab Anfang 1993 fanden wöchentliche Treffen der Stabsstellenleitung mit dem Generalbevollmächtigten der Treuhandanstalt statt, der verschiedene Aufgaben unmittelbar für den Präsidenten bzw. die Präsidentin übernahm. Stabsstellenleiter schilderten uns übereinstimmend diese so genannte *„Freitagsrunde"* wie folgt:

Vorgänge, die aufgrund ihrer Schadenshöhe geeignet waren, in der Öffentlichkeit verstärkt negatives Aufsehen zu erregen. Der Interviewpartner machte hierzu keine weiteren Angaben.

709 Ein Vorgang war mit Erstattung einer Strafanzeige nicht zwingend erledigt für die Stabsstelle, da die Strafverfolgungsbehörden eventuell noch eine Unterstützung, sei es nur bei der Beschaffung weiterer Informationen, einfordern konnten. Die Stabsstelle war insoweit Ansprechpartner des Strafverfolgungssystems innerhalb der Treuhand.

> *„[… I]n dieser Zeit gab es diese berühmte Freitagsrunde immer mit ihm, die früh morgens von sechs Uhr dreißig oder sieben Uhr begann und bis neun Uhr dreißig, zehn Uhr dauerte und wo dem Generalbevollmächtigten mündlich Bericht erstattet wurde. […] über all das, was in dieser einen Woche in der Stabsstelle passierte“ (3–1–5 755/759; vgl. auch 3–1–3 285/288).*

Der Generalbevollmächtigte konnte den Vorstand informieren, wenn er dies für notwendig hielt:

> *„[Dem] Generalbevollmächtigten sozusagen in Vertretung des Vorstandes, der […] für gravierende Fälle den Vorstand informiert [hat …]. ‚Also hier ist etwas faul im Staate Dänemark‘“ (11–1–4 2040/2044).*

Diese *„gravierende[n] Fälle“* entsprachen wahrscheinlich den Ausnahmefällen *(„in der Regel nicht“)*, in denen auch zuvor vom Direktor Recht der Vorstand informiert wurde. Eine Weiterleitung von Informationen erfolgte nach eigenem Ermessen des jeweiligen Berichtsempfängers. Eine Begründung, warum diese regelmäßige Freitagsrunde eingerichtet wurde, lieferte eine andere Führungskraft der Treuhand:

> *„Allerdings muss ich auch dazu sagen, nachdem wir gemerkt haben, dass die Stabsstelle, dadurch, dass sie in völliger Unabhängigkeit arbeiten konnte, auch aus den Informationsflüssen der Treuhandanstalt etwas rausgerutscht war, hat der Vorstand beschlossen, dass der Leiter der Stabsstelle einmal in der Woche zu einem Gespräch […] kommen sollte und dass wir uns einfach über seine […] Probleme unterhalten. Ohne jede Weisungsmöglichkeit. [… E]r war frei, […] zu erzählen, was er wollte und nicht zu erzählen, was er nicht wollte“ (11–1–7 1248/1254).*

Auch hier klingt leicht an, dass die Stabsstelle nicht völlig aus der Treuhandorganisation ausscheren und sich so gänzlich einer Kontrolle entziehen sollte. Durch die neu eingeführte Freitagsrunde wurde ein Austausch des Stabsstellenleiters mit dem Direktor Recht natürlich nicht ausgeschlossen. Ein Mitarbeiter des Direktorates Recht mit Leitungsfunktion erklärte, dass ein solcher auch bei *Erbe* zumindest in wichtigen Vorgängen noch üblich gewesen sei:

> *„Ja, […] aber jetzt nicht im Sinne einer formalisierten Berichtspflicht.“ […] Er glaube schon, dass man sich darüber unterhalten hätte. Und er glaube auch nicht, dass Erbe irgendetwas Großes losgetreten hätte, ohne es zu sagen. […] Das sei mal ein bisschen informell geprägt gewesen. […] Und er habe […] die Bedürfnisse erkennen müssen, nicht jetzt jeden Tag eine Schlagzeile zu pflanzen, die keiner erwarte (11–1–3 1092/1103).*

Interessant an dieser Aussage ist zusätzlich das dort anklingende Vertrauen. Zumindest auf Seiten des Direktorates Recht ging man zu dieser Zeit davon aus, dass der Stabsstellenleiter nicht gegen die Interessen der Treuhandanstalt Strafanzeige erstatten würde. Dies könnte darauf hindeuten, dass nunmehr eine Beeinflussung in einzelnen Vorgängen gar nicht mehr notwendig war, da im Wege einer Art „vorauseilenden Gehorsams" das Meiste ohnehin im Interesse der Treuhandanstalt erledigt wurde, die Meinung des Vorstandes also quasi antizipiert wurde. Fehlende Beeinflussungen würden dadurch in einem anderen Licht erscheinen. Aufgrund der Interviews handelt es sich hierbei jedoch lediglich um eine vage These. Eine (wenn auch nur in Einzelfällen) erfolgte Selektion, wie sie ebenfalls zumindest für den Beginn der Stabsstellentätigkeit beschrieben wurde, wurde offenbar jetzt zumindest nicht mehr wahrgenommen, wie sich aus der Erörterung eines Vorstandes ableiten lässt:

„Das [...] hängt immer vom Berichtenden ab. Weil wenn der [...] was nicht berichten will, dann hat er zwar eine Berichtspflicht, aber er erfüllt sie halt nicht. Ich meine, das ist bei Berichtspflichten so eine Sache, das ist ein Vertrauensvorschuss. [...] Also ich hatte nicht den Eindruck, dass der Herr Erbe in irgendeiner Weise [...] von ihm bewusst selektierte Dinge vorträgt und andere Dinge ausselektiert hat" (11–1-4 2346/2954).

Dies spricht dafür, dass eventuell verschwiegene Vorgänge später nicht für großes Aufsehen sorgten, denn ansonsten wäre irgendwann aufgefallen, dass zuvor nicht über die betreffenden Sachverhalte gesprochen worden war. Falls es zu *Erbes* Zeiten überhaupt selektierte Vorgänge gab, müssen diese stattdessen intern erledigt worden sein – möglicherweise weil sie tatsächlich nicht den Verdacht einer Straftat begründeten.

Insgesamt überrascht, dass die regelmäßigen Berichte (egal wem gegenüber) durchweg eher positiv eingeschätzt wurden. Die Stabsstelle habe sich etwa ihrerseits Unterstützung erwarten können, wenn andere Treuhandmitarbeiter sich nicht kooperativ zeigten, so ein Stabsstellenleiter:

„Und da wurde dann im Einzelnen auch [...] Hilfestellung gewährt, wenn's irgendwo mal klemmte. Das gab natürlich Einzelfälle, wo der einzelne Mitarbeiter nicht genau einsah, warum sich nun ausgerechnet noch dieser wild gewordene Haufen von Juristen, die lieber was anderes tun sollten, als sich um fehlgeschlagene Privatisierungen zu kümmern, warum er denen nun zuarbeiten sollte. Da wurde dann entsprechend vom Vorstand aus [...] meines Wissens nicht einmal eine Tür geschlossen" (3–1-5 764/774; ähnlich auch 11–1-4 2346/2954).

Ein Kriminalbeamter, der in der ersten Phase für die Stabsstelle tätig war, bestätigte ausdrücklich eine Unabhängigkeit trotz Berichtspflichten:

„Während der Zeit, wo wir dort waren, hatte ich den Eindruck, dass die Stabsstelle ihre Unabhängigkeit gewahrt hat. [...] Wenn versucht worden wäre, [...] mich unter Druck zu setzen, dass diese oder jene Ermittlung oder Nachforschung so oder so zu laufen hätte, ansonsten irgendwelche Konsequenzen gezogen würden, dann wäre ich am selben Tag aus Berlin abgereist. Und hätte[...] ein Exklusivinterview [...] bei der Bildzeitung gegeben" (2(3)-2–1 1118/1130).

Ein anderer Stabsstellenleiter fühlte sich durch die Berichte ebenfalls keineswegs in seiner Unabhängigkeit eingeschränkt, auch er sprach von Vertrauen, welches ihm entgegengebracht wurde:

> *„Mit dem Scherpenberg [war] abgesprochen, dass [… man] ihn informiere, und dass es dann kein Veto gibt. Er wollte nur Bescheid wissen und die Sache einschätzen können und nicht eben aus der Zeitung erfahren, dass […] der Vorstand ‚so und so' verhaftet wurde, nicht? […] Also […] da hat der sich dran gehalten. […] Er hat drüber […] sehr scharfsinnig diskutiert und dann hat man schon überzeugend auftreten müssen und also er hat's nicht lediglich einfach so entgegen genommen, sondern wollte es verstehen."* Auf die Rückfrage, ob es schon so gewesen sei, dass er ermittelt habe und wenn es dann zum Ergebnis gekommen sei, dass das seine autonome Entscheidung gewesen sei und er im Wesentlichen die Treuhand-Spitze nur darüber in Kenntnis gesetzt habe: *„Ja, die haben auch gar nichts dagegen gehabt. […] Da hatte ich dann durchaus freie Hand und genoss das Vertrauen, dass das dann schon so richtig ist"* (3–1-3 304/322).

Bemerkenswert hieran ist, dass es aber offenbar in einzelnen Vorgängen zu Diskussionen kam. Auch wenn nicht erläutert wird, was passierte, wenn man nicht „überzeugend auftrat", so kann man sich vorstellen, dass diese vordergründig vielleicht fachlichen Diskussionen geeignet waren, eine Entscheidung der Stabsstelle (die nicht im Interesse der Treuhandanstalt lag) in Frage zu stellen und letztlich vielleicht sogar eine Strafanzeige zu verhindern. Dennoch fühlte sich der Stabsstellenleiter nicht in seiner Unabhängigkeit beeinträchtigt. Hieraus kann man schließen, dass allenfalls subtile Einwirkungen unter dem Deckmantel der Fachlichkeit erfolgten. Auch in der Aussage eines Mitarbeiters des Direktorates Recht mit Leitungsfunktion deutete sich durchaus eine solche vorsichtige Beschränkung der Unabhängigkeit einer Entscheidung an:

> *„Es war auch nicht eine formalisierte Kontrolle, nach dem Motto: Sollen wir da tätig werden oder nicht? Sicherlich gab es eine Information gegenüber dem Generalbevollmächtigten, also die und die Themen haben wir, da ist der und der ist in Verdacht gekommen oder das liegt so und so. Das gab es. Aber es gab nicht das grüne Okay. Es ging sogar so weit, dass […] die Strafanzeige nicht unbedingt einer internen Bewilligung bedurfte. Sicherlich, die Strafanzeige […] beim Bremer Vulkan, die war abgestimmt"* (11–1-1(2) 2057/2066).

Wahrscheinlich ist, dass wegen ihrer hohen Öffentlichkeitswirksamkeit eine Abstimmung über das weitere Vorgehen am ehesten in großen Verfahren wie beispielsweise im Fall *Bremer Vulkan* erfolgte. Auch auf Vorstandsebene wurde zwar eine Erteilung von ausdrücklichen Weisungen verneint, aber es wurde dennoch deutlich, dass in Gesprächen das weitere Vorgehen geplant wurde:

> *„Der Richter hat sich verbeten, Weisungen … Oder so war das glaube ich. Ich hab mir überlegt, ich glaube, ich hab dem Erbe auch nie eine Weisung gegeben. Sondern ich hab mit ihm besprochen: ‚Was können die nächsten Schritte sein?' Und […] wir haben gemeinsam Entscheidungswege gefunden"* (11–1-4 2851/2857).

Die Entscheidung über eine Strafanzeige fußte damit letztlich doch nicht mehr auf den alleinigen Überlegungen der Stabsstelle. An anderer Stelle führte dieser Interviewpartner beispielhaft aus, wie *Erbe* auf den Umfang des Ermessensspielraums der Niederlassungsleiter hingewiesen werden musste:

> *„[…] Erbe [wurde] immer wieder darauf hingewiesen, dass die Niederlassungsleiter […], wenn die in Frage kommen, […] also was die […] Strafverfahren gegen Treuhandleute anlangt, waren das in der Regel, sagen wir, aus den Niederlassungen. […] Dem Erbe [wurde] immer wieder gesagt: ‚Bitte bedenken Sie, dass unsere Niederlassungsleiter einen hohen Ermessensspielraum haben. Und dass dieser Ermessensspielraum natürlich für sie bei Entscheidungen […] spricht.' Also […] Erbe [wurde] manchmal etwas gebremst. [… I]n der Regel hat er sich nicht abhalten lassen. [… Es wurde] dann gesagt: ‚Okay, also wenn Sie glauben, es sollte durchgehen, dann machen wir das.' Also […] wurde] da schon gerungen"* (11–1–4 3655/3665).

Auf diese Weise wurde *Erbe* noch einmal die Sichtweise der Treuhandanstalt verdeutlicht, damit er sie in seinen „selbstständigen" Entscheidungen berücksichtigte. Diese indirekten Beeinflussungen führten manchmal auch zu Konflikten, wie ein Stabsstellenleiter berichtete:

> *„Da habe ich gesagt, niemand entschuldigt sich hier dafür, dass er seinen Job tut und ich auch nicht. Und wenn sie der Auffassung sind, das war nicht richtig, das war ein Tatvorwurf, der sich so nicht erwiesen hat … Und dazu hatte ich den [… Beschuldigten] gefragt, das war eine dieser Bedingungen, dass ich auch Mitarbeiter ohne Rücksprache irgendwo, dass ich sie praktisch selber vernehmen darf. Das ist natürlich keine Vernehmung in dem Sinne gewesen […]. Und das hatte ich gemacht und da hat der sich also furchtbar aufgeblasen. Und dann hat der Herr von Scherpenberg mich zu erstmal rund gemacht. Wie ich mir vorstelle, wie die Bundesrepublik auf diese Leute, das ist der Starverkäufer, der hat die besten Zahlen gehabt. […] Der sei jetzt in seiner Motivation …, wenn der etwa das hinwerfen würde, was das für ein Signal wäre für alle anderen Verkäufer […] und gab es das Gespräch mit der Frau Breuel. Und dann war das auch vom Tisch"* (3–1–1 1394/1415).

Ein Vorstandsmitglied ging offenbar sogar doch von einer Art Genehmigung des weiteren Vorgehens durch den Vorstand aus:

> *„[… Dort wurde das] besprochen und geschildert, berichtet und […] letztlich [wurde] zumindest eine Vorentscheidung getroffen, die dann noch mal beim Vorstand, beim Präsidenten oder in der Vorstandssitzung noch mal gegengecheckt worden ist"* (11–1–4 3536/3540).

Diese Aussage lässt auf mehr als den Versuch einer leichten Beeinflussung im Interesse der Treuhandanstalt schließen. Ein solches Genehmigungserfordernis findet sich allerdings an keiner anderen Stelle in den Interviews und läuft vielen anderen Aussagen zuwider. Gegen eine so weitgehende Einflussmöglichkeit des Vorstandes spricht auch die Aussage eines Mitarbeiters des Direktorates Recht mit Leitungsfunktion, in der er sich über zu wenig Einflussnahme im Interesse der Treuhandanstalt beklagt:

> *„Der [Generalbevollmächtigte hatte] eben auch nicht diese unternehmensleitende Funktion wahrgenommen [...]: ‚Wir setzen diese Stelle zum Wohl des Unternehmens ein.' Und diese Stelle untersteht dem Opportunitätsprinzip, dieses mache ich opportunistisch aus der Sicht des Unternehmens"* (11–1-1 816/825).

Insgesamt wurde im Rahmen der Berichtspflichten durchaus versucht, dem jeweiligen Stabsstellenleiter die besondere Situation der Treuhandanstalt und ihre Interessen zu verdeutlichen und dafür zu sorgen, dass er diese bei der Bewertung der Vorgänge und vor allem der Entscheidung über das weitere Vorgehen berücksichtigte. Dies geschah jedoch nicht durch Weisungen in einem klassischen Über-/Unterordnungsverhältnis, sondern in fachlichen Gesprächen, die vordergründig den Anschein erweckten, man agiere auf gleicher Höhe und letztlich liege die Entscheidung immer beim Stabsstellenleiter. In der Regel wurden diese Gespräche daher nicht als die Unabhängigkeit einschränkend wahrgenommen. Explizite Versuche, den Stabsstellenleiter von einer bestimmten Strafanzeige abzuhalten, wären offensichtlich zum Scheitern verurteilt gewesen. Letztlich kann man festhalten, dass die Berichtspflichten ein Einfallstor jedenfalls für subtile und unterschwellige Formen der Beeinflussungen darstellten.

7.7.4   Vorgänge mit Vorstands- oder Verwaltungsratsbezug

Erhielt die Stabsstelle einen Hinweis auf einen Vorgang, in dem der Verdacht auf ein Vorstands- oder Verwaltungsratsmitglied fiel, so dürfte es aufschlussreich für die weitere Analyse sein, zu beobachten, wie mit diesem Vorgang innerhalb der Treuhandanstalt umgegangen wurde. Denn ein solcher Vorgang verfügte über eine große potentielle Öffentlichkeitswirksamkeit und hätte erheblich dem Ansehen der Treuhandanstalt sowie dem Vertrauen der Bevölkerung in ihre Tätigkeit schaden können. Die Versuchung einer Einflussnahme auf die Entscheidung im Interesse der Treuhandanstalt erscheint hier besonders stark. Für die Berichtspflichten gab es deshalb in diesen Fällen grundsätzlich die Möglichkeit, ersatzweise an den Verwaltungsrat zu berichten (so etwa *3–1-5 213/218*). Ansonsten könnte der Belastete selbst oder ein anderes Vorstandsmitglied[710] im Rahmen der Berichte von diesem Vorgang erfahren und diese Kenntnis nutzen, um die Nachforschungen in bestimmte Bahnen zu lenken, eine Strafanzeige zu verhindern oder (soweit es sich um einen Dritten handelt) den Verdächtigen zu warnen. Für den Fall, dass ein Mitglied des Verwaltungsrates potentiell in einen Vorgang involviert war, konnte deshalb sogar an das Bundesfinanzministerium berichtet werden; *einen solchen Vorgang soll es einmal gegeben haben (3–1-5 2356/2360)*. Nähere Auskünfte zu dem betreffenden Verdachtsfall mit Verwaltungsratsbezug existieren nicht. Dies erscheint symptomatisch für diese hoch brisanten Vorgänge, denn insgesamt gibt es in diesem Zusammen-

---

710 Immerhin wurde für die Anfangszeit bei der Treuhandanstalt von einem besonders engen Zusammenhalt im Vorstand berichtet.

hang so gut wie kein Material. Über den Inhalt der erhobenen Vorwürfe wurde nicht gerne berichtet.

Lediglich in einem Fall erzählte uns ein Mitarbeiter des Direktorates Recht mit Leitungsfunktion kurz, welchen Inhaltes der Vorwurf war. Allerdings handelte es sich hierbei offensichtlich nicht um einen typischen Fall von Wirtschaftskriminalität:

> „[... Der Stabsstellenleiter] hat sich an mich in einem Fall gewandt, zwar wo nichts dran war ... Ja? Es gab ein Vorstandsmitglied, [...] da war die Sorge, dass er geheime oder halt vertrauliche Dokumente im Auto hin und her fährt. Das ist dann dadurch aufgeflogen. [...] Und da haben wir auch [...] mal mit den informellen Zwangsmitteln des Privatbesuchs das eruier[t]. [...] Sicher habe ich also, ich weiß nicht mehr, ob es Rohwedder oder Breuel war, informiert" (11–1-3 1168/1177).

Bemerkenswert ist in diesem Zusammenhang, dass offenbar dennoch der Präsident (bzw. die Präsidentin) von dem Vorgang erfuhr. Von einer Information an den Verwaltungsrat ist hingegen nicht die Rede. Ob von dieser Möglichkeit überhaupt Gebrauch gemacht wurde, ließ sich nicht klären. Auch ein Stabsstellenleiter umschrieb nur abstrakt die Möglichkeit, an den Verwaltungsrat zu berichten:

> „Es gab Vorgänge mit Vorstandsbezug, die gab es. Die sind nie in einem Ermittlungsverfahren gemündet, aber es sind Untersuchungen angestellt worden. Auch in den Vorstandsbereich rein. Ich glaube, [...] zwei oder drei Sachen, erinnere ich. Also auch das, das war möglich. Und was mir also besonders positiv in Erinnerung geblieben ist, der Verwaltungsratsvorsitzende, der Herr Doktor Schüler, den hab ich dann auch kennengelernt in meiner Funktion als Leiter, der hat auch sehr klar und deutlich erklärt, wenn es Signale, Hinweise gibt in irgendeiner Richtung, es sei überhaupt kein Problem, diese Stufe zu überspringen und irgendwelche Probleme dann dort mit dem Verwaltungsratsvorsitzenden zu besprechen. Also auch er hielt an dieser Idee fest" (3–2(1)-1 1659/1664).

Wie grundsätzlich solche die Führungsebene der Treuhandanstalt betreffenden Vorwürfe behandelt wurden und inwieweit versucht wurde, hier Einfluss auf das Ergebnis der Untersuchung zu nehmen, schilderte ein Stabsstellenleiter:

> „[... Es gab] drei oder vier Fälle [...], wo [... die Stabsstelle] gesagt [... hat], da müssten wir mit der Frau Breuel sprechen [...]. Das waren heikle interne Fälle. Da ging es um Vorstandsmitglieder oder Direktoren der Treuhand oder Niederlassungsleiter. [...] Und da hatte ich auch nie den Eindruck, dass die Frau Breuel das mit anderen diskutiert, so dass die Gefahr besteht, dass die Leute Kenntnis haben davon. [...] In der Sache gibt es einen [...] Anfangsverdacht[...,] da ist gesagt worden, denken sie doch mal dran, was da passiert, wenn ... Sind sie sich ganz sicher, dass das passiert ist? Da [... sagt man], nein, das ist ein Verdacht, der muss ermittelt werden. [...] Ja, heißt denn ein Verdacht nicht, es könnte sich nachher auch rausstellen, dass es nichts war? [... D]as kann sich rausstellen, aber was sich viel eher rausstellen [... wird], es ist nicht beweisbar mit prozessualen Mitteln. [...] Was bedeutet es für die Menschen? Und so weiter. [...] Aber das man eine Weisung kriegt, das machen sie nicht, [...] das ist bei [... der Stabsstelle] jedenfalls nicht passiert" (3–1-1 1146/1228).

Diese Ausführungen bestätigen das bereits Gesagte. Es wurden auch in diesen besonders brisanten Fällen keine direkten Weisungen erteilt, sondern es wurde im Gespräch versucht, die Entscheidungen der Stabsstelle zu beeinflussen. Einen geeigneten Ansatzpunkt für eine solche Diskussion stellte sicherlich der Verdachtsgrad dar. Wann muss einem solchen Verdacht nachgegangen werden? Es existierten hierzu keine konkreten Vorgaben bezüglich eines zu erreichenden Verdachtsgrades, wie man es aus der Strafprozessordnung kennt. Ein Stabsstellenleiter schilderte dies auch als einen entscheidenden Unterschied der Stabsstelle zu einer Staatsanwaltschaft:

> *„Die Stabsstelle sollte all den Hinweisen auf vermögensschädigendes Verhalten zum Nachteil der Treuhandanstalt oder ihrer Unternehmen nachgehen. Allen Hinweisen. Dagegen kann eine Staatsanwaltschaft nur loslegen, [§] 152 Absatz 2 [StPO], wenn dieser strafrechtliche Anfangsverdacht [... vorliegt]. Und die konnte also früher loslegen. Sie war bereits dadurch, dass sie ermächtigt war, allen Hinweisen nachzugehen, [...] ermächtigt und berechtigt, im Hause alle notwendigen Nachforschungen anzustellen, die notwendig waren, diesen Hinweis über seinen Hinweischarakter hinaus auszustatten mit so viel tatsächlichen Anhaltspunkten, dass entweder die Schwelle zum strafrechtlichen Anfangsverdacht überschritten war oder aber man qualifiziert sagen konnte, aufgrund eigener Nachforschungen an der Sache ist nichts dran. Und dies auch einer Überprüfung von außen standhielt"* (3–1-5 446/457).

Möglichkeiten einer Beeinflussung bei der Bewertung eines solchen Hinweises ergaben sich somit sicherlich. Letztlich wurde uns von keinem Vorgang mit Vorstands- oder Verwaltungsratsbezug berichtet, der in ein Ermittlungsverfahren mündete. Ob dies daran lag, dass es tatsächlich keine Anhaltspunkte für einen solchen Anfangsverdacht gab oder ob eine Strafanzeige trotz verdachtsbegründender Tatsachen unterblieb, ließ sich nicht feststellen.

7.7.5   Eine „intonierte" Unabhängigkeit

Fasst man diese Erkenntnisse zur Stellung der Stabsstelle innerhalb der Treuhandorganisation zusammen, so ergibt sich das Bild einer *intonierten Unabhängigkeit* der Stabsstelle (Begriff geprägt in *11–1-3 1085*). Einerseits hatte die Stabsstelle im Gegensatz zu anderen Abteilungen eine besondere Stellung inne, indem sie nicht unmittelbar in das hierarchische Gefüge der Treuhandanstalt eingeordnet war. Die dennoch vereinbarten Berichtspflichten sollten lediglich informieren und Entscheidungen trotzdem von den Stabsstellenleitern selbstständig getroffen werden. Dies war durchaus Ausdruck einer Unabhängigkeit, wie sie von Anfang an gefordert worden war. Andererseits stellten sich diese Berichtspflichten erwartungsgemäß als Einfallstor für Beeinflussungen dar, egal ob es sich um Fälle mit oder ohne Vorstandsbezug handelte. Diese Beeinflussungen geschahen nicht auf direktem Weg in Form von Weisungen, sondern auf eine subtilere Art der Feinabstimmung mit den Interessen der Treuhandanstalt in fachlich geprägten Diskussionen, in denen andere Bewertungen der Vorgänge dargelegt wurden und der Berichtsempfänger diskret versuchte, seine Auffassung durchzusetzen. Als Diskussionspunkt bot sich insbesondere die Einschätzung des Vorliegens eines konkreten Verdachtes und damit Verdachtsgrades an.

Diese Gespräche auf vermeintlich gleicher Augenhöhe führten dazu, dass die Stabsstellenleiter sich selbst meist nicht in ihrer Unabhängigkeit beeinträchtigt fühlten, da sie diese Diskussionen in der Sache nicht als Beeinflussung wahrnahmen. Überwiegend wurde der Umgang miteinander als vertrauensvoll beschrieben. Dies schränkte die Stabsstellenleiter zwangsläufig in ihren Möglichkeiten ein, auf die subtilen Techniken der Beeinflussung angemessen zu reagieren. Gegen klare Anweisungen, vor allem gegen solche, in einem Fall nicht Strafanzeige zu erstatten, hätten sie sich möglicherweise aufgelehnt. Zudem ist zu vermuten, dass teilweise überhaupt keine Beeinflussung im Interesse der Treuhandanstalt notwendig war, da die Stabsstellenleitung diese bereits in ihren Entscheidungen antizipiert hatte.

Insgesamt war die Stabsstelle wohl weder so unabhängig, wie es von den meisten Interviewpartnern dargestellt wurde, noch hatte sie generell überhaupt keine Möglichkeit, eine selbstständige Entscheidung über das weitere Vorgehen zu treffen. Entscheidungen wurden trotz *Unabhängigkeit* vielmehr des Öfteren zur Wahrung der Interessen der Treuhand diskret *intoniert*.

8 Die Funktionen der Stabsstelle – der Versuch einer Antwort auf die Funktionalitätsfrage

Schon früh wurden seitens der Treuhandanstalt Ziele formuliert, namentlich die Bündelung und Durchführung informeller Kontrolle, die Verbesserung des öffentlichen Ansehens der Treuhandanstalt und ferner der Ausgleich der Ressourcenknappheit im Strafverfolgungssystem, die mit der Gründung der Stabsstelle verfolgt werden sollten.[711] Da die Stabsstelle als interne Einheit konzipiert war, dienten diese aber letztlich immer den gesetzlichen Aufgaben der Treuhandorganisation. Diese ursprünglichen Ziele waren zunächst abstrakt formulierte Vorgaben, die nicht unbedingt genau umgesetzt werden mussten und konnten. Ob und auf welche Weise diese im Einzelnen gelebt wurden, konnte sich erst zeigen, nachdem die Stabsstelle ihre operative Tätigkeit aufgenommen und sich ihre Struktur verfestigt hatte.

Es wurde bereits dargestellt, dass die Stabsstellenleiter einen relativ großen Einfluss auf die Ausgestaltung des Stabsstellenkonzeptes hatten und dass dennoch – selbst im Rahmen des Möglichen – nicht immer alles nach ihren Wünschen verlief (charakteristisch: die bereits dargestellte Problematik einer intonierten Unabhängigkeit und des Personalmangels).[712] Vor diesem Hintergrund bestehen Zweifel daran, dass die ursprünglich formulierten Ziele immer um jeden Preis verfolgt werden konnten und sollten.

Fraglich ist nun also, inwieweit diese formulierten Ziele tatsächlich umgesetzt und konkretisiert wurden. Hierzu konnten aus den bisherigen Ergebnissen zum Personal, zur Position und Tätigkeit der Stabsstelle, ergänzt um weiteres empirisches Material, Funktionen herausgearbeitet werden, die die Stabsstelle während der Zeit ihrer operativen Tätigkeit für die Treuhandanstalt erfüllt hat. Diese Funktionen bilden damit nicht mehr nur die vordergründigen und kommunizierten Erwartungen ab, die die Stabsstelle erfüllen sollte, sondern sie sind das Ergebnis einer umfassenden Analyse der Stabsstellentätigkeit. Sie geben eine Antwort auf die Frage nach der Funktionalität des Stabsstellenkonzeptes zur wirksamen Bekämpfung von Wirtschaftskriminalität.

Unterscheiden lassen sich anhand des empirischen Materials *primäre* von *sekundären* sowie *manifeste* von *latenten* Funktionen (Abbildung 4).

---

711 Vgl. Kapitel 7.3.
712 Vgl. Kapitel 7.5 und 7.7.

Abbildung 4:   Die Funktionen der Stabsstelle

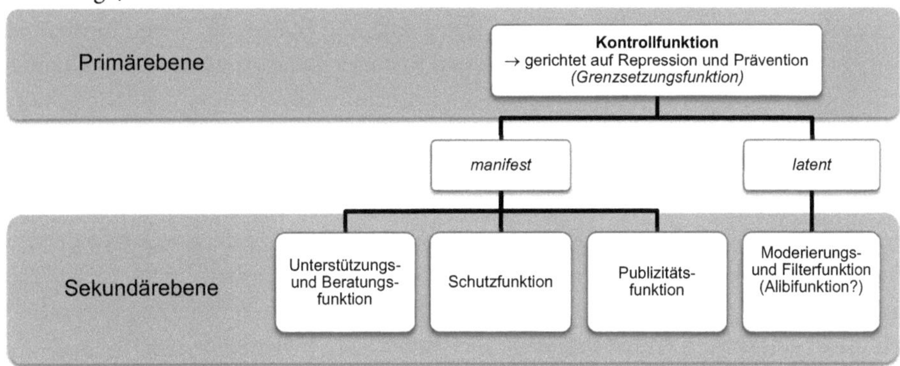

Die primäre *Kontrollfunktion* (8.1) bildet die Hauptaufgabe der Stabsstelle ab. In diesem Zusammenhang spielt neben der Repression eine Präventivwirkung und eine daraus folgende Grenzsetzungsfunktion eine wichtige Rolle. Weitere Funktionen existieren immer nur in Abhängigkeit von dieser primären Funktion. Sekundär sind deshalb Funktionen, die die Stabsstelle erst durch die (wenn auch begrenzte) Ausübung der primären Aufgabe erfüllen konnte (8.2). Manifest sind hierbei solche sekundären Funktionen, die sich direkt aus den ursprünglich formulierten Zielen ableiten lassen und die offen als weitergehender Zweck einer solchen Stelle angesehen wurden (*Schutzfunktion* 8.2.1; *Publizitätsfunktion* 8.2.2, *Unterstützungsfunktion* 8.2.3 und *Beratungsfunktion* 8.2.4). Die latenten sekundären Funktionen (8.3) hingegen weichen ab von den ursprünglich formulierten Zielen, sie stehen sogar in gewissem Maße im Widerspruch hierzu (*Moderierungs- und Filterfunktion* 8.3.1; *Alibifunktion?* 8.3.2).

8.1   Die primäre Kontrollfunktion

Als offensichtliches Ziel, das mit der Gründung der Stabsstelle verfolgt werden sollte, wurde in der Treuhandanstalt die Bündelung und Durchführung informeller Kontrolle angesehen. Es sollte zu einer Verstärkung der strafrechtsorientierten internen und damit also nicht formellen Kontrolle kommen.

8.1.1   Die repressive Kontrollfunktion

Während des Bestehens der Stabsstelle recherchierten die Mitarbeiter in insgesamt 3.661 Vorgängen die Sachverhalte im Hinblick auf ihre Subsumierbarkeit unter strafrechtliche Normen und entschieden über eine interne Einstellung oder eine Abgabe des Falles an die Strafverfolgungsbehörden. Es wurde zumindest partiell eine Aufdeckung und Aufklärung begangener Delikte erreicht (repressive Kontrollfunktion), insbesondere wurden in den bei der Stabsstelle geführten Vorgängen 430

Strafanzeigen erstattet, die zu staatlichen Ermittlungsverfahren führten. Informelle Kontrolle in der Treuhandanstalt hat also durch die Stabsstelle stattgefunden, sie war kein reines „Feigenblatt". Nach welchen Kriterien bei dieser Kontrolle gehandelt wurde und wie diese im Hinblick auf eine wirksame Bekämpfung von Wirtschaftskriminalität zu bewerten sind, ist eine Frage der sekundären Moderierungs- und Filterfunktion, nicht der primären Kontrollfunktion (hierzu 8.3.1).

Die strafrechtsorientierte Kontrolle stellte nach den übereinstimmenden Angaben aller hierzu befragten Interviewpartner das Tagesgeschäft der Stabsstelle dar und war demnach ihre Hauptaufgabe. Die Stabsstelle wurde deshalb nicht zu Unrecht mit dem Zweck der Selbstkontrolle und Selbstreinigung in Verbindung gebracht.[713] Zu dieser selbstreinigenden Funktion führte ein Stabsstellenleiter aus:

> *„Ich denke, zum einen eine innere Säuberung. [... U]m deutliche Signale [zu setzen]"* (3–2(1)-1 1609/1610).

8.1.2   Die präventive Kontrollfunktion

Diese Aussage deutet gleichzeitig den zweiten wichtigen Aspekt dieser primären Kontrollfunktion an: die Abschreckung potentieller Täter im Sinne einer negativen Generalprävention.[714] Dieser Gedanke spielte offenbar von Anfang an eine gewisse Rolle. Ein Stabsstellenleiter äußerte hierzu:

> *„Die Vorstellung war neben der Geschichte, das an die Presse zu verkaufen: ‚Wir bekämpfen Kriminalität.' Eben intern zu sagen: ‚Passt auf!'"* (3–1-1 822/824).

Diese Interviewaussage deutet daraufhin, dass treuhandintern der Stabsstelle eine gewisse Abschreckungswirkung zugeschrieben wurde und dass die Abschreckungsidee bei der Gründungsentscheidung zumindest eine Rolle gespielt haben dürfte. Angesichts empirischer Erkenntnisse, insbesondere aus der amerikanischen Abschreckungsforschung im Bereich der Unternehmenskriminalität (der so genannten „corporate deterrence"),[715] erscheint eine abschreckende Wirkung strafrechtlicher Maßnahmen allerdings eher weniger wahrscheinlich.

Traditionelle Abschreckungsmodelle beruhen auf der dem Rational-Choice-Ansatz[716] entlehnten Grundannahme, dass die subjektive Erwartung formeller Sanktionen dazu führen kann, dass potentielle Täter von Straftaten abgehalten werden.[717] Anhand einer Kosten-Nutzen-Analyse werden die aus der Straftat zu gewinnenden

---

713 Etwa *Treuhandanstalt* Bd. 10 1994: 1003; *Erbe* 2003: 369; *Erbe* 1999: 27.
714 Hierzu auch *Erbe* 2003: 369.
715 Vgl. hierzu *Simpson* 2002: 45.
716 Vgl. grundlegend hierzu *Becker* 1993: 3 ff.
717 Vgl. *Simpson* 2002: 9.

Vorteile mit den drohenden Nachteilen abgewogen.[718] Maßgebliche Faktoren bei der Analyse des formalen Bestrafungssystems und der hieraus resultierenden Risiken stellen das Entdeckungsrisiko, das Inhaftierungsrisiko sowie das Bestrafungsrisiko unter Berücksichtigung der Strafandrohung und der Verurteilungsraten dar.[719] Je höher die Gewissheit, die Härte und die Schnelligkeit einer Bestrafung eingeschätzt werden, desto größer sollen nach der Abschreckungstheorie die zu erwartenden general- und spezialpräventiven Abschreckungseffekte sein.[720]

Eine abschreckende Wirkung im Sinne dieser theoretischen Annahmen konnte bislang allerdings kaum belegt werden.[721] Unterschieden werden können hierbei sog. *Objective Deterrence Studies* von sog. *Perceptual Deterrence Studies.*[722] Erstere sehen das objektive Bestrafungsrisiko und die tatsächliche Strafe als Grundlage für eine Untersuchung einer abschreckenden Wirkung an.[723] Letztere gehen nicht anhand objektiver Faktoren vor, sondern untersuchen eine abschreckende Wirkung anhand von wahrgenommenen Entdeckungs-, Strafandrohungs- und Bestrafungsrisiken.[724]

In Fällen der Unternehmenskriminalität werden Unternehmensverantwortliche weder hieraus entstehende persönliche Bestrafungsrisiken noch die für das Unternehmen bestehenden wirtschaftsverwaltungsrechtlichen Sanktionsrisiken (Ordnungswidrigkeiten) wahrnehmen, da sie hierfür nicht sensibilisiert sind.[725] Deshalb wird angenommen, dass im Bereich der Unternehmenskriminalität für eine abschreckende Wirkung und eine wirksame Kriminalitätskontrolle die informelle Sozialkontrolle sowie die informellen Sanktionen bedeutsamer seien als das formale Bestrafungsrisiko.[726] Informelle Kontrolle kann bei Unternehmenskriminalität folglich dazu führen, dass Entdeckungs-, Strafandrohungs- und Bestrafungsrisiken für die Verantwortlichen überhaupt wahrnehmbar gemacht werden und im Rahmen der Kosten-Nutzen-Analyse die Kosten zusätzlich durch informelle Sanktionen im Unternehmen spürbar erhöht werden. *Simpson* fasst diese Erkenntnis wie folgt zusammen:

> „There are many reasons to believe, that socially or self-imposed costs will be more influential over managers than those imposed by the state."[727]

---

718 *Simpson* 2002: 9.

719 *Simpson* 2002: 9 m. w. N.

720 *Simpson* 2002: 9.

721 Einen guten und kritischen Überblick über Abschreckungsstudien bietet *Simpson* 2002: 35 ff.; vgl. auch pointiert *Simpson* 2002: 42: „The strongest support comes from perhaps the weakest of research design."

722 Vgl. *Simpson* 2002: 37, 40.

723 Vgl. *Simpson* 2002: 42.

724 Vgl. *Simpson* 2002: 42.

725 Hierzu *Simpson* 2002: 43.

726 *Simpson* 2002: 59.

727 *Simpson* 2002: 59.

Auf einen solchen abschreckenden Einfluss informeller Kontrollsysteme im Bereich der Unternehmenskriminalität deuten auch erste Forschungsergebnisse hin.[728] In einer ersten Studie unter anderem von *Simpson* wurden MBA-Studenten (n=350) sowie eine kleinere Gruppe von Managern (n=40) anhand von Fallszenarien aus dem Bereich der Unternehmenskriminalität sowie an das Szenario anknüpfenden Fragenkatalogen über die Kosten und Nutzen des jeweils geschilderten Vorgehens für sie persönlich und das betroffene Unternehmen befragt.[729] Bei einer Gruppe von Studenten und Managern mit niedrigeren moralischen Grundsätzen („low morality") konnte als ein zentrales Ergebnis ein stärkerer Einfluss der persönlichen Kosten und Nutzen auf die Entscheidung für oder gegen Kriminalität als bei den moralisch gefestigten Probanden festgestellt werden.[730] Dieses Ergebnis wurde auch in einer zweiten Studie mit überarbeiteten Szenarien bestätigt, die ausschließlich mit Managern (n=75) durchgeführt wurde.[731] Es zeigte sich in dieser Studie zudem eine leicht erhöhte abschreckende Wirkung eines informellen Kontrollsystems, wenn es zugleich auch informelle Sanktionen umfasste, die von den Managern als ernst zu nehmend angesehen wurden.[732] *Simpson* fasste die Ergebnisse der beiden Studien mit den folgenden Worten abschließend zusammen:

> *„The data do offer some evidence that a compliance process that builds on a foundation of self-regulation and cooperation (persuasion) has merit."*[733]

Eine solche Funktion einer abschreckenden, spezial- und generalpräventiven Wirkung durch die Installation einer informellen Kontrolleinrichtung schreibt letztlich der bereits zitierte Stabsstellenleiter – wie auch weitere, nachfolgend zitierte Interviewpartner – der Stabsstelle zu. Ob die Stabsstelle diese Erwartung tatsächlich erfüllen konnte, lässt sich anhand des vorhandenen Materials nicht zuverlässig empirisch messen. Es erscheint aber angesichts der dargestellten Erkenntnisse aus der Abschreckungsforschung für Unternehmenskriminalität nicht ausgeschlossen, dass die Stabsstelle eine solche Funktion ausfüllte, indem durch die Errichtung einer solchen Stelle Bestrafungsrisiken für die Verantwortlichen überhaupt erst wahrnehmbar gemacht wurden. Zu einer präventiven Wirkung sagte ein weiterer Stabsstellenleiter:

> *„Also ich denke, [...] wir haben eine ganze Menge präventiv geleistet, und wir haben auch eine Menge aufgeklärt, so dass der wirtschaftliche Schaden dadurch gemindert wurde"* (3–1-3 1212/1214).

---

728 Insbesondere „Study one" ausführlich dargestellt bei *Simpson* 2002: 117 ff.; „Study two" *Simpson* 2002: 139 ff.
729 *Simpson* 2002: 117 ff.
730 *Simpson* 2002: 137 f.
731 *Simpson* 2002: 151.
732 *Simpson* 2002: 145.
733 *Simpson* 2002: 161.

Ein anderer äußerte dazu:

> *„Sie können nicht 854 Millionen [...] veruntreuen lassen und sagen: Schön, vielleicht das nächste Mal [...]. Sondern Sie müssen reagieren. Und Sie müssen so reagieren, dass es auch nach außen deutlich wird. Dass man so was nicht mit sich machen lässt [...] Das ist diese Signalfunktion. Sonst hätte man diese Stabsstelle nicht gebraucht"* (3–1-5 1478/1493).

Die Stabsstellenleiter schätzten eine Präventivfunktion der Stabsstelle insgesamt als sehr wichtig ein und empfanden es als selbstverständlich, dass die Stabsstelle eine solche erfüllte. Deutlich wird in dieser letzten Aussage auch, dass eine als effektiv wahrgenommene Repression grundsätzlich als Bedingung für eine präventive Wirkung angesehen wurde.

Zudem konnten die Mitarbeiter der Stabsstelle nicht erst unter den strengeren Voraussetzungen eines Anfangsverdachtes tätig werden, sondern es war möglich, bereits im Vorfeld von konkreten Geschehnissen durch entsprechende Richtlinien oder Schulungen in Zusammenarbeit mit anderen Bereichen einzugreifen. Aufgrund der engen Personaldecke und des damit verbundenen hohen Erledigungsdrucks bei jedem einzelnen Mitarbeiter und Leiter spielte diese Art der Prävention – also losgelöst von konkreten Vorgängen – eher eine untergeordnete Rolle.

Die Bedeutung einer allgemeinen Präventivfunktion der Stabsstelle wurde auch vom Treuhandvorstand gesehen:

> *„Aber das war sicherlich schon wichtig, auch für die Mitarbeiter zu wissen, also es gibt da eine Stelle, die den Vorstand über Dinge unterrichtet, die unter Umständen auch sehr unangenehm sein können"* (11–1-4 2942/2944).

Ein Mitarbeiter aus dem Direktorat Recht bemerkte ebenfalls:

> Die Stabsstelle *„war schon eine Aufsicht auch für die Herren [...]. Das Risiko saß ja schon auch, also nicht nur bei den bestimmten atypischen Bestechern am Tresen im Hotel, die also so Dinger da verzapften, [...] bei den Mitarbeitern"* (11–1-3 484/494).

Ein anderer Mitarbeiter des Direktorates Recht mit Leitungsfunktion äußerte sich allerdings auch skeptisch zu einer erfolgreichen Vorgangsbearbeitung und damit kritisch zu einer Präventivwirkung:

> *„Nein, [sie hat keine präventive Wirkung], weil sie keine Kontrollinstanz ist."* Interviewer: *„Die Tatsache, dass man weiß, da sitzt jemand, der strafrechtlich die Sache betrachtet, ein ehemaliger Staatsanwalt, der passt auch auf, das führt nicht dazu, dass man [...] aufpasst?"* Proband: *„Nein, weil er ja nicht vorher in den Fällen drin ist"* (11–1-1 988/994; 11–1-1(2) 2199/2202).

Einer so generell negativen Sichtweise stehen neben zahlreichen anders lautenden und durchaus glaubhaften Aussagen immerhin die 430 Vorgänge entgegen, die von der Treuhandanstalt bei den Strafverfolgungsbehörden angezeigt wurden. Der

Stabsstelle jede Wirksamkeit abzusprechen, wäre angesichts der empirischen Befunde nicht gerechtfertigt. Im Direktorat Recht wurde eine abschreckende Wirkung der Stabsstelle verstärkt bei Mitarbeitern aus der ehemaligen DDR wahrgenommen:

> *„Also so wurde sie jedenfalls von den Kollegen „Ost" zunächst wahrgenommen. Da gibt's eine eigene Treuhandstasi, die da auch mit wirklich allen effizienten Mitteln die Leute auch zum Reden brachte"* (11–1-3 462/464).

Abgesehen von der Problematik eines solchen Vergleichs wird auch hier deutlich, dass die Stabsstelle offenbar durchaus intern als wirksames Kontrollinstrument angesehen wurde. Dass diese Wahrnehmung einer effektiven Stabsstellentätigkeit von großer Bedeutung war, deuten die folgenden, bildlichen Aussagen an:

> *„Also [...] das war schon sozusagen die äußerste rote Laterne, die durch das Strafrecht gesetzt worden ist"* (11–1-4 3142/3144).

> *„Noch so die äußerste Grenze mal signalisiert. [... D]ass man die Halt-Schilder [bzw. Stop-Schilder] aufstellen muss und das wurde mit dem Staatsanwalt symbolisiert"* (11–1-3 1470/1472).

> *„Vielleicht auch deutlich zu machen, indem hier ein leibhaftiger Satan in den Räumen ist"* (3–1-1 434/476).

Die Stabsstelle diente insbesondere in einer Zeit, in der das allgemeine Regel- und Kontrollsystem in der Treuhandanstalt noch kaum entwickelt war, einer äußeren Begrenzung der scheinbaren Regellosigkeit. Sie erfüllte damit konkret eine Grenzsetzungsfunktion, die im unmittelbaren Zusammenhang mit einer präventiven Wirkung zu sehen ist. Die abstrakten und allgemeingültigen Grenzen für rechtsgutverletzende oder -gefährdende Handlungen, die durch das materielle Strafrecht festgelegt und durch das formelle Strafverfolgungssystem geschützt werden, wurden durch die Stabsstelle konkret ins Bewusstsein der Treuhandmitarbeiter gerückt. Mit dieser Art der Grenzsetzung durch Aktualisierung und Konkretisierung der strafrechtlichen Normvorgaben arbeitete schon die Präsidentin in einem Brief an alle Direktoren der Treuhandanstalt und die Leiter der Niederlassungen vom 22. August 1991, in dem sie auf die Existenz der Stabsstelle hinwies und des Weiteren die strafrechtlichen Konsequenzen zusammenfasste, die den Mitarbeitern der Treuhandanstalt bei entsprechendem Fehlverhalten drohten.[734] Es galt, die Grenzen zwischen riskanten, aber wirtschaftlichen Entscheidungen (im Sinne des Privatisierungsauftrages) einerseits und strafrechtlich relevanten Verhaltensweisen andererseits abzustecken. Diese Funktion zu erfüllen war primäre Aufgabe der Stabsstelle *Besondere Aufgaben* als informelle Kontrollinstitution.

---

734 Abgedruckt in *Treuhandanstalt* Bd. 10 1994: 899.

8.2   Die sekundären, manifesten Funktionen

Die Stabsstelle als treuhandinterne Einrichtung sollte und konnte nicht ausschließlich und „absolut" der Aufdeckung und Verhinderung von kriminalisierbaren
Verhaltensweisen dienen. Strafverfolgung war schon nicht der gesetzliche Auftrag
der Treuhandanstalt. Vielmehr war diese primäre Aufgabe – wie sich in der Untersuchung aufgrund vieler verschiedener Aussagen gezeigt hat – immer mit darüber
hinausgehenden, sekundären Zwecken verbunden, die im Interesse der Treuhandanstalt lagen und die der Erfüllung des Privatisierungsauftrages dienten. Dies wurde
auch bereits in den ersten Zielformulierungen bezüglich einer Stabsstellengründung
deutlich (Verbesserung des öffentlichen Ansehens).

8.2.1   Die sekundäre, manifeste Schutzfunktion

Ganz allgemein kann man als eine sehr wichtige sekundäre Funktion der Stabsstellentätigkeit einen *Schutz* der Treuhandanstalt vor den verschiedensten Arten von
externen und internen Eingriffen ansehen. Ein Stabsstellenleiter fasste unter dem
Begriff einer solchen Schutzfunktion zusammen:

> *„Schutzfunktion für das Haus. […] Schutzfunktion auch für den zu Unrecht verdächtigten
> Mitarbeiter. […] Schutzfunktion für das Vermögen, was der Treuhand anvertraut war. […]
> Schutzfunktion aber auch für die Tätigkeit der Treuhand, die ja vielfältigen Kontrollme-
> chanismen ausgesetzt war. […] Ob das parlamentarische Untersuchungsausschüsse waren.
> […] Ob das der Verwaltungsrat war. Oder wer auch immer. […] Oder die Presse"* (3–1–5
> 482/495).

Ein noch sehr eng mit der primären Kontrollfunktion zusammenhängender Aspekt
dieser Schutzfunktion war sicherlich die (präventive) Verhinderung von materiellen
Schäden „in mehrstelliger Millionenhöhe" und die (repressive) Wiedergutmachung
bereits eingetretener Schäden in „eindrucksvollem Umfang".[735] Über Ersteres lässt
sich nur spekulieren, zumindest konnte der Stabsstelle jedoch eine gewisse präventive Wirkung aufgrund einiger Aussagen nicht abgesprochen werden (s. o.).

Bezüglich zivilrechtlicher Schadenswiedergutmachungen existieren in den Unterlagen der Stabsstelle, die dem Forschungsteam zur Verfügung stehen, ebenfalls
keine konkret bezifferten Angaben. Jedoch wurde in den Monatsstatistiken zumindest für drei Monate aufgeführt, in wie vielen Vorgängen der Stabsstelle es auch
zu einer außergerichtlichen oder gerichtlichen Zivil- oder Arbeitsrechtsstreitigkeit
kam. Diese wurden in diesem Zeitraum immerhin fast in genau so vielen Fällen
vorgenommen, wie Strafanzeigen erstattet wurden. Die Stabsstelle arbeitete insoweit
mit dem Direktorat Recht zusammen (hierzu Beratungsfunktion 8.2.4), das dann für
eine Kündigung des Mitarbeiters und eventuelle Schadensersatzansprüche sorgte:

---

735 *Erbe* 2003: 375.

> *„Beratungsfunktion insofern, als dass man dann gesagt hat, wir empfehlen in dieser Sache, die Vertragsbeziehungen mit dem nicht weiter aufrecht zu halten. Sich von dem Mitarbeiter zu lösen. Schadensersatz […] zu verlangen. Etc."* (3-1-5 504/509).

Ob ein anschließender Zivilprozess von der Treuhandanstalt dann erfolgreich geführt wurde und ob es tatsächlich zu einer erfolgreichen Vollstreckung entsprechender Urteile kam, ist im Einzelnen anhand der vorliegenden Unterlagen nicht nachzuvollziehen. Fest steht aber, dass die Stabsstelle auch im Hinblick auf zivil- und arbeitsrechtliche Schritte eingesetzt wurde. Die Erwähnung von Schadensersatzforderungen in diesem Zusammenhang spricht im Übrigen eher dafür, dass es um Fälle von Occupational Crime ging, in denen eine Verfolgung der Straftaten im Interesse der Treuhandanstalt lag.

Ein Stabsstellenleiter nannte in einem Interview einen weiteren Aspekt der Schutzfunktion:

> *„Wenn das Unternehmen Gegenstand von Ermittlungen wird und es hat nicht eine solche Stabsstelle, dann werden im Unternehmen Personen befragt, mit Sachverhalten befasst, die eigentlich nicht zu ihrer Berufstätigkeit gehören, es passieren Fehler, es werden ungesteuert Ermittlungen im Unternehmen durchgeführt, es werden vielleicht Zufallsfunde produziert, die sonst nicht produziert worden wären, es werden Geheimnisse preisgegeben, die Gegenstand der Ermittlungsakten werden, die durch Akteneinsicht zur Kenntnisnahme Dritter gelangen etc. Das alles sind Sachverhalte, die betriebswirtschaftlich bewertbar sind. Das ist die Mitarbeiterstunde, die ich rechnen kann, das sind die Unterlagen, die ich rechnen kann, die anzufertigen eben auch Zeit kosten […] und dergleichen mehr. Und es ist das Risikopotenzial, was sich daraus entwickelt, dass eine solche Ermittlungsmaßnahme falsch behandelt, falsch beantwortet wird"* (3-1-5(2) 1650/1661).

Durch die Errichtung einer solchen Institution mit klar definierter, strafrechtlich orientierter Zuständigkeit wurde folglich wirksam verhindert, dass sich innerhalb der Treuhandanstalt beliebige Mitarbeiter mit Anfragen aus dem Strafverfolgungssystem beschäftigten. Die Stabsstelle diente damit auch dem Schutz der Treuhandanstalt vor einem ineffizienten Personaleinsatz (nach betriebswirtschaftlichen Kriterien) und darüber hinausgehend auch vor fehlerhaften, nicht im Interesse der Treuhandanstalt liegenden Auskünften an die Strafverfolgungsbehörden.

Bemerkenswert ist insbesondere, dass es offenbar zudem als eine Funktion der Stabsstelle angesehen wurde, Zufallsfunde zu verhindern, so dass auch insoweit Zweifel an einer uneingeschränkt wirksamen Bekämpfung der Wirtschaftskriminalität als Ziel für die Stabsstelle aufkommen. Ein mit dem Strafrecht nicht vertrauter Mitarbeiter würde möglicherweise ahnungslos Informationen an die Strafverfolgungsbehörden weiterleiten, die wiederum neue Ermittlungsverfahren zur Folge hätten, deren Verfolgung eben nicht zwangsläufig im Interesse der Treuhandanstalt liegen mussten. Die weiteren Risikopotentiale wie die Kenntnisnahme von Geheimnissen durch Dritte oder die Zeitkomponente bei der Bearbeitung durch auf diesem Gebiet ungeschulte Mitarbeiter erscheinen hiergegen weniger bedeutsam.

Festzuhalten ist, dass die Stabsstelle die Treuhandanstalt vor jeglichen internen und externen Angriffen schützen sollte, die die Privatisierungsaufgabe behinderten. Diese Schutzfunktion ist keinesfalls gleichzusetzen mit der primären Kontrollaufgabe, denn es gab Bereiche, in denen nur eine eingeschränkte Kontrolle (beispielsweise durch einen kontrollierten Informationsfluss über Strafverfahren nach Außen) zu dem gewünschten Schutz der Treuhandanstalt und ihrer Funktionsfähigkeit führte.

8.2.2   Die sekundäre, manifeste Publizitätsfunktion

Wie bereits ausgeführt, erhoffte sich der Vorstand durch die Gründung der Stabsstelle zudem die Möglichkeit, positiven Einfluss auf die öffentliche Meinung zu nehmen (Verbesserung des öffentlichen Ansehens). Über die Medien sollte vermittelt werden, dass man innerhalb der Treuhandanstalt alles tue, um strafrechtliches Verhalten aufzudecken und zu verhindern. Ein eng mit dem Vorstand der Treuhandanstalt in Verbindung stehender Mitarbeiter umschrieb diesen wesentlichen Aspekt einer sekundären Publizitätsfunktion:

> *„Wenn sie mich fragen, welchen Nutzen ich darin gesehen habe, […] dann eindeutig, die Flanke abzusichern. Sagen zu können: ‚Liebe Freunde, jeder, der der Meinung ist, dass in diesem Laden irgendetwas nicht mit rechten Dingen zugeht, hat das Recht, sich an die Stabsstelle zu wenden und diese ist unabhängig und nicht an Weisungen gebunden, und hat den Auftrag, das zu untersuchen. Bitte sehr.‘ […] Aber die Treuhandanstalt hatte ja eine sehr schwierige Position in der Öffentlichkeit. Und die Stabsstelle diente einfach dazu, und zwar also jetzt nicht als Vorwand, sondern als Instrument, diese Flanke wirksam abzusichern"* (11–1-7 2061/2071).

Ein Leiter der Stabsstelle erläuterte, welches Signal durch die Stabsstelle an die Öffentlichkeit transportiert werden sollte:

> *„Wir wollen wirtschaftlich legal arbeiten, wir leisten uns eine eigene interne Kontrollinstanz für's Volk. […] Nebeneffekt: So was macht sich immer gut in den Medien, ja? Das war ja auch ein nicht zu unterschätzendes Argument bei der Treuhandanstalt: ‚Wir haben unsere eigene Kontrollinstanz, die hat es kontrolliert, geprüft und wir haben das sofort dann weiterverfolgt'"* (3–2(1)-1 1612/1617).

Ähnliches berichtete auch ein anderer Stabsstellenleiter:

> *„Man konnte immer sagen, das was hier möglicherweise an Fehlverhalten Gegenstand irgendwelcher Anfragen oder Nachforschungen ist, ist bei uns im Hause Gegenstand der Befassung durch eine unabhängige Stelle"* (3–1-5 497/500).

Ein Vorstandsmitglied bemerkte, so habe schon der Präsident Rohwedder agiert:

> *„Bei Rohwedder, glaube ich, [...] dass er gesagt hat: ‚Wenn ich angegriffen werde, dann sage ich: Also bitteschön, wir haben einen eigenen Staatsanwalt. Ich übergebe das dem Staatsanwalt, der sorgt, der schaut sich das an‘ (11–1–4 2763/2773).*

Weiter führte letzterer Interviewpartner aus:

> *„Aber mit Halle, [...] da hat die Stabsstelle eine sehr viel weitere Funktion gekriegt, weil wir gesagt haben: ‚[...] Da müssen wir mal schauen, dass wir da aktiv bei der Bereinigung mitarbeiten.‘ Und da sind unsere Staatsanwälte gerade das Richtige“ (11–1–4 2773/2778).*

Auch hier wird deutlich, dass die Stabsstelle in einem solchen Vorgang wie dem Halle-Komplex, bei dem es um den Vorwurf der persönlichen Bereicherung ging,[736] als aktives und damit im Sinne einer Kriminalitätsbekämpfung *wirksames* Instrument eingesetzt werden sollte. Diese Aussage lässt wiederum aufgrund der besonderen Betonung den Rückschluss zu, dass dies nicht zwingend immer der Fall war. Die These, dass die Stabsstelle je nachdem, ob es sich um Corporate Crime oder Occupational Crime handelte, unterschiedlich agierte und man nur bei Letzterer an einer kompletten Aufklärung und wirksamen Strafverfolgung interessiert war, erhält hier weitere Unterstützung.

Als konkrete Strategie zur Verbesserung des öffentlichen Ansehens bot es sich an, delinquentes Verhalten als Einzelfall darzustellen und so von insbesondere anfänglichen, strukturellen Defiziten in der Kontrollstruktur abzulenken. Durch eine solche Auswahl und Bloßstellung einzelner Mitarbeiter, die einer delinquenten Handlung ohnehin überführt waren, sollte gleichzeitig suggeriert werden, dass die verbleibenden Mitarbeiter normkonform arbeiteten. In diesem Sinne äußerte sich beispielsweise auch ein Stabsstellenleiter:

> *„In den Fällen, in denen ein Mitarbeiter so richtig kriminell geworden ist, war es ja den anständigen Mitarbeitern der Treuhandanstalt auch recht, dass die schwarzen Schafe rausgefilzt wurden und dann verfolgt wurden, und auch das ging dann relativ schnell oder viel schneller jedenfalls, als wenn die StA Berlin, die ja wirklich schlecht ausgestattet war [...] oder vor allem die anderen Staatsanwaltschaften, die waren ja noch viel schlimmer“ (3–1–3 273/278).*

Ein Mitarbeiter des Direktorates Recht mit Leitungsfunktion bestätigte:

> *„Also so ähnlich ist das bei der Stabsstelle, man hat die gebraucht, um sagen zu können: ‚Wir haben alles getan. Wir haben so und so viel Fälle da rausgesiebt. Es ist sehr viel aufgeflogen. [...] Aber wir haben unseren Beitrag erbracht.‘ Ja?“ (11–1–3 649/653).*

Es konnten durch die Stabsstelle aber auch unberechtigte öffentliche Vorwürfe entkräftet werden, so dass innerhalb der Treuhandanstalt die anfängliche Skepsis zu ei-

---

736 Zum Fallablauf und den strukturellen Bedingungen *Karliczek* 2007: 81 ff.

ner verbreiteten Akzeptanz führte. Eine solche Schutz- und Publizitätsfunktion für die Mitarbeiter gegenüber unberechtigten Vorwürfen wird auch in anderen Quellen hervorgehoben.[737] Ein Stabsstellenleiter konstatierte und bestätigte damit letztlich auch nochmals die Schutzfunktion:

„Die Mitarbeiter der Treuhandanstalt, die haben ja gemerkt, dass wir eigentlich hinter ih-nen stehen. [...] ich mach hier mal ein Beispiel: Kommt ein Vorwurf von außen ‚Der hat Geld genommen.‘ Wir klären das auf und stellen fest, da ist gar nichts gelaufen, das ist ein unberechtigter Vorwurf, dann haben wir in ganz kurzer Zeit dafür gesorgt, dass der Mann oder die Frau reingewaschen war. Und wir konnten das belegen. [...] Also von daher, die haben einfach gemerkt, da wird gute Arbeit geleistet [...]. Also deswegen ist die Akzeptanz sicher auch gewachsen“ (3–1–3 265/282; vgl. auch 11–1–1 1017/1018).

Die Stabsstelle war im Übrigen auch als (öffentliche) Exkulpationsmöglichkeit für die Führungskräfte der Treuhandanstalt von Bedeutung. Hierzu äußerte sich insbe-sondere einer der interviewten Strafverteidiger:

„Das ist ja auch strafrechtlich ein Schutz, [...] dieses strafrechtliche Organisationsverschul-den ändert sich ja, wenn sie jemanden beauftragt haben, der sich um diese Bereiche küm-mert“ (9–3–2 1247/1248).

Bemerkenswert ist zudem, dass ein Stabsstellenleiter die sekundäre Publizitätsfunk-tion gegenüber den Medien direkt in Beziehung zur Sicherung des Privatisierungs-auftrages der Treuhandanstalt stellte:

„Vor allem auch wegen der Presse. Dass man nicht jedem, der irgendwo schon ein paar Mal strafrechtlich aufgefallen ist, [...] irgendeinen schönen Betrieb verkauft, dass man in diesem Bereich den Informationsapparat der Justiz und der Polizei näher mit herholt, [...] um sich Vorwürfen und vor allem der Presse gegenüber abzusichern“ (3–1–1 853/860).

Diese Aussage fügt sich ein in die Annahme, dass die Ziele und Funktionen der Stabsstelle als interne Institution niemals losgelöst von den Organisationszielen der Treuhandanstalt zu betrachten sind. Die Berichterstattung in den Medien hatte un-ter Umständen direkten Einfluss darauf, wie ein Vorgang innerhalb der Treuhand-anstalt und damit in der Stabsstelle behandelt wurde:

„Also ich sag mal, meine Erfahrung ist, und das ist auch bei den Treuhandfällen so gewe-sen, sobald ein Vorgang Medieninteresse gefunden hat, sind die Mechanismen, die dann in der Treuhandanstalt abgelaufen sind, [...] ich will nicht sagen viel zielgerichteter, aber viel deutlicher gewesen. Der Bremer Vulkan war medienbegleitet. Folglich war die Neigung, keine Fehler zu machen unter dem Auge der Medien, ausgeprägter. Das wiederum führte dazu, dass [...] bei dem ersten Erkennen der Möglichkeit, dass dort Gelder fehl veranlagt sind, der Vorstand der Treuhandanstalt oder der BVS in der Pflicht war, wiederum medien-wirksam zu reagieren. Und demzufolge war die Erstattung der Strafanzeige eigentlich ja ein

---

737 *Treuhandanstalt* Bd. 10 1994: 942.

ganz normaler Akt der Reaktion auf abweichendes Verhalten, weil in diesem Falle, weil der Gesamtkomplex die ganze Zeit über medienwirksam war" (3–1-5(2) 301/311).

Eine solche Publizitätsfunktion wurde zudem über die Zeit der operativen Tätigkeit der Treuhandanstalt hinaus ausgedehnt. Ein Mitarbeiter des Direktorates Recht mit Leitungsfunktion fürchtete etwa wegen der hohen Kosten des Privatisierungsvorgangs eine Nachbearbeitung der Vorgänge nach dem eigentlichen Privatisierungsprozess:

„[Funktion der Stabsstelle war] der Schutz vor öffentlichen und politischen Angriffen. Das war auch allen klar, ich glaube auch, dass das ein jahrelanges Nachspiel haben würde. Einfach weil die Situation [wie folgt] war: Die Kosten waren so hoch, zweihundertachtzig Milliarden Defizit aus den Privatisierungen. Das ist ja kein Pappenstiel in D-Mark. Das wusste jeder, dass das politisch lange, lange nachgearbeitet werden müsste. Wissenschaftlich, historisch und zeitgeschichtlich, [...] auch politisch" (11–1-3 905/911).

Neben den Angriffen aus der Öffentlichkeit erwartete dieser Interviewpartner konkrete Untersuchungen aus der Wissenschaft (Forschungsprojekte) oder der Politik (Untersuchungsausschüsse) und maß der Stabsstelle insoweit ebenfalls eine gewisse Bedeutung zu. Die Stabsstelle diente aber auch der besseren Außendarstellung in Bezug auf die typischen externen Kontrollinstitutionen:

„Ich glaube, es war ein bisschen ein Selbstschutzgedanke, dass wir auch der Staatsanwaltschaft gegenüber sagen können, auch dem Rechnungshof gegenüber sagen können, ‚wir haben selbst einen Staatsanwalt und wir selber sind doch sehr daran interessiert, das Legalitätsprinzip im Rahmen unserer Tätigkeit soweit wie möglich durchzusetzen'" (11–1-4 2465/2469).

Ein Mitarbeiter des Direktorates Recht mit Leitungsfunktion fasste diesen Bereich einer sekundären Publizitätsfunktion wie folgt zusammen:

„Die sollte aber auch verhindern, dass die staatlichen Vollzugsbehörden hier nun verbrannte Erde machen, unseren ganzen Laden blockieren und den Ruf ruinieren und sie sollte helfen gegen kriminelle Investoren und Geschäftsführer" (11–1-1(2) 2225/2227).

Ein anderer meinte:

„Es ist notwendig, hier eine Art – sag ich mal – Hauspolizei zu machen. Wir können nicht zur staatlichen Staatsanwaltschaft laufen. Weil die da gleich reinrollen, die stellen ja den ganzen Laden lahm. Wir müssen mit Selbststeuerungskräften, mit einer eigenen Konzernsicherheit [kommen]" (11–1-3 466/470).

Es sollte grundsätzlich verhindert werden, dass die staatlichen Strafverfolgungsbehörden durch ihre Ermittlungstätigkeit den geschäftsmäßigen Ablauf innerhalb der Treuhandanstalt behinderten. Zu medienwirksamen Durchsuchungsaktionen kam es offenbar tatsächlich nicht, hierdurch wurde gleichzeitig also auch ein Schutz für die Treuhandanstalt vor staatlichen Zwangsmaßnahmen erreicht:

> *„Förderlich waren wir insoweit, als man sehr gerne gestrunzt hat in dem Sinne, es war ja nie eine grüne Minna vorm Haus und das haben wir unserer Abteilung zu verdanken. Und das war sehr, sehr wichtig, dass also die Polizei nie durchsucht hat, [...] im Hause selber ist das dann nie vorgekommen. Also das war dann bei den bösen Unternehmen oder bei dem Liquidator oder so. [...] Das war sehr wichtig für das Haus"* (3–1-2 794/800).

Insgesamt lässt sich feststellen, dass die Stabsstelle als Gegenmittel gegen eine negative Publizität der Treuhandanstalt eine wichtige Stellung einnahm und diese sekundäre Publizitätsfunktion eine herausragende Bedeutung für die Treuhandanstalt und die Erfüllung des Privatisierungsauftrages hatte.

8.2.3   Die sekundäre, manifeste Unterstützungsfunktion

Vor dem Hintergrund der ausführlich beschriebenen Ressourcenknappheit im Strafverfolgungssystem und dem damit unter anderem im Zusammenhang stehenden Ziel des Ausgleichs dieser Ressourcenknappheit überrascht es nicht, dass sich in den Interviews zudem eine sekundäre *Unterstützungsfunktion* manifestierte. Die Stabsstelle unterstützte die externen Strafverfolgungsbehörden. Insoweit konnte sie als eine helfende Einrichtung verstanden werden.

Zunächst sollen nun die Facetten dieser Unterstützungsfunktion, also letztlich die Zusammenarbeit mit den Strafverfolgungsbehörden, aufgezeigt werden. Ein Mitglied des Vorstandes sah hierin gar die Positionierung der Treuhandanstalt zum öffentlichen Strafanspruch:

> *„Eine Funktion gegenüber dem Strafanspruch, dem öffentlichen Strafanspruch, dass man sagt: ‚Wir unterstützen das'"* (11–1-4 2478/2480).

Zu dem Verhältnis zu den externen Kontrollinstitutionen lässt sich erneut feststellen, dass die Treuhandanstalt als bundesunmittelbare Anstalt des öffentlichen Rechtes ohnehin gegenüber anderen Behörden zur Gewährung von Amtshilfe gemäß Art. 35 GG, § 4 VwVfG verpflichtet war.[738] Es stellt sich aber die Frage, wie intensiv und in welchem Umfang diese durch die Stabsstelle geleistet wurde. Von Seiten der Stabsstelle wurde die Bedeutung ihrer Tätigkeit insbesondere für die Staatsanwaltschaft sehr hoch eingeschätzt. Ein Stabsstellenleiter betonte dies vor allem im Hinblick auf die seiner Ansicht nach völlig unzureichende Ausstattung der Staatsanwaltschaften und der besonderen Belastung der Berliner Staatsanwaltschaft:

---

738 Zur Gewährung von Amtshilfe als Aufgabe der Stabsstelle *Treuhandanstalt* Bd. 10 1994: 935, 1003; *Erbe* 2003: 370; *Erbe* 1999: 27.

> *„Was tun? Darauf warten, dass irgendeine Staatsanwaltschaft in einem Pingpong-Spiel der Zuständigkeiten nun dann irgendwann mal ihre Zuständigkeit doch noch annimmt, um die Berliner zu entlasten, das war, sagen wir mal, etwas blauäugig gedacht. [...] Und die Staatsanwaltschaft Berlin war darauf angewiesen in vielen, vielen Sachen, Hilfestellung auch von der Treuhandanstalt [...] zu bekommen. Und der Flaschenhals wurde immer enger. Und der volkswirtschaftliche Schaden proportional demzufolge immer größer"* (3–1-5 427/441).

Auch ein Mitarbeiter der Stabsstelle beschrieb einen engen und guten Kontakt zur Staatsanwaltschaft:

> *„Also ich empfand den Kontakt zur Staatsanwaltschaft als sehr eng. Also es war einfach so, dass [...] ich dann auch freitags nachmittags bei der Staatsanwaltschaft XY anrufe und sage: ‚Mir ist das schon mal bekannt geworden. Was kann ich ganz schnell machen? Können Sie schon mal einen Dezernenten benennen? Wie wollen wir das machen? Wann kann ich Ihnen die Anzeige dann oder mein Material persönlich übergeben?' Und das ist am nächsten Montag dann auch passiert. [... D]ass ich also mit der Leiterin telefoniert habe und die sich dann schon mal Gedanken gemacht hat: ‚Wie kann ich das ganze Verfahren organisieren, dass also ganz schnell ein Fluss in Gang kommt'"* (3–2-1 1214/1222).

Eine gute Zusammenarbeit mit den Strafverfolgungsbehörden konnte für die Stabsstelle und damit für die Treuhandanstalt in Einzelfällen von Vorteil sein, wie der Mitarbeiter des Weiteren schilderte:

> *„Also wir haben natürlich [bei neuen Investoren] über die Kripo dann versucht, [...] gab's Vorstrafen, [...] irgendwelche Ermittlungsverfahren? [...] Ja, oder dass man einfach gemerkt hat, das ist nicht sehr seriös, wie er sich hier benimmt oder [...] dass anonym dem Vertragsmanagement oder der Controllingabteilung Hinweise kamen. Da gibt's komische Bankverbindungen oder solche Dinge, dass wir das dann abgecheckt haben"* (3–1-2 405/415).

Seitens der Stabsstelle wurde auch gerne die Arbeitserleichterung für die Staatsanwaltschaft durch das Instrument der qualifizierten Strafanzeige betont. Die Stabsstelle bemühte sich, als kompetenter Partner zu erscheinen, der den Strafverfolgungsbehörden Sicherheit und Vertrauen vermittelte.[739] Fraglich ist jedoch, inwieweit dies gelang. Der Mitarbeiter räumte ein, dass es vor allem Misstrauen auf Seiten der Staatsanwaltschaften gab, die zuvor noch keinen Kontakt mit der Stabsstelle hatten:

> *„Es hat Staatsanwaltschaften natürlich gegeben, [...] die hatten überhaupt noch keine Berührung mit uns gehabt, [...] und dann großes Misstrauen. Also [...] wenn ich dann persönlichen Kontakt per Telefon erst mal gesucht hab: ‚Ja, wer sind Sie eigentlich? Und dass nein, also das muss schriftlich kommen und das geht jetzt so nicht.' Also, das hat's auch gegeben. Aber ich würde sagen, unterm Strich [...], dass die Zusammenarbeit sehr gut war"* (3–2-1 1222/1228).

---

739 *Erbe* 2003: 374.

Dies ist sicherlich angesichts der Stellung der Stabsstelle als intern eingebundene Institution der Treuhandanstalt verständlich. Auch ein anderer Stabsstellenleiter deutete an, dass die Staatsanwaltschaften der Stabsstelle aufgrund der unterschiedlichen Zielvorstellungen von Strafverfolgungsbehörden einerseits und Treuhandanstalt andererseits nicht unbedingt ein uneingeschränktes Vertrauen entgegenbrachten:

„Aber [...] die Zusammenarbeit von Staatsanwaltschaft und Stabsstelle war [...] nicht nur von Akzeptanz getragen [...]. Da hatte die Treuhandanstalt mehr das Ziel, [...] was Unternehmenspolitik anbelangte, zu Unternehmenspolitik konnte auch gehören, dass man Strafverfolgungsbehörden [...] nicht ausgrenzt. Währenddessen die Staatsanwaltschaft naturgemäß eben den Anspruch verfolgt, den staatlichen Strafanspruch [...] möglichst weitgehend durchzusetzen" (3-1-5 909/921).

Eine Vorgangsbearbeitung durch die Stabsstelle konnte eben – wie schon oft angedeutet – nicht losgelöst von den Zielen der Treuhandanstalt durchgeführt werden. Im Bereich der Occupational Crime stand die „Treuhandpolitik" einer rückhaltlosen Aufklärung sicherlich weniger im Weg. An diesen Aspekt, dass es Grenzen in der Zusammenarbeit mit den Strafverfolgungsbehörden gegeben habe, knüpft auch folgende Aussage eines anderen Stabsstellenleiters an:

„Natürlich waren die Zielrichtungen teilweise verschieden. Die ZERV[740] [...] hat manchmal viel mehr von uns erwartet, als wir zu geben bereit waren. [...] Aber wir konnten ganz offen über die meisten Dinge miteinander reden, wir haben auch ganz hervorragende Sachen zusammen gemacht. [...] Also man konnte mit denen am kurzen Draht arbeiten und erfolgreich arbeiten [...] da wir haben uns [...] gegenseitig geholfen und sehr wirksam helfen können" (3-1-3 1819/1840).

Ein Staatsanwalt gab an, dass die Tätigkeit der Stabsstelle für die Staatsanwaltschaften aus seiner Sicht überhaupt keinen Wert gehabt hätte:

„Dazu hätte es eine Stabsstelle nicht gebraucht. Das hätte von einem Sachbearbeiter ebenso [...] kommen können. Eine Vorprüfung war nicht nötig. Die mussten wir sowieso durchführen. Wir konnten uns nicht darauf verlassen. Letztlich war das nur ein Zwischenschalten einer weiteren Verwaltungseinheit" (1-1-1 A 2406/2409).

Neben diesen aus dem unterschiedlichen Selbstverständnis der Institutionen zu erklärenden Differenzen existierten auch organisatorische Probleme vor allem in der Zusammenarbeit mit der ZERV,[741] wie ein Polizist schilderte:

„Denn wir kriegten ja immer nur die Anzeigen, die Herr Doktor Erbe bei der Staatsanwaltschaft II erstattete. Aber der erstattete [...] natürlich genauso bei der Staatsanwaltschaft Halle, bei der Staatsanwaltschaft Rostock Anzeigen, wenn eben entsprechende Dinge vor Ort waren. So, und wenn da der Deckel in der Staatsanwaltschaft Rostock wegen Geringfü-

---

740 Vgl. hierzu Kapitel 6.2.1.
741 Vgl. hierzu Kapitel 6.2.1.

gigkeit oder wegen Arbeitsüberlastung oder aus welchen Gründen auch immer, zugemacht wurde, erfuhren wir als ZERV nie davon, hatten aber bei der ZERV womöglich durch intensive Arbeit in anderen Komplexen Erkenntnisse, die bei der Staatsanwaltschaft in Rostock hätten dazu führen müssen, unsere Erkenntnisse mit denen aus der Anzeigeerstattung der Stabsstelle zusammenzuführen und dann ein richtiges Ding draus zu schnüren. Und dadurch, dass die sich unserer nicht bedienten und wir nicht erfuhren, dass die Staatsanwaltschaft Rostock eine Anzeige von Doktor Erbe hat, hatten wir auch keine Kontrolle über dies. Als wir das irgendwann mal merkten, bin ich dann vorstellig geworden und hab darum gebeten. Und dann kam sehr schnell, muss ich zugestehen, kamen also [meterweise] Aktenordner [...]. Und dann hab ich Mitarbeiter rangesetzt und dann haben die jedes Ding durchgeforstet. [...] Und da konnten wir dann plötzlich Dinge wieder zusammenführen, die ohne diese nicht möglich gewesen wären. Also wenn die Treuhand uns von Anfang an offensiv an all ihren internen Ermittlungen und Anzeigeerstattungen beteiligt hätte, wäre vielleicht mehr dabei rausgekommen als auf die Art und Weise, wie es gelaufen ist" (2–1–1 1136/1158).

Anhaltspunkte dafür, dass die ZERV in diesen Fällen, in denen bei einer anderen als der Berliner Staatsanwaltschaft Anzeige erstattet wurde, durch die Stabsstellenleiter bewusst herausgehalten wurde, fanden sich nicht in anderen Interviews. Dies scheint tatsächlich eher auf einem Koordinationsproblem zwischen den verschiedenen Institutionen zu beruhen als auf einer bewussten Entscheidung der Stabsstelle.

8.2.4 Die sekundäre, manifeste Beratungsfunktion

Von dieser nach außen gerichteten Unterstützungsfunktion ist eine nach innen gerichtete Beratungsfunktion der Stabsstelle (3–1–5 459/463) zu unterscheiden. Die Stabsstelle nahm auch für interne Institutionen eine Beratungsfunktion wahr. Ein bereits erwähnter, wichtiger Aspekt hierbei war die Empfehlung bezüglich des anderweitigen, nicht strafrechtlichen Vorgehens:

„Beratungsfunktion insofern, als dass man dann gesagt hat, wir empfehlen in dieser Sache, die Vertragsbeziehungen mit dem nicht weiter aufrecht zuhalten. [...] Sich von dem Mitarbeiter zu lösen. Schadensersatz zu verlangen" (3–1–5 504/507).

Auch konnten durch die Zusammenarbeit mit anderen Abteilungen die Erfolgsaussichten eines Strafverfahrens verbessert werden:

„Es ist ja so, dass die Stabsstelle beim Thema, was die Revision bearbeitet hatte, [...] sagen sollte: ‚Von den tatsächlichen Ermittlungen braucht ihr, damit der Staatsanwalt dann möglichst schnell zuschlagen kann, noch das und das und den und den Beweis.‘ [...] Dass er gewissermaßen sofort den Durchsuchungsbefehl machen kann und das eingrenzen kann" (11–1–1(2) 2337/2343).

Zudem war die Stabsstelle für die Treuhandmitarbeiter eine wichtige Anlaufstelle, wenn diese unsicher waren, ob ein gewisses Verhalten einen Verdacht für eine Straftat begründete. Ihnen sei dieser direkte Weg der Kontaktaufnahme bekannt gewesen und er sei auch genutzt worden:

> *„Dass also auch die betroffenen Mitarbeiter sich um Rat, Hilfe, oder auch einen Hinweis an die Stabsstelle gegeben haben. […] Abwicklung, sämtliche Bereiche, die dann auch wussten, dass sie nicht den ‚Dienstweg‘ gehen mussten, sondern dass der Mitarbeiter, der in der Abteilung Privatisierung oder Abwicklung saß, den direkten Weg zur Stabsstelle finden konnte und sagen konnte: ‚Guckt euch das mal an, das sieht mir ein bisschen merkwürdig aus.‘ Es hatte sich auch in den Geschäftsstellen, oder Niederlassungen damals noch, rumgesprochen, dass man nicht den Weg über den Geschäftsstellenleiter gehen muss, sondern auch direkt […] die Sonderstabsstelle kontaktieren kann“ (3–2(1)-1 184/193).*

Hierfür sprechen ebenfalls die zahlreichen internen Hinweise, die die Stabsstelle erhielt. Des Weiteren war die Beratungsfunktion nicht nur auf Repression ausgerichtet, sondern auch auf Prävention durch Schulungsmaßnahmen:

> *„Dann kam es darüber hinaus zu Aufgaben, zum einen war die Frage Schulung der Mitarbeiter, Hinweis auf kriminogene Felder auf Strafrecht überhaupt, strafrechtliche Risiken usw. in diesem Bereich Schulungsarbeit“ (3–1-1 260/264).*

Die Erfahrungen der Stabsstelle konnten, wie ein Mitarbeiter des Controllings mit Leitungsfunktion beschrieb, sogar anschließend in allgemeine Richtlinien einfließen:

> *„Also ich denke, es gab ja auch von der Stabsstelle bei der Treuhandanstalt ein paar, einfache Vorschläge, ja? Also zu den Privatisierungsregeln, die man gemeinsam dann erarbeitet hat, auch zum Einholen von Bonitätsauskünften und überhaupt Wirtschaftsauskünften zu Investoren. Es gab ja dann eine ganze Menge auch an Input zur Verbesserung des Prozesses“ (11–1-5 878/882).*

Letztlich diente die Stabsstelle, soweit es um strafrechtlich relevantes Verhalten ging, mit den vermuteten Einschränkungen im Hinblick auf die Organisationsziele als Servicestelle der Treuhandanstalt sowohl für die eigenen Mitarbeiter und internen Abteilungen als auch für die externen Strafverfolgungsbehörden.

8.3   Die sekundären, latenten Funktionen

Es fanden sich bereits in mehreren Zitaten zu den primären und sekundären manifesten Funktionen deutliche Hinweise darauf, dass die Stabsstelle nicht nur diese ihr offensichtlich zugeschriebenen Funktionen erfüllte, sondern dass sie in bestimmten Fällen im Interesse der Treuhandanstalt auch latente Funktionen erfüllte.

8.3.1   Die sekundäre, latente Moderierungs- und Filterfunktion

Als eine solche latente Funktion konnte zunächst eine der primären Kontrollfunktion gegenläufige Moderierungs- und Filterfunktion herausgearbeitet werden. In einzelnen Vorgängen wurde versucht, entweder zu verhindern, dass ein Vorgang bei den Strafverfolgungsbehörden *überhaupt* bekannt wurde („Filter") oder, wenn ein solcher dennoch offiziell aktenkundig wurde, in der Zusammenarbeit mit den formellen Institutionen auf den Ausgang des Verfahrens im Interesse der Treuhandanstalt Einfluss zu nehmen („Moderierung"). Hierbei wurden treuhandinterne Selektionskriterien gebildet, die nicht komplett mit denen der Strafverfolgungsbehörden identisch waren.

8.3.1.1   Die Moderierungs- und Filterfunktion im Einzelnen

Ein Stabsstellenleiter verglich die Arbeitsweise der Stabsstelle bezeichnenderweise selbst mit einem Filter:

> *„Das durchläuft einen Filter. Dieser Filter ist die Stabsstelle, [...] man hatte so den Eindruck, das wird dann da noch einmal abgeklopft, was kann raus, was kann nicht raus" (3–2(1)-1 146/149).*

Dass hiermit eben nicht nur eine Filterfunktion im Hinblick auf den Verdachtsgrad und somit die Erfolgsaussichten eines Strafverfahrens gemeint war, die nicht konträr zu einer Kontrollfunktion im Sinne einer bewussten Aussortierung von relevanten Vorgehen einzuordnen wäre, sondern die lediglich notwendige Selektionskriterien bei einer Fülle von Vorgängen abbilden würde, wird an anderer Stelle dieses Interviews deutlich:

> *„Man muss immer sehen, diese Stabsstelle war eine Einrichtung der Treuhandanstalt. Sie stand nicht außerhalb jeder Organisation. Es war ganz klar, dass auch die Stabsstelle nicht vollkommen frei im Raum agieren konnte, sondern dass Informationspflichten bestanden, Unterrichtungspflichten, dass natürlich der jeweilige Leiter der Stabsstelle das selbst verantworten musste, inwieweit er Informationen weitergibt im Haus an seinen Vorstand. [...] Auch da musste er entscheiden, ‚was gebe ich weiter an Informationen und was gefährdet eigentlich Ermittlungen, wenn ich das publik mache'. Andererseits war auch immer so ein bisschen die Politik: ‚Wir können überhaupt keine negative Presse gebrauchen.' Das war auch immer im Hinterkopf drin, da sich ja auch ein bisschen taktisch zu verhalten. [... M]an kann nicht sagen, dass die vollkommen außerhalb jeder ‚Kontrolle' war die [...] Stabsstelle" (3–2(1)-1 159/170).*

Diese besondere Situation der Stabsstelle als Teil der Treuhandanstalt und damit der Treuhandpolitik wurde – wie bereits bei den zuvor zitierten Aussagen zur Zusammenarbeit zum Ausdruck kam – auf Seiten der Strafverfolgungsbehörden durchaus erkannt. Die Auswahlkriterien in der Stabsstelle ausgerichtet nach den Zielen der

Treuhandanstalt waren bekanntermaßen nicht deckungsgleich mit den Kriterien, nach denen ein Staatsanwalt unter Beachtung des Legalitätsprinzips seine Fälle bearbeitet. Ein Polizist bemerkte beispielsweise hierzu:

„Natürlich haben die auch abwägen können, […] bevor dies irgendein Staatsanwalt in die Hand kriegt, ist er nun gezwungen, hier gleich ein Ermittlungsverfahren raus zu machen oder nicht. Natürlich haben die das gewusst, denn ich möchte nicht wissen, wie viel Unterlagen ich gerne gehabt hätte, die ich deshalb nicht gekriegt habe, weil es dann vielleicht zu einer neuen Anzeige geführt hätte. Das war nun mal so, […] ich konnte nicht erwarten, dass [sie] in jedem Falle uns alles, was sie zur Verfügung hatten, geben wollten, sie haben es auch mit Sicherheit nicht getan. Insbesondere dann nicht, wenn die Treuhandanstalt nicht besonders gut aussah. […] Ich glaube, an deren Stelle hätte ich es genauso […]" (2–7-1 520/528).

Ein Polizist brachte eine solche Filterfunktion vor allen Dingen damit in Zusammenhang, ob in einem Verfahren Treuhandmitarbeiter als Verdächtige involviert waren oder nicht:

„Ist aber ein Mitarbeiter der Treuhandanstalt involviert, dann versucht man's […] im eigenen Hause zu regeln" (2–9-1 850/852).

Ähnliches berichtete auch ein anderer Polizist:

„Es ist ein Eindruck, dass da manches auch hausintern geregelt wurde und erst wenn man hausintern nicht weiter kam, weil man Maßnahmen, wie eine Durchsuchung brauchte, um an Unterlagen heranzukommen oder wenn man bestimmte Leute nicht mehr ermitteln konnte, die man hätte befragen müssen dafür, oder wenn ein öffentlichkeitswirksamer Schaden einzutreten drohte, dann wurde Anzeige erstattet, um sich der Hilfe von Justiz und ZERV zu bedienen. […] Aber dieser Eindruck vermittelte sich uns auch insbesondere in den Verfahren, in denen wir dann letztendlich darauf kamen, dass Treuhandmitarbeiter in diese Straftaten verwickelt waren. […] Also das war für uns ein verhältnismäßig selbstbestimmter Closed-Shop, weil die Interessenlage einfach eine andere war und ist, als die der ZERV, die als Ermittlungsbehörde offensiv in alles reingehen musste" (2–1-1 1111/1131).

Deutlich wird in Bezug auf eine latente Moderierungs- und Filterfunktion im Interesse der Treuhand, dass die Interessenlage der Treuhandanstalt nie berührt war, wenn es um Fälle ging, in denen ein Außenstehender verdächtig war. Hier konnte die Stabsstelle komplett unabhängig entscheiden und die Strafverfolgungsbehörden mit allen ihr zur Verfügung stehenden Mitteln unterstützen. Plausibel erscheint auf der Basis der Interviews weiterhin, dass sich dies anders darstellte, wenn Treuhandmitarbeiter selbst als Verdächtige in einem Vorgang betroffen waren. Hier spielt vor allem die immer wieder betonte negative Publizitätswirkung solcher Vorfälle eine überragende Rolle. Daneben erscheint eine solche latente Filterfunktion insbesondere auch in Fällen von Corporate Crime, in denen also gerade im Interesse der Treuhandanstalt und des Privatisierungsauftrages gehandelt wurde, nahe liegend.

8.3.1.2 Die Selektionskriterien

Eine solche Moderierungs- und Filterfunktion der Stabsstelle war überhaupt nur möglich, da die Stabsstellenmitarbeiter und -leiter nicht dem Legalitätsprinzip unterworfen waren und die Stabsstelle nicht als vollkommen selbstständige Institution innerhalb der Treuhandanstalt agieren konnte („intonierte Unabhängigkeit"). Zudem ist eine gewisse Form der Selektion ohnehin notwendige Bedingung für das Funktionieren einer solchen Institution. Denn schon angesichts der teils unzureichenden Personalausstattung konnte nicht jedem Hinweis uneingeschränkt nachgegangen werden. Selektion war auch hier notwendige Bedingung für eine wirksame Kontrolle. In den Interviews wurde nach den Selektionskriterien gefragt, anhand derer über das weitere Vorgehen in den Vorgängen entschieden wurde. Ein Stabsstellenleiter beschrieb ausführlich das Spannungsverhältnis zwischen dem andauernden Gefühl der Verpflichtung des Einschreitens in den Vorgängen und der Notwendigkeit der Selektion – auch angesichts der personellen Situation:

> „Also wir haben an sich schon dieses staatsanwaltliche Verständnis des Legalitätsprinzips durchaus ernst genommen. [...] Aber was Sie nicht sehen und wo Sie keine Vorstellung haben, das erschließt sich dann eben auch nicht. Das ist ein Ressourcenproblem. Wenn ich ganz viel Zeit hab [...], dann kann ich sagen: ‚Ich gehe jetzt in die und die Abteilung und lese einfach mal rum, so wie Sie in die Bibliothek gehen und sich kundig machen über irgendein Thema.' Dann bekommen Sie plötzlich ganz viele Stichworte und können an diesen Stichworten weiterarbeiten. Aber das ist halt notwendig, sich da [...] frei einfach irgendwo mal mit irgendwas zu beschäftigen, [...] unbekümmert zu lesen, eine andere Akte dazu zu nehmen, dann kann sich ein Bild ergeben, wo man sagt: ‚Pass mal auf, da ist doch vielleicht irgendwas.' Wenn ich nur das habe, was ich in meiner Akte habe, dann komme ich möglicherweise gar nicht zu dieser Vorstellung, so dass ich auch nicht gewichten kann. [... A]us den vielen Akten hier auf dem Tisch [...] nehme ich die primär, wo sich die größte Schweinerei raus ergibt. [...] Der Schaden und die persönliche Bereicherung sicher auch. Schaden ist sicher ein ganz wesentliches Kriterium" (3–1-3 657/681).

Deutlich wird in dieser Aussage zudem, dass die potentielle Schadenshöhe und eine persönliche Bereicherung des Verdächtigen ein wichtiges Kriterium waren, damit ein Vorgang priorisiert wurde. Ein anderer Stabsstellenleiter bestätigte dies und wies zudem noch einmal auf die Aufmerksamkeit in der Öffentlichkeit als weiteres Kriterium hin:

> „Fälle mit einem großen Schadensvolumen, wo absehbar war, dass es einen großen finanziellen Schaden für das Unternehmen, für die Treuhandanstalt, wie auch immer, geben wird, diese Fälle wurden an Priorität eins gesetzt. [...] Auswirkungen der Tat [...] auch in der Öffentlichkeit, waren natürlich auch ein Kriterium. [...] Ja, so dass schnelles, schnelles Reagieren der Treuhand [...] zu recht auch erwartet worden ist. [...] Auch das war in der Priorität ganz oben" (3–2(1)-1 388/397).

Ein Stabsstellenmitarbeiter benannte diese Vorgänge mit hohem Schaden und hoher Priorität als „Eilfälle", die offenbar mit einer farblich gesondert gekennzeichneten Verfügung versehen wurden:

> *„Also wenn die rote Verfügung vom Stabsstellenleiter kam ‚Eilt', dann hatte das Vorrang. Und das hatte einfach Priorität und ja, im Eilfall, ja, wenn also sechsunddreißig Millionen fehlen" (3-1-2 527/529).*

Es existierte also sogar eine gewisse institutionelle Routine in der selektiven Bearbeitung. Letztlich lief es bei der Selektion oft auch darauf hinaus, welche finanziellen Vorteile, etwa in Form von Schadenswiedergutmachungen, man sich noch für die Treuhandanstalt erwarten konnte:

> *„Das war im Prinzip so ein bisschen Berufserfahrung, [...] ein wenig auch ‚Lohnt es sich?' ‚Lohnt es sich nicht?' Ist das Kind schon so weit im Brunnen, dass wir eigentlich nur noch reagieren, um des Reagieren willens oder können wir noch [...] für das Haus etwas draus machen? Entweder draus lernen, dass so was nicht noch mal passiert, oder aber noch Geld retten? [...] Das sind so weiche Kriterien" (3-1-5 1057/1069).*

Des Weiteren war nicht unerheblich, wie konkret ein Hinweis war. Beim Einsatz der ohnehin knappen Ressourcen musste abgewogen werden, ob es sich überhaupt lohnte, einem Hinweis weiter nachzugehen, ohne sicher sein zu können, ob er sich überhaupt zu einem Verdacht erhärten würde:

> *„Dazu gehörte [...] die Qualität der Hinweise. Also war das irgendein Spinner, der da was losgelassen hat? Und ergab sich schon in den ersten Kontakten mit dem Hinweisgeber, da kommt nichts bei rüber, dann war man geneigter, so was eher liegen zu lassen. Oder war der Hinweis, war der Hinweisgeber ein ganz vernünftiger Mensch, nur der Hinweis selbst deswegen so dürftig, weil der einfach diese internen Kenntnisse nicht haben konnte? Dann war das eine Sache, wo man sagte: ‚Okay, da lohnt es sich nachzugucken'" (3-1-5 1079/1088; vgl. auch 3-1-3 117/120).*

Im Hinblick auf die vorrangigen Interessen der Treuhand, die eben nicht in einer effektiven Strafverfolgung zu sehen waren, wurde auch in einigen Fällen ganz konkret über das Absehen von einer Strafanzeige bei Schadenswiedergutmachung verhandelt, wie ein Stabsstellenleiter konstatierte:

> *„Aber auch die Möglichkeiten, zu agieren, sind größer. Bei der Stabsstelle war ja nicht nur [das Ziel], die Straftat zur Anzeige zu bringen, [...] sondern auch immer so ein bisschen im Hinterkopf zu behalten: ‚Können wir den verursachten Schaden wiedergutmachen?' Und gerade in solchen Fällen, wo man dann, ganz anders als eine Staatsanwaltschaft, demjenigen Verhandlungen anbieten konnte. Und sagen konnte: ‚Wenn der Schaden wiedergutgemacht wird in ganz nächster Zeit, sind wir ja [...] nicht dazu verpflichtet, Strafanzeige zu erstatten.' Das ist nicht häufig passiert, es ist aber [...] durch Verhandlungen teilweise so eine Schadenskonstellation zustande gekommen. [...] Größere Vorgänge mit größeren Schadensvolumina mussten natürlich auch mit dem Vorstand besprochen werden. Das konnte*

> *die Stabsstelle nicht freihändig entscheiden, da musste dem Vorstand schon ein Vorschlag unterbreitet werden: ‚Also wir sind der Auffassung, man kann hier davon absehen, dass das zu einer Staatsanwaltschaft geht, wir bekommen den Schaden weitestgehend wiedergutgemacht.‘ [...] Ich glaube so zwei oder drei Sachen erinnern zu können, wo man gesagt hat: ‚Nein, das überschreitet schlicht und ergreifend den Level des noch tolerierbaren.‘ [...] Das ist nicht zu vertreten, denjenigen ohne eine strafrechtliche Ahndung hier aus der Sache rauszulassen“ (3–2(1)-1 648/703).*

Ein ähnliches Vorgehen berichtete ebenfalls ein anderer Stabsstellenleiter, der gleichzeitig bemüht war, dieses als unbedeutend herunterzuspielen:

> *„In der Zeit, in der ich Verantwortung für diese Stabsstelle getragen habe, gab es lediglich zwei oder drei Einzelfälle, wo wir aus Opportunitätsgesichtspunkten, also quasi in einer analogen Anwendung, wenn man so will, der Gedanken von [§§] 153 a, 154 Strafprozessordnung, gesagt haben, das, was wir da rausgefummelt haben, ist so minimal, dass wir gesagt haben – und der Schaden war wiedergutgemacht – [...] wir nehmen davon Abstand, Strafanzeige zu erstatten“ (3–1-5 594/601).*

An anderer Stelle führte er jedoch auf Nachfrage zum deutlich nachlassenden Verfolgungsinteresse im Fall Thyssen/Metallurgie[742] nach erfolgter Schadenswiedergutmachung wesentlich direkter aus:

> *Interviewer: „Nachdem da im Schiedsverfahren die zweihundertvierzig Millionen Mark bezahlt worden waren, war das auch ein Grund, warum da kein Interesse mehr bestand?“*
> *3–1-5(2): „Ja.“*
> *Interviewer: „Weil die Sache war ja im Grunde ...“*
> *3–1-5(2): „Die Sache war erledigt. Es war nicht Aufgabe der Treuhandanstalt Kriminalitätsbekämpfung zu betreiben.“*

Dies bestätigte auch ein für das Verfahren zuständiger Staatsanwalt:

> *„Bei TH/Metallurgie resultierte das geringe Interesse der THA an dem zweiten Ermittlungsverfahren daraus, dass die THA durch das Schiedsverfahren bereits einen finanziellen Ausgleich erhalten hatte. Dieser zivilrechtlich erzielte Ausgleich führte dazu, dass die THA sich im Strafverfahren passiv verhielt.“ (1–3-1 2318/2330).*

Insgesamt lässt sich also festhalten, dass die Stabsstelle entgegen ihrer primären Kontrollfunktion im Hinblick auf die Organisationsziele der Treuhandanstalt und ihre institutionelle Eingebundenheit durchaus eine deutlich wahrgenommene Moderierungs- und Filterfunktion erfüllte und dabei interne, an den Interessen der Treuhandanstalt ausgerichtete Selektionskriterien entwickelte.

---

742 Hierzu *Karliczek* 2007: 107 ff.

8.3.2   Eine sekundäre, latente Alibifunktion?

Möglicherweise ging es bei der Gründung der Stabsstelle gar nicht um die Errichtung einer funktionsfähigen und wirksamen internen Kontrollinstitution zur Bekämpfung von Wirtschaftskriminalität, sondern um die Installation eines reinen „Kontrollscheins", der geeignet war, Eingriffe von Außen in die Treuhandtätigkeit zu verhindern. Ziel einer solchen gezielten Abschottung insbesondere gegen Maßnahmen der Strafverfolgungsbehörden könnte gewesen sein, bei den Privatisierungen auch delinquentes Vorgehen zu tolerieren – im besten Fall nur zur Ermöglichung einer schnellen Aufgabenerfüllung. Dies führt zu der These einer alle anderen Funktionen überlagernden Alibifunktion. Eine solche Funktion geht insofern über eine latente Moderierungs- und Filterfunktion hinaus, als dass insgesamt der Schwerpunkt im Zielsystem nur auf der Aufrechterhaltung des Scheins liegen würde. Ein Stabsstellenleiter beschrieb in einem Interview eine solche „Feigenblattfunktion" für die Stabsstelle, in der die gezielte Begründung eines bloßen Anscheins deutlich zum Ausdruck kommt:

> *„Also, es war eindeutig, natürlich aus ihrer Sicht, eine Feigenblattfunktion. Das sieht man schon daran, dass sie einen einzelnen Staatsanwalt nehmen wollten. [...] und das [wurde] auch Rohwedder so verkauft [...], ‚wir brauchen so ein Feigenblatt'" (3–1-1 411/422).*

Er äußerte auch:

> *„[...] dass diese Stabsstelle ein wunderbares Feigenblatt sein kann, mit dem man nach außen hin dokumentieren kann, dass man, was kein großes Unternehmen macht, nach innen Transparenz schafft, aufräumt, selbst ermittelt, also die schmutzigen Stellen nachweist und sich [...] selbst belastet" (3–1-1 33/36)*

In diesem Zusammenhang fällt auch auf, dass offenbar ganz bewusst nicht alle Vorgänge an die Stabsstellenleiter herangetragen wurden:

> *„Aber die großen Privatisierungen sind eben nicht gelaufen in der Form, dass ich irgendwie eingeschaltet worden wäre. Da war etwa, mit Händen zu greifen, die Kriminalität, die stattgefunden hat, bei der Interflug [...]. Da bin ich nie mehr rangekommen an die Geschichte" (3–1-1 889/895; 3–1-3 337/338).*

Dennoch wird seitens des Treuhandvorstandes bestritten, dass die Stabsstelle ausschließlich einer Strafverfolgungsverhinderung diente, also nur als Alibi genutzt wurde:

> *„Ich will das so nicht total leugnen. [...] Aber – sagen wir mal – Strafverfolgungsverhinderung war höchstens ein Aspekt in Einzelfällen. Ich will das nicht unbedingt leugnen. Mir fällt jetzt im Moment kein Fall ein, aber es mag das schon gegeben haben. [...] Aber [...] ich würde sagen, wir haben sie zumindest ganz überwiegend im Interesse der Sauberkeit*

unserer Arbeit und nicht im Interesse einer Verunklärung und so weiter [eingesetzt]" (11–1-4 2574/2608).

Dieser Eindruck einer reinen Alibiinstitution, eines bloßen „Feigenblattes" entstand auch nicht bei der Analyse ihrer Tätigkeit und der Auswertung der Experteninterviews. Es ist vielmehr zu differenzieren, in welchen Bereichen eine Wirksamkeit der Stabsstelle gewünscht war und in welchen nicht. Eine pauschale Bezeichnung der Stabsstelle als Alibi wäre sicherlich verfehlt. Als von persönlichen Befindlichkeiten geprägt müssen deshalb auch folgende Äußerungen eines Strafverteidigers angesehen werden:

> *„Also über die Arbeit [...] der Stabsstelle, hat die Staatsanwaltschaft nichts anderes als laut gelacht. So wie alle Verteidiger auch. Das war Murks. Falsch. Murks. Schlecht. Drittklassig. Zu Deutsch gesagt: Scheiße. So ist es. Da können Sie mich gerne mal zitieren, wenn Sie wollen. Das war Murks hoch fünf" (9–4-1(2) 1444/1450).*

Die Annahme, dass die Stabsstelle vorwiegend keine Alibifunktion entfalte, wird dadurch bestätigt, dass auch Staatsanwälte nicht von purer „Sabotagetätigkeit" der Stabsstelle und damit einer durchgehenden Behinderung der Strafverfolgung ausgingen:

> *„Ich kann aber nicht behaupten, auch in dieser Phase nicht, dass die [...] Arbeit sabotiert [haben] oder so" (1–3-2(2) 393/395).*

Ein Stabsstellenleiter sah es als zentrale Aufgabe der Mitarbeiter der Stabsstelle an, diese nicht zu einem bloßen „Feigenblatt" werden zu lassen:

> *„Das war eigentlich auch die Herausforderung der Mitarbeiter dieser Stabsstelle, [...] aus dem Laden nicht ein Feigenblatt zu machen, sondern eben das zu machen, was von Außen von den Strafverfolgungsbehörden auch akzeptiert wird" (3–1-5 462/466).*

Hierbei handelte es sich jedoch um einen mühevollen Kampf, in den die Stabsstelle als nur eingeschränkt unabhängiger Teil der Treuhandorganisation unter deutlich erschwerten Bedingungen ziehen musste. Leicht gewinnen konnte sie ihn nur insoweit, wie sich eine wirksame Kriminalitätsbekämpfung mit den Zielen der Treuhandanstalt und des Privatisierungsauftrages deckte. War die Treuhandanstalt bei Occupational Crime oder bei Corporate Crime im Interesse dritter Unternehmen und nicht der Treuhandanstalt durch eine begangene Straftat geschädigt, so war die Stabsstelle weniger ein Feigenblatt, als wenn es um die Aufdeckung und Aufklärung von im Interesse der Treuhandanstalt begangener Straftaten ging (Corporate-Crime-Fälle der Treuhandanstalt).

9 Ergebnis und Ausblick – die Stabsstelle als ein begrenzt funktionales Konzept zur Bekämpfung von Wirtschaftskriminalität

Die Errichtung einer Stabsstelle *Besondere Aufgaben* als interne Kontrolleinrichtung war insbesondere Anfang 1991 ein ungewöhnliches Vorgehen für eine sich faktisch als Unternehmen verstehende Organisation wie die Treuhandanstalt. Da die Stabsstelle einerseits den Auftrag hatte, allen internen und externen möglicherweise strafrechtlich relevanten Hinweisen nachzugehen, sie andererseits aber als interne Einrichtung nicht völlig unabhängig von den (unternehmerischen) Interessen der Treuhandanstalt operieren konnte, bot sie sich als Forschungsgegenstand an, um die Funktionalität einer internen Kontrollinstitution für eine wirksame Kontrolle der Wirtschaftskriminalität näher zu ergründen.

Dass es überhaupt zu einer solch innovativen Entscheidung kam, war der besonderen Situation geschuldet, in der sich die Treuhandanstalt befand: So wurde damals die Kritik an ihrer Tätigkeit immer lauter. Die Treuhandanstalt und ihre Privatisierungstätigkeit wurden in der Öffentlichkeit stark kritisiert. Misslungene Privatisierungen sorgten für öffentliche Aufmerksamkeit und Unmut in der Bevölkerung. Hieraus erwuchs innerhalb der Treuhandanstalt das Gefühl, es müsse etwas gegen den Imageschaden unternommen werden. Ansonsten sah man die Erfüllung des schnellen Privatisierungsauftrages gefährdet. Nachdem man innerhalb des Vorstandes die besondere negative Wirkung von Fällen mit strafrechtlichem Bezug in der Öffentlichkeit erkannt hatte und zusätzlich aufgrund der Kontrolldefizite zu Beginn der Privatisierungstätigkeit eine nicht geringe Anzahl an entsprechenden Vorgängen befürchtete, fand diese Initiative zur internen Bündelung und Durchführung informeller Kontrolle Gehör. Durch die Stabsstelle sollte der öffentliche Ruf verbessert werden. Als weiteres Ziel wurde ein Ausgleich der Ressourcenknappheit im Strafverfolgungssystem formuliert.

Mangels eines förmlich geregelten Auftrages und mangels einer vorgegebenen Struktur für den Aufbau oder die Arbeitsweise der Stabsstelle existierten insbesondere zu Beginn große gestalterische Spielräume. Maßgeblich wurde die Gestaltung der Stabsstellenorganisation von den Stabsstellenleitern vorangetrieben. Wichtig waren ihnen im Hinblick auf die Effizienz dieser Einrichtung insbesondere die personelle Ausstattung und die Ausgestaltung der Einbindung in die Organisationsstruktur der Treuhandanstalt.

Vor allem die quantitative personelle Ausstattung stellte sich im Laufe der Zeit immer wieder als ein strittiger Punkt zwischen Stabsstellenleitung und Treuhandspitze dar. Bis Ende 1994, also in der Zeit mit den meisten neuen Vorgängen, war die Stabsstelle nur mit einem einzigen Volljuristen besetzt, so dass eine funktionale Differenzierung zwischen den Aufgaben der Leitung – diese betrafen vor allem die interne Berichtspflicht und die Kontaktpflege zu den Strafverfolgungsbehörden – und der juristischen Sachbearbeitung nicht möglich war. Zu einer strategischen Planung der Stabsstellentätigkeit blieb angesichts dessen kaum Zeit. Das Entdeckungs- und Ermittlungsrisiko war dadurch – institutionell wohl nicht ganz unintendiert – nicht unerheblich eingeschränkt. Weitere Volljuristen wurden erst ab 1995 eingestellt. Da die Treuhandanstalt bis Ende 1994 ihr operatives Privatisierungsgeschäft weitgehend abgeschlossen hatte und in die Bundesanstalt für vereinigungsbedingte Sonderaufgaben überführt wurde, ging es jetzt in erster Linie nicht mehr um die Ermittlung in neuen Vorgängen, sondern darum, die aufgelaufenen, häufig umfangreichen und rechtlich schwierigen Verfahren zum Abschluss zu bringen. Erst jetzt, als die Bedeutung einer solchen Stelle zur Steigerung des Entdeckungs- und Ermittlungsrisikos nicht mehr so wesentlich war, konnte sich das Konzept der Stabsstelle innerhalb der Treuhandanstalt etablieren.

Hinsichtlich der Einbindung in die Organisationsstruktur war die *Unabhängigkeit* der Stabsstelle von anderen Bereichen der Treuhandanstalt der zentrale Aspekt. Entgegen dem ansonsten in der Verwaltung üblichen hierarchischen Aufbau sollten vor allem aus Sicht der Stabsstellenleitung Berichtspflichten und Weisungen, insbesondere mit Blick auf die Anzeige von Vorfällen bei der Staatsanwaltschaft, soweit wie möglich eingeschränkt werden. Ansonsten sei eine solche Stelle ohne jeden Nutzen für die Treuhandanstalt, da es ihr erheblich an Glaubwürdigkeit mangeln würde und sie dem ständigen Vorwurf des Vertuschens ausgesetzt sei. Dies stieß beim Vorstand nicht sofort auf Gegenliebe. Es wurde argumentiert, dass die Stabsstelle ja auch zum Nachteil der Treuhandanstalt agieren könne. Schließlich einigte man sich darauf, dass die Stabsstelle und ihre Mitarbeiter nicht unmittelbar hierarchisch eingebunden würden. Damit arbeitete die Stabsstelle grundsätzlich weisungsfrei. Es wurde lediglich regelmäßig gegenüber einem Vorstandsmitglied oder dem Generalbevollmächtigten mündlich Bericht erstattet. In Vorgängen mit Vorstandsbezug wurde der Verwaltungsrat als zuständig bestimmt – es ist unklar, inwieweit diese Regel angewendet wurde. Das Verhältnis von Berichtendem und Berichtsempfänger wurde durchweg als vertrauensvoll beschrieben. So ist auch zu erklären, dass diese Möglichkeit einer Beeinflussung der Tätigkeit der Stabsstelle nicht als problematisch angesehen wurde, eher wurde in den Interviews der Eindruck erweckt, diese „Beratungen" seien für die eigene Entscheidung des Berichtenden fachlich hilfreich gewesen. Inwieweit diese „Hilfestellung" einer Beeinflussung gleichkommt, lässt sich nur schwer beurteilen. Einige Interviewpassagen sprechen für eine vorsichtige Beeinflussung der Stabsstellentätigkeit im Interesse der Treuhandanstalt in diesen Gesprächen. Alle Stabsstellenleiter bestätigten jedoch, sie seien sehr frei in ihren Entscheidungen gewesen, allenfalls hätten sie in brisanten Einzelfällen von vornherein gegen die Berichtspflicht verstoßen, um sich ihre Unabhängigkeit zu bewahren. Eine Beeinflussung erfolgte also sicherlich niemals durch ausdrückliche Anweisung, eine bestimmte Entscheidung zu treffen. Von einem wirklichen Belastungstest dieser Beziehungen durch den Verdacht eines strafrechtswidrigen Vorgehens auf Vorstandsebene wurde allenfalls andeutungsweise berichtet. Der Stabsstelle oblag offenbar tatsächlich die Entscheidung, wie ein Vorgang abzuschließen sei: entweder durch interne Einstellung oder durch Weiterleitung der eigenen Erkenntnisse an die Strafverfolgungsbehörden, die in wichtigen Fällen in Anlehnung an die Form einer Anklageschrift als so genannte „qualifizierte Strafanzeige" aufbereitet wurden. Im Vorfeld dieser Entscheidung existierten aber durch die Berichtspflichten subtile Möglichkeiten der Beeinflussung, die offenbar teilweise genutzt wurden, weshalb man von einer *intonierten Unabhängigkeit* der Stabsstelle sprechen kann.

Ein wesentliches Argument für die Effizienz solcher Stellen besteht darin, dass sie als interne, dem Legalitätsprinzip nicht unterworfene Einrichtungen sehr viel mehr, natürlich auch anonyme Verdachtshinweise erhalten, als dies gegenüber formellen Kontrollorganen der Fall ist, sie also auch nicht unerheblich zur Aufhellung des Dunkelfeldes beitragen können. Die Hemmschwelle, einer hausinternen Abteilung einen Hinweis zu geben oder nur eine Vermutung zu äußern, ist sicherlich geringer, als sich an die Strafverfolgungsbehörden zu wenden, die bei einem Anfangsverdacht wegen des Legalitätsprinzips zur Einleitung eines Ermittlungsverfahrens verpflichtet sind. Anonyme Hinweise spielten in der Tätigkeit der Stabsstelle keine große Rolle, zumindest fanden sie so gut wie keine Erwähnung in den Interviews. Auch wenn die Monatsstatistiken der Stabsstelle nicht lückenlos vorlagen und zudem nicht über die Zeit einheitlich geführt wurden, so lässt sich als Ergebnis feststellen, dass bis zur Auflösung im Juli 2000 insgesamt 3.661 Vorgänge registriert wurden, woraus 1.426 staatsanwaltliche Ermittlungsverfahren entstanden, jedoch waren nur 30 % hiervon durch eine Strafanzeige der Stabsstelle veranlasst. Die Gesamtzahl der aus diesen Ermittlungsverfahren resultierenden Anklagen und Verurteilungen lässt sich leider nicht feststellen, ebenso wenig, ob Einstellungen aus Opportunitätsgesichtspunkten oder nach § 170 Absatz 2 StPO erfolgten. Für einzelne Ermittlungsbereiche liegen indessen zumindest die Anklage- und Verurteilungszahlen vor. Maximal wurde eine Anklagequote von 28 % erreicht, dies würde den in der Zeit nach der Wende zu beobachtenden Erledigungsquoten bei der allgemeinen sowie der Wirtschaftskriminalität entsprechen. Inwieweit die Stabsstelle erfolgreich zu einer Aufhellung des Dunkelfeldes beitragen durfte, könnte intern teilweise reguliert gewesen sein.

Der Erfolg einer solchen internen Stelle kann jedoch nicht allein an den erwirkten Anklagen und Verurteilungen gemessen werden. Untersucht man deshalb den Erfolg in qualitativer Hinsicht im Hinblick auf die Funktionen der Stabsstelle für die Privatisierungsaufgabe der Treuhandanstalt, so ergaben sich neben einer unmittelbar in der Aufgabe der Stabsstelle angelegten primären Kontrollfunktion weitere manifeste und latente Funktionen.

Die *Kontrollfunktion* zeigte sich allein darin, dass die Mitarbeiter der Stabsstelle nach zahlreichen Hinweisen wegen kriminalisierbarer Verhaltensweisen recherchierten. Die so entstandenen Vorgänge wurden intern abgeschlossen oder an die Strafverfolgungsbehörden abgegeben. Durch die gezielte Verstärkung der internen Kontrolle im Bereich der strafrechtlich relevanten Vorgänge wurde zum einen eine repressive Aufdeckung und Aufklärung bereits begangener Delikte erreicht, zum anderen diente die Stabsstelle nach überwiegender Auffassung unserer Interviewpartner auch durch eine Erhöhung des Entdeckungsrisikos einer Abschreckung potentieller Täter im Sinne einer negativen Generalprävention. Dies erfolgte unter anderem dadurch, dass durch die bekannt gewordenen Fälle und die Zusammenarbeit mit anderen Kontrollabteilungen der Treuhandanstalt die Grenzen zwischen riskanten unternehmerischen Entscheidungen und strafrechtlich relevanten Verhaltensweisen verdeutlicht wurden. Die Stabsstelle und damit das Strafrecht dienten insbesondere in einer Zeit, in der das allgemeine betriebswirtschaftliche Regel- und Kontrollsystem noch kaum entwickelt war, einer äußeren Begrenzung der Regellosigkeit im Sinne einer *Grenzsetzungsfunktion*. Man darf bei dieser Kontrollfunktion allerdings eben nicht dem Irrtum erliegen, dass es bei solchen informellen Institutionen primär um die Durchsetzung des Strafrechts ginge. Lässt sich ein Unternehmen in der Weise auf das Strafrecht ein, dass es eine eigene strafrechtsorientierte Kontrollstelle einrichtet, dann wird das Strafrecht als Mittel zum Zweck in den unternehmenseigenen Kommunikationscode eingebunden. Es wird zum Instrument der Institutionenziele. Dies wird in den von der Treuhandanstalt ausdrücklich benannten manifesten und den von ihr bestrittenen latenten sekundären Funktionen der Stabsstelle sichtbar.

Als manifeste Funktion erfüllte die Stabsstelle zunächst eine *Unterstützungs- und Beratungsfunktion*. Intern diente sie für andere Abteilungen als Ansprechpartner in allen strafrechtlichen Fragen. Für das Strafverfolgungssystem war sie ebenfalls die erste Anlaufstelle in Fällen mit Treuhandbezug. In der Regel wurden über eine gute Zusammenarbeit mit den Strafverfolgungsbehörden Zwangsmaßnahmen gegenüber der Treuhandanstalt, also insbesondere Durchsuchungen, verhindert.

Vor allem aber erfüllte die Stabsstelle eine *Schutzfunktion*. Sie diente dem direkten Schutz vor Schäden durch delinquente Verhaltensweisen von internen oder externen Akteuren. Gleichzeitig wurde sie aber auch zum Schutz der Treuhandanstalt vor Angriffen aus der Öffentlichkeit eingesetzt und erfüllte damit zugleich auch eine *Publizitätsfunktion*. Diese Funktion stand in einem besonders engen Zusammenhang mit der Privatisierungsaufgabe der Treuhandanstalt, deren Erfüllung hierdurch abgesichert wurde. Die Strategie war, nicht grundsätzlich abzustreiten, dass es delinquentes Verhalten im Zusammenhang mit der Tätigkeit der Treuhandanstalt gab, sondern vielmehr die Selbstkontrolle und Selbstreinigung durch die Stabsstelle zu betonen und zu suggerieren, die „schwarzen Schafe" würden aussortiert. Bei Vorwürfen aus der Öffentlichkeit zog man sich des Öfteren darauf zurück, dass man ja schließlich „selbst den Staatsanwalt im Hause habe".

Zum Schutz der Treuhandanstalt und ihrer gesetzlichen Funktion übernahm die Stabsstelle schließlich sogar eine der Kontrollfunktion konträre latente *Moderierungs- und Filterfunktion*. Zum einen versuchte sie durch die qualifizierten Strafanzeigen Ermittlungen in bestimmte Bahnen zu lenken, wobei dies zum Teil zum Scheitern verurteilt war, da die Staatsanwälte und Polizisten diesen Strafanzeigen durchaus skeptisch gegenüber standen. Zum anderen berichteten zwar die Stabsstellenleiter, sie hätten sich eigentlich trotz fehlender rechtlicher Bindung immer dem

Legalitätsprinzip verpflichtet gefühlt. Es wurde aber dennoch zugestanden, dass wegen der enormen Arbeitsbelastung nicht immer alle Vorgänge mit der gleichen Intensität bearbeitet werden konnten, so dass zahlreiche Vorgänge auch unbearbeitet blieben. Diesbezügliche Selektionskriterien waren nach Aussagen der Stabsstellenleiter in erster Linie – wie auch bei jeder Schwerpunktstaatsanwaltschaft oder den Wirtschaftsabteilungen der allgemeinen Staatsanwaltschaften – die Schadenshöhe und eine persönliche Bereicherung. Zudem wurde teilweise nach erfolgter Schadenswiedergutmachung von einer Strafanzeige abgesehen.

Seitens der Staatsanwaltschaft und Polizei wurde indessen kritisiert, eine solche Stelle erfülle ohnehin nur eine *Alibifunktion*. Die Stabsstelle habe häufig, auch in bedeutsamen Fällen, in denen die Treuhandanstalt schlecht ausgesehen habe, der Verschleierung gedient. Auch wenn diese Funktion (nicht unerwartet) von Seiten der Treuhandanstalt vehement bestritten und gerade betont wurde, es sei Aufgabe des Stabsstellenleiters gewesen, die Stabsstelle nicht zu einem *„Feigenblatt verkommen zu lassen"*, so ist dieser Vorwurf im Ergebnis in Fällen von (vermeintlich) im Interesse der Treuhandanstalt erfolgten Straftaten (Unternehmenskriminalität) sicherlich nicht komplett von der Hand zu weisen.

Die Stabsstelle war letztlich eine *Institution struktureller Kopplung*, da die Treuhandanstalt bei der Erfüllung ihres Privatisierungsauftrages vor allem zu Beginn der Tätigkeit permanent durch von ihr als negativ wahrgenommene Eingriffe aus dem Strafverfolgungssystem, der Wirtschaft, der Politik und der Öffentlichkeit irritiert wurde und sie diese Irritationen schließlich strukturell vorausgesetzt hat. Durch die Gründung der Stabsstelle war es der Treuhandanstalt möglich, im „Störfall" durch Hinweise auf möglicherweise wirtschaftsdelinquentes Verhalten schneller Lösungen für den Umgang mit diesen Vorgängen zu finden und hierdurch eine Blockade des eigenen Operierens und der Erfüllung des Privatisierungsauftrages zu verhindern. Die Erwartungen der Umwelt – Politik, Wirtschaft, Recht, öffentliche Meinung – haben damit in das System der Treuhandanstalt Eingang gefunden. In welcher Form die Treuhandanstalt mit diesen Irritationen umgehen würde, ließ sich nicht vorhersagen, da eine zielgerichtete Steuerung des Systems durch die Umwelt ausgeschlossen ist. Die Einrichtung der Stabsstelle änderte nämlich nichts daran, dass die Treuhandanstalt ihrem gesetzlichem Auftrag der vollständigen und schnellen Privatisierung entsprechend weiterhin nach dem Code Zahlung/Nichtzahlung und nicht nach dem Code Recht/Unrecht agierte. Dies zeigte sich in allen untersuchten Bereichen der Stabsstelle – gegen die Interessen der Treuhandanstalt sollte sie bei der Vorgangsbearbeitung nichts entscheiden.

Festzuhalten bleibt: Mit der Stabsstelle als Prototyp einer informellen Kontrollinstitution unter anderem zur Bekämpfung von Wirtschaftskriminalität hat sich ein neuer Mechanismus institutioneller, struktureller Kopplung zwischen Wirtschaft und Strafrecht herausgebildet. Hinsichtlich der präventiven und repressiven Tätigkeit von solchen internen Ermittlungsstellen im Vorfeld und parallel zur Strafverfolgung wurde deutlich, dass eine solche Einrichtung intern immer an dem Nutzen gemessen wird, den sie für die Verfolgung der Ziele der Organisation (Treuhandanstalt oder Unternehmen) hat. Denn sie ist Teil der Organisation. Die bloße Einhaltung der strafrechtlichen Normen kann für sich genommen nicht diesen Nutzen darstellen. Je nach Zielrichtung kann eine solche Stelle aber einer Organisation oder einem Unternehmen in folgender Weise nützlich sein:

- Sie kann – das scheint der zentrale Nutzen zu sein – zur Verbesserung des öffentlichen Rufes, insbesondere bei bekannt gewordener Wirtschaftskriminalität, beitragen.
- Durch eine solche Institution kann eine generalpräventive Wirkung im Sinne einer Grenzsetzungsfunktion und einer Erhöhung des Entdeckungsrisikos erreicht werden, so dass es jedenfalls zu weniger Fällen von Angestellten- und Managerkriminalität kommen kann.
- Gegenüber Konkurrenten kann sie eingesetzt werden, um Wirtschaftskriminalität auch im Sinne von Unternehmenskriminalität des konkurrierenden Unternehmens zu verhindern, oder,
- falls dies nicht mehr möglich ist, kann die Strafverfolgung unterstützt werden, um etwa einen eigenen Regress zu erleichtern.

Demgegenüber sollte man auf die Wirksamkeit einer Stabsstelle zur Bekämpfung von Corporate Crime der Organisation oder des eigenen Unternehmens keine allzu großen Hoffnungen setzen. In diesem Fall wird eine Organisation oder ein Unternehmen interne unabhängige Ermittlungen und Entscheidungen nicht mehr zulassen – außer es wird aufgrund anderer Faktoren (beispielsweise SEC-Ermittlungen und konkret drohende, möglicherweise existenzgefährdende Unternehmensgeldbußen) hierzu gezwungen. Ein Tätigwerden kann in diesen Fällen ansonsten allenfalls der Öffentlichkeit und der negativen Publizitätswirkung solcher Vorgänge geschuldet sein. Denn ansonsten endet spätestens hier der Nutzen des Strafrechts für die Organisation oder das Unternehmen und man kann – wie ein Staatsanwalt zu Beginn (siehe Einleitung) zitiert wurde – *„auf die Stabsstelle Recht verzichten"*.

10 Abbildungs- und Tabellenverzeichnis

10.1 Abbildungsverzeichnis

10.2 Tabellenverzeichnis

Literatur

Achterberg, N. 1984. Parlamentsrecht. Tübingen: Mohr.

Adamek, S., Otto, K. 2008. Der gekaufte Staat. Wie Konzernvertreter in deutschen Ministerien sich ihre Gesetze selbst schreiben. Köln: Kiepenheuer & Witsch.

Akademie für Staats- und Rechtswissenschaft der DDR (Hrsg.). 1984. Staatsrecht der DDR. Lehrbuch. 2. Auflage. Berlin: Staatsverlag der DDR.

Albrecht, P.-A. 2010. Kriminologie. Eine Grundlegung zum Strafrecht. 4. Auflage. München: Beck.

Backes, O., Lindemann, M. 2006. Staatlich organisierte Anonymität als Ermittlungsmethode bei Korruptions- und Wirtschaftsdelikten. Heidelberg: C. F. Müller.

Bannenberg, B. 2002. Korruption in Deutschland – präventive Erfordernisse. Forum Kriminalprävention 4, 22–23.

Bay, K.-C. (Hrsg.). 2013. Handbuch Internal Investigations. Berlin: Erich Schmidt.

Bea, F., Schweitzer, M. 2011. Allgemeine Betriebswirtschaftslehre. Band 2. Führung. 10. Auflage. Stuttgart: Lucius und Lucius.

Becker, G. S. 1993. Der ökonomische Ansatz zur Erklärung menschlichen Verhaltens. 2. Auflage. Tübingen: Mohr.

Becker, H. S. 1963. Outsiders. Studies in the sociology of deviance. New York: Free Press.

Behrens, A. 2009. Internal Investigations. Hintergründe und Perspektiven anwaltlicher „Ermittlungen" in deutschen Unternehmen. RIW 1, 22–33.

Berckhauer, F. H. 1977. Wirtschaftskriminalität und Staatsanwaltschaft. Eine Untersuchung materiellrechtlicher und organisationsspezifischer Bedingungen für die Strafverfolgung von Wirtschaftsdelikten. Freiburg: Eigenverlag.

Berghaus, M. 2011. Luhmann leicht gemacht. Eine Einführung in die Systemtheorie. 3. Auflage. Köln: Böhlau.

Berndt, T., Hoppler, I. 2005. Whistleblowing – ein integraler Bestandteil effektiver Corporate Governance. BB 48, 2623–2629.

Beulke, W. 2012. Strafprozessrecht. 12. Auflage. Heidelberg: Müller.

Bischoff, B., Wiepen, T. 2010. Formelle und informelle soziale Kontrolle im Zusammenhang mit der Privatisierung der DDR-Betriebe. In: Boers, K., Nelles, U., Theile, H. (Hrsg.). Wirtschaftskriminalität und die Privatisierung der DDR-Betriebe. Baden-Baden: Nomos, 457–636.

Block, U. 2003. Neue Regelungen zur Corporate Governance gemäß Sarbanes-Oxley Act, BKR 19, 774–787.

Bock, M. 2013. Kriminologie. Für Studium und Praxis. 4. Auflage. München: Vahlen.

Boers, K. 2001. Wirtschaftskriminologie. Vom Versuch, mit einem blinden Fleck umzugehen. MschrKrim 5, 335–356.

Boers, K. 2010. Einführung in die Untersuchung. In: Boers, K., Nelles, U., Theile, H. (Hrsg.). Wirtschaftskriminalität und die Privatisierung der DDR-Betriebe. Baden-Baden: Nomos, 1–54.

Boers, K., Reinecke, J., Bentrup, C., Daniel, A., Kanz, K., Schulte, P., Seddig, D., Theimann, M., Verneuer, L., Walburg, C. 2014. Vom Jugend- zum frühen Erwachsenenalter – Delinquenzverläufe und Erklärungszusammenhänge in der Verlaufsstudie „Kriminalität in der modernen Stadt". MSchrKrim 3, 183–202.

Boers, K., Theile, H., Karliczek, K.-M. 2004. Wirtschaft und Strafrecht – Wer reguliert wen? In: Oberwittler, D., Karstedt, S. (Hrsg.). Soziologie der Kriminalität. Kölner Zeitschrift für Soziologie und Sozialpsychologie, Sonderheft 43/2003. Wiesbaden: Verlag für Sozialwissenschaften, 469–493.

Boetticher, C. v. 2002. Parlamentsverwaltung und parlamentarische Kontrolle. Berlin: Duncker und Humblot. (diss.)

Bornkamm, J. 1983. Die Berichterstattung über schwebende Strafverfahren und das Persönlichkeitsrecht des Beschuldigten. NStZ 3, 102–108.

Braithwaite, J. 1985. White collar crime. Annual Review of Sociology 11, 1–25.

Braum, S. 1998. „Emotionen des Augenblicks" – Die Verlängerung von Verjährungsfristen. NJ 2, 75–76.

Breuel, B. (Hrsg.). 1993. Treuhand intern. Tagebuch. Frankfurt/M., Berlin: Ullstein.

Breymann, K. 1991. Zur Auslegung der Verjährungsregelung in Art. 315a EGStGB – Verfolgbarkeit von Straftaten staatlicher Instanzen in der ehemaligen DDR, soweit sie nach DDR-Strafrecht verjährt sind. NStZ 10, 463–465.

Brüchert, O. 2005. Autoritäres Programm in aufklärerischer Absicht. Wie Journalisten Kriminalität sehen. Münster: Westfälisches Dampfboot. (diss.)

Bundesanstalt für vereinigungsbedingte Sonderaufgaben (Hrsg.). 2003. „Schnell privatisieren, entschlossen sanieren, behutsam stilllegen". Ein Rückblick auf 13 Jahre Arbeit der Treuhandanstalt und der Bundesanstalt für vereinigungsbedingte Sonderaufgaben. Berlin: Wegweiser.

Bundeskriminalamt (Hrsg.). 2014. Polizeiliche Kriminalstatistik Bundesrepublik Deutschland. Berichtsjahr 2013. Wiesbaden: Eigenverlag.

Bundesministerium des Innern, Bundesministerium der Justiz (Hrsg.). 2006. Zweiter Periodischer Sicherheitsbericht. Berlin: Eigenverlag.

Bundesministerium für innerdeutsche Beziehungen (Hrsg.). 1985. DDR Handbuch. 3. Auflage. Köln: Wissenschaft und Politik, Bd. 1 (A–L), S. 1–852, Bd. 2 (M–Z), S. 853–1660.

Bussmann, K.-D. 2003. Business Ethics und Wirtschaftsstrafrecht. Zu einer Kriminologie des Managements. MschrKrim 2, 89–104.

Bussmann, K.-D. 2004. Kriminalprävention durch Business Ethics. Ursachen von Wirtschaftskriminalität und die besondere Bedeutung von Werten. ZfWU 1, 35–50.

Bussmann, K.-D., Salvenmoser, S. 2006. Internationale Studie zu Wirtschaftskriminalität. NStZ 4, 203–209.

Bussmann, K.-D., Salvenmoser, S. 2008. Der Wert von Compliance und Unternehmenskultur – Ergebnisse der aktuellen Studie von PricewaterhouseCoopers zur Wirtschaftskriminalität. CCZ 5, 192–196.

Calliess, R.-P. 2001. Die Strafzwecke und ihre Funktionen. Straftheorie oder dialogische Straftheorie als Bezugsrahmen. In: Britz, G., Jung, H., Koriath, H., Müller, E. (Hrsg.). Grundfragen staatlichen Strafens. Festschrift für H. Müller-Dietz zum 70. Geburtstag. München: Beck, 99–118.

Clinard, M. B., Quinney, R., Wildeman, J. 1994. Criminal behavior systems. A typology. Third edition. Cincinnati: Anderson Publishing.

Clinard, M. B., Yeager, P. C. 1980. Corporate Crime. New York: Free Press.

Cohen, A. K. 1968. Abweichung und Kontrolle. München: Juventa.

Cohen, S. 1985. Visions of social control. Crime, punishment and classification. Cambridge: Polity press.

Coleman, J. W. 2006. The criminal elite. Understanding White-Collar Crime. 6. Edition. New York: Woth Publisher.

Cremer-Schäfer, H. 1995. Einsortieren und Aussortieren. Zur Funktion der Strafe bei der Verwaltung der sozialen Ausschließung. KrimJ 2, 89–119.

Czada, R. 1993. Die Treuhandanstalt im Umfeld von Politik und Verbänden. In: Fischer, W., Hax, H., Schneider, H. K. (Hrsg.). Treuhandanstalt. Das Unmögliche wagen. Forschungsberichte. Berlin: Akademie, 148–172.

Dannecker, G. 2014. Die Entwicklung des Wirtschaftsstrafrechts in der Bundesrepublik Deutschland. In: Wabnitz, H.-B., Janovski, T. (Hrsg.). Handbuch des Wirtschafts- und Steuerstrafrechts, 4. Auflage. München: Beck, 1–66.

Denzin, N.K. 1970. The Research Act. A Theoretical Introduction to Sociological Methods. London: Butterworths.

Durkheim, E. 1980. Die Regeln der soziologischen Methode. 6. Auflage. Darmstadt u. a.: Luchterhand.

Eisenberg, U. 2005. Kriminologie. 6. Auflage. München: Beck.

Erbe, J. 1999. Die Stabsstelle Recht der Treuhandanstalt. Neue Kriminalpolitik 3, 26–30.

Erbe, J. 2003. Die Sonderstabsstelle Recht. In: Bundesanstalt für vereinigungsbedingte Sonderaufgaben (Hrsg.). „Schnell privatisieren, entschlossen sanieren, behutsam stilllegen". Ein Rückblick auf 13 Jahre Arbeit der Treuhandanstalt und der Bundesanstalt für vereinigungsbedingte Sonderaufgaben. Berlin: Wegweiser, 367–378.

Fischer, W., Schröter, H. 1993. Die Entstehung der Treuhandanstalt. In: Fischer, W., Hax, H., Schneider, H. K. (Hrsg.). Treuhandanstalt. Das Unmögliche wagen. Forschungsberichte. Berlin: Akademie, 17–40.

Flick, U. 2012. Triangulation in der qualitativen Forschung. In: Flick, U., Kardorff, E. v., Steinke, I. (Hrsg.). Qualitative Forschung. Ein Handbuch. 9. Auflage. Reinbek bei Hamburg: Rowohlt, 309–318.

Flore, I. 2009. Strafzumessungsraster bei Steuerhinterziehung. HRRS 11, 493–499.

Freese, C. 1995. Die Privatisierungstätigkeit der Treuhandanstalt: Strategien und Verfahren der Privatisierung in der Systemtransformation. Frankfurt a. M., New York: Campus.

Gellert, O. 2003. Der Übergang von der Treuhandanstalt zur BvS. In: Bundesanstalt für vereinigungsbedingte Sonderaufgaben (Hrsg.). „Schnell privatisieren, entschlossen sanieren, behutsam stilllegen". Ein Rückblick auf 13 Jahre Arbeit der Treuhandanstalt und der Bundesanstalt für vereinigungsbedingte Sonderaufgaben. Berlin: Wegweiser, 261–265.

Gimmy, M. A. 1994. Das Unmögliche wagen – Eine Würdigung der Arbeit der Treuhandanstalt. VIZ 12, 633–637.

Glaser, B. G., Strauss, A. L. 2010 [1967]. Grounded Theory. Strategien qualitativer Forschung. 3. Auflage. Bern u. a.: Huber.

Großbach, P., Born, W. 1989. Die „whistleblower"-Gesetzgebung in den USA. ArbuR 7, 374–377.

Hartl, F. 1995. Die Treuhandanstalt im System der Finanzverfassung des Grundgesetzes. Frankfurt a. M.: Lang. (diss.)

Hassemer, W. 1985. Vorverurteilung durch die Medien? NJW 33, 1922–1929.

Hauschildt, J. 1977. Entscheidungsziele. Zielbildung in innovativen Entscheidungsprozessen: theoretische Ansätze und empirische Prüfung. Tübingen: Mohr.

Hauschka, C. E. 2004. Compliance, Compliance-Manager, Compliance-Programme: Eine geeignete Reaktion auf gestiegene Haftungsrisiken für Unternehmen und Management? NJW 5, 257–261.

Hauschka, C. E. (Hrsg.) 2010. Corporate Compliance. Handbuch der Haftungsvermeidung in Unternehmen. 2. Auflage. München: Beck.

Hax, H. 2003. „Sanierung durch Privatisierung" oder „Privatisierung durch Sanierung"? Rückblick auf eine Kontroverse. In: Bundesanstalt für vereinigungsbedingte Sonderaufgaben (Hrsg.). „Schnell privatisieren, entschlossen sanieren, behutsam stilllegen". Ein Rückblick auf 13 Jahre Arbeit der Treuhandanstalt und der Bundesanstalt für vereinigungsbedingte Sonderaufgaben. Berlin: Wegweiser, 205–224.

Hefendehl, R. 2004. Enron, Worldcom und die Folgen: Das Wirtschaftsstrafrecht zwischen kriminalpolitischen Erwartungen und dogmatischen Erfordernissen. JZ 1, 18–23.

Hefendehl, R. 2006. Corporate governance und business ethics: Scheinberuhigung oder Alternativen bei der Bekämpfung der Wirtschaftskriminalität? JZ 3, 119–125.

Heinz, W. 1989. Datensammlungen der Strafrechtspflege im Dienste der Forschung. In: Jehle, J.-M. (Hrsg.). Datensammlungen und Akten in der Strafrechtspflege. Nutzbarkeit für Kriminologie und Kriminalpolitik. Wiesbaden: Kriminologische Zentralstelle, 163–202.

Heinz, W. 1998. Begriffliche und strukturelle Besonderheiten des Wirtschaftsstrafrechts. Eine Übersicht über die Entwicklung des Wirtschaftsstrafrechts in der Bundesrepublik Deutschland. In: Gropp, G. (Hrsg.). Wirtschaftskriminalität und Wirtschaftsstrafrecht in einem Europa auf dem Weg zu Demokratie und Privatisierung. Beiträge zur Leipziger Sommerakademie. Leipzig: Leipziger Universitätsverlag, 13–50.

Hentze, J., Heinecke A., Kammel A. 2001. Allgemeine Betriebswirtschaftslehre aus Sicht des Managements. Bern u. a.: Haupt.

Herbert, M., Oberrath, J.-D. 2005. Schweigen ist Gold? Rechtliche Vorgaben für den Umgang des Arbeitnehmers mit seiner Kenntnis über Rechtsverstöße im Betrieb. NZA 4, 193–199.

Hersberger, H. 2003. Wirtschaftskriminalität. Das Phänomen und dessen Bekämpfung. Kriminalistik 1, 59–61.

Heuer, V., Lilie, H. 1993. Lasst verjähren, was verjährt? DTZ 12, 354–357.

Hoeren, T. 1992. Das neue Verfahren für die Schlichtung von Kundenbeschwerden im deutschen Bankengewerbe. Grundzüge und Rechtsprobleme. NJW 43, 2727–2732.

Hoeren, T. 1994. Der Bankenombudsmann in der Praxis. Ein erstes Resümee. NJW 6, 362–365.

Hoffmann, V. H., Sandrock, S. 2001. Der Ombudsmann – betriebliche Möglichkeit zur Bekämpfung von Wirtschaftskriminalität. Der Betrieb 8, 433–435.

Holzinger, S., Wolff, U. 2009. Im Namen der Öffentlichkeit. Litigation-PR als strategisches Instrument bei juristischen Auseinandersetzungen. Wiesbaden: Gabler.

Hug, T. 2011. Konstruktivistische Diskurse und qualitative Forschungsstrategien. Überlegungen am Beispiel des Projektes Global Media Generations, In: Moser, S. (Hrsg.). Konstruktivistisch Forschen. Methodologie, Methoden, Beispiele. 2. Auflage. Wiesbaden: Verlag für Sozialwissenschaften, 121–144.

Jahn, M. 2009. Ermittlungen in Sachen Siemens/SEC. StV 1, 41–46.

Jankowiak, H. 2000. Regierungs- und Vereinigungskriminalität. Bilanz nach zehn Jahren Wiedervereinigung. Neue Kriminalpolitik 2, 12–15.

Janowitz, M. 1973. Wissenschaftstheoretischer Überblick zur Entwicklung des Grundbegriffs „Soziale Kontrolle". KZfSS 9, 499–514.

Jarass, H. D., Pieroth, B. 2014. Grundgesetz für die Bundesrepublik Deutschland. 13. Auflage. München: Beck.

Jordan, A.-D. 1996. Die Regelung des 2. Verjährungsgesetzes zur „Vereinigungskriminalität". NJ 6, 294–296.

Jürgs, M. 1997. Die Treuhändler. Wie Helden und Halunken die DDR verkauften. 2. Auflage. München: List.

Kaiser, G. 1996. Kriminologie. Ein Lehrbuch. 3. Auflage. Heidelberg: C.F. Müller.

Kaiser, G., Metzger-Pregizer G. 1976. Betriebsjustiz. Untersuchungen über die soziale Kontrolle abweichenden Verhaltens in Industriebetrieben. Berlin: Duncker & Humblot.

Karliczek, K.-M. 2004. Vom Nutzen qualitativer Forschung in der Kriminologie. In: Karliczek, K.-M. (Hrsg.). Kriminologische Erkundungen. Wissenschaftliches Symposium aus Anlass des 65. Geburtstages von Klaus Sessar. Münster: LIT-Verlag, 210–225.

Karliczek, K.-M. 2007. Strukturelle Bedingungen von Wirtschaftskriminalität. Eine empirische Untersuchung am Beispiel der Privatisierungen ausgewählter Betriebe der ehemaligen DDR. Münster: Waxmann.

Karliczek, K.-M., Boers, K. 2010. Qualitative Methoden zur Erhebung der Wirtschaftskriminalität. In: Boers, K., Nelles, U., Theile, H. (Hrsg.). Wirtschaftskriminalität und die Privatisierung der DDR-Betriebe. Baden-Baden: Nomos, 68–86.

Karliczek, K.-M., Theile, H. 2010. Rahmenbedingungen der Arbeit der Treuhand. In: Boers, K., Nelles, U., Theile, H. (Hrsg.). Wirtschaftskriminalität und die Privatisierung der DDR-Betriebe. Baden-Baden: Nomos, 149–173.

Keller, R., Griesbaum, R. 1990. Das Phänomen der vorbeugenden Bekämpfung von Straftaten. NStZ 9, 416–420.

Keller R., Schmid, W. 1984. Möglichkeiten einer Verfahrensbeschleunigung in Wirtschaftsstrafsachen. Wistra 6, 201–209.

Kepplinger, H. M. 1993. Die Treuhandanstalt im Bild der Öffentlichkeit. In: Fischer, W., Hax, H., Schneider, H. K. (Hrsg.). Treuhandanstalt. Das Unmögliche wagen. Forschungsberichte. Berlin: Akademie, 357–373.

Kerner, H.-J. 1973. Verbrechenswirklichkeit und Strafverfolgung. Erwägungen zum Aussagewert der Kriminalstatistik. München: W. Goldmann.

Kerner, H.-J., Rixen, S. 1996. Ist Korruption ein Strafrechtsproblem? Zur Tauglichkeit strafgesetzlicher Vorschriften gegen Korruption. GA 8, 355–396.

Kinkel, K. 1992. Wiedervereinigung und Strafrecht. JZ 10, 485–489.

Kleine-Cosack, M. 1993. Freiheit zum Zweitberuf: Grundsatzentscheidung des BVerfG zur Anwaltszulassung. NJW 20, 1289–1294.

Kloepfer, M. 1993. Öffentlich-rechtliche Vorgaben für die Treuhandanstalt. In: Fischer, W., Hax, H., Schneider, H. K. (Hrsg.). Treuhandanstalt. Das Unmögliche wagen. Forschungsberichte. Berlin: Akademie, 41–78.

Kneer, G., Nassehi, A. 2000. Niklas Luhmanns Theorie sozialer Systeme. 4. Auflage. München: Fink.

Knierim, T. C. 2009. Das Verhältnis von strafrechtlichen und internen Ermittlungen. StV 5, 324–331.

Knierim, T. C., Rübenstahl, M., Tsambikakis, M. (Hrsg.). 2013. Internal Investigations. Ermittlungen im Unternehmen. Heidelberg: Müller.

Kölbel, R. 2013. Criminal Compliance – ein Missverständnis des Strafrechts. ZStW 3, 499–535.

König, P. 1991. Zur Verfolgungsverjährung von SED-Unrechtstaten – Anmerkung zu OLG Frankfurt/M. vom 10.7.1991–2 Ws 88/91 (NStZ 1991, 585). NStZ 12, 566–571.

König, R. 1955. Soziologie der Familie. In: Gehlen, A., Schelsky, H. (Hrsg.). Soziologie. Ein Lehr- und Handbuch zur modernen Gesellschaftskunde. Düsseldorf u. a.: Diederichs, 120–135.

KPMG (Hrsg.). 2006. Studie 2006 zur Wirtschaftskriminalität in Deutschland. Köln: Selbstverlag.

Kreikebaum, H. 1996. Grundlagen der Unternehmensethik. Stuttgart: Schäffer-Poeschel (UTB).

Kreissl, R. 2000. Soziale Kontrolle, Kriminalität und abweichendes Verhalten in zeitgenössischen Gesellschaften. Einige Überlegungen in gesellschaftstheoretischer Absicht. In: Peters, H. (Hrsg.). Soziale Kontrolle. Zum Problem der Normkonformität in der Gesellschaft. Opladen: Leske und Budrich, 19–42.

Krieger, A. 1993. Begegnung mit der politischen Vergangenheit im Osten Deutschlands. Als Vertrauensbevollmächtigter beim Vorstand der Treuhandanstalt 1990–1992. In: Bierich, M., Hommelhoff, P., Kropff, B. Festschrift für Johannes Semler zum 70. Geburtstag am 28. April 1993. Unternehmen und Unternehmensführung im Recht. Berlin u. a.: de Gruyter, 17–65.

Kuckartz, U. 2010. Einführung in die computergestützte Analyse qualitativer Daten. 3. Auflage. Wiesbaden: Verlag für Sozialwissenschaften.

Kunz, K.-L. 2011. Kriminologie. 6. Auflage. Bern u. a.: Haupt.

Küpper, G., Wilms, H. 1992. Die Verfolgung von Straftaten des SED-Regimes. ZRP 3, 91–96.

Küpper, H.-U. 1993. Vertragsgestaltung und Vertragsmanagement der Treuhandanstalt. In: Fischer, W., Hax, H., Schneider, H. K. (Hrsg.). Treuhandanstalt. Das Unmögliche wagen. Berlin: Akademie, 315–353.

Kürzinger, J. 1978. Private Strafanzeige und polizeiliche Reaktion. Berlin: Duncker & Humblot.

Lamnek, S. 2008. Theorien abweichenden Verhaltens II. 3. Auflage. Paderborn: Fink.

Lang, B. 2005. Strafrechtsbezogene Vergangenheitspolitik. Politischer Wille und Strafrechtsrealität im Spannungsverhältnis am Beispiel von Deutschland und Südafrika. Freiburg: edition iuscrim. (diss.)

Lemert, E. M. 1974. Der Begriff der sekundären Devianz. In: Lüderssen, K., Sack, F. (Hrsg.). Seminar: Abweichendes Verhalten I. Die selektiven Normen der Gesellschaft. Frankfurt a. M.: Suhrkamp, 433–476.

Lemke, M. 1993. Das 2. Verjährungsgesetz. Versuch einer Analyse eines schwierigen Gesetzes. NJ 12, 529–532.

Lemke, M., Hettinger R. 1992. Zur Verjährung von in der ehemaligen DDR begangenen Straftaten und den Möglichkeiten des Gesetzgebers – Zugleich Erwiderung auf König, NStZ 1991, 566 und Breymann, NStZ 1991, 463. NStZ 1, 21–24.

Letzgus, K. 1994. Unterbrechung, Ruhen und Verlängerung strafrechtlicher Verjährungsfristen für im Beitrittsgebiet begangene Straftaten. NStZ 2, 57–63.

Leyendecker, H. 2009. Die große Gier. Korruption, Kartelle, Lustreisen. Warum unsere Wirtschaft eine neue Moral braucht. Hamburg: Rowohlt.

Leyendecker, H. 2009a. Findelkind des Journalismus. Das Elend mit der Gerichtsreportage – vernachlässigt, verdrängt, verkommen. In: Arbeitsgemeinschaft Strafrecht des DAV (Hrsg.). Strafverteidigung im Rechtsstaat. Baden-Baden: Nomos, 192–202.

Liebig, J. 1991. Anwendbarkeit bundesdeutschen Straf- und Ordnungswidrigkeitenrechts auf Alttaten in der DDR. NStZ 8, 372–375.

Liebl, K. 1987. Schwerpunktstaatsanwaltschaften zur Bekämpfung der Wirtschaftskriminalität. ZfWS 1, 13–18.

Liebl, K. 2004. Bekämpfung der Wirtschaftskriminalität. Ein Programm und seine Auswirkungen auf die kriminologische Forschung. MschrKrim 1, 1–21.

Löhr, H. E. 2009. Resozialisierung und Medien. In: Cornel, H. u. a. (Hrsg.). Handbuch der Resozialisierung. 3. Auflage. Baden-Baden: Nomos, 576–597.

Lüderssen, K. 1992. Kontinuität und Grenzen des Gesetzlichkeitsprinzips bei grundsätzlichem Wandel der politischen Verhältnisse. „Guter" Positivismus im Strafrecht? Zur Auseinandersetzung über die Verfolgung in der ehemaligen DDR begangener Delikte. ZStW 4, 735–784.

Luhmann, N. 1984. Soziale Systeme. Frankfurt a. M.: Suhrkamp.

Luhmann, N. 1986. Ökologische Kommunikation. Kann die moderne Gesellschaft sich auf ökologische Gefährdungen einstellen. Opladen: Westdeutscher Verlag.

Luhmann, N. 1988. Die Wirtschaft der Gesellschaft. Frankfurt a. M.: Suhrkamp.

Luhmann, N. 1993. Das Recht der Gesellschaft. Frankfurt a. M.: Suhrkamp.

Luhmann, N. 1997. Die Gesellschaft der Gesellschaft. Frankfurt a. M.: Suhrkamp.

Luhmann, N. 2008 [1995]. Die operative Geschlossenheit psychischer und sozialer Systeme. In: ders. Soziologische Aufklärung 6, Die Soziologie und der Mensch. 3. Auflage. Wiesbaden: Verlag für Sozialwissenschaften, 26–37.

Luhmann, N. 2008 a [1995]. Probleme mit operativer Schließung. In: ders. Soziologische Aufklärung 6, Die Soziologie und der Mensch. 3. Auflage. Wiesbaden: Verlag für Sozialwissenschaften, 13–25.

Luhmann, N. 2008 b [1995]. Was ist Kommunikation? In: ders. Soziologische Aufklärung 6, Die Soziologie und der Mensch. 3. Auflage. Wiesbaden: Verlag für Sozialwissenschaften, 109–120.

Luhmann, N. 2008 c [2002]. Einführung in die Systemtheorie. 4. Auflage. Heidelberg: Carl Auer.

Luhmann, N. 2009 [1970]. Soziologie als Theorie sozialer Systeme. In: ders. Soziologische Aufklärung 1, Aufsätze zur Theorie sozialer Systeme. 8. Auflage. Wiesbaden: Verlag für Sozialwissenschaften, 143–173.

Luhmann, N. 2011 [2000]. Organisation und Entscheidung. 3. Auflage. Wiesbaden: Verlag für Sozialwissenschaften.

Luhmann, N., Baecker, D. (Hrsg.). 2011. Einführung in die Systemtheorie. 6. Auflage. Heidelberg: Carl Auer.

Maaßen, H. 2002. Transformation der Treuhandanstalt. Pfadabhängigkeiten und Grenzen einer kompetenten Führung. Wiesbaden: Deutscher Universitätsverlag.

Maier, C. S. 2000. Das Verschwinden der DDR und der Untergang des Kommunismus. Frankfurt a. M.: Fischer.

Markantonatou, M. 2005. Der Modernisierungsprozess staatlicher Sozialkontrolle. Aspekte einer politischen Kriminologie. Transformationen des Staates und der sozialen Kontrolle im Zeichen des Neoliberalismus. Freiburg i. B.: Edition iuscrim. (diss.)

Matthäus, C. 2005. Ansteckende Gier. Wie Unternehmenschefs für Schlagzeilen sorgen. In: Beschorner, T. u. a.: Wirtschafts- und Unternehmensethik. Rückblick – Ausblick – Perspektiven. München u. a.: Rainer Hampp, 433–440.

Meier, B.-D. 2013. Informelle Reaktionen auf Jugendkriminalität. In Meier, B.-D. u. a. (Hrsg.): Jugendstrafrecht. 3. Auflage. München: Beck, 144–160.

Meier, B.-D. 2015. Strafrechtliche Sanktionen. 4. Auflage. Berlin u. a.: Springer.

Mensching, A. 2005. Ist Vorbeugen besser als Heilen? APuZ 1, 17–23.

Meuser, M., Nagel, U. 2005. ExpertInneninterviews – vielfach erprobt, wenig bedacht. Ein Beitrag zur qualitativen Methodendiskussion. In: Bogner, A., Menz, W. (Hrsg.). Das Experteninterview. Theorie, Methode, Anwendung. 2. Auflage. Opladen: Leske und Budrich, 71–93.

Meyer-Goßner, L. 2015. Strafprozessordnung. Mit GVG und Nebengesetzen. 58. Auflage. München: Beck.

Michaelsen, H. D. 1982. Möglichkeit der Beschleunigung und Kosteneinsparung im Wirtschaftsstrafverfahren. Kriminalistik 10, 498–501.

Ministerium der Justiz, Akademie für Staats- und Rechtswissenschaft der DDR (Hrsg.). 1987. Strafrecht der Deutschen Demokratischen Republik. Kommentar zum Strafgesetzbuch. 5. Auflage. Berlin: Staatsverlag der DDR.

Minoggio, I. 2010. Firmenverteidigung. 2. Auflage. Münster: ZAP.

Miras, A. 2014. Die Rolle von Compliance-Audits zur Aufdeckung von Non-Compliance. In: Wieland, J., Steinmeyer, R., Grüninger, S. Handbuch Compliance-Management. 2. Auflage. Berlin: Erich Schmidt, 915–928.

Montenbruck, A., Kuhlmey, R., Enderlein, U. 1987. Die Tätigkeit des Staatsanwaltes in Wirtschaftsstrafverfahren – Einführung in die Probleme Teil 1. JS 19, 803–808.

Moosmayer, K., Hartwig, N. 2012. Interne Untersuchungen. Praxisleitfaden für Unternehmen. München: Beck.

Nelken, D. 2012. White-Collar Crime. In: Maguire, M., Morgan, R., Reiner, R. (Eds.). The Oxford Handbook of Criminology. Fifth Edition. Oxford: University Press, 623–659.

Nestler, N. 2013. Internal Investigations: Definition und rechtstatsächliche Erkenntnisse zu internen Ermittlungen in Unternehmen. In: Knierim, T. C., Rübenstahl, M., Tsambikakis, M. (Hrsg.). Internal Investigations. Ermittlungen im Unternehmen. Heidelberg: Müller, 3–22.

Noll, B. 2013. Wirtschafts- und Unternehmensethik in der Marktwirtschaft. 2. Auflage. Stuttgart u. a.: Kohlhammer.

Odersky, W. 1992. Die Rolle des Strafrechts bei der Bewältigung politischen Unrechts. Heidelberg: Müller.

Opp, K.-D. 1975. Soziologie der Wirtschaftskriminalität. München: Beck.

Palazzo, B. 2001. Unternehmensethik als Instrument der Prävention von Wirtschaftskriminalität und Korruption. Kriminalprävention 2, 52–60.

Panther, S. 2005. Wirtschaftsethik und Ökonomik. In: Beschorner, T. u. a. (Hrsg.): Wirtschafts- und Unternehmensethik. Rückblick – Ausblick – Perspektiven. München u. a.: Rainer Hampp, 67–94.

Park, T. 2005. Wirtschaftsstrafverfahren in der Praxis. Eine beschreibende Analyse aus Sicht der Verteidigung. NK 17, 147–150.

Passarge, M. 2009. Risiken und Chancen mangelhafter Compliance in der Unternehmensinsolvenz. NZI 2, 86–91.

Peters, H. 1989. Devianz und soziale Kontrolle. Eine Einführung in die Soziologie abweichenden Verhaltens. Weinheim, München: Juventa.

Peters, H. 2002. Soziale Probleme und soziale Kontrolle. Wiesbaden: Westdeutscher Verlag.

Peuckert, R. 2010. Kontrolle, soziale. In: Kopp, J., Schäfers, B. (Hrsg.). Grundbegriffe der Soziologie. 10. Auflage. Wiesbaden: Verlag für Sozialwissenschaften, 147–149.

Peuckert, R. 2010a. Abweichendes Verhalten und soziale Kontrolle. In Korte, H., Schäfers, B. (Hrsg.). Einführung in Hauptbegriffe der Soziologie. 8. Auflage. Wiesbaden: Verlag für Sozialwissenschaften, 107–128.

Pieroth, B. Kingreen, T. 1993. Die verfassungsrechtliche Problematik des Verjährungsgesetzes. NJ 9, 385–392.

Popitz, H. 1968. Über die Präventivwirkung des Nichtwissens. Dunkelziffer, Norm und Strafe. Tübingen: Mohr.

Popitz, H. 2007. Soziale Normen. Nach seinem Tod herausgegebene Textsammlung von F. Pohlmann und W. Eßbach. Frankfurt a. M.: Suhrkamp.

PriceWaterhouseCoopers (Hrsg.). 2005. Wirtschaftskriminalität 2005. Internationale und deutsche Ergebnisse. Frankfurt a. M., Halle: Selbstverlag.

PriceWaterhouseCoopers (Hrsg.). 2007. Wirtschaftskriminalität 2007. Internationale und deutsche Ergebnisse. Frankfurt a. M., Halle: Selbstverlag.

Rebmann, K. 1984. Strafprozessuale Bewältigung von Großverfahren. NStZ 6, 241–248.

Rechenberg, H. 1994. Zur Frage der Rechts- und Fachaufsicht über die Treuhandanstalt. DTZ 5, 238–239.

Reichling, T. 2012. Die neuere Rechtsprechung des 1. Strafsenats des BGH zum Steuerstrafrecht. StraFo 8, 316–320.

Rolletschke, S. 2012. Rechtsprechungsgrundsätze zur Strafzumessung bei Steuerhinterziehung. NZWiSt 1, 18–23.

Rothman, D. J. 1985. Social Control: The uses and abuses of the concept in the history of incarceration. In: Cohen, S., Scull, A. (Hrsg.). Social Control and the state. Historical and comparative essays. Oxford: Basil Blackwell, 106–117.

Rotsch, T. 2015. Compliance. In: Achenbach, H., Ransiek, A. (Hrsg.). Handbuch Wirtschaftsstrafrecht. 4. Auflage. Heidelberg: C. F. Müller, 52–103.

Roxin, C. 1992. Das Zeugnisverweigerungsrecht des Syndikusanwalts. NJW 45, 1129–1136.

Roxin, C. 1995. Das Beschlagnahmeprivileg des Syndikusanwalts im Lichte der neuesten Rechtsentwicklung. NJW 48, 17–23.

Sack, F. 1972. Definition von Kriminalität als politisches Handeln: Der labeling approach. KJ 1, 3–31.

Sack, F. 1974 [1968]. Neue Perspektiven in der Kriminologie. In: Sack, F., König, R. (Hrsg.). Kriminalsoziologie. Wiesbaden: Akademische Verlagsgesellschaft, 431–475.

Sack, F. 1993. Strafrechtliche Kontrolle und Sozialdisziplinierung. In: Frehsee, D., Löschper, G., Schumann, K.F. (Hrsg.). Strafrecht, soziale Kontrolle, soziale Disziplinierung. Opladen: Westdeutscher Verlag, 16–45.

Sack, F. 1993a. Dunkelfeld. In: Kaiser, G., u. a. (Hrsg.). Kleines Kriminologisches Wörterbuch. 3. Auflage. Heidelberg: C. F. Müller, 462–469.

Samson, E. 1991. Die strafrechtliche Behandlung von DDR-Alttaten nach der Einigung Deutschlands. NJW 44, 336–339.

Sänger, C. 1999. Wirtschaftskriminalität im Zusammenhang mit der Wiedervereinigung. Erscheinungsformen und Rechtsprobleme. Neuried: Ars Urna.

Schäfers, B. 2010. Soziales Handeln und seine Grundlagen: Normen, Werte, Sinn. In: Korte, H., Schäfers, B. (Hrsg.). Einführung in Hauptbegriffe der Soziologie. 8. Auflage. Wiesbaden: Verlag für Sozialwissenschaften, 23–44.

Schaupensteiner, W. 2003. Wachstumsbranche Korruption. Lagebildbeschreibung – Korruption in Deutschland. Kriminalistik 57, 9–18.

Scheerer, S. 2000. „Soziale Kontrolle“ – schöner Begriff für böse Dinge? In: Peters, H. (Hrsg.). Soziale Kontrolle. Zum Problem der Normkonformität in der Gesellschaft. Opladen: Leske und Budrich, 153–169.

Scherp, D. 2003. Compliance. Ein Beitrag zur Bekämpfung von Wirtschaftskriminalität. Kriminalistik 57, 486–489.

Scherr, A. 2010. Sozialisation, Person, Individuum. In: Korte, H., Schäfers, B. (Hrsg.). Einführung in Hauptbegriffe der Soziologie. 8. Auflage. Wiesbaden: Verlag für Sozialwissenschaften, 45–68.

Scheunemann, M., Hellfritzsch, C. 2013. Ansatz und Planung von internen Untersuchungen. In: Bay, K.-C. (Hrsg.). Handbuch Internal Investigations. Berlin: Erich Schmidt, 183–214.

Schmidt, K.-D. 1993. Strategien der Privatisierung. In: Fischer, W., Hax, H., Schneider, H. K. (Hrsg.). Treuhandanstalt. Das Unmögliche wagen. Berlin: Akademie, 211–240.

Schmidt, U. 1993. Regierungs- und Vereinigungskriminalität. OK-Strukturen aufgezeigt an Lagebild und Fallbeispielen. Kriminalistik 47, 521–523.

Schneiders, U. 1990. Die Regelung über das materielle Strafrecht im Einigungsvertrag. MDR 12, 1049–1054.

Schnell, R., Hill, P., Esser, E. 2013. Methoden der empirischen Sozialforschung. 10. Auflage. München: R. Oldenbourg.

Schönke, A., Schröder, H. (Hrsg.). 2006. Strafgesetzbuch. Kommentar. 27. Auflage. München: Beck.

Schönke, A., Schröder H. (Hrsg.). 2014. Strafgesetzbuch. Kommentar. 29. Auflage. München: Beck.

Schüler-Springorum, H. 1991. Kriminalpolitik für Menschen. Frankfurt a. M.: Suhrkamp.

Schulte, M., Görts, C. 2006. Die SEC-Untersuchung nach dem Foreign Corrupt Practices Act. RIW 8, 561–568.

Schumann, K. F. 1968. Zeichen der Unfreiheit. Zur Theorie und Messung sozialer Sanktionen. Freiburg i. B.: Rombach.

Schünemann, B. 1979. Unternehmenskriminalität und Strafrecht. Eine Untersuchung der Verantwortlichkeit der Unternehmen und ihrer Führungskräfte nach geltendem und geplantem Straf- und Ordnungswidrigkeitenrecht. Köln u. a.: Heymanns.

Schünemann, B. 1989. Alternative Kontrollen der Wirtschaftskriminalität. In: Dormseifer, G., u. a. (Hrsg.). Gedächtnisschrift für Armin Kaufmann. Köln u. a.: Heymanns, 629–649.

Schünemann, B. 2005. Brennpunkte des Strafrechts in der entwickelten Industriegesellschaft. Reflexionen zu den Beiträgen des Symposiums. In: Hefendehl, R. (Hrsg.). Empirische und dogmatische Fundamente, kriminalpolitischer Impetus. Symposium für Bernd Schünemann zum 60. Geburtstag. Köln u. a.: Heymanns, 349–377.

Schütterle, P. 1992. Treuhandanstalt und EG-Beihilfenkontrolle. VIZ 1, 16–18.

Schwalbach, J. 1993. Begleitung sanierungsfähiger Unternehmen auf dem Weg zur Privatisierung. In: Fischer, W., Hax, H., Schneider, H. K. (Hrsg.). Treuhandanstalt. Das Unmögliche wagen. Berlin: Akademie, 177–210.

Schwind, H.-D. 2013. Kriminologie. Eine praxisorientierte Einführung mit Beispielen. 22. Auflage. Heidelberg: Kriminalistik.

Seibel, W. 1993. Die organisatorische Entwicklung der Treuhandanstalt. In: Fischer, W., Hax, H., Schneider, H. K. (Hrsg.). Treuhandanstalt. Das Unmögliche wagen. Berlin: Akademie, 111–147.

Seibel, W. 2005. Teil II. Die Konsolidierung der Treuhandanstalt 1990–1991. In: Seibel, W. (Hrsg.). Verwaltete Illusionen. Die Privatisierung der DDR-Wirtschaft durch die Treuhandanstalt und ihre Nachfolger 1990–2000. Frankfurt u. a.: Campus, 119–216.

Senderowitz, S.J., Ugarte, R.E., Cortez, M. 2008. Die Durchsetzung US-amerikanischer Wertpapiergesetze auf internationaler Ebene – Ausweitung auf deutsche Unternehmen. Wistra 8, 281–285.

Simpson, S. S. 2002. Corporate Crime, law and social control. Cambridge: Cambridge University Press.

Singelnstein, T., Stolle, P. 2012. Die Sicherheitsgesellschaft. Soziale Kontrolle im 21. Jahrhundert. 3. Auflage. Wiesbaden: VS.

Sinz, G. B. 1992. Wirtschaftsförderung in den neuen Bundesländern und EG-Beihilfenrecht. VIZ 11, 426–433.

Sproß, J. 1993. Forderungen und Verbindlichkeiten bei Abwicklung von Außenhandelsbetrieben. VIZ 7, 295–297.

Statistisches Bundesamt (Hrsg.). 2013. Fachserie 10: Rechtspflege. Reihe 3: Strafverfolgung 2013. Wiesbaden: Eigenverlag.

Statistisches Bundesamt (Hrsg.). 2013a. Bestand der Gefangenen und Verwahrten in den deutschen Justizvollzugsanstalten – Stichtag 31. März 2003 bis 30. November 2013. Wiesbaden: Eigenverlag.

Stedman Jones, G. 1985. Class expression versus social control? A critique of recent trends in the social history of „leisure". In: Cohen, S., Scull, A. (Hrsg.). Social Control and the state. Historical and comparative essays. Oxford: Basil Blackwell, 39–49.

Steinert, H. 1995. Soziale Ausschließung – Das richtige Thema zur richtigen Zeit. KrimJ 27, 82–88.

Strasser, H., Brink, H. van den. 2005. Auf dem Weg in die Präventionsgesellschaft? Essay. APuZ 1, 3–7.

Strauss, A. L., Corbin, J. M. 1996. Grounded Theory. Grundlagen qualitativer Sozialforschung. Weinheim: Beltz Psychologische Verlagsunion.

Strübing, J. 2004. Grounded Theory – Zur sozialtheoretischen und epistemologischen Fundierung des Verfahrens der empirisch begründeten Theoriebildung. Wiesbaden: Verlag für Sozialwissenschaften.

Sutherland, E. H. 1983 [1949]. White collar crime. The uncut version. New Haven u. a.: Yale University Press.

Tannenbaum, F. 1953. Crime and community. London, New York: Columbia University Press.

Techmeier, I. 2006. Korruptionsentstehung und Korruptionsbekämpfung aus der Unternehmensperspektive. NK 18, 82–86.

Theile, H. 2008. Unternehmensrichtlinien – Ein Beitrag zur Prävention von Wirtschaftskriminalität? ZIS 9, 406–418.

Theile, H. 2010. Die Regulierung der Wirtschaftskriminalität durch das Strafrecht. In: Boers, K., Nelles, U., Theile, H. (Hrsg.). Wirtschaftskriminalität und die Privatisierung der DDR-Betriebe, Baden-Baden: Nomos, 335–488.

Theile, H. 2013. Die Herausbildung normativer Orientierungsmuster für Internal Investigations – am Beispiel selbstbelastender Aussagen. In: Esser, R., Günther, H.-L., Jäger, C. u. a. (Hrsg). Festschrift für Hans-Heiner Kühne zum 70. Geburtstag am 21.8.2013. Heidelberg: C. F. Müller, 489–500.

Tiedemann, K. 2014. Wirtschaftsstrafrecht. Einführung und Allgemeiner Teil mit wichtigen Rechtstexten. 4. Auflage. München: Franz Vahlen.

Treuhandanstalt (Hrsg.). 1994. Dokumentation Treuhandanstalt 1990–1994. Band 1–15. Berlin: JOVIS.

Ulrich, P. 2008. Integrative Wirtschaftsethik. Grundlagen einer lebensdienlichen Ökonomie. 4. Auflage. Bern u. a.: Haupt.

Ulrich, P., Lunau, Y., Weber, T. 1999. ‚Ethikmaßnahmen' in der Unternehmenspraxis – Zum Stand der Wahrnehmung und Institutionalisierung von Unternehmensethik in deutschen und schweizerischen Firmen: Ergebnisse einer Befragung. In: Ulrich, P., Wieland, J. (Hrsg). Unternehmensethik in der Praxis. Impulse aus den USA, Deutschland und der Schweiz. 2. Auflage. Bern: Haupt, 121–194.

Unger, J. F. 2002. Staatliche Kontrolle über die Treuhandanstalt. Berlin: Berlin Verlag A. Spitz, Nomos.

Van Dijk, J., van Kestern, J., Smit, P. 2007. Criminal Victimisation in International Perspectives. Den Haag: WODC.

Volkamnn, H.-R. 2002. Wann ist ein Projekt ein kriminalpräventives Projekt? NK 14, 14–19.

Voß, M. 1993. Strafe muss nicht sein. Zu einer Inanspruchnahme des Strafrechts, die an Bestrafung nicht interessiert ist. In: Peters, H. (Hrsg.). Muss Strafe sein? Zur Analyse und Kritik strafrechtlicher Praxis. Opladen: Westdeutscher Verlag, 135–150.

Walter, M., Neubacher, F. 2011. Jugendkriminalität. Eine systematische Darstellung. 4. Auflage. Stuttgart u. a.: Boorberg.

Wandel, E. 1993. Abwicklung nicht sanierungsfähiger Unternehmen durch die Treuhandanstalt. In: Fischer, W., Hax, H., Schneider, H. K. (Hrsg.). Treuhandanstalt. Das Unmögliche wagen. Berlin: Akademie, 283–314.

Wastl, U., Litzka, P., Pusch, M. 2009. SEC-Ermittlungen in Deutschland – eine Umgehung rechtsstaatlicher Mindeststandards. NStZ 2, 68–74.

Wauschkuhn, A. 2012. Sanktionierung nach Abschluss der Untersuchungen. In: Moosmayer/ Hartwig (Hrsg.). Interne Untersuchungen. Praxisleitfaden für Unternehmen. München: Beck, 67–80.

Weber, H. 1999. Geschichte der DDR. München: Deutscher Taschenbuch Verlag.

Weber, K. 1993. Die Verfolgung des SED-Unrechts in den neuen Ländern. GA 129, 195–229.

Weber, M. 1976. Wirtschaft und Gesellschaft. Grundriss der verstehenden Soziologie. 5. Auflage. Tübingen: Mohr, Siebeck.

Wehnert, A. 2009. Die US-amerikanischen Richtlinien zur Strafverfolgung von Unternehmen. Ein importiertes Schrecknis auf dem Rückmarsch. NJW 17, 1190–1193.

Wessing, J. 2009. Der Unternehmensverteidiger. In: Hiebl, S., Kassebohm, N., Lilie, H. (Hrsg.). Festschrift für Volkmar Mehle. Baden-Baden: Nomos, 665–675.

Widmaier, G. 2004. Gerechtigkeit – Aufgabe von Justiz und Medien? NJW 57, 399–403.

Wieland, J. 1999. Wie kann Unternehmensethik praktiziert werden? Aufgabenfelder und strategische Anknüpfungspunkte. In: Ulrich, P., Wieland, J. (Hrsg.). Unternehmensethik in der Praxis. Impulse aus den USA, Deutschland und der Schweiz. 2. Auflage. Bern: Haupt, 29–46.

Wiepen, T. 2010. Strafrechtliche Kontrolle der Privatisierungsprozesse der DDR-Betriebe durch Polizei (ZERV) und Staatsanwaltschaft Berlin II. In: Boers, K., Nelles, U., Theile, H. (Hrsg.). Wirtschaftskriminalität und die Privatisierung der DDR-Betriebe. Baden-Baden: Nomos, 534–585.

Wöhe, G., Döring U. 2013. Einführung in die Allgemeine Betriebswirtschaftslehre. 25. Auflage. München: Vahlen.

Zavelberg, H. G. 1995. Staatliche Finanzkontrolle in Deutschland. Über Arbeit und Effektivität des Bundesrechnungshofes. Die Verwaltung 28, 513–541.

Zimmermann, S. 1997. Strafrechtliche Vergangenheitsaufarbeitung und Verjährung. Rechtsdogmatische und -politische Analyse mit vergleichenden Ausblicken nach Tschechien, Ungarn und Frankreich. Freiburg: edition iuscrim. (diss.)

Anhang: Beispiel für einen Interviewleitfaden zur Stabsstelle und zur strafrechtlichen Kontrolle[743]

1. Tätigkeit/berufliche Entwicklung

Um zunächst einmal Ihren Werdegang zu verdeutlichen: Was haben Sie beruflich vor Ihrem Wechsel zur Treuhandanstalt gemacht?

2. Tätigkeit bei der Treuhandanstalt

Wie kam es zum Wechsel zur Treuhandanstalt? Über welche Netzwerke?
Wie gestalteten sich Ihre Aufgaben innerhalb der Treuhandanstalt?
Welches Arbeitsvolumen hatten Sie zu bewältigen?
Welche Arbeitsabläufe haben Ihren Arbeitsalltag bestimmt?

3. Typischer Privatisierungsfall

Würden Sie uns bitte beschreiben, wie typischerweise die Privatisierung eines Betriebes ablief?
Welche *Regelungen (Richtlinien)* gab es und wie verbindlich waren sie?
Welchen Wandel haben Sie in der vertraglichen Gestaltung beobachtet?
In welcher Form wurde das Unternehmen „angepriesen"?
Welche *internen* (Revision/ Controlling) und *externen* Kontrollen gab es während der Privatisierung?
Welche Rolle spielte das gesellschaftliche und politische Umfeld?
War es aus Sicht eines rational handelnden Wirtschaftsakteurs überhaupt sinnvoll, ein DDR-Unternehmen zu erwerben, um es weiterzuführen?
Wie haben sie typischerweise den Investoren und späteren Beschuldigten als Person erlebt?
Welche Ziele hat er Ihrer Meinung nach mit dem Erwerb des Unternehmens verfolgt?
Hätte er Ihrer Meinung nach aus wirtschaftlicher Sicht Handlungsalternativen gehabt – also hätte er auch mit legalem Verhalten Gewinn erwirtschaften können?

4. Geschichte der Treuhandanstalt

Wie war die Beziehung von Treuhandanstalt und Politik?
Wie war die Beziehung von Treuhandanstalt und Öffentlichkeit (auch Gewerkschaft/Belegschaft)?

---

743 Weitere Leitfäden sind abgedruckt bei *Karliczek* 2007: 181 ff.

Wie war die Beziehung von Treuhandanstalt und Vorstand (auch Umgang mit strafrechtlich relevanten Fällen)?
Wie war die Beziehung von Treuhandanstalt und Verwaltungsrat?

5. Geschichte der Stabsstelle

Erzählen Sie uns etwas über die Entstehung und die Aufgaben.
Wie war die hierarchische Einbindung (Unabhängigkeit, Budgetierung, Personal, Berichtspflicht)?
Wie hat sich die Leitung entwickelt?
Wie gestaltete sich die Zusammenarbeit mit anderen Abteilungen (Geschäftsstellen, Vorstand, Verwaltungsrat, auch extern: BMF)?
Welche Ressourcen (Personal) sind mit welchem Erfolg eingesetzt worden?
Hatten Sie den Eindruck, das (interne und externe) Interventionen politischer und/oder wirtschaftlicher Art die Bearbeitung und/oder die spätere Strafverfolgung beeinflussten (auch neg. Medienpublizität)?
Stellt die Stabsstelle ein sinnvolles Kontrollinstrument dar?
Glauben Sie, dass eine institutionsinterne Kontrollinstanz wie die Stabsstelle präventiv in Bezug auf wirtschaftskriminelles Verhalten wirkt?
Stellt die Stabsstelle ein übertragbares Modell für die Wirtschaft dar?
Können – auch im Vergleich mit einer typischen Privatisierung – bestimmte Muster ausgemacht werden, die zu kriminellem Handeln der an der Privatisierung Beteiligten führten?
Wie gestalteten sich typischerweise die konkreten Ermittlungen in strafrechtlich relevanten Fällen?
Was war typischerweise Auslöser für Strafanzeigen oder Aktivwerden der Stabsstelle?
Wie gestaltete sich die Zusammenarbeit zwischen den Abteilungen innerhalb der Anstalt?
Welche Folgen hatte das für die Privatisierung des Unternehmens?
Wurden nach Vorfällen Konsequenzen für weitere Privatisierungen gezogen?
Was für eine Rolle spielte dabei die Widerspiegelung der Treuhandanstalt in den Medien?

6. Strafrechtliche Kontrolle

In welchen Fällen und unter welchen konkreten Bedingungen kam es bei der Privatisierung von Unternehmen zu Ermittlungen?
Wie hoch war das Entdeckungsrisiko aus Ihrer Sicht?
Welche Rolle spielte die Stabsstelle?
Wie war Ihrer Auffassung Wirtschaftskriminalität verbreitet?

Wie schätzen sie die Möglichkeiten des Strafrechts bei der Kontrolle von Wirtschaft
ein?
Sehen Sie eine abschreckende Wirkung?
Wie effizient war die strafrechtliche Kontrolle?
Sehen Sie Alternativen der Kontrolle bzw. Sanktionierung (Zivil- oder Verwaltungs-
recht)?

7. Strukturelle Gegebenheiten

Würden Sie sagen, dass bestimmte strukturelle Gegebenheiten (z. B. Privatisierungs-
stil der THA, Wirtschaftsbedingungen, Rechtslücken, Implementierungsdefizite)
diese Formen der Kriminalität begünstigt haben?
Glauben Sie, dass diese Art von Delikten mit dem Strafrecht zu verfolgen sind, und
wie effektiv kann Strafverfolgung durch organisationsinterne Kontrollinstanzen
(Wirtschaft/Verwaltung) unterstützt werden?
Sind diese Fälle nach Ihren Erfahrungen nur vor dem Hintergrund der wirtschaftlichen Umgestaltung bei der Wiedervereinigung vorstellbar oder ist Ihnen ein
derartiges Agieren von Wirtschaftsakteuren auch aus Ihrer früheren oder heutigen
Tätigkeit bekannt?

8. Treuhandanstalt – wirtschaftlicher Akteur oder öffentliche
Verwaltung?

Die Treuhandanstalt präsentierte sich in der Öffentlichkeit als ein großes Wirt-
schaftsunternehmen – wie sehen Sie das?
Entsprachen Ihre Aufgaben eher denen eines Mitarbeiters eines Wirtschaftsunter-
nehmens oder war Ihre Arbeit typische Behördentätigkeit (geprägt von Grundsät-
zen der öffentlichen Verwaltung)?
Welche Ziele verfolgte die Treuhandanstalt neben der Privatisierung der Betriebe
(Struktur- oder Abwicklungspolitik)?
Welche Steuerungspotenzen besaß die Treuhandanstalt in Ostdeutschland?